“十二五”普通高等院校文化产业管理系列规划教材 | 丛书总主编：胡惠林

文化资源学

姚伟钧◎著

清华大学出版社
北京

内 容 简 介

本书在整合历史学、文化产业管理学等学科的基础上，对文化资源的保护与文化产业开发的理论、实务与战略进行了系统的探索，重点研究了文化资源的特征、性质、分类及其构成要素，文化资源与文化市场发展的关系，并对文化资源的保护与开发问题展开了多重深入的思考。本书在建立起一套基本理论体系的基础上，结合国内一些地区在历史文化资源保护与开发过程中所取得的成就和存在的问题，进行具体分析，制定了推动文化资源产业化发展的崭新思路和方案。

本书可作为普通高等院校文化产业管理专业和其他相关专业的教材使用，也可作为文化产业从业人员的培训用书和参考读物。

图书在版编目（CIP）数据

文化资源学/姚伟钧著. 一北京：清华大学出版社，2014（2025.2 重印）
“十二五”普通高等院校文化产业管理系列规划教材
ISBN 978-7-302-36332-3

I. ①文… II. ①姚… III. ①文化产业-中国-高等学校-教材 IV. ①G124

中国版本图书馆 CIP 数据核字（2014）第 084742 号

责任编辑：杜春杰
封面设计：刘 超
版式设计：文森时代
责任校对：刘廷丽
责任印制：宋 林

出版发行：清华大学出版社
网 址：https://www.tup.com.cn, https://www.wqxuetang.com
地 址：北京清华大学学研大厦 A 座 邮 编：100084
社 总 机：010-83470000 邮 购：010-62786544
投稿与读者服务：010-62776969，c-service@tup.tsinghua.edu.cn
质量反馈：010-62772015，zhiliang@tup.tsinghua.edu.cn
印 装 者：三河市龙大印装有限公司
经 销：全国新华书店
开 本：185mm×230mm 印 张：22.25 字 数：445 千字
版 次：2015 年 1 月第 1 版 印 次：2025年 2 月第 9 次印刷
印 数：14501～15000
定 价：59.80 元

产品编号：054323-03

总　序

文化产业管理：一门新兴的综合性大文科
——历史与建构

1993 年 5 月，经中华人民共和国教育委员会批准，中国内地第一个文化管理专业——文化艺术事业管理——在上海交通大学创立，同年 9 月，新生正式入学报到，开始了中国内地高等教育史上文化管理专门人才培养的新篇章。我作为负责这一专业筹建和创立并主持该专业学科建设的责任人，有幸参与了它的全过程，经历和见证了它整整 20 年的发展史。这是我最感有意义的事。

新中国成立以后，我国高等教育培养了一大批文化艺术领域里的各类专门人才，有不少成为享有国际声誉的艺术家，但却始终没有培养过一名文化艺术经营管理人才。20 世纪 80 年代初关于艺术表演团体改革的讨论，第一次遭遇到了“懂艺术、善经营、会管理”的文化艺术管理专门人才缺乏的障碍。1992 年党的十四大提出了社会主义市场经济体制改革的目标，第一次把培养能够满足和适应市场经济体制下文化艺术经营管理需求的高级专门人才提到了中国高等教育的面前。在经历了 20 世纪 80 年代高等教育新学科建设高潮之后，中国高等教育又迎来了一次新的学科建设的高潮。如果说 80 年代的文科学科建设高潮还主要是立足于恢复，那么，这新一轮文科学科建设高潮则全部集中于新文科创建。文化艺术事业管理专业就是这样的新学科、新专业。

在欧美高等教育体系中，大陆法系的这一类专业都命名为“文化管理”专业，如德国、法国、加拿大等；英美法系则称之为“艺术管理”专业，如美国、英国、澳大利亚等。中国内地从中国文化制度体制的实际出发，把这一专业定为“文化艺术事业管理”专业。当时，我在负责这一专业的学科建设的课程体系设计时，主要参考了这两大法系一些代表性大学的专业课程设置，结合中国的情况形成了延续至今的上海交通大学文化产业管理专业课程体系的主干课程与核心框架。它们是：文化经济学、文化政策学、文化行政学、文化投资学、文化市场营销学、国际文化贸易、文化管理学和文化产业学。这一课程体系与核心框架成为后来创办这一专业高校的主要参照。为了鲜明地界定人才培养目标和办学方向，上海交通大学文化艺术事业管理专业定位为“文化经济方向”即文化产业。因为，无论是国家政策还是社会认识，把一个新的文科专业直接命名为“文化产业管理”，时机和条件在当时都还不成熟。但这一定位一直是上海交通大学文化艺术事业管理专业始终不渝的办学目标和办学方向。即便在1999年的国家本科专业目录的调整中，把“文化艺术事业管理”“体育管理”“卫生管理”和“教育管理”统一合并为“公共事业管理”专业，上海交大这一办学方向都始终没有改变过。

在一无师资，二无教材的条件下，上海交通大学的领导们以对党的事业无限忠诚和科学家对国家战略需求的高瞻远瞩，领风气之先，在学校经费普遍不足的困难条件下，利用百年校庆出百本教材的机会，把文化艺术事业管理专业的教材建设列入其中，开始了学科建设的卓越起步。我国文化产业管理专业学科建设就此开始了教材建设的规范性进程。《文化经济学》这本教材作为我国文化产业管理专业的第一本教材，就是诞生于上海交大的“百年校庆”。1999年，国家“985”工程一期项目启动后，上海交通大学又把文化管理专业系列教材建设列为创新项目予以重点支持。2003年由我担任主编的“21世纪文化管理系列教材”由上海文艺出版社出版，共7种：《文化经济学》《文化政策学》《文化市场营销学》《文化行政学》《文化投资学》《文化市场学》和《文化产业学》。我国第一个文化产业管理专业核心课程教材框架初步形成。

在差不多有10年的时间里，除了上海交通大学，国内很少有大学办这个专业。但是，作为一个有着百年历史的高等学府，它的领风气之先的努力首先得到了国家文化部的高度关注与评价。1999年12月，为迎接我国文化建设新的国家需求的到来，文化部与上海交通大学决定依托上海交通大学文化艺术事业管理专业共同创建“国家文化产业创新与发展研究基地”，时任文化部副部长李源潮和上海交通大学校长谢绳武共同担任基地主任，开创了“部校合作”的新模式。上海交大文化产业管理专业学科建设由此进入了新的发展阶段。

2002年，党的十六大提出要“积极发展文化事业和文化产业”，第一次以党的政治决议形式开启了我国文化建设与发展新时期。由中国加入世界贸易组织而激发的关于文化产业的理论与政策研究，直接导致了关于在中国大学创办文化产业管理专业的时代命题的提出。2003年12月，由上海交通大学倡议与北京大学、清华大学、山东大学、云南大学、华中师范大学、山西财经大学等7所高校联合发起的“全国高校文化产业研究与学科建设联席会议”在上海交通大学召开，包括复旦大学、北京师范大学、南京航天航空大学、南京艺术学院、深圳大学、中南大学、中央财经大学等15所大学的专家学者参加了联席会议。会议达成了重要共识，以15所大学文化产业研究机构的名义联合向教育部建议：创建文化产业管理专业。建议得到了教育部的高度重视和回应。2004年，教育部正式在本科专业目录外设立文化产业管理专业。山东大学、中国海洋大学、云南大学和中国传媒大学获批成立文化产业管理专业。此后，北京大学、清华大学先后轮流主办了联席会议，参加的院校越来越多。不仅原来的被改名为公共事业管理专业的许多院校依然在办文化管理，而且全国有不少艺术院校在艺术学下面开办有艺术管理专业。全国高校形成了“文化管理”、“艺术管理”和“文化产业管理”三路大军。为了更好地推进这一新兴学科建设，推进学科建设的科学化，2005年经筹备，在教育部高教司的支持下，“全国高校文化管理类学科建设联席会议”在青岛中国海洋大学召开。全国有56所院校的院系领导和专家出席了会议，山东艺术学院、云南艺术学院、天津艺术学院、鲁迅艺术学院、北京舞蹈学院等开设有艺术管理专业的艺术院校都参加了会议。会议通过了关于文化管理类学科核心课程教材体系建设，在上海交通大学课程框架的基础上，增加了《文化学概论》、《世界文化产业概要》和《文化艺术管理概论》，由云南大学出版社出版，我担任编委会主任。

“联席会议”机制的建立不仅增进了不同高校文化管理类专业学科建设的交流和联系，而且进一步扩大了文化产业管理专业学科的影响和建设，尤其是随着文化产业理论与政策研究的不断深入，以及文化产业发展在国家发展战略中的作用日显重要，文化产业管理专业在经历了20年的探索之后，于2013年被国务院学位委员会正式作为科学的学科建设纳入到整个高等学校本科专业目录，成为国家新学科和新人才培养体系的重要战略组成。根据2013年12月在安徽师范大学召开的“第10届全国高校文化产业专业学科建设联席会议”的不完全统计，截至2013年中国内地已有100多所大学开设有文化产业管理专业。与此同时，内地的文化产业学科建设也引起了台湾高校同行的广泛关注和高度认可。随着两岸和平发展的不断深入，两岸在文化创意产业领域里的合作不断深化，两岸高校文化产业管理专业的学术交流、学生培养和学科建设合作机制也应运而生，创立了“两岸高校文化产业本科专业学科建设联席会议”。它标志着一个新兴的综合性大文科在中国崛起。

文化产业管理专业是一个年轻的学科，唯其年轻，因而充满着创造性朝气。作为这种朝气的体现，一方面是关于它的学术研究，另一方面就是关于它的教材建设。中国传媒大学、山东大学、北京大学、中国海洋大学、台湾教育大学都出版了有关文化产业管理专业的系列教材，全国艺术管理院校还联合出版了艺术管理专业的系列教材。虽然，大家的着立点不一样，但是都体现出一个共同的认知：一个科学的学科建设的标志有两个：科学的课程体系和科学的教材体系。二者相辅相成缺一不可，而这两项均服务于科学的人才培养需求。正因为如此，许多大学在课程体系建设上都做了许多探索。为了能够体现和反映这种探索，在清华大学出版社组织的这套教材中我们就把这种探索的成果吸收进来了。因此，清华大学组织出版的这套“十二五普通高等院校文化产业管理系列规划教材”（共16种）是迄今为止我国文化产业管理专业学科建设和教材建设的最重要的成果。

文化产业是现代科学、现代工业文明发展与现代精神文明发展相结合的产物，它是人类社会理论掌握世界体系和表现世界体系的一种新的文明手段和方法。新兴的多学科综合性特质，使得关于文化产业管理研究和在此基础上形成的文化产业管理学科，既具有应用理论的特点，同时又具有基础学科的性质。我们不能把文化产业研究仅仅理解为一种应用性研究。文化产业理论研究应该在学理的层面和意义上，探讨在工业文明与后工业文明时代人类社会的生存方式、发展方式、认知方式和表达方式。法兰克福学派深刻地揭示和批判了“文化工业”，解释了为什么“文化工业——文化产业”仍然在全世界获得飞速的发展，深刻地改变着世界面貌，改变着人们对世界的了解和思维及其与世界的关系。文化产业作为一个概念的出现，集中反映和表现了文化产业这样一种人类社会现象的普遍存在，由于它和传统的文化形态生命运动和存在方式的巨大区别，这才使人们创造出这样一个概念来表达人们对这一类对象的认识。因此，它是一种新的文化表达理论形态，一种新的社会发展和运动理论及一种经济理论形态，是这些理论形态综合形成的一个独立的新的学科理论形态，是一种深刻的人类社会进程。

概念是对对象特征的本质概括。同时概念本身又是一个具有无限丰富性的有机生命整体。虽然人们还没有一个普遍认同的统一的文化产业定义，联合国教科文组织关于文化产业的定义至今也没有统一全世界的看法。但是，正如哲学界至今都还没有给出一个公认的“哲学”定义并不妨碍“哲学”学科建设一样，我们完全可以在不断地探索“什么是文化产业”的过程中，建立起作为科学的文化产业管理学科。这应该成为我们建立科学的文化产业学的学科认知基础。

文化产业管理的学科归属，在中国学术界迄今为止尚未有一个统一的认识，虽然，在学科目录中把它归为管理学门类下的一级学科工商管理，但是，在现阶段中国文化产业管理体制中和学科认知上，所涉及的领域和范围，远远超出了工商管理的学科范畴。在权威的国家哲学社会科学基金课题指南里，有关文化产业管理的研究课题被分别归在马克思主义、科学社会主义、哲学、经济学、应用经济学、文学、新闻传播、国际政治等学科门类内，同时在“全国艺术科学规划指南”里，又被划归在“艺术学”下的“文化管理”类。这种情况，一方面反映出中国的文化产业无论在理论上还是在实践上，都还没有展开其全部的丰富性，另一方面也反映出，无论是“哲学”、“经济学”、“应用经济学”，还是“新闻传播学”、“艺术学”，都容纳不下完整意义上的“文化产业管理”。作为一门新兴交叉学科，文化产业管理专业还很年轻，年轻到不知道究竟把它放在什么位置上，归属到哪一个学科内？在讨论文化产业管理专业学科归属的时候，我曾经提出一个建议：把“文化管理”设置为一级学科，下设“艺术管理”、“公共文化管理”和“文化产业管理”三个二级学科，以对应于“公共管理”、“工商管理”等一级学科，同时也可以克服该专业学位管理上同时跨越“艺术学”和“管理学”的交叉与不便。当然，这还需要一个过程。因此，建立文化产业管理专业的必要性就在于在原来的学科体系内，还没有任何一门学科从整体上涵盖文化产业的对象范围。在国际上也是这个情况。国际上的情况要更复杂一些，还涉及不同国家的与学科划分有关的行业分类标准和体系。这就为我们提供了一个能够充分发挥自己的想象力进行科学建构的广阔空间。

文化产业管理学科的课程体系和教材体系是一个开放性系统，单一的学科研究方法无法满足它的学科建设需要。文化产业不是一个单纯的文化现象，也不同于一般的经济产业，它是一个跨学科的研究领域，涉及文学、艺术学、政治学、经济学、传播学、管理学、法学、国际关系等学科领域。不同的学术倾向、不同的思维习惯、不同的研究方法、不同的切入角度，可以产生许多完全不同的结论和构成许多个性鲜明的学术理论体系。尤其是当中国的文化产业发育尚未成熟，在它的矛盾的丰富性还没有充分展开的时候，任何在此基础上形成的研究成果，都是在科学的意义上建立科学的文化产业管理学所不可缺少的。没有充分的富于个性的文化产业理论研究和争鸣，就不可能有真正科学意义上的文化产业管理学科建设。因此，这就特别需要在文化产业理论研究的方法上的创新。可以从实证出发，通过个案研究建立文化产业理论系统，也可以从纯粹抽象的思辨出发，推演出逻辑结构严谨的文化产业学术体系。总之，现有的各种成熟的学术研究方法和手段，都应当成为文化产业理论研究的方法论。

从这个意义上说，这套系列教材提供了一个实验性的对象，它为未来形成一套具有普遍权威性的文化产业管理专业的经典教材，提供了一种包容性选择的参照。它体现了清华大学出版社在支持新学科教材建设上的大气和远见卓识。我受清华大学出版社的委托担任该系列教材的总主编，负责丛书选题设计和专家推荐，得到了同行专家的大力支持，深感责任重大。我希望能够听到和看到同行专家和使用这套教材的老师和同学们的批评，以为今后不断修改提高和完善的工作方向。科学的文化产业管理专业的学科建设是一个崇高的目标，需要很多人的共同参与，我愿与我的高校同行们共同工作，为实现这一目标而努力！

胡惠林
2014 年 3 月 5 日于上海交通大学

目　录

导 论

20世纪90年代以来，文化产业以其独特的文化魅力和惊人的成长速度吸引了世人的目光，文化产业已经成为许多国家的一项重要支柱产业，创造了大量的就业机会，在国民经济中占有举足轻重的地位，成为经济发展的新引擎。在世界范围内，美国的电影业和传媒业、日本的动漫产业、韩国的网络游戏业、德国的出版业、英国的音乐产业等都成为国际上的标志性产业，成为一国综合国力的最直观、最具体的反映。

一、文化资源问题的提出

从世界范围来看，中国文化产业在国内生产总值中所占比例大大低于发达国家的水平。有机构发布报告称，我国文化产业在世界文化市场上的份额不足4%，而美国占43%，欧盟占34%，亚太地区仅占19%。我国虽然是一个经济出口大国，但在文化产品和服务贸易领域存在着较大的文化贸易逆差。我国文化产品存在出口额度小、质量差、竞争力不强等方面的问题。商务部统计结果显示，我国文化出口 60%集中在运输和旅游以及一些文化设施上，核心的文化产品比率较低，已经开发的可贸易的文化产品和服务更是极度匮乏。

与此同时，一些国家还在积极采取措施把自己优势的文化资源转化为文化产业。以日本为例，日本政府参照英国政府1997年推行并取得明显效果的“Cool Britannia”（酷英国/时尚英国）政策，于2010年制定了“Cool Japan”（酷日本/时尚日本）政策并开始实施，大力发展日本文化创意产业，旨在将日本的文化产业推向海外。在日本，由20名企业家、艺术家、学者以及 9 名政府官员组成的“时尚日本官民有识之士委员会”，于2011年5月向政府递交了一份题为《创造新的日本：“文化与产业”和“日本与海外”之间的连接》的政策提案，其目的很明确，即将日本的文化产业推向海外。在这份提案中，共列举了六种产业：时装、饮食、内容、土特产、住居、观光。日本将饮食、时装、住居、土特产等纳入创意产业范畴，充分体现了其文化资源的特色。例如，日本料理近年来越来越受到各国消费者的欢迎，这是日本传统饮食文化对外发展并助推文化产业发展的一个标志。日本饮食文化的特点是讲究食品营养学，讲究菜的“色、形、味”，以清淡为主，倡导素食主义。根据国际肥胖小组统计最新数据，在发达国家中，美国妇女肥胖率是34%，法国是11%，日本只有3%。此外，日本妇女平均寿命是85岁，高居全球女性平均寿命榜首，显然这与日本饮食有很大的关系。日本饮食的诸多优点，受到各国民众的欢迎和喜爱。为最大限度利用饮食文化产业，提升日本知名度和美誉度，同时满足不同地区市场需要，日本政府在创意产业中加入饮食项目，不断融入新元素，推出新料理，大力发展饮食文化的同时也最大限度地开拓了日本文化产业的发展空间，丰富了其内涵和外延。目前在日本的9种文化创意产业中，饮食业规模最大。

日本的文化产业建设及文化立国战略十分注重对历史资源的保护、挖掘与合理利用，通过政府有效管理及国民的自觉意识，许多有形和无形的历史文化资源得到了很好的保护和传承。同时，通过对历史资源的有序开发及与文化产业结合，也最大限度扩大和丰富了文化产业的外延和内涵。如日本还通过对木质建筑物等独具地域特色的历史资源进行保护和修复，利用现代化的手段赋予传统文化以新的形式，文化产业建设与旅游产业协调发展等举措，实现了挖掘历史文化资源重在保护、有序开发、合理利用、广为宣传的多重目的，直接促进了文化产业发展。

中国有着悠久的历史，文化资源丰富，文化底蕴深厚。但是，我们对此的认识还不够，例如中国的饮食文化产业就没有纳入中国文化产业范畴。中国饮食文化源远流长，底蕴深厚，内涵广博，加深对这一文化资源的利用与开发，加强文化创意，集中力量发展具有特色的饮食文化产业，有助于提高我国文化产业的竞争力。文化资源是文化产业发展的重要源泉，我们要始终立足于我国历史文化资源的实际状况来发展中国文化产业。也可以说，我们要充分借助本国文化资源的优势来发展文化产业，将文化资源转换成文化资本，将文化资源优势转换成文化产业优势，使中国不仅是文化资源大国，更要成为文化产业大国。

从近几年中国文化建设过程中，我们也清醒地认识到，文化资源的保护与开发在凝聚民族精神、提升民族创造力、增强国家文化软实力、推动我国文化产业大发展大繁荣中起到的关键作用。2013年12月30日，习近平在中共中央政治局第十二次集体学习时指出："提高国家文化软实力，要努力展示中华文化独特魅力。在五千多年文明发展进程中，中华民族创造了博大精深的灿烂文化，要使中华民族最基本的文化基因与当代文化相适应、与现代社会相协调，以人们喜闻乐见、具有广泛参与性的方式推广开来，把跨越时空、超越国度、富有永恒魅力、具有当代价值的文化精神弘扬起来，把继承传统优秀文化又弘扬时代精神、立足本国又面向世界的当代中国文化创新成果传播出去。要系统梳理传统文化资源，让收藏在禁宫里的文物、陈列在广阔大地上的遗产、书写在古籍里的文字都活起来”。“十七大”报告中提出的“加强对各民族文化的挖掘和保护，重视文物和非物质文化遗产保护，做好文化典籍整理工作”等与我国历史文化资源的保护有关的论述，无不是“十六大”以来我们在探索社会主义市场经济条件下推进文化发展过程中获得宝贵经验的结晶。

二、文化资源研究的价值、意义

随着小康社会目标以及和谐文化建设任务的确立，社会各界对历史文化资源所蕴含的多层次价值的认识逐渐深入，对其需求也更为迫切和直接。对历史文化资源的保护与文化产业发展进行系统的研究具有十分重要的理论和实际应用价值。

首先，开展历史文化资源的保护与文化产业的研究对于维护国家安全具有重要意义。中国加入世界贸易组织之后，面对经济全球化、世界市场一体化的格局，保持民族文化的多样性，保护珍贵的民族文化资源，增强民族文化传统的现代适应性，对于维护国家和民族的文化形态、政治安全和文化经济安全，都具有重大意义。

其次，对历史文化资源的保护与文化产业发展进行系统的研究，有利于发展先进文化生产力。伴随着文化产业化而来的是文化产品的商品化，文化产品生产者的智力成果通过有偿交换的方式得以出让。文化生产力的提升，离不开文化资源的挖掘。文化产品智力价值在文化产业条件下的实现，提高了文化生产者的积极性和创造性，也在更大程度上满足了人的文化需求，实现了文化自身的价值。

再次，研究历史文化资源的保护与文化产业发展，并将其成果运用到社会主义和谐文化建设中，对提高人们精神文化素质具有重要意义。在文化产业的作用下，我国多姿多彩的历史文化资源得以转化为文化产品，从个别走向了一般，从精英文化转变为大众文化，从奢侈品转变为普通消费品，它使得大众能够更多地消费文化产品，实现自身的享受需求和发展需求，这对满足人们的文化需求，提高人们的精神文化素质具有十分重要的作用。

三、文化资源国内外研究的状况

20 世纪 90 年代以来，文化资源的经济功能正在逐步被认同和推动，国内外学界对历史文化资源的保护及文化产业的研究也逐渐深入。例如，国外学者们认为，正是因为以“创新”为基本特征的文化创意产业，可以将现有的文化资源通过创意开发转化为经济成就，并能带来促进就业、提升国家经济结构等好处。所以，文化资源产业化对地区发展和提高城市竞争力具有重要作用，并把它作为制定经济政策和文化政策的重要原则和目标。

在最近的一二十年中，我国学者也纷纷根据自身的学科背景，对不同区域内的历史文化资源及其产业化开发进行了深入的探讨。虽然文化资源研究在国内取得很大的进展，但就研究重点而言，学者们主要偏向于对个别历史文化资源遗产（遗迹）保护与开发的案例性研究，探讨多从区域历史文化资源的开发对策方面着手，缺乏系统性的研究；从研究的对象来看，现阶段的研究比较偏好一些国家级和世界级的文化名城和文化遗产，而对于数量繁多、在我国历史文化资源中占据重要地位的一般性、地方性的文化资源的研究则较为鲜见；国内的研究通常都拘泥于开发或者拘泥于文化资源本身，没有将保护与开发两者结合起来进行综合权衡考虑。

综上所述，国内外已有的文化产业研究成果尚无法适应我国历史文化资源保护与文化产业迅猛发展的需要。历史文化资源保护与开发的实践迫切需要更具现实性、系统性的理论研究成果出现，这就给我们的研究工作留下了相当大的学术空间。

我们认为，我国要想在国际竞争中不断提高综合国力并掌握竞争的主动权，必须在以市场化手段提供主要文化产品和服务的社会主义市场经济条件下，发展文化产业。作为一个对世界产生过深远影响、具有五千年历史的文明古国，尤其是在经济崛起、国力腾飞之时，我们更应挖掘中华民族文化的潜力，使具有中国元素的文化产品的竞争力不断增强，为中华文化通过产业方式走出国门创造条件。总之，加快发展文化事业和文化产业，不断提高我国文化创造力、总体实力和国际竞争力，对内可以增进民族文化的认同，对外可以树立民族文化的形象，从而达到提升文化软实力的目的。那么，就文化产业学学科发展趋势而言，对历史文化资源的保护进行系统研究，是文化创意产业学科的重要内容与学科发展的必然趋势。科学、有效地保护历史文化资源，首先应该对我国历史文化资源进行科学的梳理与归类，准确把握各类文化资源的特性，站在产业化开发的高度来审视历史文化资源，并建立一整套国家标准的文化资源评价指标体系。

四、文化资源学的发展趋势

就我国文化产业发展的趋势分析，文化资源的保护与开发已经成为文化产业发展中的重要内容，尤其是在对历史文化资源的发掘、规划、保护、创意、利用、数字化等方面，当前我们面临着国际日益激烈的竞争。尽管我国的文化资源非常丰富，但是文化资源的利用率、商品转化率却很低，文化产品的精神内涵和艺术的精致程度也很低。

从当前的全球文化资源开发趋势和空间看，开发文化资源的经济价值，变文化资源为文化产业，是实现我国产业结构优化和升级，走可持续发展之路的必然选择。特别是如何把深厚的文化资源转化为文化品牌优势，是推动文化产业快速发展的关键。另外，在文化资源开发方面，国外有一些成熟的经验模式也值得我们借鉴。

因此，加强文化资源学的建立，并深入展开对这方面的研究工作刻不容缓。这不仅是发展文化产业学科的内在需求，也是对经济社会发展和国家安全有重要影响的新课题，对推动我国文化产业的可持续发展，弘扬民族文化，建设中华民族共有精神家园，增强中华文化的国际影响力，促进我国的和平崛起，具有重要的现实意义。科学、有效地保护我国丰富的历史文化资源，并促进文化资源学的学科建设势在必行。

五、文化资源学的研究方法

做任何事情，方法都是极为重要的。方法得当，则事半功倍，成效显著；方法不当，则事倍功半，吃力不讨好。对于文化资源学研究来说，也是如此。如果不了解文化资源学研究的独特性，不采用有针对性的独特的方法，那么，我们的研究就有可能无法达到预期的目的。

文化资源作为一个地区、一个民族以及一个国家极为重要的文化竞争力的构成要素，在全球化和文化资源事业迅速发展的背景下，文化资源的保护和开发不断推进，文化资源逐渐形成了自己独特的社会实践对象和研究领域。文化资源的研究涉及人类学、社会学、民族学、宗教学、历史学、民俗学、经济学、管理学等诸多学科，文化资源的相关研究领域包括物质文化遗产、非物质文化遗产、文化景观、文化线路、文化资源保护与管理等，是一个众多学科交叉、融合的独特的学科体系。

文化资源研究对象的多样性，决定了文化资源研究方法的丰富性。文化资源学的多学科性质决定了它不能采取单一的研究方法，它既需要运用人文社会科学的一般研究方法，还需要借鉴相关学科多种多样的特殊研究方法。例如，社会科学研究的方法，一般地说，有三个不同的层次：一是运用于一切科学研究的方法，即哲学方法和逻辑思维方法；二是适用于社会科学研究的普遍方法，即社会科学一般研究方法；三是仅适用于某一学科或某一门类具体社会科学的方法。

在文化资源学的研究中，也应当像其他科学的研究一样，采用实地调查、实物观察的方法，采用分析和综合、归纳与演绎的逻辑思维方法。同时，由于文化资源学是一门理论性和应用性都较强的学科，在研究方法上要学会运用系统方法。系统方法是指从系统的观点出发，注重从整体与部分之间、整体与外部环境的相互制约和相互作用的联系中综合地、精确地考察对象，进而达到最优化地分析和处理问题。还要学会运用将规范研究与实证分析相结合。规范研究，就是在揭示文化资源转化的同时，依据对象运动的内在逻辑性，指明文化资本应该如何运行，产业结构应当如何调整、文化资源应该如何配置的理论。另外，还要学会运用定性和定量分析的方法，在对文化资源范畴、概念进行逻辑推理的基础上，对所研究的对象做出质的判断和量的评估。只有把定性与定量有机地结合起来，才能使我们对对象的系统分析和理性把握达到科学的认识。总之，这些方法运用的目的之一，就是要揭示文化资源发生、发展、转化、整合的规律。

在本书的研究过程中，我们主要运用了系统的研究方法、文献资料与社会调查相结合的研究方法，并广泛采用了经济学、统计学中的一些分析方法，希望初步构建起文化资源学的理论框架，同时对一些类型和地区的文化资源做些定性、定量的分析，以期真实、客观地反映我国文化资源产业化的现状、存在的问题，为科学地制定历史文化资源保护开发政策提供现实依据。

我们希望通过新思路和新方法的创建，在历史文化资源的保护、开发的基本理论等方面进行创新性研究，建设一个文化资源的保护与开发的理论体系，为政府的经济建设、文化建设、精神文明建设提供坚实的理论依据，为文化资源的挖掘与保护、创意与开发提供理论指导，从而推进我国文化资源保护与文化产业的健康可持续发展，增强我国文化创意产业的国际竞争力，促进国家软实力的提升。

第一章

文化资源概述

本章学习目标

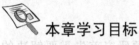

通过对本章的学习，学生应了解或掌握如下内容：

1. 文化资源的含义、属性、形态和特征；
2. 文化资本的含义；
3. 文化资源与文化资本的相互关系；
4. 中国推动文化资源向文化资本转化的重要战略意义；
5. 实现文化资源的资本转化的原则和路径。

导言

20 世纪 90 年代以来，文化的经济功能正在逐步被认同并不断向前推动，国内外学术界对文化资源及其产业化开发的研究也逐渐深入。国外学术界对文化资源开发的研究主要集中在对个别文化资源案例研究和具体类别文化资源在开发中的作用的分析；国内的历史文化资源开发研究主要是对著名的文化资源事项如何进行开发的案例性研究，理论性的探讨多从文化资源与开发的关系及开发对策方面着手，缺乏研究的系统性。中国是文化资源大国，却也是文化产业小国，由于国内外已有文化产业研究成果的局限性，使得它们无法适应我国文化资源产业化开发迅猛发展的需要，文化资源产业化开发的实践迫切需要更具现实性、系统性的理论研究成果的出现。

第一节　文化资源及其特征

文化资源是人们从事文化生活和生产所必需的前提准备，文化资源蕴藏在深厚的历史文化传统之中，也存在于社会文化现状之中，它既以一种可感知的物质化、符号化形式存在，又以一种精神性、智力化的形式存在，文化资源的丰富程度和质量高低直接对当地文化经济的发展产生多重作用。

一、文化界说

什么是文化？文化的内涵究竟应如何界定？这是文化资源研究首先需要解决的问题。

“文化”一词，我国古已有之。由于人们认识角度的不同，强调的着重点不同，对文化内涵的概括和所下的定义也差异甚大。根据克罗博和克拉康在 1952 年所作的《文化——有关概念和定义的回顾》一书的考察，过去学者们给文化所下的定义共有 200 余种之多。这些形形色色的文化定义，大致可区分为广义和狭义两类。

广义的文化，又称为“大文化”，主要着眼于人与自然的本质区分，认为凡是人类有意识地作用于自然界和人类社会的一切活动及其结果，都属于文化。换言之，文化也就是“人化自然”，是人类发挥其主观能动性，把人的智慧、创造性、感情注入自然，使自然成为被人所理解、沟通和利用的对象。人化自然的开始即意味着人类已卓然自立于自然之上，超越自然而进入改造自然的历史进程之中。因此，文化就是人类独特的生活方式，人的一切活动本质上都具有文化的性质。

狭义的文化，则称为“小文化”，主要是排除广义文化概念中的物质性部分，将文化限定在人类精神创造活动及其结果方面。英国人类学家爱德华·泰勒 1871 年在其所著的《原始文化》一书中，提出了狭义文化的早期经典界说，认为文化“乃是包括知识、信仰、艺术、道德、法律、习俗和任何人作为一名社会成员而获得的能力和习惯在内的复杂整体”。20 世纪 40 年代初，毛泽东在论及新民主主义文化时提出：“一定的文化是一定社会的政治和经济在观念形态上的反映。”这也是从狭义文化的立场来界说文化的。尽管可以因认识角度的不同，对文化作广义和狭义的界定，但二者又是不可截然分割的，存在着内在的逻辑联系。当研究人类的精神创造活动时，不可忽视物质创造活动的基础地位和决定性作用；在探讨观念文化和心态文化问题时，不能忽略物质文化、制度文化、行为文化对观念和心态文化的影响和制约。

文化一经形成，便有其独立的形态、系统和结构，我们也可据此对文化作出各种各样的分类，以把握不同文化形态的特征。例如，根据文化的不同功能，可分为礼仪文化、企业文化、校园文化、饮食文化、服饰文化等；根据文化的不同形态，又可分为物质文化、精神文化、制度文化、行为文化等；根据不同的环境和地域，还可分为西方文化、东方文化、中国文化、美国文化、日本文化、英国文化、海洋文化、大陆文化、次大陆文化等；也可从文化的历史演变，将其分为原始文化、古代文化、近代文化、现代文化、后现代文化等。

除具有其特殊性和区分性之外，文化也具有普遍性和共性。例如，那些具有永恒生命力的文学艺术珍品、科学技术发明，某些先进的生产方式、管理方式，某些风俗习惯、道德规范、生活方式与生活情趣等，反映了文化的人类共同性，为全人类所拥有和继承，成为人类共同的生活体验和财富。文化的人类共同性特征，构成世界各地、各民族、各国人民之间进行友好往来、交流与认同的共同文化基础。这就决定了在从事文化研究时，要注意它的整体结构和共性特征，注意不同文化之间的相互重叠性和沟通性。

二、文化资源的内涵

文化资源在我国发展文化产业的过程中早已经被广泛利用，然而对于什么是文化资源，它的内涵、特征和功能是什么，如何更有效地开发利用这种资源，政界、商界、学界众说纷纭，尚未形成定论。

一些学者认为，文化资源是指凝结了人类无差别劳动成果的精华和丰富思维活动的物质和精神的产品或者活动[①]；吕庆华在《文化资源的产业开发》一书将文化资源看作人类劳动创造的物质成果及其转化[②]；欧阳友权主编的《文化产业通论》一书将文化资源定义为：能够突出原生地区的文化特征及其历史进步活动痕迹，具有地域风情和文明传统价值的一类资源，包括历史遗迹、民俗文化、地域文化、乡土风情、文学历史、民族音乐、宗教文化、自然景观等[③]。

以上这些看法勾勒出了文化资源的基本轮廓，尽管可成一家之言，但显得还不够全面与系统。在我们看来，要理解文化资源的内涵，需要从文化资源的文化属性和资源属性两个层面进行剖析。

---

① 申维辰．评价文化：文化资源评估与文化产业化评价研究[M]．太原：山西教育出版社，2005：7．

② 吕庆华．文化资源的产业开发[M]．北京：经济日报出版社，2006：50．

③ 欧阳友权．文化产业通论[M]．长沙：湖南人民出版社，2006：39-138．

从文化资源的文化属性来看，文化资源首先表现为一种文化的形态。英国学者泰勒对文化做的经典释义为：文化或文明是包括知识、信仰、艺术、道德、法律、习惯，以及其他人类作为社会成员而获得的种种能力、习性在内的一种复合体[①]。著名文化人类学家马林诺夫斯基从文化功能的角度将文化定义为人类社会能直接或间接地满足人类需要的一套工具以及一套风俗，它是人体的或心灵的特征[②]。国内的学者多认同《辞海》对文化的解释，认为文化“广义指人类在社会实践过程中所获得的物质、精神的生产能力和创造的物质、精神财富的总和。狭义指精神生产能力和精神产品，包括一切社会意识形式：自然科学、技术科学、社会意识形态”。事实上，文化不但具有全人类所共有的普遍性，也具有民族的区域性与差异性；文化既是历史积淀的产物，又富含时代的气息。一个时代、一个地域、一个类别所呈现出的文化现象，既有良莠之别，也有素质与水平的高低。所以说，文化是一个动态性与静态性相统一的发展过程，它随着实践活动的进行而不断的变化、运动。

通过以上对“文化”的意义解析，我们认为，以一种文化形态作为表征的文化资源，是在人类社会漫长历史发展过程中所积淀凝聚而成的，它通过文化的创造、积累和延续所构建，表现为一种能够满足人类精神文化需求的物质产品和精神产品，它的主体部分是历史文化资源。

从文化资源的资源属性来看，文化资源还应具有资源的特征。所谓资源，通常是指可供满足人们物质生活需要和精神生活需要的自然要素与社会要素的总和，也可以说是一国或一定地区内拥有的物力、财力、人力等各种物质要素的总称。资源是创造人类社会财富和精神财富的源泉。

当前理论界一般把资源按照属性分为两大类：第一类是自然资源，它是指能够进入人类劳动生产过程并被加工成生产资料的那部分自然要素，如土地、水、能源、野生动物与植被等；联合国环境规划署对自然环境的定义是“在一定的时间、地点条件下能够产生经济价值的、以提高人类当前和将来福利的自然环境因素和条件的综合”[③]。第二类是社会资源，主要是指人类通过自身提供的以物质形态而存在的劳动力资源和经济资源，而且也包括科技、教育、文化、信息、管理等非物质形态的资源。总体上说，文化资源就是一种社会资源。

自然资源是人类生产和生活的物质基础，也是人类社会发展的必要条件。但随着人类生产的发展和社会经济生活的复杂化，人类自身创造的文化资源越来越重要，资源的

① 庄锡昌，顾晓鸣．多维视野中的文化理论[M]．杭州：浙江人民出版社，1987：98.

② [英]马林诺夫斯基．文化论[M]．费孝通，等，译．北京：中国民间文艺出版社，1987：2-14.

③ 曹凑贵．生态学概论[M]．北京：北京高等教育出版社，2002：295.

构成也日趋多样性与复杂化。符号化的知识、经验性的技能、创新型的能力、通信手段、社会组织系统等，都逐渐成为生产的要素，并在人类的生产和生活中起到越来越重要的作用。以一种资源形态作为表征的文化资源，是资源的一种具体存在形态，是指为社会经济的发展提供对象、环境和条件的那些文化要素的组合。由于文化资源与同以物质为基本形态的自然资源相对应，因此又是一种无形资源，与一般资源相比，文化资源是一种软资源，是在人类发展过程中逐步积累形成的。

综合以上对文化资源文化属性与资源属性的解读，我们将文化资源定义为：人类在漫长历史发展过程中所积淀的，通过文化创造、积累和延续所构建的，能够为社会经济发展提供对象、环境、条件、智能与创意的文化要素的综合。

文化资源蕴藏在历史文化传统之中，存在于社会文化现状之中，弥散在整个物质生产、精神生产的创造过程之中，它既以一种可感知的物质化、符号化形式存在，又以一种思想化、智力化、想象性的形式存在，它主要以人为载体[①]。

一般来说，文化资源具体呈现为三种形态：一是符号化的、具体的文化要素。如建筑、绘画、石刻、音乐、工艺、典籍等。这类文化资源可以复制、加工、转换并融入到文化产品中。二是精神性的、非物态的文化内涵。表现为影响我们的思想、价值观念、审美意识以及信仰等。这种形态的文化资源虽不能直接转化为文化产品，但它已内化到人们的日常行为之中，并潜移默化地影响人们的社会实践。三是经验性的文化技能和创新型的文化能力。它不仅包括由人掌握的一种文化活动的技能，如写作、歌唱、舞蹈、绘画、演奏、设计等技巧，还包括文化创造者突破前人模式的独创性思维和实践能力，体现为创意、主题、构思、决策方案的能力等。这种形态的文化资源又称作文化智能资源，是文化生产中的核心资源。

三、文化资源的特征

通过对文化资源概念的界分，我们可以从文化资源的价值特性、文化资源的所有权、文化资源的空间分布、文化资源的可持续发展等四个层面来分析文化资源的特征。

（一）从文化资源的价值特性来看，文化资源具有价值潜在性、滞后性、整体性和地域性等特征

文化资源的价值潜在性与文化资源的存在形式有关。计算价值的前提是对象化和具

[①] 贾松青．论文化资源转变为文化资本的现实途径．见：侯水平．四川文化发展报告（蓝皮书）[R]．北京：社会科学文献出版社，2006．

体化，而在庞大的文化资源体系中，只有一部分可以对象化，那些非物态的文化资源与历史遗产很难对象化，这在客观上决定了文化资源的价值潜在性。虽然文化资源很难度量，但是它的影响是客观存在的。优秀的文化给人以美感、激情和力量，具有强烈的冲击力、震撼力和感召力，能够升华思想，激扬精神，淳化道德，陶冶灵魂，这类文化资源不但是维系国家统一和民族团结的纽带，更是国家和民族生存和发展的重要基础。

由于大多数文化产品的功能是在审美过程中释放的，是一个持久的过程，这就决定了文化资源价值的滞后性。对文化资源价值的滞后性可以从三个方面来理解：一是部分文化产品的稀缺性，这些文化产品（如古董、字画等）经过一定年代的沉淀，其价值往往超常增加。二是不同文化素养的人群对同一个文化产品有不同的感受，人们对文化资源有一个逐步认识的过程。三是文化资源的价值是随着社会发展，人们对高层次消费需求的增加而不断增值的，这也从客观上决定了文化资源价值的滞后性。

文化资源具有整体性，它的价值要通过整体反映。例如，城市、街道和居住区的格局，都具有整体性，不是单个建筑物可以表达的。历史文化遗迹也有特定的自然背景作为衬托，需要表现为一种整体的景观。另外，民俗这样的文化资源，是由民族建筑、民族服饰、民族习俗、民族歌舞这样的综合要素构成的，破坏其中任何一个要素都有损于民俗文化资源品相的整体性。

文化资源的价值还具有地域性特征。由于人们的审美标准和情趣不但具有普遍性的一面，而且还表现为地区和民族的差异，不同的地区、民族，对文化的价值都有不同的评价。这决定了文化资源价值具有地域性特征[①]。

（二）从文化资源的所有权来看，文化资源具有共享性与非独占性特征

和自然资源一样，文化资源也存在产权归属。而与自然资源有显著区别的是，文化资源虽然有产权归属，但产权拥有者并不一定对这一资源完全独占独享。随着文化产业的飞速发展和文化资源产业化进程的加速，文化资源的占有主体越来越被淡化和模糊化，文化资源占有主体瞬息万变。

因此，任何文化资源，一经产生即是民族的，更是世界的、全人类的共同资源、共同财富。特别是在信息时代，知识、信息传播速度的加快更使得文化资源共享程度进一步提高。并且，在信息化的时代背景下，文化资源占有的多寡与现实的文化创新能力成正比，文化资源往往掌握在那些创新能力强、具备创意能力的民族、国家或集团手中。如果一味地强调文化资源的富饶，不采取有效的措施加以整合与创意性的开发，就会被别人无偿地借用，从而造成文化资源的流失。韩国端午节成功申请世界级非物质文化遗

---

① 胡兆量．文化资源论[J]．城市问题，2006（4）．

产，美国迪士尼公司制作的动画片《花木兰》及《功夫熊猫》，都给我国敲响了文化资源流失的警钟。

（三）从文化资源的空间分布来看，文化资源具有集群性特征

文化资源的产生源于人类的文化创造，无论哪种形式的文化资源，其形式和积累过程都与人类活动密不可分，而人类活动的社会性和集聚效应则使得文化资源也具有了集群的特征。文化资源的集群特征主要可以从以下四个方面来理解。

1．集聚性

文化资源空间集聚性是指文化资源在地理空间上的集中趋向与过程。这种集聚现象源于两个方面：一是基于文化活动的内在联系。出于加强相互联系的需要，一些内在联系紧密、相互联系的文化活动往往趋向于集中在同一个适宜的地方发展，且往往是一个或一些核心文化活动带动许多配套文化活动在该空间集聚。二是基于文化活动对集聚效应的追求。由于集聚能够产生集聚效应，因此，各种文化活动为追求集聚效应也需要在空间上趋于集中。这种集聚过程一旦开始，就极易形成循环因果式的促进集聚的力量，从而加速集聚过程，在某一空间上形成文化资源的高度集中。

2．专业化

处于某一空间区域内的文化资源，一般都具有属于同一特定主题，或具有直接上下游关联，或具有其他密切联系的相关性。正是这种专业化特征，才使集群内的各种资源之间产生紧密的共生、协作关系。文化产业园区的实践证明，大量的、彼此间有很强的专业分工与合作关系的各种同一主题文化子资源的空间聚集，容易形成互相支撑、互相依托、互相促进的良性累积循环，降低集群内资源交易的费用，在同一空间内产生外在规模经济和外在范围经济。

3．网络化

资源集群是一种网络化体系。这种网络体系结构包括集群内各种“子资源”之间、资源与地方政府部门之间、资源与各种类型的中介服务组织或企业之间各种正式和非正式的协作关系。正式的网络关系表现为各行为主体之间通过各种合同等形成的关系；非正式的网络关系表现为非合同的、在长期交往过程中所形成的相对稳定关系。对文化资源集群的竞争力提高具有重要意义的是非正式网络关系，这种网络关系是在人们经历的频繁而广泛的非正式的交流和合作中逐渐形成的集群内的一种社会文化和社会资本，能有效地扩散和传递文化资源的社会影响力，从而更有效地推动文化资源的产业化进程，保持和提高文化产品的竞争力。

4．植根性

植根性的含义是指经济行为深深嵌入社会关系中。集群性文化资源不仅仅是地理上集聚，更重要的是它们具有很强的地域性联系，这种地域性包括政治、社会、经济、文化等各方面。集群资源具有相同或相近的社会文化背景和制度环境，并深深烙印着其所产生的环境语言、背景知识和交易规则的印记。共同的社会文化环境有利于文化资源的交流与合作，而文化产业集群则正是这种“具有某种共同符号”的文化资源根植于本地而形成的[①]。

（四）从文化资源的可持续发展来看，文化资源表现为消耗性与非消耗性、可再生性与不可再生性的统一

自然资源的利用一般是消耗性的，有许多自然资源，如土地资源、矿产资源、石油资源等都是不可再生的，这决定了自然资源的稀缺性与消耗性。而文化资源则不同，有许多文化资源，如作为旅游文化的自然生态景观，作为无形资源基础的文化传统、民俗风情、品牌资源等，都可以反复利用，具有非消耗性特征。

然而，对文化资源的保护与产业化开发如果不遵循客观规律，以“资源消耗型”和“环境污染型”模式来开发文化资源，盲目地发展消耗型文化产业，忽视文化积累和文化资源的再造，就会导致文化资源的严重破坏与消耗。文化产品的不健康会导致文化环境的污染。如对传统文化与红色经典文化的随意篡改，会解构塑造民族性格和谐的精神文化资源的合法性，从而造成文化资源的瓦解。所以，我们说文化资源的特征表现为消耗性与非消耗性的统一。

作为精神文化的文化资源通常都具有可再生性，这种可再生性使得文化资源可以作为某种文化要素不断地在不同的文化产业结构中发挥作用。如传统文化的和谐观念，既可以是一种宇宙观和道德观，可以是一种政治观，也可以是一种企业文化观，它会在不同的历史时期和不同的文化企业中再生出新的文化内涵。而作为物质文化形态出现的文化资源，如历史文化遗址、文物等，都是以往特定历史和社会环境中活动的产物，具有时空规定性、环境制约性、唯一性和独特性，一旦时过境迁，就不再重复，一经消失就不会再生。因此，文化资源还具有不可再生性特征，表现为可再生性与不可再生性的统一。

第二节 从文化资源到文化资本

文化资源是一种特殊的资源，文化产业发展的过程实质上就是文化资源不断向文化

[①] 吕挺琳．文化资源的集群特征与文化产业化路径选择[J]．中州学刊，2007（6）．

资本转化的过程。文化资源是文化产业发展的基础和前提，文化资本是对文化资源的优化升级，两者的双向互动构成了文化产业发展的基本逻辑。

一、文化资本与文化资源

文化资本不是文化学的“文化”概念与经济学上的“资本”概念的简单拼凑，而是两者的相互渗透、融合。它既具有经济学意义，又具有文化学意义；既具有财富属性，又具有价值属性，不应仅从单一的学科分类上加以理解。

（一）文化资本释义

文化资本的概念最早由法国社会学家布尔迪厄在《资本的形式》一文中提出，用以区分资本的三种基本类型，并以此说明后工业社会条件下文化工业的理念和运作模式，力求对经济资本做一种非经济的解读。他认为，资本的基本类型有三种：第一种是经济资本，包括物质资本、自然资本、金融资本等，可以直接转换为金钱；第二种是文化资本，包括了各种各样的资源，如词语能力、一般文化意识、审美偏好、关于教学体系的信息以及教育文凭等；第三种是社会资本，它由社会义务或社会关系构成，在某种高贵身份被制度化的条件下，也可以转化为经济资本。这三种资本的存在和运动都有其相对的自主性，但在一定的条件下，不同形式的资本也可以互相转化。

布尔迪厄根据文化资本、文化资源对人的个体生命与身体、身份生物性的依赖及文化产品客观化的对象性，以及文化资本转化为经济资本体制化的制度博弈，将文化资本划分为三种不同的存在状态：第一种状态表现为一套培育而成的倾向，这种倾向被个体通过社会化而加以内化，并构成了欣赏与理解的框架。包括人类本身所具有的教育、技能、文化知识及经验的积累，这是一种以身体化状态存在的文化资本。第二种状态表现为一种涉及客体的客观化的形式存在，如书籍、艺术品、科学仪器，这种形态的文化资本提出了专门化文化能力的要求。第三种状态的文化资本是以机构化与制度化的形式存在的，表现为学术资格、文化能力、学历证书和其他被社会公认的、合法的规则、制度与机制①。

布尔迪厄探讨的文化资本从本质上来说是知识生产的经济活动，而不是文化产业，他的研究更多地停留在社会学的领域，将文化资本的概念充实为社会资本的范畴加以分析、阐释，并将之提升为社会学理论体系的核心概念。但布尔迪厄的文化资本理论，尤其是客观化的文化资本研究理论，给文化产品及其产业——文化产业提供了理论基础，

① [美]戴维·斯沃茨．文化与权力：布尔迪厄的社会学[M]．陶东风，译．上海：上海译文出版社，2006：88-91．

文化产品及其产业的研究在当今已经成为一门显学。

从文化产业学的角度来看，文化资本是指对文化资源的优化配置所形成的文化生产、文化服务，它是以物质财富和精神财富的形式具体表现出来的文化价值积累。这种积累还会引起产品和服务的不断流动，带来增值效应，文化资本通过市场生成经济价值。文化资本既具有经济学意义，又具有文化学意义，其概念确立的基础是要克服社会生产和经营活动中常常表现出来的经济效益和文化意义之间的背离，建立文化价值与经济价值之间的内在联结，用于指导和规范生产经营活动的可持续。所以，文化资本是一个学科综合性很强，又具学理性、产业化特征的新概念①。

（二）文化资源与文化资本的关系

资源不是资本。资源只是表明某一事物具有某种价值，而资本则是在市场经济的条件下，这种资源能够进入到经济活动的过程中，在其中发挥作用，产生效益，从而得到回报的东西。

同样，文化资源也不等同于文化资本。文化资源只有进入现实公共文化生活和现实文化生产之中，才具有转化为文化资本的可能性、现实性，也才可能使得文化资源经过生产转化过程、管理经营过程，而具有持续开发价值并产生巨大的经济价值。文化资源是文化资本的基础、前提、来源，文化资本是文化资源实现产业化的结果和价值体现，二者互为因果，推动着文化生产力的发展②。

由此可见，文化资源转化为文化资本，继而创造价值，产生效益，是文化资源产业化发展的基本逻辑。文化资源是文化产业发展的基础，但并不是所有的文化资源都可以转化为文化资本，进行产业化经营，只有其中经过社会的交易、流通、服务等领域，以转化的形式即文化产品来满足和引导人们的需求，从而产生价值增量效应的那部分文化资源，才可以成为文化资本。

要把文化资源转化为文化资本，并引导其进入经济活动，使文化资源成为产品从而产生直接的经济效益，必须要满足以下三个条件：一是不管有形的文化资源还是无形的文化资源，都必须或有可能转化为消费者可视、可听、可感、可体验的物质形式。因为文化产品需要作为“产品”在市场上进行交换并使其收益内化，才能实现产业化。这关系到文化资源的“可编码”程度，它必须建立在技术的基础之上。二是文化资源本身要具有某种消费者可接受的价值，或更明确地说是市场价值。三是这种物质形式有明确的

① 施炎平．从文化资源到文化资本——传统文化的价值重建与再创[J]．探索与争鸣，2007（6）．

② 贾松青．论文化资源转变为文化资本的现实途径．见：侯水平．四川文化发展报告（蓝皮书）[R]．北京：社会科学文献出版社，2006．

归属权，即产权。[①]

二、文化资源转化为文化资本的意义与路径

随着对文化资源所蕴含的多层次价值认识的逐渐深入，社会各界对它的需求也变得更为迫切和直接，文化资源的产业化和资本化在当今经济文化全球化的大背景下显得尤为重要。然而，文化资源作为一种特殊的资源构成，在其开发利用过程中都要遵循其独特的规律和原则，不断探索出资本转换的新路径。

（一）推动文化资源向文化资本转化的战略意义

有人说，中国是文化资源大国，却是文化产业小国，提出将文化资源优势转化为产业优势的口号，在发展文化产业的过程中，不顾地区文化资源禀赋与文化资源属性的差异，盲目发展“资源消耗型”和“环境污染型”文化产业，把不能直接进行产业化开发的文化资源也纳入产业化进程中来，结果造成了文化资源的“乱砍滥伐”，优秀文化传统存在合法性的解构，和谐文化氛围的破坏。

事实上，我们不能将文化发展的思路局限在把文化资源优势转化为文化产业优势上，而应该开放视野，将文化产业发展的思路调整到文化资源优势转化为文化资本优势上。资本能带来增值的价值，是文化产业发展的重要能源形态。文化资源优势如果不能转化成文化资本优势，不能产生新的价值形态，就很难推进文化和文化产业的发展[②]。在世界经济、政治、文化日益交融的背景下，大力发展社会主义文化，实现文化资源向文化资本的转化，是全面建设小康社会、构建社会主义和谐社会的战略选择。

首先，推动文化资源向文化资本转化是改革我国文化体制与调整文化产业结构的内在要求。

文化资源向文化资本的转化必然要求冲破现有不合理文化体制的约束，构建社会主义市场经济条件下的新文化体制，为文化资本的不断创造开辟新的发展空间。这就需要理顺管理关系，焕发文化体制的新活力、新能量，创造文化生产力发展条件，不断催生文化资本，为社会创造更多的精神文化财富。

另外，加大文化资源向文化资本转化的力度，必须通过政府、企业、社会的联动推进，这就有可能改变现有不合理的产业结构，形成传统文化产业与新兴文化产业相互促

① 胡惠林．文化产业概论[M]．昆明：云南大学出版社，2005：174．

② 胡惠林．文化资本：现代文化产业和谐发展的能源形态[J]．探索与争鸣，2007（1）．

进、整合发展的产业格局[①]。

其次，推动文化资源向文化资本的转化，为解放和发展文化生产力，实现文化产业的可持续发展开辟了现实道路。

发展社会主义先进文化和文化生产力，既需要丰富的文化资源作为内容和形式，更需要将这些文化资源转变为现实文化产品和文化服务。在这种资源与资本的转化过程中，融入了文化生产者、文化管理者、文化经营者、文化消费者的创造性劳动和智慧性成果，构成一种良性互动的文化建设过程。从而，在资源转变中广泛而深刻地体现出文化生产力的巨大创造性和生命力。

文化产业是人类社会发展到工业革命时代和通信时代所创造出来的一种新的产业形态，也是文化资源的积累方式与再造方式，而文化资本是一种能够产生新文化资源，并促进文化积累的能量。探讨传统文化资源所具有的资本属性，既是对传统文化历史价值、知识价值的再发现，更是基于对传统文化的现代诠释，通过重新梳理、总结和运作，从而产生新的价值，再生文化资源的过程。这必将适应中国特色社会主义文明建设和可持续发展的需求。

最后，文化资源转变为文化资本，是增强我国文化产业的国际竞争力，提升我国文化软实力的必然选择。

一个国家的综合国力，既包括由经济、科技、军事实力等表现出来的“硬实力”，也包括以文化、意识形态吸引力体现出来的“软实力”。所谓“软实力”，是指一国的文化、价值观念、社会制度、发展模式的国际影响力与感召力。一个国家的崛起，从根本上说，在于它的综合国力的全面提升。

与快速提升的硬实力相比，我国的文化软实力建设还相对滞后，这已经成为制约我国进一步发展的“瓶颈”。在文化产业方面表现在文化资源大国与文化产业小国的不对称。与发达国家相比，中国文化产业的发展在资金实力、科技水平、市场运作能力、创新能力和市场竞争能力等方面都存在相当大的差距。从文化资源的开发到文化资本的运作，需要提高文化产品附加值，打造文化特色，并以此不断增加文化积累，从而增强我国文化产业的市场竞争力。文化产业的竞争力的增强，又会推动我国优秀文化传统在世界范围内的广泛传播，继而提升我国的文化软实力。

因此，以文化资源转化为文化资本的思路指导我国文化资源的有效开发和充分利用，是我国文化生产力的博弈优势与国际竞争力的战略产业创新，对发挥中国文化的本土优势，振兴中国文化产业，参与全球竞争乃至提升我国文化软实力都具有重大现实意义。

[①] 贾松青．论文化资源转变为文化资本的现实途径．见：侯水平．四川文化发展报告（蓝皮书）[R]．北京：社会科学文献出版社，2006．

（二）推动我国文化资源转变为文化资本必须遵循的原则

从经济学的角度讲，资源是实现资本转换的前提和基础，而资本则是资源实现其转换的结果。在市场经济条件下，资源只有通过市场的作用实现了资本的物态转换，才能实现自身价值和作用的拓展。然而，文化资源作为一种特殊的资源构成，具有与自然资源不同的特征，这就决定了其在转变为文化资本的过程中必须遵循以下原则。

1．经济效益与社会效益相兼顾的原则

不可否认，推动文化资源向文化资本的转化，其首要目的在于通过文化资源的物态转换实现资源本身的升值，使文化资源在经济发展过程中功能与作用最大化。然而，我们还应该看到，文化资源作为一种特殊的资源，其功能绝不仅是担当一种经济的角色，同时还兼具文化传承、民众教化、形象塑造等社会功能。文化资源经过产业化开发所生产出来的文化产品是一种渗透着社会意识形态、道德素质和价值理念的特殊产品，它不仅具有一般商品所具有的使用价值，更具有独特的思想价值、知识价值和审美价值。这决定了我们在推动文化资源向文化资本的转变过程中，必须强调经济效益和社会效益相兼顾的原则，实现两者的统一。

2．资源整合与优化相结合的原则

从文化资源区域分布的差异来看，不同的地区具有不同的文化资源禀赋，每个地区的文化资源都具有自身的特色；从文化资源的内部构成要素来看，不同属性的文化资源存在着非兼容性，甚至是矛盾和冲突。这种文化资源地域上的分布不均衡与文化资源属性的内部矛盾，会造成文化资源开发和实现资本化转向的障碍。要消除这些障碍，实现文化资源间的融合，使文化资源的整体优势得以发挥，就需要对各区域文化资源以及各种文化资源要素进行整合与优化。

文化资源的配置、组合、交融、整合，必须遵循最优化原则。这要求我们在实现文化资源向文化资本的转化过程中，既突出文化资源的整体性，又要兼顾对区域文化资源个性化的塑造与培育，将不同的文化内容、文化形式的最优良方面组合为一体，使文化资源的价值实现最优化。

3．文化继承与文化创新相结合的原则

传统文化始终是中华民族精神生命和群体人格得以发育、生长的根源，也是这种精神生命和群体人格能够绵延不断、演变发展取之不尽的资源。在更广泛的领域，多方面、多层次的展开对传统文化资源价值的再发现，梳理其中的资本属性，推动传统文化资源向文化资本的转化，是传承我国优秀的民族传统文化，使传统文化适应现代文明建设的必然选择。

文化资源要为现代文明建设提供有效资源，需要揭示并设计出文化资源转化为文化资本的环节和途径，其中的关键是创新。在以创新推动文化资源转化的过程中，要深度挖掘并提炼文化资源的内涵；注重对文化资源体验性、参与性、互动性的开发，强调人的全方位参与；重视全新的符号经济，打造文化品牌；保持文化资源的永续利用、持续开发与循环发展。

（三）从文化资源到文化资本的转变途径

文化资源向文化资本的转化是一种质的转变。这种转变既包含了文化资源的形态转化，更蕴含着其价值的增值。因此这种转变是一个复杂的过程，要实现文化资源的资本转化可以通过以下几个途径。

1．深度开发，促进文化资源向文化资本的转化

充分发掘、整理和利用文化资源，充分总结和提炼文化精神，赋予文化以新的内涵，将文化以思想资源、智力资源的形式直接渗透、融入到经济活动中，以增加和体现文化附加值的形式将文化思想和智力转变为经济价值。

将文化资源以文化内容、创意特征的形式产品化，不断满足文化消费市场的多层次、多样性和个别需要，使文化成为具有社会价值和经济价值的特殊商品，从而实现文化资本的转化。

2．转变机制，促进文化资源向文化资本的转化

文化资源只有在市场机制中才可能转化为文化资本，它是文化市场发展的重要要素，而资源配置、资源整合是文化市场发展的基础。通过要素市场的培育，促使文化市场的全面发展，通过文化资源的重组和优化配置，使文化市场有取之不尽的源泉，这是推动文化资源转化为文化资本的关键所在。

转变投融资机制，对主流意识形态产品采取以国家投入为主，其他文化产业采取国家、社会、个人多渠道投入的机制，鼓励民间资本、国外资本投入文化产业。另外，还要大力支持资金投入、资源投入、品牌投入、运营模式投入等新的文化生产投入方式，实现投融资渠道的多元化。

转变生产机制，遵循文化发展规律，适应文化资源多门类、多层次、多形式的特征，按照现代企业制度要求，采取批量化、复制化和个别化生产运营方式。以多角度、宽领域、深层次的开发打造文化产业链，实现文化产业结构的制度性解放，加速文化生产力发展。

转变管理机制，按照文化行业特性进行管理，政企分开、政事分开，既注重文化产品内容上的性质与质量，又要鼓励文化产品的多样性、差别性，以满足人们日益增长的

物质文化要求为管理目的[①]。

3. 通过高新技术开发文化资源，推动资本转化

近年来，现代传播媒介的高速发展，宽带技术、多媒体传播、数字化与互联网的兴起，对传统的经济与文化生产方式产生了巨大冲击。将图像、文字、影像、语言等内容，运用数字化高新技术手段和信息技术进行整合运用而成为产品或服务。这种飞速发展的电子、数字通信、信息技术给当代社会产业结构带来了革命性的影响。因此，要加快文化资源向文化资本的转化必须借助科技手段，引导文化产业与高新技术产业的合作。利用现代信息和数字技术平台，实施高科技、数字化工程。突破行业限制，改善合作关系，推动产业内和产业间的融合，提升技术水平和国际竞争力，用科学技术带动文化资源向文化资本的转换。

4. 培育文化产业复合型人才，推动文化资源向文化资本的转化

文化产业职业人才的匮乏已经严重制约了我国文化产业的发展，造就大批文艺专业素质与市场经济素质兼备的复合型专业人才已成为当务之急。鼓励支持国家文化产业创新与发展研究基地以及有条件的综合性大学，参与文化产业人才的培养、培训工作，为文化产业可持续发展积蓄人力资本。此外，还要建立文化生产规律和市场经济规律相适应的培养选拔制度和奖励制度，培养和引进一批高层次文化专业人才、文化管理人才和文化经营人才，造就一批引领时代潮流的文化名家、大师，形成一支结构合理、素质优良、实力雄厚的文化人才队伍。只有这样，才能改变现有我国文化产业人才格局，大力推进文化产业专业人才的培养，确保文化资源向文化资本的持续转变。

本章小结

- 文化资源既具有文化属性又具有资源属性，它是人类在漫长历史发展过程中所积淀的，通过文化创造、积累和延续所构建的，能够为社会经济发展提供对象、环境、条件、智能与创意的文化要素的综合。
- 文化资源具体呈现为三种形态：一是符号化的、具体的文化要素；二是精神性的、非物态的文化内涵；三是经验性的文化技能和创新型的文化能力。
- 文化资源具有多重特征：从文化资源的价值特性来看，文化资源具有价值的潜在性、滞后性、整体性和区域性等特征；从文化资源的所有权角度来看，文化

① 贾松青．论文化资源转变为文化资本的现实途径．见：侯水平．四川文化发展报告（蓝皮书）[R]．北京：社会科学文献出版社，2006．

资源具有共享性与非独占性特征；从文化资源空间分布角度来看，文化资源具有集群性特征；从可持续发展的角度来看，文化资源表现为消耗性与非消耗性、可再生性与不可再生性的统一。

- 法国社会学家布尔迪厄在《资本的形式》一文中最早提出了文化资本的概念。文化资本并不是文化学的“文化”概念与经济学上的“资本”概念的简单拼凑，而是两者的相互渗透、融合。文化资本并不简单等同于文化资源，两者互为因果，交互地推动着文化生产力的发展。
- 在世界经济、政治、文化日益交融的背景下，大力发展社会主义文化，实现文化资源向文化资本的转化具有重要的战略意义：首先，推动文化资源向文化资本转化是改革我国文化体制与调整文化产业结构的内在要求；其次，推动文化资源向文化资本的转化为解放和发展文化生产力，实现文化产业的可持续发展开辟了现实道路；最后，文化资源转变为文化资本，是增强我国文化产业的国际竞争力，提升我国文化软实力的必然选择。
- 文化资源作为一种特殊的资源构成，其在转变为文化资本的过程中必须遵循以下原则：经济效益与社会效益相兼顾的原则；资源整合与优化相结合的原则；文化继承与文化创新相结合的原则。
- 实现文化资源的资本转化可以通过以下几个途径：深度开发，促进文化资源向文化资本的转化；转变机制，促进文化资源向文化资本的转化；通过高新技术开发文化资源，推动资本转化；培育文化产业复合型人才，推动文化资源向文化资本的转化。

综合练习

一、本章基本概念

资源；自然资源；社会资源；文化资源；资本；文化资本

二、本章基本思考题

1. 简述文化资源的文化属性和资源属性。
2. 简述文化资源所呈现的三种形态。
3. 文化资源的特征有哪些？
4. 简述布尔迪厄的文化资本观。

5．文化资源是否等同于文化资本？二者的关系是怎样的？

6．论述我国推动文化资源向文化资本转化的战略意义。

7．推动文化资源向文化资本转化需要遵循的原则有哪些？

8．可以通过哪些路径实现文化资源的资本转化？

推荐阅读资料

1．申维辰．评价文化：文化资源评估与文化产业化评价研究[M]．太原：山西教育出版社，2005．

2．吕庆华．文化资源的产业开发[M]．北京：经济日报出版社，2006．

3．欧阳友权．文化产业通论[M]．长沙：湖南人民出版社，2006．

4．庄锡昌，顾晓鸣．多维视野中的文化理论[M]．杭州：浙江人民出版社，1987．

5．胡惠林．文化产业概论[M]．昆明：云南大学出版社，2005．

网上资源

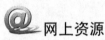

1．中国文化产业网：http://www.cnci.gov.cn/

2．中国文化网：http://www.china.culture.net/

3．华中师范大学国家文化产业研究中心：http://nrcci.ccnu.edu.cn/

4．上海交通大学国家文化产业创新与发展研究基地：http://cciidi.sjtu.edu.cn/

第二章

文化资源的表现形态与类型构成

本章学习目标

通过对本章的学习，学生应了解或掌握如下内容:

1. 文化资源的不同表现形态;
2. 中国文化资源的三大维度;
3. 有形的物质文化资源的基本内容;
4. 无形的精神文化资源的基本内容;
5. 文化产业对人才资源的特殊要求。

导言

了解文化资源的基本表现形态与类型构成，对文化进行永续的保护、认知、研究和开发，是发展文化产业的前提和关键。作为文化资源大国，中国的文化资源禀赋独特丰厚，有着多样的表现形态和分类体系。就资源禀赋的形态和功能而言，文化资源主要由三大维度构成，即有形的物质文化资源、无形的精神文化资源和文化智能资源。通过对这些知识的学习，我们可以更深刻地理解文化资源的类型、特征、功能等，并学以致用，为进一步切实地保护和开发中国的文化资源提供重要的理论依据。

第一节　文化资源的表现形态

文化资源与文化生态及文化资源禀赋密切相关，所谓禀赋原指人先天方面的素质，如人的体魄、智力等。文化资源禀赋则用以表示文化资源先天固有的潜力和素质。就资源禀赋的表现形态和功能而言，中国文化资源主要由以下三大维度构成。

一、有形的物质文化资源

有形的物质资源是文化产业的基本载体，文化资源中的有形物质资源通常处于稳定状态，如江河湖海、山峰洞窟、居民楼宇等，虽然会随着时间演进而有所变化，但在一定时期内大致是稳定的。我国有形的物质文化资源大致包括四个方面的基本内容：一是富有特色的自然生态景观，如植被、湖泊、名山大川、园林、地质公园等；二是富含历史文化内涵的遗址和文物，如名胜古迹、陶瓷、器皿、碑刻、历史人物故居及祠墓、各类纪念地等；三是具有鲜明民族、地方特色的工艺、饮食文化资源，如苏、湘、粤、蜀四大绣品，鲁、蜀、湘、苏、浙、徽、粤、闽八大菜系等；四是文化设施与设备资源，如图书馆、博物馆、体育场馆、电影院及其他各种公共文化服务设施与设备等。

联合国《世界遗产名录》将世界遗产分成自然遗产和历史文化遗产两个大类。历史文化遗产又细分成文物（从历史、艺术或科学角度具有突出的普遍价值的建筑物、碑雕和碑画，具有考古性质成分的结构、铭刻、窟洞及其联合体）、建筑群（从历史、艺术或科学角度看，在建筑式样、分布均匀或环境景色方面具有突出的普遍价值的独立或连接的建筑群）和遗址（从历史、审美、人种学或人类学角度具有突出的普遍价值的人类工程或人与自然的联合工程以及考古遗址地带）。收录在《世界遗产名录》中的文化遗产都是人类历史文明的优秀代表。

1985 年我国正式加入《保护世界文化和自然遗产公约》，对国际社会做出了“为全人类妥善保护中国境内世界遗产”的承诺。截至 2014 年 6 月，我国已申报成功世界遗产 47 处。其中文化遗产 29 处，自然遗产 10 处，自然与文化遗产 4 处，文化景观 1 处，口述物质遗产 3 处，数量仅次于意大利，位居世界第二位。这些遗产包括长城、明清皇宫（北京故宫、沈阳故宫）、泰山、莫高窟、秦始皇陵及兵马俑坑、周口店北京人遗址、黄山、承德避暑山庄及周围庙宇、曲阜孔庙孔林孔府、武当山古建筑群、拉萨布达拉宫历史建筑群、庐山国家公园、峨眉山风景名胜区、平遥古城、苏州古典园林、丽江古城、颐和园、北京天坛、武夷山、大足石刻、青城山—都江堰、皖南古城：西递和宏村、龙门石窟、明清皇家陵寝、云冈石窟、云南保护区的“三江并流”、高句丽王国王城及王陵、澳门历史城区、中国安阳殷墟、开平碉楼与村落、福建土楼、河南“天地之中”历史建筑群、内蒙古元上都遗址大运河和丝绸之路中国段等[①]。这些文物、遗址与景观，穿

[①] 中国世界遗产网．http://www.whcn.org/.

越历史烟尘，多方面展示了我国的悠久历史和灿烂文化，成为引人注目的重要文化资源。

二、无形的精神文化资源

要想提高我国国家文化软实力，夯实国家文化软实力的根基，关键一点就是要深入开展社会主义核心价值体系学习教育，努力传播当代中国价值观念。以社会价值观为核心的民族精神、人文精神和科学精神在我国的历史进程中发挥着核心作用，我国博大精深的精神文化创造是文化产业取之不尽、用之不竭的智慧源泉，它不仅是文化产业区别于其他产业的重要特征，也是文化产业独有的精神气质根本。因此，我们要广泛开展理想信念教育，大力弘扬民族精神和时代精神，讲好中国故事，传播好中国声音，阐释好中国特色，以推动文化事业全面繁荣、文化产业快速发展，不断丰富人民精神世界、增强人民精神力量，不断增强文化整体实力和竞争力，朝着建设社会主义文化强国的目标不断前进。

我国丰富的无形精神文化资源包括以下几个大系。

（一）优良的精神传统资源

通常是指在长期的社会发展和文化发展过程中形成的独具特色的认知传统（包括知识、道德和宗教传统）、思维方式、生活方式和精神风貌等。中国历史上璨若群星的哲学家、政治家、军事家、科学家和文学艺术家，他们以非凡的才智和杰出的成就筑就了中国历史的不朽丰碑。这其中包括深邃的思想以及道德境界，例如，“先天下之忧而忧，后天下之乐而乐”的崇高品质；“天下兴亡，匹夫有责”的爱国精神；“天下为公”的大同思想；不畏强暴、英勇不屈的反抗斗争精神；学、问、思、辩、行结合的教育思想等。再如，我国传统儒家思想中“为仁”、“敬德”、“诚信”、“忠恕”、“孝悌”、“知勇”、“义耻”的道德教化；《大学》“在明明德，在亲民，在止于至善”和“格物、至知、正心、诚意、修身、齐家、治国、平天下”的政治抱负；敢为天下先的创新精神；海纳百川、兼收并蓄的博大精神，以及大量的历史传说和故事等。这些民族精神的印记构成了当代发展文化产业的基础性的优质资源，值得深度挖掘和开发。

（二）通过文化艺术体现出的艺术审美资源

例如，道家思想中对人与自然和谐共生的审美理念的追求；佛教通过石窟壁画、佛雕像以及绘画、工艺美术等，向世人传达出的海纳百川、仁慈博爱、超凡而又入世的精神内核；《诗经》代表的现实主义气质；《离骚》体现的楚汉浪漫主义精神；“魏晋风度”的飘逸与洒脱；“盛唐之音”显示出来的慷慨襟怀；宋元的山水意境；明清市民文学的现实主义与上流社会浪漫主义的争鸣等。再如，陶瓷艺术中折射出的民族的心理、精神和性格的发展与变化：“唐三彩”所表现的那种激扬慷慨、瑰丽多姿、壮阔奇纵、恢宏雄峻的格调，正是唐代那种国威远播、辉煌壮丽、热情焕发的时代之音的生动再现；宋代陶瓷艺术的俊丽清新，正是那个时代融会贯通、文雅灵秀审美习尚、哲学观念的反映；明清时陶瓷艺术的斑斓与柔丽，亦是社会生活与审美观念使然。

（三）民俗风情资源

如生活生产习俗、社交礼仪习俗、岁时节令习俗和信仰习俗等。在长达数千年的历史长河中，我国各族人民在辽阔的土地上继承和创造了各种各样丰富多彩的民俗文化，可谓“十里不同音，百里不同调，隔山不同风，过水不同俗”。包含传统民俗节庆，如端午赛龙舟、壮族“三月三”歌会、每年藏历七月一日的西藏雪顿节、祭敖包节等；现代民俗节庆，如孔子文化节、哈尔滨冰雪节、绍兴兰亭书法节、潍坊国际风筝会、丰都“鬼城”庙会等；各地的习俗风尚，如陕西八大怪、云南十八怪、“斗笠当锅盖”、“鸡蛋拴着卖”、“吹火筒当烟袋”等。

（四）品牌资源

如品牌名称、品牌标志、商标等。一个品牌不仅仅是一个产品的标志，更多的是产品质量、性能、满足消费者效用的可靠程度的综合体现。它代表着企业的形象，凝结着企业的科学管理、市场信誉、追求完美的精神文化内涵，决定和影响着产品的市场结构与服务定位。品牌资源化在我国已成为一种趋势。如在品牌的初创及成长阶段，品牌的存在可使员工产生凝聚力，能够吸引更多的品牌忠诚者，随着企业的不断发展，品牌也不断成长，成为一笔巨大的无形财富。可以说，品牌是企业最大的财富，品牌就是价值。

宁波是我国著名的品牌之都，宁波已经较成功地走出了一条“品牌产品—品牌企业—品牌产业—品牌经济—品牌城市”的“品牌兴市”之路，这是宁波实施创新型城市建设的一项重要举措。如今，一根“敦煌”线、一支“贝发”笔、一把“长城”尺、一节“双鹿”电池、一只“韵升”八音琴、一台“海天”塑机，单项商品出口额均在全国名列前茅。2005 年 11 月，经国家统计局和专家委员会严格考察与评审，宁波被授予“中国品牌之都”称号。在第二届“中国品牌之都”评比中，宁波再次荣获这一称号[①]。短短二十余年，人多地少、资源贫乏的宁波之所以从昔日的小城市发展成为今天在海内外有一定影响的品牌之都，其中一个重要原因就是依靠这些品牌，它们已经成为宁波城市发

[①] 宁波市教育局教研室．探索宁波[M]．杭州：浙江教育出版社，2007：14．

展的核心竞争力和最大优势。

品牌对于一座城市的发展前景来说，价值是巨大而无穷的，对于一个企业而言，更是如此。近年来越来越多的企业乐于展现自己的品牌故事和品牌文化，以期与消费者产生共鸣。以创造了国产品牌奇迹的海尔为例，它是中国第一个千亿级的自主品牌。海尔先后获得“世界最具竞争力100个品牌”，并连续12年蝉联“中国最具价值品牌”榜首，其品牌价值直至2013年已经达到了992.29亿元人民币，实现了翻番增长，海尔品牌价值提升的历程印证了中国品牌在全球壮大发展的轨迹。海尔在创业之初就确定了“名牌战略”的发展思路，“名牌战略”的核心是名牌产品，而名牌产品的基础是质量，于是便有了被太多消费者所折服的海尔品牌故事：“砸冰箱事件”。张瑞敏砸了72台不合格冰箱，赢得了超高的知名度与美誉度。经历了30年的时间，在与来自全球上百年历史的跨国巨头竞争较量中，海尔完成了跨越式发展。如今已在全球市场形成了本土化研发、生产、销售的“三位一体”布局，以最快的速度响应不同区域消费者的需求。海尔通过自主创牌赢得了全球消费者的信赖，全球品牌影响力快速提升。海尔的品牌之路折射出一个简单而又深刻的道理：如果有品牌战略，企业可以由小到大，由弱到强；如果没有品牌战略，即使是一个大企业也会前景黯淡。

（五）人类口述和非物质文化遗产资源

根据《保护非物质文化遗产公约》（以下简称《公约》）的定义：“非物质文化遗产指被各群体、团体、有时为个人视为其文化遗产的各种实践、表演、表现形式、知识和技能及其有关的工具、实物、工艺品和文化场所。各个群体和团体随着其所处环境、与自然界的相互关系和历史条件的变化不断使这种代代相传的非物质文化遗产得到创新，同时使他们自己具有一种认同感和历史感，从而促进了文化多样性和人类的创造力。”《公约》中将非物质文化遗产分为五类：口头传说和表述，包括作为非物质文化遗产媒介的语言；表演艺术；社会风俗、礼仪、节庆；有关自然界和宇宙的知识和实践；传统的手工艺技能。《公约》中指出，非物质文化遗产概念中的非物质性的含义，是与满足人们物质生活基本需求的物质生产相对而言的，是指以满足人们的精神生活需求为目的的精神生产这层含义上的非物质性。所谓非物质性，并不是与物质绝缘，而是指其偏重于以非物质形态存在的精神领域的创造活动及其结晶。

中国作为拥有五千年历史的大国，在非物质文化资源方面具有丰厚的积累，民间文化中的口头文学、神话、史诗、语言、民歌、民间艺术、民俗文化、民俗礼仪、民间祭典、民间手工艺术、民居建造术等均是口头的非物质的文化。中国民间文化源远流长，深入人心，其生产习俗、节庆习俗、婚丧习俗、饮食习俗都具有鲜明的地域性、传承性、独特性，有许多元素为我国所特有。我国的昆曲艺术、古琴艺术、新疆维吾尔木卡姆艺术以及与蒙古共和国联合申报的蒙古族长调民歌分别于 2001 年、2003 年、2005 年列入了联合国教科文组织三批“人类口头和非物质遗产代表作”，成为世界上入选“人类口头和非物质遗产代表作”最多的国家之一。

从某种程度上说，非物质的无形的东西往往比物质的有形的东西更加重要。无形的精神文化资源包括了人类的情感，包含着难以言传的意义和不可估量的价值。一个民族的精神文化往往蕴藏着传统文化的最深的根源，保留着形成该民族文化的原生状态以及各民族特有的思维方式等。因此，文化产业应该有效地使用这些宝贵的文化资源，使其成为发展文化产业的深厚的文化宝库。

三、文化智能资源

文化智能资源，是指通过人的智力运作发挥知识的创造力，在产业运行中创造价值、实现价值的增值的资源，是文化资源产业化开发过程中极具价值的稀缺文化资源，也是不可穷尽、无限延伸的文化资源，可以与其他文化资源以新的方式组合起来，从而形成巨大的财富。文化智能资源价值的大小取决于智力和知识的结构及其融合程度，其价值表现形式是货币。按显现程度来说，文化智能资源可以分为外显型文化智能资源和内隐型文化智能资源两种存在形式。

外显型文化智能资源，是指一切可以带来价值或效用的智力成果，其核心要素是符号化的文化知识。包括前人创造的文学、音乐、绘画、图案、造型、传说、方案、剧本、影视等，它们以系统的符号形式记录在物质载体上，可以用计算机和其他电子设备编码，也可以复制、压缩、转换、加工，或者被融合到其他的文化产品中去。例如，随着现代文化产业复制技术和传播服务水平的提高，读者阅读的小说几乎都是出版物、印刷品或译本，极少有人直接阅读作家的手稿；音乐爱好者在音乐厅倾听乐团的演奏，而不读作曲家的曲谱手稿[①]。内隐型文化智能资源是人力资本减去体力劳动的部分——脑力资产，其核心要素是智力。智力是基于人的先天素质和后天钻研获得的。人力资本理论认为，随着知识经济的兴起和高新技术产业的发展，与人的体力相比，人的智力越来越重要。人的智力包括经验型文化技能和创新型文化能力两个方面内容。经验型文化技能又包括写作、绘画、演奏、编程、设计等方面的程序和技巧，用于文化生产过程，大部分不能被计算机编码，但可以通过教学形式来传授和通过反复学习而获得；创新型文化能力，

① 吕庆华．文化资源的产业开发[M]．北京：经济日报出版社，2006：171．

是文化人在获得知识和操作技能的基础上，突破前人模式的独创性思维和实践能力，体现为创造型的构思、创意、主题、灵感、方案、决策等，大多难以编码①。内隐型文化智能资源是文化产业发展的核心资源，通过内隐型文化智能资源——智力的能动作用，可以进一步调用外显型文化智能资源——知识，融合其他结构资本、顾客资本等，再通过新的方法组合起来，有效地创造文化财富。

其实，文化智能资源说到底就是人才资源，是发展文化产业的核心要素。文化产业属于智力密集型产业，文化产业的竞争常常表现为优秀人才资源的竞争。文化产业的综合性特点，使文化产业的从业人员结构呈现明显的综合性特征②。文化产业最需要的是复合型的创意、经营、管理与营销人才，这样的人才既需要具备较高的文化艺术修养和创新能力，又要具备文化产业经营管理的素质和能力。

知识经济是“资本”追逐“知本”的经济，人力资本主导经济发展的时代已经来临，人才已成为现代社会最有效的竞争资源。与其他人才相比，文化产业对人才资源有以下三个特殊要求。

（1）对人才的文化素质有更高的要求。文化产品和服务离不开文化的内涵，它要求从业者自身必须具备较高的文化素养，有些本身就是文化大师或艺术大师。

（2）对人才的市场开发和文化经营能力有较高的要求。文化产业是一种市场行为，它要有对文化产品的策划、设计、生产、销售过程的市场化经营，要有对人财物的组织与管理，这就需要有更多的懂经营、会管理的文化产业人才。

（3）创新型、复合型、高素质人才越来越成为文化产业竞争的对象。文化产业是高技术与高文化相关联的领域，对人才的知识与能力有特殊要求，那些高新技术人才、国际化经营管理人才、技术市场转化与数字软件开发人才、媒体产业经营人才，尤其是那些既懂经济又懂文化、既懂金融又懂法律、既懂国际贸易又精通外语的外向型、创新型、复合型、协作型人才，更成为激烈争夺的对象。

当今和未来的国际竞争、区域竞争，归根到底是人才的竞争，人才是最宝贵的资源。新中国成立以来，我国政府实施人才战略，开发人才资源，使大批优秀人才脱颖而出，健康成长，在改革开放和现代化建设中发挥了重要作用，文化人才建设取得显著成绩。近年来，一批高等院校开始设立文化产业专业和相应研究机构，以满足现代化社会文化产业发展的新需要。文化人才总量规模不断增长，规模不断扩大，成长环境逐步优化，素质不断提高，人才结构逐步趋于合理。这对于我国增强国家文化软实力，进而增强我

---

① 花建，吴文娟．优化上海文化资源配置的理论思考和前景探索[J]．上海社会科学院学术季刊，1999（3）．

② 向勇．文化产业人力资源开发[M]．长沙：湖南文艺出版社，2006：28．

国的综合国力，塑造我国的国家形象，提高国际话语权，加强国际传播能力，构建对外话语体系，增强对外话语的创造力、感召力、公信力有着不可替代的作用。

第二节　文化资源的类型构成

中国地大物博，历史悠久，人口众多，文化资源极为丰富，大量的各具风格特色的文化资源是我国发展文化产业最重要的基本要素，发展文化产业必须依靠文化资源作为底蕴。

文化资源作为各种物质与精神等文化要素的综合，包含的内容是动态变化的，而非固定不变的：随着时间的推移、空间的扩展、人类创造力的提升等，文化资源的内容也在不断地丰富和演化。中国的文化资源既存在于中华民族悠久辉煌的历史进程之中，也显现于华夏大地多姿多彩的地域风情之中，如洒脱倜傥的“魏晋风度”，开放包容的盛唐气象，又如金山丽水、蕴宝含英的四川盆地孕育出的美轮美奂的巴蜀神秘文化，风烟俱净、天山共色的水乡泽国衍生出的如诗如画的江南诗性文化等。面对如此丰富多彩又内容多变的中国文化资源，如何对其进行科学的梳理和归类，从而准确把握各类文化资源的特性，为合理开发文化资源提供保障，便成为了重中之重。

类型是指由各种特殊的事物或现象抽出来的共通点或具有共同特征的事物所形成的种类。文化资源随着人类生产实践、社会生活和行为方式等的变化，其构成也日趋复杂多样。因此，文化资源按不同的标准可以形成不同的分类体系。

一、根据文化资源历时性的划分

从文化资源的历时性角度，文化资源可以分为文化历史资源和文化现实资源。

文化历史资源主要指前人创造的物的凝聚，其典型代表是文化遗产，包括物质文化遗产和非物质文化遗产。根据《保护世界文化和自然遗产公约》，物质文化遗产包括古遗址、古墓葬、古建筑、石窟寺、石刻、壁画、近现代重要史迹及代表性建筑等不可移动文物，历史上各时代的重要实物、艺术品、文献、手稿、图书资料等可移动文物，以及在建筑式样、分布均匀或与环境景色结合方面具有突出普遍价值的历史文化名城（街区、村镇）。非物质文化遗产主要指人类以口头或动作方式相传，具有民族历史积淀和广泛、突出代表性的民间文化遗产，它曾被誉为“民族记忆的背影”，包括民间传说、习俗、语言、音乐、舞蹈、礼仪、庆典、烹调以及传统医药等。近年来，党和国家领导人对全面发掘我国优秀文化历史资源、展示中华文化独特魅力的问题越来越重视。2013年12月30日，中共中央总书记习近平在主持“就提高国家文化软实力研究进行的第十二次集体学习”时强调：要系统梳理传统文化资源，让收藏在禁宫里的文物、陈列在广阔大地上的遗产、书写在古籍里的文字都活起来。要综合运用大众传播、群体传播、人际传播等多种方式展示中华文化魅力。对中国人民和中华民族的优秀文化和光荣历史，要加大正面宣传力度，加强爱国主义、集体主义、社会主义教育，引导我国人民树立和坚持正确的历史观、民族观、国家观、文化观，增强做中国人的骨气和底气。

文化现实资源则主要是指人类劳动创造的物质成果的转化，其代表是创意、发明、专利等，其核心要素是知识和智力。按物质成果转化的智能含量，又可分为文化（现实）智能资源和文化（现实）非智能资源[①]。我们既要开发利用丰厚的文化历史资源，加强对其的开发和保护，又要重视文化现实资源的培育和创新，使历史文化的精华与当代社会相适应、与现代文明相协调。

二、根据文化资源统计与评价的划分

从文化资源的统计与评价的角度，文化资源可以分为可度量文化资源与不可度量文化资源。可度量的文化资源是指可以建立相应的评价体系的来具体评估和测量其瞬间利用价值的文化资源类型；而不可度量的文化资源是指不能用现实价值来衡量的文化资源类型[②]。

可度量文化资源一般以可感的物质化、符号化形式存在，包含的内容有比较常见的历史文物、建筑、工艺品、自然素材等，它们进入市场和进行产业开发比较容易，具有积极的现实意义。

不可度量文化资源一般则以思想化、智能化的形式存在，包括民俗、戏曲等。这类文化资源具体呈现为三种形态：一是符号化的文化知识。如人们创造的图案、语言、绘画、音乐、造型、传说、方案等。这类资源可复制、加工，转换、融入到文化产品之中。二是经验性的文化技能。即由人掌握的一种活的技能，包括写作、歌唱、舞蹈、绘画、演奏、编程、设计等各种程序和技巧，可用于文化生产过程。三是创新性的文化能力。即文化创造者突破前人模式的独创性思维和实践能力，体现为构思、创意、主题、灵感、方案、决策的能力等。这是文化生产中的核心资源。它决定了文化产品的独创性，既是最有价值和最稀缺的，也是不可穷尽、无限延伸的文化资源。相对于可度量文化资源，

---

① 吕庆华．文化资源的产业开发[M]．北京：经济日报出版社，2006：50-51.

② 申维辰．评价文化：文化资源评估与文化产业化评价研究[M]．太原：山西教育出版社，2005.

不可度量文化资源较难以转化为具体的包含着经济价值的文化产品，但经过一定的策划，也可以被推向市场化和产业化，如时下结合旅游资源和当地的民俗发展的“民俗旅游村”等现象就是很好的例证。

三、根据文化资源主题的划分

按照文化资源的不同主题，我国的文化资源可以划分为历史文化主题、红色文化主题、名人文化主题、商业文化主题、民俗风情主题、民族文化主题、海洋文化主题、宗教文化主题、城市文化主题、乡村文化主题等。

（一）历史文化主题

历史文化主题就是在悠久的历史长河中沉淀下来的历史文化遗产。从形态上看，历史文化资源既包含遗迹、文物、古建筑等有形的物质财富，也包含民族精神、民间神话、民间传说等无形的精神财富；从时间和空间上看，我国的历史文化资源既包括史前文化、青铜文化、封建文化，也包含了不同民族和地域在不同历史发展过程中的不同历史积淀。上下五千年的中华文化源远流长，异彩纷呈，我国无疑蕴藏着丰富的历史文化资源。

（二）红色文化主题

红色文化是在革命战争年代，由中国共产党人、先进分子和人民群众共同创造并极具中国特色的先进文化，蕴含着丰富的革命精神和厚重的历史文化内涵。它包含着革命遗址、遗物等物质文化和革命理论、革命精神、革命文艺作品等非物质文化，是组织红色文化活动所利用或可以利用的各种资源。红色文化是物质文化、制度文化和精神文化的有机统一体：物质文化一般包括革命战争遗址、纪念地等实物；制度文化是指新民主主义革命时期形成的政治制度（如革命理论、纲领、路线、方针、政策）；精神文化是指政治信仰、政治作风、政治道德、革命精神、革命传统等。其中，物质文化是红色文化的载体，制度文化是红色文化的外在表现，精神文化是红色文化的核心与灵魂。中国共产党在艰苦奋斗的革命岁月中，孕育诞生了伟大的井冈山精神、长征精神、延安精神、西柏坡精神等精神财富，催生了在新中国成立后社会主义建设时期的大庆精神、雷锋精神、“两弹一星”精神、抗洪精神、抗震救灾精神等。这些红色文化精神深深熔铸在民族的生命力、创造力、吸引力和凝聚力之中，共同构成中华民族自立自强的精神品格，成为推动中华民族伟大复兴的精神动力，是社会主义市场经济健康发展的文化基础[①]。

① 牛淑萍．文化资源学[M]．福州：福建人民出版社，2012：63．

（三）名人文化主题

名人文化主题，包括古代名士以及当代名人等，多以名胜遗迹、故里故居、著述、传说等形式存在。浩荡的历史长河，在其伟大的行进中积淀了举世惊骇的文化瑰宝，成为中华民族永恒的文化遗产和财富。文化名人作为历史事件的载体和传统文化传承者，则是这些宝贵文化遗存的集中体现。我们不能对民族的历史失忆，不能淡漠这些文化名人创造的业绩。代表着民族优秀传统的文化名人，他们的品格精神是对我们进行爱国教育、传统教育的好素材，同时也是新时期文化产业发展的重要源泉。对于一座城市而言，历史名人可以说是其最重要的文化资源，只有在他们身上，文化奇观才得以展现。故居遗址、墓地陵园、纪念堂、纪念碑、人物塑像，乃至建筑物和街道的命名，都是储存名人记忆的载体。这些文化设施将激活一个城市的文化记忆，展示一个城市的辉煌历史和精神气质，成为一个城市文化凝聚力和创造力的重要源泉。

（四）商业文化主题

商业文化主要包括商品文化（商品是一个载体，文化附加在商品上，古今中外都是如此）、商品营销文化、商业环境文化、商业伦理文化（在商业竞争中要讲信誉，不卖假货，不搞欺骗，实行优质服务，在竞争中达到“双赢”，以优良的商业道德提高自己的商誉）、新商人文化（培育遵纪守法的有文化、有道德、懂行的商人，包括商业企业家和从商人员）、商业精神（商业精神是商业的灵魂，是企业的价值观念）。以经济、文化与人一体化发展为主线，是商业文化建设的根本内容。以我国的浙江省为例，无论是从现实来看，还是从历史来看，浙江大地都有着丰厚的商业文化资源。从现实来说，浙江大地有许多实践创造，如“温州模式”的出现。温州人开拓市场和经商的技巧，很值得总结。胡平同志讲到在法国巴黎的温州街，说明了温州人在巴黎的经营活动……再如，“横店模式”的崛起，走“集团化、外向型、高科技”的道路，他们把发展“文化力”作为实现企业发展战略的重要方面。还有义乌小商品城的建设、永康小五金城的建设、金华火腿节的举办等。从历史来说，浙江大地出现过许多重商学派。南宋时期，有个“永嘉学派”，以叶适为代表。永嘉就在温州地区，叶适是公开否定抑商思想的。还有永康学派的陈亮，肯定巨商的作用。金华学派的吕祖谦，重视货币的作用……这种重商业、讲义利并举的文化传统，对于那里的人民善于经营、开拓市场、有效地进行商贸活动是有影响的，而且造就了一种世代相传的商业智慧和商业技巧[①]。

[①] 吕福新．浙商论：当今世界之中国第一民商[M]．北京：中国发展出版社，2009：49.

（五）民俗风情主题

民俗文化资源直接反映了民众的生活和情感需要，是民众自享、满足自身需要的文化活动中创造和积累的并可以承传和弘扬的资源，包括传统岁时节俗、信仰、礼仪、风俗习惯、民间文学艺术，乃至生产活动、生产经验等；民俗文化资源的主要表现形式有生产贸易习俗、生活习俗、交际习俗、人生礼仪习俗、节日习俗。俗话说："百里不同风，千里不同俗"，我国由于历史悠久、疆域辽阔、自然生态条件各异，于是不同地区和不同民族形成了具有各自特色的民俗系列，使得我国的民俗文化资源无比丰富，这对于我国发展文化产业而言，是一笔巨大而不可多得的财富。

（六）民族文化主题

从内容上而言，主要包括各民族民间的语言文字、文学艺术、生活习惯、风俗观念、宗教信仰、生产技术等。在形态上，民族文化资源包括有形的物质文化资源和无形的精神文化资源。具体而言，民族物质文化资源是指各民族创造的物质产品和赖以生存的物质资料和物质环境，如民族服饰、民族建筑、民族环境等。民族精神文化资源是指各民族创造的意识形态观念和各种文化内容与形式，包括民族信仰、民族文艺、民族风俗、节庆礼仪、工艺技能等。对于一个民族而言，民族的精神文化资源是其存在、发展和传承的根基、源泉，是该民族族群认同、沟通、交流、凝聚的重要途径，是维系该民族生生不息的纽带。

（七）海洋文化主题

海洋文化主题，既包含物质和精神层面的资源，也包含行为层面的资源。其中，物质层面的资源不仅有岛屿古文化遗址、古建筑、雕刻、故城和村落遗址、港口、码头等不同历史时期遗留下来的古迹和实物，还有现代的海洋博物馆、科技馆、海洋公园等；精神层面的资源主要包括海洋意识、海洋观念、宗教信仰、伦理道德、审美观念、习俗惯例、海洋科学知识与技能，以及各种涉及海洋的文学艺术形式（如神话、故事、传说、诗歌、工艺、民间美术等），如我国东南沿海民间普遍盛行的妈祖信仰、山东蓬莱一带民间流传的"八仙过海"的传说、汉魏时期曹操的诗歌《观沧海》等；行为层面的资源则是联系物质文化和精神文化的中介，同物质文化和精神文化都发生密切关系，主要表现为民俗活动、民间歌舞、民间节日、民间工艺等，如祭海节、祭拜妈祖、航海活动、探险活动等。

（八）宗教文化主题

宗教文化主题，几乎包含了与道教、佛教、伊斯兰教、基督教、天主教等各种宗教漫长历史发展过程中从哲学、思想、文学到建筑、绘画、雕塑等方面的所有内容，如此丰富的文化底蕴、独特的魅力和神秘性，为宗教文化资源的开发提供了巨大的潜力和无限的可能。目前，宗教旅游已经作为我国文化旅游的重要组成部分获得了长足的发展。

（九）城市文化主题

每一个城市都有它发生、发展的历史，今天是昨天的延续，因为有了历史，我们才能知道过去，因为有了历史遗存，我们才能看见过去的影子。一方水土养一方人，一方人创造一种独特的文化个性。历史的积淀造就了城市的文化个性，因此，城市的历史基因是城市延续过程中保有其唯一性的保证。城市的历史是城市的根……城市文化资源是一笔重要的文化财富，认识它的价值，在科学规划的基础上对其进行充分的挖掘，有效合理地开发利用，应是当前一项紧迫的任务[①]。城市文化资源不仅包括现代化的体育馆、艺术表演馆、公园、广场等景观，也包括城市文化遗产、文化形象、文化精神以及从事创造性的精神劳动的人才资源等。

（十）乡村文化主题

乡村文化存活于日常的田间地头，是生活于乡村的广大人民群众的日常生活方式和精神世界的反映。乡村日常事象中表现出的饮食男女、耕作、居住、交往、礼仪、习惯、邻里关系、婚姻家庭、节庆活动等，构成了乡村文化最基本的内容。

除此之外，还有企业文化资源、社区文化资源、自然人文景观等其他文化资源。

四、根据文化资源开发频率的划分

以对文化资源的开发频率为标准，可以将文化资源划分为充分开发的文化资源、一般开发的文化资源和开发不够的文化资源，这是从一个更为动态和实用的角度对文化资源进行的划分。

当一种文化资源在持续较长的时期内（一年、两年或在更长的时期内间歇性地）被从横向或纵向两个方面开发，形成多种形式的产品，并得到了社会的广泛关注，就属于“充分开发的文化资源”。例如，中华民族汗牛充栋的文献典籍，已然成为当代文化产业发展的素材库、资料库甚至能源基地。一部《三国演义》，可以在传统京剧中分解成《桃园结义》、《捉放曹》、《空城计》等独场戏，还可以拍摄成鸿篇巨制的电视连续

[①] 索晓霞，敖以生，钟莉等．贵州：永远的财富是文化[M]．贵阳：贵州人民出版社，2009：221．

剧。而异军突起的央视“百家讲坛”作为新业态，更是视其为至宝，从中挖掘精神和物质财富，并不断延伸其产业链条。一部《聊斋志异》，出版了许多连环画，也制作成独立的电视剧，甚至被国外共享——美国大学学会出版公司出版的《少男少女》中，就将《聊斋志异》里的诸多故事收录其中①。这些都是典型的已获得充分开发的文化资源。

相对于充分开发的文化资源，仅在横向或纵向的某个方面被开发成有限的一种或几种产品，已受到一定的关注，但关注不充分的资源，属于“一般性开发的文化资源”。如仅以出版物、电影、电视、表演艺术等形式当中的一种或两种开发的文化资源。

绝大多数文化资源属于“开发不够的文化资源”这一类型，虽然其中的一部分也被转化成某种产品化的形式，如书籍或影像资料，但多数只是专家学者这一群体的研究对象，社会关注度相对较低②。

五、根据区域文化特点的划分

为了区域文化资源的评估需要，一些学者还将文化资源根据当地的特点进行具体的分类，如《云南县域文化资源评估指标体系研究》一文中，就将文化资源划分为文化生境、物化载体、乡村社会组织、节祭礼仪、文艺及手工艺和文化人物等类型。其中，文化生境是指特定文化的物质方面和精神方面生成的生态环境，如气候环境、水域环境等；物化载体是其文化最直观、最外显的部分，涉及人们物质生活的最基本方面，如遗存文化、生产文化和衣食住行等方面；乡村社会组织是指一套完整的文化系统，是乡村社会赖以运行的形式和机制，如家庭婚姻、亲族结构、村落结构、乡村规约、民间组织等；节祭礼仪主要包括岁时及节庆、人生礼仪、宗教文化等方面，蕴藏着丰富的文化信息，也是文化传承的主要路径；文艺及手工艺是一种文化的精华部分，集中体现了一个民族的创造性和审美理想；文化人物是特定文化中最活跃的主导部分，他们是那些对文化的创造和传承、运用和体现有贡献的人物，对于一种文化的存在和发展来说，他们的存在和活动有着至关重要的意义，如历史文化名人、文学艺术家、工艺师、策划人、经纪人等③。

又如，《西部少数民族文化资源开发走向市场》这部书中，将西部少数民族的文化资源进行了如下划分：第一，传统历史文化资源，包括各民族的风土人情、节日庆典、

① 朱自强．中国文化产业[M]．青岛：中国海洋大学出版社，2010：73．

② 汤晖，黎永泰．浅析以开发频率为划分标准的文化资源类型[J]．中华文化论坛，2010（1）：143-147．

③ 王亚南，窦志萍，施惟达，郑海．云南县域文化资源评估指标研究．见：江蓝生，谢绳武．2003 年：中国文化产业发展报告[M]．北京：社会科学文献出版社，2003：351．

民俗礼仪、乡规民约、传统技艺等民俗文化，民谣、谚语、酒令、号子等民间口头文学，牧歌、秧歌、船歌、山歌、儿歌、戏曲、曲艺、杂技等表演艺术，工艺设计和艺术作品的主题，医疗技术、处理冲突的方法，传统社会中的世界观、人生观、价值观，以及技艺传承渠道的内容和形式等“无形文化”或者“精神文化”，还包括了古遗址、墓葬、建筑、典籍、器物、园林、文学、绘画、雕塑、工艺美术等“有形文化”或者是“物质文化”。第二，自然生态型文化资源，即在一个特定的自然区域范围内，人文资源类型与自然环境被有机地结合在一起，形成一个协调、合理、缺一不可的整体。例如，侗寨与风雨桥、鼓楼、吊脚楼、梯田、水车共同体现了人与自然的和谐与统一，被认为是浓缩了的侗族文化体系。第三，技能型的文化资源，包括少数民族的医药、体育运动项目、工艺制作等。第四，不可再生的文化遗产，这类文化资源作为全人类世界遗产的组成部分具有无法替代和再生产的性质，它们可能由于年久而腐变、风化，也可能因为社会与经济条件的变化造成人为的损害与破坏。第五，综合型的文化资源，这类资源的功能具有多样性，很难把它们归入某一具体类型之中。以建筑为例，这是一个存在民族性与地区性差异，在漫长的历史过程中创造和形成的综合实体。第六，宗教文化资源，这是一类具有特殊社会意义和社会功能的资源。由于我国西部少数民族社会是一个各种宗教并存，宗教文化根深蒂固的多元社会，传统宗教文化具有顽强的生命力，对于社会产生着不可忽视的作用和影响①。

再如，《珠江三角洲城市边缘传统聚落的城市化》一书中，根据传统聚落风貌的完整性和文物古迹的保存状况，可以将珠三角城市边缘传统聚落分为以下四类：其一，完整保存型，该类型村落将传统聚落的形态完整地保存下来，包括聚落的整体格局、街巷肌理、建筑形式、树木道路水系乃至周围的山水环境都没有改变。其二，风貌尚存型，该类型聚落虽然周边已经受到城市化的改变，但至少在核心区仍保留了传统风貌。聚落中虽有部分建筑已经更新，但是基本的河涌水系、建筑风格和体量、街巷体系和空间比例关系尚存。其三，肌理格局尚存型。其四，仅存孤立文物型，该类型聚落经过大规模改造，已经改变了传统聚落的格局和形态，只有孤立的文物古迹和历史建筑值得保护②。

六、其他划分

另外，从文化资源的形态属性来分，文化资源还可以划分为物质（有形）文化资源、

① 来仪．西部少数民族文化资源开发走向市场[M]．北京：民族出版社，2007：18-22．

② 刘晖．珠江三角洲城市边缘传统聚落的城市化[M]．北京：中国建筑工业出版社，2001：100-101．

精神（无形）文化资源和文化智能资源；从可持续发展的角度来分，文化资源可以分为可再生文化资源和不可再生文化资源；从文化资源的生成机制来看，文化资源可以划分为内生性文化资源和外生性文化资源；从系统层次来分，文化资源可以分为四个层次，即以器物技术为主的表层、以行为为主的浅层、以制度为主的中层、以社会意识为主的深层[①]。按文化资源的形态，文化资源分为文献形态、器物形态（如园林、建筑、服饰、饰物）、艺术表演形态（音乐、歌舞、戏曲等）、技能技艺形态（如刺绣、蜡染、剪纸等工艺）、节庆活动形态[②]。根据文化资源的载体和形态将文化资源分为物质形态、活动形态及精神形态，其中，物质形态是以建筑物和自然山水为代表的物态层文化；活动形态是以人群活动为标志的行为制度层文化，有祭祀活动、宗教活动等；精神形态，即组成人的精神方面的无机自然界，表现在宗教、哲学、美学和文学艺术等诸多领域中。欧阳友权主编的《文化产业通论》一书将文化资源的基本类型划分为历史遗迹、特征物象、自然景观、人文活动等四大主类、20 亚类和 110 个基本类型[③]。也有的将文化资源划分为以下四类：符号化意义的文化资源（内容性、知识性），如司母戊大方鼎、达·芬奇的《蒙娜丽莎》；经验型的技能文化资源，如奏乐、舞蹈等；垄断型的旅游文化资源，是指文化遗产、独特的自然景观资源和主题景点三部分，如殷墟、九寨沟风景等；创新型的智能文化资源，如计算机编程、室内设计等。

我国的文化资源类型独特、存量丰富，同时也很零散，不易整合，因此，我们很难将文化资源划分为几类完全独立的体系。按照不同的划分标准呈现出的文化资源的各种类型之间不是孤立的，而是相互联系、交错融合的一个整体。例如，民俗文化资源中既包含历史时期的民间习俗，也包含现代生活中的民俗风情；既包含已经充分开发的文化资源，也包含尚未充分开发的文化资源；既包含有形的物质形态的文化资源，也包含无形的精神形态的文化资源；既包含各地区、各民族、各群体在历史进程中本身演化而成的内生性文化资源，也包含与外界交流过程中吸收和引进而来的外生性文化资源。在认清文化资源类型这一特点的基础上，各地区根据自身发展文化产业的需要，对文化资源进行梳理归类，是保护、开发和利用当地文化资源进而有效发展文化产业的基础和前提。

从文化资源的内涵来看，文化资源同时具有文化属性和资源属性。由于“文化”概念本身的歧义性质，关于文化资源的构成也同样是一个众口难调的问题，任何单一的划分方法似乎都难以准确地囊括文化资源的构成类型。从总体上看，我们可以根据文化与

① 张廷兴，艾思同．山东文化资源的开发和利用[M]．北京：中国档案出版社，2004：7．

② 钱光培．传统文化资源的形态与开发[J]．人民论坛，2005（5）．

③ 欧阳友权．文化产业通论[M]．长沙：湖南人民出版社，2006：139-141．

文化资源二者的内在关系，从文化的构成来类推文化资源的构成。

关于文化的概念，长期以来没有盖棺定论似的阐释：梁漱溟先生认为文化的内涵总括起来不外三个方面：精神生活方面，如宗教、哲学、科学、艺术等；社会生活方面，我们对周围的人——家族、朋友、社会、国家、世界——之间的生活方法都属于社会生活这一方面，如社会组织、伦理习惯、政治制度以及经济关系等；物质生活方面，如饮食、起居种种享用，人类对于自然界求生存的各种。由此，我们可以将文化的构成划分为精神文化、社会文化和物质文化，而文化资源作为一种文化形态的存在，也可以看作是由精神文化资源、社会文化资源、物质文化资源三种形态构成。庞朴先生将文化划分为“物质的—制度的—心理的”三个层次，其中“文化的物质层面是最表层的，而审美趣味、价值观念、道德规范等宗教信仰、思维方式等属于深层，介于两者之间的，是种种制度和理论体系”，据此可以将文化资源划分为物质文化资源、制度文化资源和精神文化资源。其中的制度文化资源主要就是表征法律、规章制度、伦理道德等制度文化主要内涵的资源要素。任继愈先生、张岱年先生认为最广义的文化是指人类在社会生活中创造的一切，包括物质生产和精神生产的全部内容，因此，有的学者将文化资源看作物质文化资源与精神文化资源的综合。英国文化人类学的创始人爱德华·泰勒在 1871 年出版的《原始文化》一书中将文化的含义系统地表达为“文化或文明是一个复杂的整体，它包括知识、信仰、艺术、道德、法律、风俗以及作为社会成员的人所具有的其他一切能力和习惯”。从这一文化的整体性概念，我们可以将文化资源相应地视为包含物质文化资源、精神文化资源以及文化智能资源等。

从分析文化构成的角度，我们可以大致理解到文化资源的构成部分：包含物质文化资源和物质创造物、精神文化资源、人类的智力创造等。也有的学者认为文化资源是由语言文字、图画文字、文化观念、遗存资源、精神文化、知识资源、科学技术、艺术产品资源、文化组织资源、习俗资源、人力资源和文化市场资源等部分构成的。

另外，从其资源属性来看文化资源的构成。作为一种特殊的资源形态，文化资源也具有一般资源所具有的典型特征，可以为创造人类社会财富和精神财富提供对象、环境和条件等。从这一方面来看，我国可谓文化资源大国，拥有五千年的文明史，历史文化积淀十分丰厚。但是，文化资源的构成与自然资源的构成具有本质的不同，自然资源是一种物理的构成关系，而文化资源是一种社会的构成关系。就其结构形态而言，中国文化资源可以划分为七大文化系列，即人文历史文化、地域文化、民俗文化、宗教文化、园林艺术文化、娱乐休闲文化及现代科技文化等。这些文化系列内涵丰富、特色鲜明，标示和展现了中国文化的基本特色和精神风貌，既是丰富多样的文化形态，又是宝贵的文化资源渊薮。

本章小结

- 就资源禀赋的形态和功能而言，中国文化资源的三大维度是指有形的物质文化资源、无形的精神文化资源、文化智能资源。
- 有形的物质文化资源大致包括四个方面的基本内容：一是富有特色的自然生态景观；二是富含历史文化内涵的遗址和文物；三是具有鲜明民族、地方特色的工艺、饮食文化资源；四是文化设施与设备资源。
- 无形的精神文化资源包括以下几个大系：一是优良的精神传统资源；二是通过文化艺术体现出的艺术审美资源；三是民俗风情资源；四是品牌资源；五是人类口述和非物质文化遗产资源。
- 文化智能资源，是指通过人的智力运作发挥知识的创造力，在产业运行中创造价值、实现价值的增值的资源，是文化资源产业化开发过程中极具价值的稀缺文化资源，也是不可穷尽、无限延伸的文化资源，可以与其他文化资源以新的方式组合起来，从而形成巨大的财富。文化智能资源其实就是人才资源，文化产业对人才资源的特殊要求：一是对人才的文化素质有更高的要求；二是对人才的市场开发和文化经营能力有较高的要求；三是创新型、复合型、高素质人才越来越成为文化产业竞争的对象。
- 文化资源按不同的标准可以形成不同的分类体系。从文化资源的历时性角度，可以分为文化历史资源和文化现实资源；从文化资源的统计与评价的角度，可以分为可度量文化资源与不可度量文化资源；按照文化资源的不同主题，可以划分为历史文化主题、红色文化主题、名人文化主题、商业文化主题、民俗风情主题、民族文化主题、海洋文化主题、宗教文化主题、城市文化主题、乡村文化主题等；以对文化资源的开发频率为标准，可以将文化资源划分为充分开发的文化资源、一般开发的文化资源和开发不够的文化资源；从可持续发展的角度，可以分为可再生文化资源和不可再生文化资源；从文化资源的生成机制来看，可以划分为内生性文化资源和外生性文化资源等。

综合练习

一、本章基本概念

文化资源禀赋；非物质文化遗产；文化智能资源；可度量的文化资源；不可度量的

文化资源；文化历史资源；文化现实资源

二、本章基本思考题

1. 简述文化资源的表现形态。
2. 简述有形的物质文化资源的基本内容并举例。
3. 中国成功申报的世界遗产有哪些？（至少 5 个）
4. 简述非物质文化遗产的含义，并举例说明。
5. 文化产业对人才资源的特殊要求？
6. 什么是文化智能资源？

推荐阅读资料

1. 申维辰．评价文化：文化资源评估与文化产业化评价研究[M]．太原：山西教育出版社，2005.

2. 吕庆华．文化资源的产业开发[M]．北京：经济日报出版社，2006.

3. 欧阳友权．文化产业通论[M]．长沙：湖南人民出版社，2006.

4. 向勇．文化产业人力资源开发[M]．长沙：湖南文艺出版社，2006.

5. 张胜冰．文化资源与文化产业[M]．长沙：湖南文艺出版社，2008.

6. 李发平，傅才武．文化资源文化产业文化软实力[M]．北京：中国社会科学出版社，2011.

7. 王文章．非物质文化遗产概论 [M]．修订版．北京：教育科学出版社，2013.

第三章

文化资源产业化开发的战略选择

本章学习目标

通过对本章的学习，学生应该了解或掌握如下内容：

1. 文化资源开发中应该遵守的原则；
2. 实施可持续战略的原则及意义；
3. 实施整合规划战略的具体内涵；
4. 市场化战略推动文化资源的产业化进程；
5. 文化产业创新体系建设的基本要义；
6. 文化产业人才资源开发的重要作用。

导言

世界上一些文化产业发达国家的经验说明，要实现文化资源向文化资本的转化，变文化资源优势为产业优势，从文化资源产业化的战略角度来看，必须切实地实施可持续发展战略、整合规划战略、市场化开发战略、创新推动战略、人才资源开发战略等五大战略，这对我国文化产业的发展具有重要意义。

第一节　文化资源开发的基本原则

文化资源是文化产业发展的基础。就中国的国情而言，文化资源的产业化开发应坚持以邓小平理论和“三个代表”重要思想为指导，以科学发展观为统领，牢牢把握社会主义先进文化的前进方向，紧紧围绕实现全面建设小康社会宏伟目标和构建社会主义和谐社会的需要。中共“十八大”报告中提出：全面建成小康社会，实现中华民族伟大复兴，必须推动社会主义文化大发展大繁荣，兴起社会主义文化建设新高潮，提高国家文化软实力，发挥文化引领风尚、教育人民、服务社会、推动发展的作用。把握有利于我国文化发展的重要战略机遇，以技术支撑为基础，以资本支撑为保障，以文化支撑为依托，将文化资源的产业化开发作为中国文化产业发展的重要突破点与增长点，提高文化资源开发的创新能力，增强文化活力，提升国家文化软实力，扩大中华文化的辐射影响力，为全面推进产业结构升级、促进经济增长方式的转变、打造文化产业强国、构建社会主义和谐社会打下坚实基础。

文化资源的产业化开发与其他资源相比具有更大的复杂性和不确定性，这就要求我们根据各种资源的特点，因地制宜地采取不同的开发策略。通过对前人的研究成果和产业开发案例的分析，我们从宏观上总结了以下三点在文化资源开发中应该遵守的原则。

一、深入挖掘，彰显文化内涵

我国是一个文化资源大国，文化资源蕴藏丰富。但是，在过去很长的一段时间里，我们一直把文化资源开发停留在保护与继承的层面上，以办事业的方式对其进行开放和利用。这就使得今天的中国仍处在既是一个文化资源的大国，又是一个文化产业的小国的状况。

由于开发的深度不足，造成文化资源的产业化开发存在产品和服务竞争力不强，类型单一，文化内涵缺失的问题。因此，在开发中，应该充分发掘、整理和利用各种文化资源，突出文化主题，彰显文化内涵。

二、合理规划，优化资源配置

文化资源的分布具有区域性特征，不同的地区文化资源禀赋不尽相同，不同的民族有着独具特色、绚丽多彩的民族文化。这就要求我们充分考虑地区之间的文化差异性和经济不平衡性，为文化资源的产业化开发进行合理规划，优化资源配置。

要做到既深入挖掘本地文化资源的文化内涵，充分展现和继承中华民族文化的优秀传统，又从实际出发，寻找探索最适合本地特点的文化资源开发模式，因地制宜地发展有地方特色的文化产业，真正达到人无我有、人有我优、人优我特，切忌人云亦云、盲目跟风。同时，在制定规划的基础上，要选准突破口，找准切入点，善于把深厚的文化资源做成具体的产业项目，实施重大文化产业项目带动战略。

三、分类整合，实现规模效应

文化本身是一个复杂的系统结构，文化资源内部的每一个要素之间都是紧密地相互联系、相互制约的。在开发中必须培养文化资源的整合观念，整合不同文化企业或文化产品，组成一定的产业链和产业集群，对不同的文化产业门类协同合作与协调发展。例如，产业园区的建设，能够扶持那些相同、相近或相关的产业门类建立相互协调的合作关系，形成一系列的产业链和产业集群，使文化企业实现规模经济效应。

我国有着悠久的历史传统和深厚的文化积淀，各类文化资源极其丰富，数不胜数，发展文化产业具有得天独厚的资源优势。要使我国丰富多样的文化资源充分发挥功能效用，促进文化资源转化为文化资本，文化资源潜力转化为文化产业实力，文化资源优势转化为文化产业优势，就必须重视文化资源产业化的战略选择问题。就战略思路而言，我国的文化资源产业化发展必须坚持实施五大战略，即可持续发展战略、整合规划战略、市场化开发战略、创新推动战略、人才资源开发战略。实施这五个战略为我国文化资源产业化的实现提供思维导向和根本保证。

第二节 坚持实施可持续发展战略

可持续发展（Sustainable Development）是人类社会走向 21 世纪文明的共同道路，是现实社会、经济、环境和人口协调发展的必然选择。在文化产业领域，文化可持续发展价值观的重要性尤其突出，由于文化的延续性和传承性是文化发展的基本动力之一，因此文化的可持续发展要求决定了文化资源的产业化开发必须尊重和保护人类的精神遗产，并对人类精神文化的延续做出有益贡献。

一、科学、有效地保护文化资源遗产

全面理解和实施可持续发展战略，对文化资源进行科学有效的保护是文化资源产业化开发的根本保障，我国丰富的文化资源遗产如果得不到科学、有效的保护，就谈不上对其进行产业化开发。

要做到文化资源科学、有效的保护，第一，应该对我国文化资源进行科学的梳理与归类，准确把握各类文化资源的特性，站在产业化开发的高度来审视文化资源，并建立一整套国家标准的文化资源评价指标体系。第二，加强制度化保护，健全和完善分级分类保护制度，建立一套有规制标准和规范约束的完整保护体系。第三，强化多样化保护方式，完善保护规划和保护措施，实行重点保护、专项工程保护和科学性保护。第四，实行法制化保护，将文化资源的保护纳入法制化管理轨道。

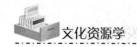

二、正确处理保护与开发的关系

充分认识文化资源保护与开发的关系，以“在保护中求开发，在开发中促保护，保护与开发并举”的方式对待文化资源。科学、有效地保护文化资源对于实施文化资源产业化的可持续发展具有重要的战略意义。同时，我们还应该看到，对文化资源的保护应该放在国家社会发展、现代化、市场化进程加快，全球经济一体化的大背景下加以考虑。如果脱离这个大背景，企图加以封闭式的保护是行不通的。

在这样的背景下，结合文化资源自身的特性，文化资源的科学有效保护必须在开发中才能得以实现，文化资源的保护与开发实际上是同一个过程的两个方面。所谓保护，实际上是开发性的保护，是动态的、创造性的保护；所谓开发，实际上是保护性的开发，是具有可持续发展潜力的开发。对于文化资源而言，其保护与开发应该是一个互相补充、互相促进、互相强化的关系。

有效协调产业开发与文化资源保护的矛盾冲突，实现文化资源产业化开发的可持续发展必须遵循以下两大原则。

（一）保留原则

保留原则是文化资源产业化可持续发展的基本原则。只有妥善加以保护，使文化资源不被毁坏、失传、湮灭，才有可能进行产业开发；只有通过合理的产业开发，发挥文化资源的社会效益和经济效益，形成良性循环，才有可能实施有效的保护。对文化资源的保护应该尊重文化资源本身的真实性和完整性。

（二）内涵式开发原则

内涵式开发原则也叫效率原则，讲求文化资源产业化开发的深度和高度，强调消费精神需求的满足和人生意义的体验。内涵式发展使文化资源的产业开发成为可能，也是遏制过度开发的必要条件，它体现为对文化资源的整合利用和高效开发并重①。

① 吕庆华．文化资源的产业开发[M]．北京：经济日报出版社，2006：150-151．

必须在科学发展观的指导下，遵循可持续发展原则，充分认识保护与开发的关系，运用在保护中求开发，在开发中促保护，保护与开发并举的方式对待文化资源，确保文化资源产业化开发的可持续发展。

第三节 坚持实施整合规划战略

社会的生产实践活动，就是整合资源的活动。文化资源的产业化开发，同样也离不开对文化资源的优化整合。文化资源的整合就是将文化资源的产业化开发作为一个系统，将系统内各种文化资源通过联系、渗透、互补、重组综合起来，形成合理的结构，实现整体优化、协调发展，发挥整体的最大功能。另外，还要在保持文化资源性质特点的前提下，通过一定的方式和手段，与其他因素一起共同构成一个有机的、完整的整体。

一、建立以市场化为基础的多重文化资源配置方式

实现文化资源的整合必须建立以功能为核心的资源整合机制，促进文化资源的优化整合。文化资源优化整合关键在于以积极推进市场化的文化资源配置方式为基础，以计划配置方式为补充，实现计划市场配置方式起调控作用的多种文化资源配置方式的互补。

文化资源的市场化配置方式，就是使价格机制、供求机制和竞争机制在文化资源配置中充分发挥作用，建立统一、开放、竞争、有序的现代文化市场体系。市场化的资源配置方式可以有效促进文化资源配置的合理化和高效率，加快资源增量的实现和资源共享的达成，继而最大限度地实现文化供求的均衡。

值得注意的是，文化资源市场化配置的动力是经济利益杠杆，对于实现文化的社会效益目标有着一定的局限性。这就要求我们在市场化资源配置的基础上，积极推动计划配置加以补充，实现计划市场配置起调控作用的多种资源配置方式的互补。文化资源的计划配置就是国家按照社会效益原则无偿投资配置文化资源，并且完全由国家进行事业性管理，这种文化资源的配置方式在一些市场机制不灵或不能正确发挥作用的文化领域，如国家文化安全、公益文化设施等，具有不可替代的作用。文化资源的计划配置必须遵循市场经济规律，保障市场经济秩序。

文化资源的计划市场配置，就是国家按照社会效益和经济效益双重原则投资配置文化资源。这种文化资源的配置方式负有社会效益与经济效益双重责任。国家通过计划市

场方式配置文化资源，可以利用独资、控股和参股的方法建立文化生产经营单位，然后以承包、租赁和股份制等手段将这类文化生产经营单位推上市场，使其完全按照市场经济法则进行经营[①]。

在文化经济全球化的大背景下，我国的文化资源整合配置还要具有国际化配置的能力。文化资源的配置是否得当，特别是国际化程度如何，是决定我国文化产业是否有活力、文化产业结构是否合理、文化产业国际竞争力是否强大的关键要素。在国际竞争日益激烈的大环境下，中国的文化产业必须在国际竞争中寻求合作与发展，文化产业的全球化竞争是一种综合实力的竞争，这就要求中国文化产业资源配置的国际化程度越来越高，把仅仅依赖国内资源、国内市场和政府指令转化为同时依赖和开发国内、国际两种文化资源和市场。

二、合理规划我国文化资源产业化发展的空间布局

规划决定方向，规划决定发展，规划决定效益[②]。规划作为社会经济未来发展的空间投影，是对未来空间资源的一种配置，同时也是对现有空间资源配置的一种再认识。规划应该深刻反映社会经济的要求，尤其是发展中的要求，因此，规划具有超前性和战略性。它既是在原有的基础上对文化产业资源空间配置状况的调整和重新安排，同时又是根据发展了的实际对文化产业发展战略的一种新的考虑。要推动我国文化资源的产业化进程，政府必须制定一个好的发展规划。

规划的制定必须遵循文化产业的运动规律、布局规律以及文化资源运动客观规律的要求，人为地控制文化产业布局，通过文化产业的合理布局实现空间经济效益目标和公平目标的有机统一，最大限度地克服文化资源产业化过程中的盲目性和趋同性，以及由这种盲目性和趋同性所造成的重复建设、资源浪费与恶性竞争。就目前而言，我国文化资源产业化的空间布局规划主要有以下几个任务。

首先，促使文化产业与文化企业的趋集中化运动，实现文化生产力的集约发展。文化资源开发的集中聚集，有助于形成文化产业的综合竞争力和核心竞争力，实现对各种文化资源的优化配置与有效利用，而且有利于利用市场信息，形成对各种文化资源的吸纳能力和辐射能力，提高文化资源产业化开发的创新能力，节约文化资源的流通成本，继而全面推动文化资源向文化资本的转化，实现文化资源产业化的健康发展。

① 蒙一丁．文化事业与文化产业协调发展的路径探新——我国文化资源配置应采取的三种方式[J]．长白学刊，2006（5）．

② 王永章．如何将文化资源转化为产业资源[J]．人民论坛，2008（9）．

其次，促进文化产业和文化企业的合理分布，实现文化空间经济的均衡发展。文化资源产业化开发的集中只有在一个适当的量度内才有价值，超过了一定的极限，产业生存空间过于狭窄，必然引发和导致恶性的市场竞争，由此而造成的投资环境的破坏必然导致文化资本的外流，进而最终导致整个产业发展的停滞和衰败。我国文化资源产业化开发布局的战略思维应该是：在实现对原有发达区域文化资源开发以及产业结构战略性调整以达到布局合理化的同时，推动中部和西部地区的文化资源产业化进程，尤其是推动广大西部落后地区的文化资源开发与文化产业空间布局，在实现效率目标的同时实现文化产业布局的空间公平。

最后，深入探讨文化资源产业化开发与文化产业结构的个性发展规律与特点。文化产业空间布局与产业特点是紧密结合的，只有对我国文化产业发展概况有一个清晰的认识，才能对文化资源的产业化开发乃至文化产业的空间布局有适当定位。一个国家或地区如果产业部门组合得当，产业地域组合科学、合理，才能推动国民经济和文化建设健康、快速、有序地发展[①]。

三、推动文化产业集群建设

文化资源在空间分布与运动规律上具有集聚性、专业化与网络化特征。因此，推动文化产业的集群建设也是推动我国文化资源产业化进程的必由之路。

产业集群是一组在地理上靠近且相互联系的公司和关联的机构，它们同处或相关于一个特定的产业领域，由于具有共性和互补性而联系在一起。文化产业集群则是集中于一定区域内，处于相同文化资源链上的众多具有分工合作关系的文化企业和与其发展有关的各种机构、组织等行为主体通过纵横交错的网络关系紧密联系在一起的空间集聚体。文化产业集群有利于文化资源产业化开发过程中形成品牌效应；有利于文化产业分工的深化和核心竞争力的形成；有利于文化资源的共享与区域优势互补；有利于专业性文化产品市场的培育[②]。要推动文化产业集群的建设可以从以下几个方面入手。

首先，依据我国文化资源分布的特征，做好文化产业集群的区位选择。从资源禀赋、要素储备角度看，做好文化产业集群的初始区位选择，要重点考虑区域文化资源禀赋的特点，为选择文化产业集群区位提供依据，并围绕不同的文化要素储备进行科学规划、布局，形成特色突出的文化产业集群。发挥政府在经济运行中宏观调控的作用，利用经

① 胡惠林．关于区域文化产业战略与空间布局[J]．山东社会科学，2006（2）．

② 吕挺琳．文化资源的集群特征与文化产业化路径选择[J]．中州学刊，2007（6）．

济手段对文化产业集群的初始形成提供政策扶持、基本投资支持。

其次，加强重点文化产业带建设。根据《国家“十一五”期间文化发展规划纲要》的要求，以建设文化创意产业中心城市为核心，加快产业整合，形成长江三角洲、珠江三角洲和环渤海地区三大文化产业带。积极发展我国西南、西北地区等具有鲜明地域和民族特色的文化产业群。推进科学技术在文化领域的应用，加快文化产业优化升级步伐，促进我国文化产业加入国际文化产业分工体系，不断提高国际化水平。

最后，加快文化产业园区和基地建设。促进各种文化资源的合理配置和产业分工，加快文化创意产业园区建设，使之成为文化创意产业的孵化器。形成若干出版、印刷复制、影视制作和文化产品批销等产业中心，重点建设一批大型影视制作、动漫、音像电子、印刷复制和演艺等产业示范基地。

总之，建立文化资源的优化整合机制，制定科学、合理的文化资源产业化开发的规划，加快集团化整合、基地化聚合和项目整合、品牌整合方面的步伐，实现文化产业空间与结构的合理规划与布局，推动文化产业集群建设是我国文化资源产业化发展的必由之路。

第四节　坚持市场化开发战略

文化资源是文化产业发展的基础，为文化产业提供资源供给和资源保障，但再丰富的文化资源并不天然就是文化产品和产业成果，它必须经过产业化开发和市场化运作才能转化为文化资本和文化产品。文化资源只有依靠产业化生产和市场化开发才能发挥其功能作用，产业化和市场化对文化资源的属性和功能的实现具有关键性作用。

要推进文化资源的产业化和市场化的进程，就必须把握好文化资源供给与文化产业发展、资源条件以及市场需要、资源转化和产品效益的关系，提高自主开发能力和市场开发效应。文化企业应该按照市场经济的特点和规律开发文化资源，研究大众的文化消费需求，开发大众喜闻乐见的文化产品，提供丰富多彩的文化服务，在占领市场、赢得大众的过程中取得利益，推动文化产业走上良性循环的轨道。文化资源产业化的市场化战略还需要文化产业部门积极运用文化产品的多层次开发和服务，通过市场细分、市场定位、市场营销，增进文化资源的产业效益。

我国坚持以市场化战略推动文化资源的产业化进程可以从以下四个方面的工作入手。

一、实现文化资源的市场化配置方式

由市场配置资源的一个重要特点就是市场自发地调节社会文化资源在社会各文化生产部门之间所进行的分配，并使其向优秀的文化生产部门流动，进行最佳的机制转换和资源整合。文化资源的市场化配置方式也是文化资源整合规划战略的具体要求，在前文中已作了详细的讨论，兹不赘述。

二、加强对文化市场主体的培育

文化市场的主体是指在文化市场上从事生产和交换活动的组织和个人，包括自然人和法人。在社会主义市场经济条件下，文化企业是进行文化资源开发、发展文化产业的当然主体，企业是构建文化产业有机体的基础细胞。

着力重塑文化市场主体，提高国有文化企业竞争力，形成以公有制为主体、多种所有制共同发展的文化产业格局是推动我国文化资源产业化发展的重要手段。

文化企业的活力往往来自于企业自身享有足够的自主权，使其成为独立核算、自负盈亏、自我发展、自我约束的市场竞争主体和法人实体。积极培育文化市场主体必须鼓励依托有实力的文化企业，以市场为导向，以资本和业务为纽带，运用联合、重组、兼并、上市等方式，整合优势资源，重点培育一批拥有自主知识产权和文化创新能力、主业突出、核心竞争力强的大型文化产业集团，用强大的企业群体来支撑文化产业的发展，并努力打破所有制界限，大力扶持民营文化企业的发展，努力探索国有资产的多种实现形式。

首先，推进经营性文化事业单位转制。规范国有文化事业单位的转制，加强对文化事业单位剥离企业的监管，合理确定产权归属，明确出资人权利，建立资产经营责任制，努力形成一批现代企业制度管理的、有较强自主创新能力和市场竞争能力的文化企业与企业集团。

其次，加快对国有文化企业公司制改造。以创新体制、转换机制、面向市场、壮大实力为重点，按照现代企业制度的要求，加快国有文化企业的公司制改造，完善法人治理结构。推进产权制度改革，实行投资主体多元化，使国有和国有控股的文化企业真正成为自主经营、自我约束、自我发展的市场主体。加快国有文化企业的股份制改造，打造一批主业突出、核心竞争力强的上市文化公司。

三、完善文化立法

完善文化立法的目的，就是要营造文化资源市场开发公平的、有序的、健康的文化市场和文化环境。

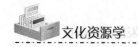

长期以来，我国的文化立法受制于计划经济模式，文化立法的基本功能是立足于文化领域封闭式的、单一的活动和参与主体，服务于国家和政府对文化活动与文化社会关系的行政命令式的管理和控制，较多地与防止、制止、处理文化活动中出现的问题联系在一起，文化立法往往自觉或不自觉地被有关的管理者利用来实现或强化本部门的权力与利益。国家和政府的各文化管理职能部门既是文化法律、法规的执行者，文化事业与文化产业的管理者，同时又是文化事业和产业的创办者，其结果因为缺乏改革和市场竞争活力，所以未能较好地发展由其自己创办的文化事业和文化产业。

以市场化的战略来推动文化资源的产业化进程，需要完善文化立法，以适应社会主义市场经济发展要求的思维。保障文化立法有利于促进和引导文化事业和文化产业的健康发展与有序繁荣；保障公民的文化权利，满足人民群众日益增长的精神文化需求；建设和保持公平的、公开透明的、有竞争的、健康向上的、有秩序的文化市场。

文化立法必须有利于实现“政企分开”、“管办分离”，对文化活动主体和参与者的管理必须依法进行，管理的法律依据必须公开，有具体标准，一视同仁，切实保护文化活动主体和参与者在被管理中的实体权利和程序权利。

文化立法还需要坚持对必要的政治方向和意识形态方向的把握方面的文化活动和文化社会关系依法进行管理。这种管理要为文化的繁荣和发展服务，管理的最终目的是建设、维护健康、有序的文化市场。

四、建立多元的文化投融资机制

资本是文化资源中最具活力和流动性的重要资源。我国文化资源产业化开发的投融资机制，应能最大程度地适应和满足文化资源产业化高速发展的融资要求，应始终能为文化资源的产业化开发提供各类所需资金。同时该投融资体系必须符合我国文化资源开发现状的一些基本特征，且能与时俱进，在我国文化资源产业化进程未来发展的各个阶段，始终能高度运筹各类文化资金，在资金供应上始终能满足文化资源产业化高速发展的需求。

要推动文化资源的产业化开发，必须建立多元的投融资机制用以吸收社会资本和外国资本，提高文化投资效益。鼓励和吸引国内各种非公有资本进入文化投资领域。以独资、合资、参股、联合、合作及特许经营等方式，积极参与文化基础设施建设、文化产业项目开发和文化产品的生产经营。积极利用资本市场，通过企业投资、私人投资、股票投资等多种形式，促进资本市场的强力投资和资本汇聚。积极鼓励金融资本主动介入，使文化企业顺利从金融市场融资以解决资金短缺问题。要引导建立各种类型的基金会，通过资金投资方式鼓励社会资本投入。鼓励和支持组建各种类型的文化发展公司，以广泛吸引和利用更多的社会资本。积极实施“外源内用”方略，善于把握文化资源配置的国际化趋向，有效吸收和利用普遍性的国际文化资源，特别是国际资本[①]。

第五节　坚持文化创新推动战略

文化的命脉在于创新，而文化资源产业化的核心在于文化的创新，文化创新为文化资源向文化资本的转化、文化产业的生产和产品开发提供必要的动力支持。蓬勃发展的文化产业为文化创新创造了前所未有的历史机遇。创新是文化产业的灵魂，是文化产业发展的动力源泉。毫无疑问，创新也是充分挖掘利用文化资源，实现文化产业快速发展的必由之路[②]。

必须加快文化产业创新体系建设，根据文化资源的特性和功能及资源的产业化、市场化要求，同时根据文化产业发展的特点和规律，在内容形式、方法和手段及文化体制、组织结构等方面积极探索创新。要“解放思想、转变观念”，鼓励多元化积极探索，推动多样性的自主创新，宽容对待探索和创新中的失误，支持健康文化发展，允许无害文化存在。

以创新战略推动我国文化资源的产业化进程，要以体制机制创新为支撑，坚决革除制约文化发展的体制机制弊端，要着眼于提高原始创新能力、集成创新能力和引进吸收再创新能力，着力于促进社会文化资源高效配置和综合集成，着重于文化企业的自主创新和产品研发，致力于推进文化资源的新的增值和文化产品的价值提升，使文化企业成为文化创新的主体。文化创新不但要与科技创新相结合，提高核心技术开发能力，还要重视加强知识产权保护，把推进自主创新和知识产权保护统一起来。

一、以文化理念创新为先导

我国文化源远流长，文化资源禀赋丰富多样，但文化产业却在全球文化贸易中处于劣势地位。这主要是因为传统的文化发展理念禁锢着人们的思想，国内文化界长期以来

① 刘玉堂，黄南珊．湖北文化资源转化的战略思路和途径选择．见：张晓明，胡惠林，章建刚．2006 年：中国文化产业发展报告[M]．北京：社会科学文献出版社，2006.

② 王永章．如何将文化资源转化为产业资源[J]．人民论坛，2008（9）.

只有文化事业概念，缺乏对文化资源的产业化开发和市场运作的意识。这就需要冲破原有的观念束缚，站在新的角度来了解中国及世界其他国家文化资源产业化发展的态势，并以新的理念、新的思维来考量文化资源产业化开发与文化产业发展的重要性。

文化理念的创新是引领整个社会不断前进的强大力量，也是文化创新的重要内容。在新的时代背景下，文化的传统理念不断受到冲击与颠覆，并在现代文化理念的博弈中不断交融与中和，文化理念本身就处于一个动态发展和不断更新的过程之中，而世界范围内的文化发展趋势以及国内文化产业发展的实践，要求文化理念必须不断创新，解开文化发展的思想束缚。

以理念创新来推动我国文化资源产业化进程就必须颠覆传统文化的发展理念，将文化理念从局限性的文化意识形态属性和宣传教育功能中解放出来，注重文化的产业属性和消费娱乐功能，注重对文化资源产业化开发和市场化运作的认识，逐步确立文化资源可以创造永久性财富的理念，推动我国的文化积淀、文化资源和文化创意转化为更多财富。在文化产业高速发展的时期，文化理念的创新必须先于文化实践，促进文化实践的发展。面对新形势，我们必须要敢于摆脱束缚我们的传统文化理念，树立新的文化发展时代观。

二、以文化体制创新为支撑

体制创新是国家创新体系的重要组成部分，它关系着国家综合创新能力的提高，是其他方面创新的制度保障和条件，也是解放和发展生产力的关键。而文化体制的创新则是为了进一步释放文化发展的活力，消除原有计划性文化体制的弊端，建构适应社会主义市场经济发展的新型文化管理体制，推动文化资源产业化进程。

文化体制是文化生产关系的制度反映，反映了社会与国家、公民与政府之间在文化利益分配和文化权利上的一种关系。长期以来我国文化体制受计划经济体制的影响，在资源配置方面起基础性作用的是政府，随着我国开始进入全面建设社会主义市场经济发展的新时期，原有的文化生产关系就逐渐不能反映和满足先进文化生产力发展所提出来的对重建文化关系的要求。旧的文化生产关系已经成为先进文化生产力发展的体制性障碍和结构矛盾。因此，文化体制创新，就是要改革与社会主义市场经济不相适应的文化制度、文化体制和文化资源再分配的权力结构。我国文化体制创新的一个重要标准，就是以“三个代表”重要思想为指导，以切实维护和保障公民文化权利为核心，重建我国文化制度，全面推进文化制度建设。通过文化体制的创新，最大限度地解放文化生产力，克服文化生产力发展与人民群众日益增长的精神文化需求不相适应之间的矛盾，促进文化资源的产业化进程[①]。

当前，我国的文化体制改革与创新进入了深化发展阶段，各项制度改革都取得了实质性的突破，新型的文化体制正在不断形成之中。相较以往文化体制创新的理论进展远落后于文化体制改革的实践，近年来文化体制的理论研究进展重大，已经形成了与文化体制改革实践相辅相成的局面。

三、以培育文化创意群体和内容提供商为重点

党的十八大报告指出："建设社会主义文化强国，关键是增强全民族文化创造活力。要深化文化体制改革，解放和发展文化生产力，发扬学术民主、艺术民主，为人民提供广阔文化舞台，让一切文化创造源泉充分涌流，开创全民族文化创造活力持续迸发、社会文化生活更加丰富多彩、人民基本文化权益得到更好保障、人民思想道德素质和科学文化素质全面提高、中华文化国际影响力不断增强的新局面。"

文化产业的核心是内容产业和创意产业，坚持文化创新战略必然要求以创意为中心环节，强调创意能力建设。创意是文化产业的核心属性，创意化开发是推进文化资源转化和内容产业发展的深层动力。文化创意产业要求重视发展现代产业高端，要充分利用我国文化资源的潜在优势，促进产品链与价值链的统一，努力提高高端产品的文化附加值。

培育文化创意群体和内容提供商是推动文化资源产业化的必由之路，要通过举办各种形式的推广活动，宣传创意理念，鼓励创意活动，扶植创意经济，营造创新氛围，推动创意产业化和产业创意化。积极营造有利于集体和个人充分发挥创意、技艺、技术的氛围，重点培育广播影视、动漫、音像、传媒、视觉艺术、表演艺术、工艺与设计、广告装潢、服装设计、软件和计算机服务等方面的创意群体。支持经济较为发达的城市以文化创意产业园区的形式，集聚各类文化创意人才。逐步完善有利于文化创意群体创业发展的市场环境和政策环境，为各类创意人才群体提供良好的条件。加快传统文化企业的产品结构、服务结构调整，支持和鼓励中小型文化内容服务企业的发展，建立以市场为导向的内容集成、加工、制作、传播生产机制。积极发挥市场在配置文化资源中的基础性作用，逐步形成一批以提供文化数字信息、影视、演艺、文化资讯等内容为主，实力雄厚的大型内容提供商。

四、以推动文化企业成为文化创新主体为手段

企业是自主创新的主体和源泉，因为站在人类发展的高度，文化也许是无国界的，

[①] 胡惠林．论文化体制改革．见：叶取源，王永章，陈昕．中国文化产业评论[M]．第 2 卷．上海：上海人民出版社，2004：12-14.

任何优秀文化或文化产品都应当成为全球的共同财富。在现代社会，这种文化或文化作品的生产和传播越来越需要由企业作为主体或平台，同时也越来越具有商业价值，因此，文化企业的创新能力决定了文化产品的生产和传播情况。

文化产业的跨国化经营，一方面，使文化市场的开发越来越具有全球性质，推动了文化全球化趋势；另一方面，越来越多的文化企业借助自身的创新能力，在世界范围内进行有效的分工与合作，整合国内、国外的文化资源，进而拓展全球市场。这样，各国悠久丰富的文化资源就不再为各国文化企业独有，文化资源的争夺加剧，文化资源的有限性被强化，发达国家的大型文化企业凭借科技、经济优势在再度创作加工，特别是数字化空间拓展方面几近完美程度的能力，由此经由整合开发获得高额附加值的知识产权，反过来以高额利润再倾销回该国。这样就形成发达国家文化产业很强的国际竞争力[①]。因此，推动文化企业成为文化创新的主体，提升我国文化企业的创新能力，是提升我国文化产业竞争力的必要手段。

首先，落实培育创新型文化企业的相关政策。改善对创新型文化企业的信贷服务和融资环境，扶持中小创新型文化企业发展。运用政府采购，重点扶持具有核心技术和自主品牌的创新型民族文化企业，支持文化企业参与和承担国家重大文化工程项目。加强对各类中小创新型企业的资金支持，充分发挥风险投资基金在扶持中小型文化创新企业中的作用。支持和鼓励各类文化企业与科研机构、高等学校结成创新型组织。

其次，促进文化创意企业发展。鼓励经济发达、创意人才资源较为丰富的城市，发展文化科技、影视制作、音乐制作、时尚设计、艺术创作、工艺美术、广告创意、动漫游戏等文化类创意企业。创造崇尚创新、追求卓越的产业氛围，扩大文化创意产业在全社会的影响力和带动力。充分发挥文化创意在内容创新和传统企业改造中的积极作用，利用文化创意成果拉动相关服务业和制造业的发展。

最后，高度重视技术中介服务。发展市场化、网络化的技术咨询、技术转让等文化技术中介服务机构，促进技术成果产业化。鼓励高等学校、科研院所、企业和各类社团开展文化技术展示、推介，提供文化技术中介服务。积极利用技术产权交易市场，开展文化技术产权交易活动。

五、以科技创新为核心

从科技创新的角度来看，现代科技成为文化资源开发和文化发展的重要动力支撑，

① 常卫．试论中国文化企业创新能力的提高[J]．中国特色社会主义研究，2007（2）．

对于文化资源的科技化开发成功与否具有关键作用，用高科技来改造和武装文化资源的开发和转化，是现今文化产业发展的大势所趋。现代信息技术、数字文化和多媒体传播的兴起，是将文化资源进行数字化的系统开发，使资源储备转化为产业资本和产品成果的关键环节和有力手段，可以促进资本增量的扩大和产品档次的升级。要重视高端文化产业链的发展，运用最新数字技术来武装文化产业，掌握具有自主知识产权的核心技术和关键技术，大力发展科技含量高、知识含量高、附加值高的文化产品。

加强数字和网络等核心技术的研发和应用，推动文化与科技的融合，丰富表现形式，拓展传播方式。

首先，加快文化领域核心技术研究。瞄准世界文化科技发展的战略前沿，加强数字技术、数字内容等核心技术的研究，提高装备技术和制造技术的水平。

其次，创新文化传播方式和手段。加快以国家数字图书馆为龙头的大容量数字化文化资源库建设，完成大中城市公共图书馆联网，实现资源共享。推进舞台技术进步，发展新的艺术表现形式。

最后，推动文化业态更新。加快传统出版发行业向现代出版发行业的转换，积极发展电子书、手机报刊、网络出版物等新兴业态。鼓励具有自主知识产权的网络文化产品的创作和研发，开发文化数据处理、存储和传输服务、移动文化信息服务、网上文化交易、数字互动体验服务、数字远程教育及数字娱乐产品等增值业务。

六、以知识产权保护为保障

知识产权制度对促进我国文化资源的创意化开发、文化智能资源的保护具有十分重要的作用。自主知识产权拥有量是推动科技创新、增强综合实力和国际竞争力的重要内容，加强知识产权保护是改善我国投资环境、维护市场经济秩序、推动文化资源的产业化进程的重要措施。

为了适应我国文化资源产业化、创意化开发的要求，必须建立健全知识产权保护的法律法规，营造良好的法治环境，落实有关保护措施，加大保护力度，进一步提高文化领域知识产权保护水平。

落实文化领域知识产权保护措施。做好重要文化资源知识产权的挖掘、整理工作，建立国家重点文化知识产权保护目录。强化文化工作者的知识产权意识，推动文化单位、科研院所、高等学校重视和加强知识产权保护和管理。鼓励发展知识产权代理、推介和交易服务产业，逐步构筑覆盖全国的知识产权服务网络。采取多种形式，及时宣传我国文化领域保护知识产权工作取得的成效，开展“拒绝盗版，从我做起”的全民主题教育活动，增强全社会知识产权意识。

依法严厉打击侵犯知识产权的各种行为。加强统筹协调，形成条块结合、上下联动的工作机制，打破地方保护。坚持以日常监管与专项整治相结合，以大案要案为突破口，开展图书音像市场保护等专项整治行动，坚决取缔盗版光盘生产线，严厉打击侵权盗播广播影视节目、擅自截传广播影视节目信号的行为，重点查处盗版教材教辅、计算机软件和音像制品等非法活动。

第六节　坚持人才资源开发战略

文化发展关键在于人才。人才资源是全球化时代的首要战略资源，也是发展文化产业最重要的资源和动能因素。人才资源开发在文化资源产业化进程中起决定性作用，是决定文化资源向文化资本转化、文化资源产业化开发和文化产品与创意的关键性资源和最终基础。

据教育部统计，目前我国高等教育毛入学率已经接近 20%，进入了大众高等教育时代。随着人们文化素质水平的不断提高，对于文化产品的需求和鉴赏力水平也在不断提高，这非常有利于文化产业的发展。更重要的是，这为我国在继劳动密集型产业中拥有廉价劳动力资本优势后，又为获得创新型人才优势创造了条件。巨大的人才基数为我国文化产业人才的选拔提供了良好的基础。然而，我国目前文化产业人才的开发和供给状况还存在种种问题，旧有文化体制不利于人才创造力的激发，不利于人才整合流动，不利于人才的成长和培养，目前文化产业人才还未形成以市场为手段的合理配置，高校文化产业人才培养缺乏针对性。另外，人才素质不高、专业性不强、人才结构不合理也是我国文化人才建设过程中存在的突出问题[①]。

尽快建立与文化资源产业化开发需要相适应的文化产业人事制度和文化产业人才的选拔、使用和激励制度，并开展在职人员的各种培训。政府与高等学校合作，共同开办文化产业相关专业，或鼓励高等学校自主开设相关专业，共同培养我国文化资源产业化开发急需的硕士、博士层次的高级人才，鼓励有实力的文化企业集团与高等学校合作申请企业博士后工作站，鼓励国外著名高校文化产业相关专业与我国高校合作办学；制定文化产业人才发展规划，建立文化产业人才供求信息网和高级文化产业人才数据库，定期发布文化产业人才，特别是紧缺人才的需求信息，推行文化产业从业人员资格准入制

① 向勇．文化产业人力资源开发[M]．长沙：湖南文艺出版社，2006：25．

度，推动文化产业人才中介组织和市场建设，为文化产业人才的有序流动创造良好环境等。

一、明确文化产业人才的核心地位

在人才作用极为突出的文化资源产业化开发领域，人才是第一资源。没有创意、没有设计、没有资源整合、没有市场营销，文化资源的产业化开发就只能延续粗放经营的传统老路，文化产品就只能是附加值极为低下、资源依赖型的初级产品，其市场竞争力与综合实力就永远只能徘徊于较低的层次和水平。改变这一局面的唯一出路就在于人才的培养和使用，要大力培养原创艺术人才、生产经营管理人才、市场营销人才等。因此，无论是对艺术家还是对从事相关创作的人都应该明确他们的核心地位，重视他们，尊重他们。

另外，还要牢固树立科学的人才观。人才存在于人民群众之中。只要具有一定的知识或技能，能够进行创造性劳动，能够为文化资源的产业化开发做出积极贡献，都是文化产业发展所需要的人才。要坚持德才兼备原则，把品德、知识、能力和业绩作为衡量人才的主要标准，不唯学历、不唯职称、不唯资历、不唯身份，不拘一格选拔、重用人才。科学的人才观还要求我们树立对于人才不求所有、但求所用的观念，人才的归属权并不是决定一切的根本，关键是要为人才的脱颖而出、成长创造一个良好的社会环境，让人才发挥作用[①]。

二、建设四支人才队伍

要突破目前制约文化资源产业化发展的人才瓶颈，就必须着力培养高素质的文化资源产业化开发与文化产业发展所需的人才队伍。要坚持为人民服务、为社会主义服务的方向和百花齐放、百家争鸣的方针，充分发扬学术民主和艺术民主，鼓励和支持学术上、艺术上不同形式、不同风格的自由发展和创新。着力加强领军人物和各类高层次专门人才的培养，积极发掘民间工艺大师。完善公平竞争和分配激励机制，鼓励和支持优秀拔尖人才脱颖而出。积极宣传文化领域领军人物、优秀专业技术人才、经营管理人才及其成果和主要业绩，营造尊重劳动、尊重知识、尊重人才、尊重创造的良好舆论环境。

做好文化产业人才培养工作，着重要建设四支人才队伍，这四支文化产业人才队伍是做好人才培养工作的关键。

① 丹增．文化产业发展论[M]．北京：人民出版社，2005：153-154．

（一）文化产业创意人才队伍

文化产业创意人才主要从事内容创作、设计，是整个产业链条中的起点，是文化产业价值体系中的核心部分。文化资源的整合，文化资源品质的提升，都有赖于创意的支撑。没有适应于现代消费趋势和习惯的创意，再好的文化资源也许只会变成毫无价值、无人问津的文化次品。因此，文化产业创意人才的多寡往往成为决定文化资源产业化程度的关键。要全面提高我国文化产业创意人才的能力与素质，打造知识结构宽阔、思维方式灵活的专业创意人才队伍，提高他们的创造能力、思维能力、表达能力是解决我国文化产业创意人才匮乏的根本途径。

（二）文化产业技术人才队伍

由于文化资源的产业化开发实践与高新技术的紧密结合，文化产业技术人才显得越来越重要。文化产业技术人才并不具有核心的创造能力，但原始的文本和创意必须通过他们的技术得以实现。从宏观的角度来说，技术人才所拥有的技术是文化资源合理产业化开发的引擎；从微观角度来说，技术人才是文化生产的骨干和主力。要推动我国文化资源的产业化进程，打造一支专业化程度高、综合知识能力强、团队协作能力突出的文化产业技术人才队伍十分重要。

（三）文化产业经营与营销人才队伍

文化资源的产业化是一种经济行为，这就需要经营与营销的专业人才对产业环境进行把握，制定企业发展战略，选拔人才，对策划、设计、生产、包装、销售等各个环节进行规划、统筹和运作，站在全行业的角度审视文化企业的发展方向，及时调整经营策略，对市场进行判断。培育一支具有管理和营销专业知识、战略管理能力、决策能力、沟通协调能力、资源配置能力、危机处理能力，并具备企业家精神的文化产业经营与营销人才队伍是推动我国文化资源产业化进程的重要保障。

（四）文化产业管理人才队伍

文化产业管理人才在各个文化市场主体中扮演着重要的角色。他们是各微观主体能否正常、有效、合理运转的保证。政府主管部门中也有一部分管理人才属于文化行政管理人才。他们对文化资源以及文化产业的认知水平也决定着政策的制定和导向。建设一支研究能力强、规划能力强、行政能力强的文化产业管理人才队伍，对于推动我国文化资源的产业化进程具有十分重要的意义。

三、加强高等学校文化产业人才培养及学科建设

充分发挥高等学校在建设先进文化、培养文化人才中的重要作用。扶持部分高等学校文化产业研究基地，资助一批重点文化资源产业化课题研究。鼓励有条件的高等学校整合相关学科资源，集中开展文化事业、文化产业重大理论和现实问题研究，为文化资源的产业化建设服务。鼓励文化单位与高等学校合作举办高级研修班、培训班，培养高素质的专业技术人才、经营管理人才。鼓励和支持文化人才参加学术研究和交流，承担重大课题和项目。

提倡在高校中建立完善的文化产业管理人才培养体系，包括专科、本科、硕士、博士，同时尝试MBA、EMBA等国际化教育模式，并丰富在职在岗以及出国短期培训等形式。对于文化创意人才，传统艺术院校在培养专业素质的同时也要加强综合素质的培养。另外，还要加强职业规划指导和专业设置的针对性，让学生在学习期间就更多地了解和参与不同的实践活动，积累经验。

四、完善人才选拔机制

完善人才选拔机制，改革人事管理制度，鼓励人才在市场配置下流动。选拔文化产业人才要坚持德才兼备、群众公认的原则，按照公开、平等、竞争、择优的要求，健全以业绩为依据，由品德、知识、能力等要素构成的人才评价、选拔和激励保障机制，营造人才辈出、人尽其才的环境。

改革人事管理制度，探索文化产业人才的行业管理办法，促进人才的合理流动。加大引进海内外高层次优秀人才，尤其是紧缺人才的力度，制定吸引文化产业人才的各种优惠政策，积极解决引进高层次文化产业人才的后顾之忧。另外，将“引进来”和“送出去”有机地结合起来，立足于本土人才的培养，同时也把人才送出去学习进修或交流锻炼当作一个主要形式。在一定时间内选择一批具有培养潜质的人才，送到国外进行学习和进修，或是到相关部门挂职交流，通过外部力量培养本土文化产业人才。

根据发展要求，逐步规范文化产业领域各行业的职业分类，编制职业标准，探索建立专业技术人员职业资格证书制度，稳步推进职称制度改革。

建立人才培养专项资金。通过财政专项支持以及鼓励文化企事业单位捐赠等多种渠道，筹集优秀人才培养和集聚基金，为人才培养提供物质保障。

另外，要充分发挥市场在人才资源配置中的基础性作用，建立和完善在相应社会保障条件下的人才流动机制，引导文化人才合理、有序流动，把优秀人才集聚到文化建设

中来。利用文化产业与相关产业的联动发展和资本扩张，扩大选拔范围，拓宽选拔渠道，广泛吸引财经、金融等领域的优秀人才和海外高层次人才进入文化行业。

本章小结

- 全面理解和实施可持续发展战略，对文化资源进行科学有效的保护是文化资源产业化开发的根本保障。一方面，要科学、有效地保护我国丰富的文化资源遗产；另一方面，要充分认识文化资源保护与开发的关系，以“在保护中求开发，在开发中促保护，保护与开发并举”的方式对待文化资源。
- 文化资源的整合就是将系统内各种文化资源通过联系、渗透、互补、重组综合起来，形成合理的结构，实现整体优化、协调发展，发挥整体的最大功能。通过建立以市场化配置方式为基础的多重文化资源配置方式，合理规划我国文化资源产业化发展的空间布局，推动文化产业集群建设，从而建立完善文化资源的优化整合机制，制定科学、合理的文化资源产业化开发的规划。
- 文化资源只有依靠产业化生产和市场化开发才能发挥其功能作用，产业化和市场化对文化资源的属性和功能的实现具有关键性作用。坚持以市场化战略推动文化资源的产业化进程，可以从实现文化资源的市场化配置方式、加强对文化市场主体的培育、完善文化立法、建立多元的文化投融资机制等四个方面的工作入手。
- 文化创新为文化资源向文化资本的转化、文化产业的生产和产品开发提供必要的动力支持。创新是文化产业的灵魂，是文化产业发展的动力源泉。毫无疑问，创新也是充分挖掘利用文化资源、实现文化产业快速发展的必由之路。
- 人才资源开发在文化资源产业化进程中起决定性作用，是决定文化资源向文化资本转化、文化资源产业化开发和文化产品与创意的关键性资源和最终基础。因此，我们要不断明确文化产业人才的核心地位；做好文化产业人才培养工作，着重建设四支人才队伍；加强高等学校文化资源产业化人才培养及学科建设；完善人才选拔机制，改革人事管理制度，鼓励人才在市场配置下流动。

综合练习

一、本章基本概念

可持续发展；内涵式开发原则；文化产业集群；文化立法；文化创新；体制创新；

文化产业人才队伍

二、本章基本思考题

1．文化资源开发中应该遵守的原则有哪些？

2．叙述文化资源产业化开发的可持续发展遵循的两大原则。

3．简要阐述文化创新推动战略的主要措施。

4．建设文化产业人才队伍主要有哪些内容？

推荐阅读资料

1．胡惠林．文化产业发展的中国道路——我国文化产业发展理论与实践研究[M]．上海：上海人民出版社，2004.

2．胡惠林．我国文化产业发展战略理论文献研究综述[M]．上海：上海人民出版社，2010.

3．陈少峰，张立波．文化产业商业模式[M]．北京：北京大学出版社，2011.

4．范周．文化产业新思考[M]．北京：光明日报出版社，2010.

5．厉无畏．创意改变中国[M]．北京：新华出版社，2009.

6．王国华，贾国伟．文化产业热点问题对策研究[M]．北京：国家行政学院出版社，中央编译出版社，2011.

第四章

文化资源的开发与文化软实力的提升

本章学习目标

通过对本章的学习，学生应了解或掌握如下内容：

1. 软实力和文化软实力、软实力与硬实力的内涵；
2. 文化与综合国力的关系；
3. 历史文化资源与文化软实力之间的关系；
4. 提升文化软实力应遵循的原则及提升文化软实力的路径。

导言

进入21世纪以来，中国正面对着日益复杂的文化形势：从国际方面看，文化的大交流、大融合势不可挡，文化的大冲突日益尖锐，文化与经济和政治相互交融日益深刻，文化力在综合国力竞争中的地位日益突出，文化发展越来越成为国家强大的重要标志；从国内方面看，随着经济的腾飞，人们的文化需求越来越深刻广泛，经济社会发展越来越需要强大的文化支撑。这一切都迫切要求我们重新审视文化建设的战略地位，制定新的文化发展战略，充分利用历史文化资源优势，努力提升我国的文化软实力。正如习近平指出："提高国家文化软实力，关系'两个一百年'奋斗目标和中华民族伟大复兴中国梦的实现。"①

① 习近平．建设社会主义文化强国，着力提高国家文化软实力[N]．人民日报，2014-01-01．

第一节 软实力与文化软实力

软实力作为一种潜在的不可忽视的力量，是一种终极竞争力，可以跨越时空，产生不可估量的影响。特别是文化软实力，更是深刻影响着国家的发展，如今越来越多的国家意识到文化软实力的重要作用。文化软实力已经成为一个国家综合国力的重要组成部分，会对经济、社会的发展产生不可估量的影响。2007 年 10 月 15 日，胡锦涛总书记在党的十七大政治报告中又一次指出要提升我国文化软实力。在新世纪新阶段“要坚持社会主义先进文化前进方向，兴起社会主义文化建设新高潮，激发全民族文化创造活力，提高文化软实力，使人民基本文化权益得到更好保障，使社会文化生活更加丰富多彩，使人民精神风貌更加昂扬向上”。并提出了一系列方针和要求，为我国文化软实力建设指明了方向，构建了框架，具有深远的历史意义和重大的现实意义。

一、何谓软实力与文化软实力

“软实力”的概念最早由美国哈佛大学教授约瑟夫·奈在《软实力》一文中提出，他认为一个国家的综合国力既包括由经济、军事、资源等表现出来的“硬实力”，还包括文化、科技以及国家凝聚力等体现出来的“软实力”，只有两者兼具的国家，才能在国际舞台上纵横驰骋、争取主动。软实力的内涵包括了一个国家或地区的凝聚力、吸引力和影响力，外延包括了政治软实力、外交软实力、军事软实力、文化软实力、环境软实力和社会软实力等。

自从约瑟夫·奈提出“软实力”这个概念以来，软实力问题越来越受到国内外学界的重视，各国学者对软实力的基本内涵也进行了深入研究。中国传媒大学学者李智总结国内外近期对软实力基本内涵的阐述，将软实力研究区分为强调文化要素，即观念要素（价值观、思想、精神或原则）和强调政治要素（制度、战略或规则）运用的两派（不妨称为“文化派”与“政治派”），前者以文化为本位，指出政治是在一定的文化背景下运行、在文化价值观指导下运作，强调的是文化对政治运行的导向作用；后者以政治为本位，突出文化资源需要政治运用，在政治运作中体现其价值，强调的是政治对文化资源的实现功能。[①]

① 李智．软实力的实现与中国对外传播战略——兼与阎学通先生商榷[J]．现代国际关系，2008（7）．

这两种基本阐释虽然还有种种分歧，但有一点却是共同的，即都指向了所包含的文化要素。由此我们可以看出，软实力在很大程度上就是文化软实力。约瑟夫·奈所列举的“文化、意识形态和制度”等要素都可归结为文化。并且，他所说的文化包括两个层面和两种形态：一个是内隐的观念层面，它包括价值观念、思维方式、思想理念、精神或原则等形态，可称之为观念性文化；另一个是外显制度层面，该层面属于一种社会性的文化约定，或者说是文化的社会化实现，它表现为战略、政策或规范、规则等形态，可称之为制度性文化。也就是说，制度的影响力并不来自制度本身，而是源于制度背后的文化理念的传播和说服。

通过以上的分析，我们认为：文化软实力主要是指一个国家或地区的主体在长期发展过程中培育形成的独具特色的共同思想、价值观念、基本信念、人文精神、行为规范的集合及其所产生的凝聚力、吸引力和影响力，其载体是文化事业和文化产业。文化软实力是软实力的核心，对其起统领作用。文化软实力在行为层面体现为一种能力，这种能力在一个国家或民族内部体现为国家或民族凝聚力和创造力，在外部体现为渗透力、说服力和吸引力。硬实力与软实力既紧密联系，又互相区别。它们不是简单的加减关系，而是相辅相成、相互制约和协调，硬实力是软实力的有形载体、物化，而软实力是硬实力的无形延伸。在当前全球化浪潮、信息革命和网络时代的大背景下，硬实力的重要性显而易见；而软实力则具有超强的扩张性和传导性，可以超越时空，对人类的生活方式和行为准则产生巨大的影响。①

二、软实力与硬实力的关系

正如前文所述，对于一个国家来说，它的综合竞争力存在硬实力和软实力两个层面。硬实力表现在经济发展主要指标和军事实力上；软实力则主要通过政治、文化、科技、教育、发展环境、国民素质以及国际美誉度体现出来。硬实力与软实力两者既紧密联系，又相互区别。硬实力显而易见，它是一个国家发展的支撑，是软实力的有形载体；而软实力虽无影无形，但它超强的扩张性和传导性，使它对一个国家的发展产生了巨大的影响，它是硬实力的无形延伸。基于以上分析，我们认为软实力与硬实力之间存在以下三种关系。

（一）共生兼容关系

软实力与硬实力共生于一个国家或区域统一体之中，一定的软实力与一定的硬实力

---

① 魏恩政，张锦．关于文化软实力的几点认识和思考[J]．理论学刊，2009（3）．

相对应而存在，相联系而共生，相互渗透，彼此兼容，即硬中有软，软中有硬。它们之间的关系随时空条件不同而始终处于运动变化之中，共同组成了一个国家或区域的综合竞争力。

（二）非均衡对称关系

所谓非均衡对称关系，是指软实力与硬实力尽管互相对应、紧密联系，但彼此之间并非简单线性相关，而是复杂的非均衡对称。如浙江义乌市从名不见经传的小城，在短短二十余年发展为举世闻名的会展之都，就是靠其独特的软实力。现在义乌的总人口有160 万人，其中常住义乌的外来建设者近 100 万人，有来自全球 100 多个国家和地区的8 000 多名外商常住于此。经有关部门批准的境外公司驻义乌机构就有 685 家，全球 20 强海运集团有 8 家在义乌设有办事处，境外客商在义乌银行开设的账户已有 9 000 多个。义乌市场年出口商品超过 40 万个标箱，辐射到世界 212 个国家和地区，市场外向度在 55%以上。“义乌魔力”就是其高效服务、不断创新的软实力。“义乌模式”成为依靠软实力崛起的经典案例。

（三）动态互馈关系

一般而言，硬实力呈现刚性、全球普适性、可比性等特点，而软实力（尤其是文化软实力）具有柔性、阶段性、区域性、民族性、特色性、认同差异性等特点。软实力与硬实力动态互馈，相互转化。硬实力为软实力提供了条件，如 GDP 增长、财政收入增加，既可以增加科教文卫投入，又拓展了文化消费市场需求；而软实力又为硬实力提供了支撑，如文化氛围浓厚、公民素质提高、投资环境的改善有利于引进人才、技术和资金，作为软实力重要载体的文化产业的发展壮大又增强和提升了硬实力。另一方面，忽视软实力建设将会带来硬伤害。如低下的服务效率、脏乱的居住环境等将使投资者望而却步。

综上所述，在认识和处理软实力的关系上，我们应以科学发展观为统领，立足于增强国家和区域的综合竞争力这一基点，坚持一手抓硬实力，一手抓软实力，两手都要硬。以此作为我们唯一正确的选择。[①]

三、文化软实力是综合国力的重要内容

当今世界，和平与发展成为时代发展的主题，国家间的竞争主要取决于综合国力的竞争和博弈。自 20 世纪 90 年代以来，综合国力的研究已经突破了过去偏向于经济和军

① 陈志，杨拉克．城市软实力[M]．广州：广东人民出版社，2008：93-94.

事实力的局限，进入了综合分析和评价的阶段。党的十七大报告指出，文化越来越成为综合国力竞争的重要因素。这种概括纠正了过去总是从文化对其他方面的服务和作用中来看文化价值的偏颇，而是强调文化力量本身也标志着一国综合国力的强弱。这种认识更加符合我们党一贯强调的高度精神文明是社会主义现代化建设重要目标之一的战略方针。

综合国力是一个国家用于生存、发展和施加国际影响的各种力量的合力，它是一个完整的系统，这个系统的最大特点是它的开放性和动态性。这种开放性和动态性主要表现在：第一，综合国力系统的构成要素不是孤立存在的，而是通过一定的途径相互关联、相互制约、相互渗透，呈现出你中有我、我中有你的景象。第二，系统的构成要素始终处于由少到多、由简单到复杂的变化之中，现在没有被认识和开发的资源，也许将来会成为重要的国力。第三，各构成要素在系统中的地位随着历史条件的变化而不断变化，或者跃升，或者下降。20 世纪末以来，人类历史发展的最突出的标志，是科学革命催生了知识经济时代，因而促成了综合国力构成要素历史地位前所未有的大变动，最终实现了从以物为中心到以人为中心的转变，直接决定了像国民素质、智力水平以及对外影响力的文化实力在综合国力系统中的历史地位。

那么，文化是如何构成和标志综合国力的呢？

首先，文化作为一种力量，主要是通过人的素质、能力和行动表现出来的，因此，文化之所以成为国力，就要从文化对人的塑造和激励谈起。我们知道，文化是作为主体的人所创造的精神产品，而人创造文化的目的，不管自觉还是不自觉，都是为了更好地解决人与自然、人与社会、人与人之间的矛盾。这一目的的实现，是通过作为客体的文化作用于作为主体的人来完成的。因为文化一经产生，它就在不断地创造、传承和累积中形成了一个独立的体系，变成了一个“客观的”存在，具有了与人相对立的“实体”的性质。这个文化的“实体”，对于个人和某一时代的人来说，是一个外在的力量。正是这样一个独立的“实体”，一个“有意义”的世界为人们提供了科学知识和特定的价值系统、行为规范、道德伦理及意义网络。从这个意义上看，文化又似乎成了主体的力量，因为它以自己的面貌设计和塑造着创造它的主人，人反而成了一定文化的载体。文化通过对人的这种再设计和再塑造，调节和干预着人的行为，培育和激发着人的内在力量，从而不断地实现人的自我超越，也极大地提高了人创造物质财富和精神财富的能力。正是从这个意义上说，文化是一个国家最重要的资源之一，是综合国力的重要标志。

其次，作为构成一国文化软实力主要资源的民族文化，是该国凝聚力和创造力的源泉。一个民族的文化，传承着全民族共同的思维方式、行为方式，以及传统风俗和精神遗产，凝聚着这个民族对世界和对生命的历史认知和现实感受，积淀着这个民族最深层的精神追求和行为准则，进而在现有经济发展和社会进步水平的基础上、在民族发展的共同历史境遇和未来前景的基础上形成全民族认同的价值取向和向心力，形成共同的理想和精神支柱。这种全民族认同的价值取向、共同的理想和精神支柱有着十分巨大的凝聚力量，几千年来中华民族历经磨难而绵延不绝，一个重要的原因就是有着深厚的文化传统和文化认同。同时，文化继承着人类文明进步的历史成果，承载着前人的智慧，开辟着物质文明、政治文明和精神文明建设的新境界，体现和提高着人们的创造能力和自身素质，发展着民族的创造性。可以说，文化的发展，从根本上促进着全民族素质的提高和人才的培育，促进着民族创造力的提升。

再次，文化价值观的输出具有强大的渗透力、吸引力和说服力，对他国人民的价值追求、文化心理以及生活方式能够产生重大影响。在人类的历史中，我们曾不止一次看到这样的例子：一个落后民族在从军事上征服了一个先进的民族之后，却被征服者从文化上同化了，消失了自己的民族特性。相反，我们也经常看到这样的例子：一个民族征服了另一个民族，往往也是先从文化上渗透，改变被征服者的文化价值观，以期以最小的经济和军事代价换取最大的胜利。一种文化力量的强与弱，最为突出地表现在该文化的渗透力和吸引力上，先进的文化具有强大的渗透力和吸引力。所谓渗透力，方向是对外，指一种文化对它种文化的单向的渗透或影响；所谓吸引力，方向是向心，指一种文化对它种文化的说服，即说服其他文化背景下的人们接受自己的文化价值，进而影响其行为模式。就当代世界各民族文化力量的对比来看，最有渗透力和吸引力的无疑是西方文化，也就是西方发达国家的资本主义文化。近几百年来，西方国家在对外扩张中曾经历过两种形式和两次高潮：第一次是殖民扩张，其工具是坚船利炮，世界的土地和资源很快就被瓜分完毕；第二次是经济扩张，其先锋是商品和资本，资本主义触角伸向世界每一个角落。而笔者认为，西方国家最近时期正在进行第三次大扩张，即文化的扩张。西方国家利用其占优势的经济力量和现代化的传播手段，大肆推行其文化、价值观念，使他们的经济理念、政治理念甚至他们的语言、文字、服装、饮食等文化迅速走向世界，而其他文化形态则在西方文化咄咄逼人的攻势面前处于被动应付的地位。文化的生存状态不仅积淀着一个民族和国家过去的全部文化创造和文明成果，而且还蕴涵着它走向未来的一切可持续发展的文化基因，是它存在和发展的全部价值与合理性之所在。因此，一旦这种文化，特别是当其中的核心价值观遭遇渗透和侵略而被改变，则必然要给民族和国家带来深刻的精神文化危机，并造成民族危机。对于这种态势，我们必须有清醒的认识，必须增强我们的危机意识和忧患意识，以高度的责任感推动我们的文化发展。

最后，当今世界，文化与经济日益紧密地结合，文化产品成为越来越重要的经济商品，成为独立的贸易形态。在一些发达国家，文化产品的出口已上升到各行业出口量的首位，并加快利用其科学技术和文化优势抢占世界文化市场。目前，美国最大的出口产品不再是农作物，也不再是工厂里的产品，而是流行的文化产品。早在 1996 年，美国的软件和娱乐产品在世界上的销售额高达 602 亿美元，首次超过其他任何产业，成为出口的支柱产业。改革开放以来，西方的大众文化产品以前所未有的速度和规模输入我国，如服装、快餐、节日、电影电视、动画制作等充斥着我国的文化生活领域，铺天盖地的西方大众文化产品正挤压着民族文化产业的生存空间。近年来，像日本的电子动漫、电子游戏，韩国的电视剧等，又风行世界。毋庸置疑，不论是美国的大片还是肯德基、麦当劳，也不论是韩剧还是日本的动画片，不仅为他们带来巨大的经济效益，同时又在传播着他们的文化及其价值观念，可谓一举多得。

应该说，在历史上，中华民族曾经具有强大的文化软实力，不仅塑造了辉煌的中华文明，而且极大地影响了亚洲，特别是东亚、东南亚周边国家，甚至远涉重洋，影响遍及世界。马克思就曾经说过，中国的三大发明——火药、航海术、印刷术是欧洲摧毁封建堡垒的最有力武器；西方的文官制度被公认是受我国发端于隋朝的科举制度的影响；如此等等。改革开放以来，伴随我国与世界联系的广泛加强，我们的文化也在迅速走出国门，文化软实力得到提升。但是，我们还必须清醒地看到，中国文化影响力指数的世界排名与中国经济迅猛发展的现实和前景，与中国政治、军事日益提升的地位以及中国发展理念和模式日益扩大的影响还很不相称。因此，加强我们的文化软实力建设，增强中华文化的感召力和影响力，已成当务之急。[①]

第二节　文化资源与文化软实力

我国是历史文化资源大国，拥有五千年的文明史，历史文化积淀十分丰厚，中华文化源远流长而博大精深，文化生态系统多姿多彩，文化资源禀赋独特丰厚。中华文化系列内涵丰富、特色鲜明，既展现了中国文化的基本特色和精神风貌，同时又是我们民族宝贵而独特的历史文化资源优势。

然而，文化资源优势并非天然就是文化软实力优势。立足中华历史文化资源优势，大力发展文化产业，使我国从文化资源大国走向文化产业强国，同时依托文化产业的发展大力弘扬中华文化，增强中华文化国际影响力，提升我国的文化软实力，是 21 世纪我们所面临的一项紧迫任务。

[①] 魏恩政，张锦．关于文化软实力的几点认识和思考[J]．理论学刊，2009（3）．

一、文化资源是文化软实力的重要构成要素

历史文化资源是人类在漫长历史发展过程中所积淀的，通过文化创造、积累和延续所构建的，能够为社会经济发展提供对象、环境、条件、智能与创意的文化要素的综合。这种形态的资源蕴藏在历史文化传统之中，存在于社会文化现状之中，弥散在整个物质生产、精神生产的创造过程之中，它既以一种可感知的物质化、符号化形式存在，又以一种思想化、智力化、想象性的形式存在，它主要以人为载体[①]。如果将历史文化资源按照形态属性来分类，可以划分为物质（有形）文化资源、精神（无形）文化资源。其中，无形的精神文化资源就表现为以社会价值观为核心的民族精神、人文精神和科学精神。在人类的历史进程中发挥着核心作用，而这正是一个地区或国家文化软实力的重要构成要素。

中华民族在五千年的历史发展中，培育形成了独具中国特色的共同思想、价值观念、基本信念、人文精神、行为规范。如我国传统儒家思想中"为仁"、"敬德"、"诚信"、"忠恕"、"孝悌"、"知勇"、"义耻"的道德教化；《大学》"在明明德，在亲民，在止于至善"和"格物、致知、正心、诚意、修身、齐家、治国、平天下"的政治抱负；爱国主义精神；敢为天下先的创新精神；海纳百川、兼收并蓄的博大精神。这些优良的精神传统资源构成了中国人的基本信念与行为准则，并内化到中国人的日常生活中。

又如道家思想中对人与自然和谐共生的审美理念的追求，《诗经》代表的现实主义气质，《离骚》体现的楚汉浪漫主义精神，"魏晋风度"的飘逸与洒脱，"盛唐之音"显示出来的慷慨襟怀，宋元的山水意境等通过文化艺术体现出的艺术审美资源，构成了中华文化独特的人文精神与审美情趣，是中华文化产生凝聚力、吸引力和世界影响力的源泉。

另外，近现代中国工商业发展积累了丰富的品牌资源，如品牌名称、品牌标志、商标等，代表着中国企业的形象，也是构成中国文化软实力的重要渊薮。

综上所述，博大精深的中华历史文化资源为我国文化软实力的崛起提供了十分有利的条件，奠定了丰厚的文化底蕴。中华文化的兼收并蓄，使我们能博采众长，吸收世界先进经验为我所用。另外，我国经济和文化的发展正处在历史的最好时期，中国公民对中华文明非常自豪和信任，民族认同感强，这使得国人不甘心落后于世界其他民族，激励我们在相对落后的情况下奋起直追，赶超世界先进水平。

---

① 贾松青．论文化资源转变为文化资本的现实途径．见：侯水平．四川文化发展报告（蓝皮书）[R]．北京：社会科学文献出版社，2006.

二、挖掘文化资源是提升文化软实力的必要手段

以历史文化资源的保护与开发为基础的文化产业是文化软实力的重要载体之一，它的发达程度被视为衡量一个国家和地区软实力的重要标志。文化产业依托的是文化、教育、创意等软资源，其载体是人才。它反映的是价值观，并且通过市场途径，尤其是依靠信息技术所开拓的广大受众市场进行传播，显示一个国家和地区的凝聚力、影响力和感召力。

文化产品具有商品和意识形态双重属性。文化产业不仅可以产生经济效益，同时也会产生社会效益，直接影响我国社会主义文化建设。“弘扬中华文化，建设中华民族共有精神家园”是社会主义文化建设的一个重要目标。作为文化建设重要组成部分的文化产业，担负着弘扬中华文化、提升中国文化软实力的历史重任。

从另一方面来讲，在社会主义市场经济条件下，中华文化要充分依托文化产业的发展才能得以有效地弘扬，中国的文化软实力才能得以提升。随着我国社会主义市场经济体制的逐步确立，文化建设的经济基础和社会环境与计划经济体制时代相比发生了根本性变化。市场在文化产品配置方面发挥着越来越大的作用，人民群众越来越多地通过市场来获取文化产品，满足精神文化生活需要。在这种条件下，如果具有中华民族特色的文化产品市场占有率越高，购买者越多，那么接受中华优秀文化传统教育的消费者也就越多，社会效益也就越广泛。相反，中华民族优秀传统文化如果无法通过商品这一载体进入市场，就会削弱中华文化的凝聚力。所以，我们必须要在发展社会主义市场经济的大背景下开展文化建设，促进我们的历史文化资源与产业和市场有机结合，创造出更多具有中华文化内涵的文化产品，充分利用发展文化经济的手段来筹划和部署提升我国文化软实力这一历史性任务。

通过发展文化产业的手段提升我国文化软实力，要正确处理保护与利用历史文化资源的关系，防止不当开发利用。科学保护历史文化资源是弘扬中华文化的基础，也是促进文化产业发展的护本之举。通过开发利用来增强文化资源自身的造血功能，为保护文化资源创造必要的物质条件，形成保护与开发合而为一的良性运行机制。

三、文化软实力的提升会加速文化资源的积累过程

文化的累积性表现为，文化是在人类历史发展过程中累积的，包括知识、信仰、艺术、法律、道德风俗以及各种能力与习惯的复杂体系。对于文化资源而言，它同样具有累积性的特征。历史文化资源的累积，需要人类在漫长历史发展过程中不断地创造、积累和延续。

而这种文化资源的累积有快与慢、缓与急之分。纵观中国五千年的文化发展史，我们不难看出，在我国历史上凡是国家统一、政治清明、社会稳定的历史时期，莫不创造出了辉煌灿烂的文化果实，文化资源也在这些时期呈高速积累的态势。相反，在国家分裂、政治腐败、社会动荡的历史时期，文化资源往往呈低速积累，甚至出现负积累的状态。

文化资源的高速积累，在中国历史上最具有代表性的是唐代。在结束了隋朝末年的社会动荡之后，中国社会经历了一个较长时间的和平稳定期。经济的繁荣为文化的发展提供了雄厚的物质条件；全国的空前统一、民族关系的融洽为中华各民族文化、中外文化在这一时期交流、融合、互促提供了现实基础；以科举制度为代表的选官制度的完善则为文化繁荣提供了保障；统治者对文化的重视也从侧面推动了社会重视文化、艺术的风气；文禁松弛的政治氛围，也使得民族艺术的创造力得到解放。文化资源的积累，在唐代出现了井喷的态势：在文学方面，唐代是中国古典诗歌的极盛时期，古代散文在这一时期得到了重大发展，小说从唐代开始作为一种文学题材进行创作。在艺术方面，中国书法、雕塑、乐舞的发展到唐代进入了全盛时期。书体如篆、隶、草、行、楷等发展成熟，涌现出许多著名的书法家。唐代陶塑，造型逼真，色彩艳丽，栩栩如生，是享誉中外的艺术杰作。少数民族的音乐歌舞，纷纷传入中原，与汉族的音乐歌舞交相融汇，形成了独有的风格。另外，以天文、中医、建筑为代表的中国古代科技文化资源也在这一时期得到了长足的发展。

如果将唐代文化发展的繁荣用软实力的理论来解释，我们不难看出，唐代文化资源的高速积累和唐代强大的文化软实力有着千丝万缕的联系。因为国家领土统一、民族关系和谐、统治思想开明、政治制度完善、文化氛围浓厚、文化的吸引力强等因素，事实上都是文化软实力的内容，是一个国家文化软实力强弱的重要指标。因此，我们认为：文化软实力的提升会加速文化资源的积累过程。

我国目前要大力加强国家文化软实力的建设，对内增强文化的凝聚力，对外增强文化的吸引力，把文化资源转变和上升为国家的文化软实力，不但会在当代全球化进程中提升我国国际影响力、塑造良好的国家形象，为我国营造和平发展的良好国际环境，而且，从长远来看，会加速我国文化资源的积累过程，为子孙后代的文化发展提供丰厚的文化资源基础，为中华文明的可持续发展创造条件，是利在当代、功在千秋的伟大事业。

第三节　如何提升文化软实力

现在，我国已经进入了全面建设小康社会的新的历史阶段，在新的历史条件下，仍然需要以经济建设为中心，大力发展社会生产力，但更需要贯彻以人为本的科学发展观，促进社会全面、协调、可持续发展，全面提高群众的生活质量，其中包括大力加强文化建设，增强文化软实力，习近平指出："提高国家文化软实力，要努力展示中华文化独特魅力。在五千多年文明发展进程中，中华民族创造了博大精深的灿烂文化，要使中华民族最基本的文化基因与当代文化相适应、与现代社会相协调，以人们喜闻乐见、具有广泛参与性的方式推广开来，把跨越时空、超越国度、富有永恒魅力、具有当代价值的文化精神弘扬起来，把继承传统优秀文化、弘扬时代精神、立足本国又面向世界的当代中国文化创新成果传播出去。要系统梳理传统文化资源，让收藏在禁宫里的文物、陈列在广阔大地上的遗产、书写在古籍里的文字都活起来。"[①]这样才能满足人民群众日益增长的精神文化需要，维护人民群众的文化权益，提高人民群众的精神生活质量，振奋人民群众的精神面貌，增强民族凝聚力。也就是说，在经济硬实力得到较大增强的基础上，要改变过去一度忽视文化软实力建设的情况，更加重视文化软实力的建设，把文化软实力建设提到与经济硬实力建设同等重要的位置，科学定位和确立文化软实力发展的国家战略。[②]

一、提升文化软实力应遵循的原则

党的十八大报告明确指出要推动社会主义文化大发展、大繁荣，兴起社会主义文化建设新高潮，激发全民族文化创造力，提高国家文化软实力。根据十八大提出的文化建设要求，立足我国历史文化资源基础，结合文化以及文化产业发展的自身规律，我们主张，要立足中华历史文化资源优势，进一步加强文化建设，提升中国的文化软实力应遵循以下四个原则。

（一）凸现文化为本

广义的文化是软实力的核心，而其核心的核心是价值观。文化软实力在很大程度上表现为国民的精神状态、意志品格和内在凝聚力，而这一切主要来自于人们对社会核心价值的认同。这就要求我们以社会主义核心价值体系引领社会精神，用以爱国主义为核心的民族精神和以改革创新为核心的时代精神鼓舞广大群众的斗志，激发广大群众热爱祖国、建设祖国的动力与活力，用社会主义荣辱观引领社会风尚，切实把社会主义核心

---

① 习近平．建设社会主义文化强国，着力提高国家文化软实力[N]．人民日报，2014-01-01.

② 骆郁廷．我国文化软实力的发展战略[J]．马克思主义研究，2009（5）.

价值体系融入国民教育和精神文明建设的全过程，把核心价值体系的基本要求渗透到市民公约、乡规民约、职业规范、学生守则等具体行为准则和各项行业管理制度中，使之成为每个公民的行为标准，转化为每个公民的自觉追求，这是提升我国文化软实力的思想基础和核心任务。

（二）坚持因地制宜

由于各地发展水平不同，文化资源禀赋特殊，目标定位各异。因此，在培育提升文化软实力时，必须因地制宜，从各地区自身的发展需求出发，不可能也不必要一种模式、一种套路，跟风随潮一个样。各地区提升自身文化软实力的工作要从自身的现实着手，既要充分挖掘具有代表性的优秀区域文化因子，又要有重点地开发和利用，打造极具地方风情的区域文化。

（三）体现多元发展

多元性是文化的重要特征。海纳百川、有容乃大。提升中国文化软实力的过程中应当具有允许文化多样性与多元化的胸怀，以百花齐放、百家争鸣为指导思想，既积极地鼓励和引导新兴文化向健康的方向发展，又担负起保护传统文化、维系文化传承的重任。

（四）实现循序渐进

我们应该认识到，对文化软实力的建设不可能像硬实力的投资那样达到立竿见影的效果。正因为软实力的源泉是文化，它既需要历史积淀的开掘，也需要春雨润物的培育，不可能一蹴而就。我国文化软实力的建设是一个恒久的过程，永远没有终点，它伴随着经济发展、社会进步以及人自我的发展不断提升。因此，我们必须遵循循序渐进的规律，永无休止地不断攀登。

二、提升文化软实力的方略

关于如何在实际的工作中将文化的力量熔铸到国人巨大的创造力和凝聚力中，使文化成为我国在国际综合竞争力的重要组成部分，构成我国发展的文化软实力，我们认为应该着力做好以下方面的工作。

（一）对中国文化软实力的发展现状进行准确的调查、评价与比较研究

提升我国的文化软实力，不能盲目学习、照搬西方发达国家的模式，关键是要看我国自身的文化资源禀赋和发展前景，因地制宜。中国需要什么样的软实力，要看我们发

展的缺陷在哪里，这是我们提高国家文化软实力的前提。

没有调查就没有发言权。要提高我国的文化软实力，必须首先对我国文化软实力的发展现状和需求状况进行准确的调查、定量评价与比较研究。对国家文化软实力进行评估具有对国家硬实力进行评估同等重要的意义。文化软实力主要涵盖了文化服务机构的能力和实力、专业技术人才实力、创意设计实力、历史文化资源实力等四个方面的内容。通过对这四个方面的描述与定量评价，发现我国文化软实力建设拥有的优势与劣势，找到发展过程中存在的不足与我国文化软实力缺少的文化资本。调查与评估有助于总结成绩和经验，找出差距和问题，进行纵横比较，明确持续发展的方向，制定相应的措施和对策。也就是说，对国家文化软实力进行评估，作为国家战略管理的重要环节，与对国家综合竞争力的其他要素进行评估一样，应是政府管理者和研究者“心中有数”的一项常规工作。

值得注意的是，由于软实力具有柔性、动态变化性、主客互动性等特征，所以，对国家文化软实力进行评估还具有与国家其他竞争力要素进行评估不同的特殊意义。那就是要通过评估，准确把握中国文化软实力的变化趋势，全面深入地扩展文化软实力的内涵及外延，对文化软实力建设工作和有关政策适时做出调整。因此，从某种意义上说，对国家文化软实力进行评估比对国家硬实力进行评估更为重要。①

（二）科学制定中国文化软实力的发展战略

国家的发展需要规划。但是，目前我国的战略规划大多仅仅停留在硬实力发展的规划上，还没有充分意识到文化软实力规划的必要性和紧迫性。即使意识到一些，也可能只是将文化作为硬实力，硬件建设的点缀，作为一种“插花式”的装饰来考虑。这些外在的点缀不是从国家有机体中生长出来的，而是焊接在硬件设施上的。这种插花式的文化软实力投资不仅会造成资源不必要的浪费，而且还会给中国的国际形象抹黑。

科学制定中国文化软实力的发展战略，就是要从全面建设小康社会的战略高度和社会主义现代化建设的全局出发，科学定位文化软实力的战略地位，把文化软实力建设放在与经济硬实力建设同等重要的战略位置，坚持经济硬实力和文化软实力建设“两手抓，两手都要硬”的要求，统筹兼顾，全面促进经济硬实力和文化软实力的共同发展，并科学处理好社会主义文化发展的各种关系，促进社会主义文化全面、协调、可持续发展，从根本上保障和推进我国文化软实力的提高。②

① 陈志，杨拉克．城市软实力[M]．广州：广东人民出版社，2008：208．

② 骆郁廷．我国文化软实力的发展战略[J]．马克思主义研究，2009（5）．

科学制定中国文化软实力的发展战略，还需要我们在进行文化软实力的投资之前，必须从我国的历史文化资源禀赋、文化环境和文化传统出发，进行科学的论证和合理的规划。注意规划的合理性和科学性，切忌好高骛远，贪大求全，盲目铺摊子，把目标设计得太高，超过承受的能力。

（三）加强保护、充分开发、合理利用我国丰富的历史文化资源，让历史文化资源成为提升我国文化软实力的强劲动力

中华文化博大精深、源远流长，历时五千年一以贯之，具有鲜明的民族特性，是我国区别于世界其他国家的标志，也是吸引和影响其他国家的力量源泉之所在。中华文化具有强大的民族凝聚力和社会整合力，它凝聚人心、鼓舞士气、振奋精神、激励斗志，是中华民族屹立于世界民族之林的精神支柱。事实上，软实力的核心就是价值认同，文化价值观念所体现出来的感召力、吸引力是软实力的真正体现。

改革开放三十多年来，我国在经济社会发展中取得了巨大成就，让世界对中国特色社会主义产生了强烈的关注，也对中国传统文化和观念产生了广泛的共鸣。我们要利用好当前难得的发展机遇，深入挖掘和弘扬传统文化的有益价值，提高文化软实力，增强对外吸引力。面对丰厚的传统文化，一方面要注重开发，按照古为今用的原则取其精华、去其糟粕，提炼更多的普世性价值，并通过文化产品的输出以及丰富多彩、健康有益的民俗活动形式，参与全球性合作；另一方面要重视文物和非物质性文化遗产的保护工作，通过各种发展渠道的建立、保护措施的完善，使民族优秀的传统文化得以传承并不断发扬光大。①

现阶段，我国在对历史文化资源的保护、开发和利用等方面，还存在着保护不善、开发无序和利用低效等种种问题。这就迫使我们首先要树立“保护”第一的观念，正确认识、处理历史文化资源保护、开发与利用的关系，加大对历史文化资源的保护力度，依法把保护落到实处。

其次，加强对开发、利用历史文化资源的有效管理，做到科学、谨慎、有序，即对每一个历史文化资源的开发项目都做到反复论证、审核，树立“开发性保护”的观念，把对历史文化资源的开发性保护提高到保护中华文脉、爱护中华文明之魂的高度。

另外，我们也要加强各地区历史文化资源开发、利用的整体性，把各地区的地理特征和资源特点充分整合，使其文化项目既各有特色，又浑然一体。

① 魏恩政，张锦．关于文化软实力的几点认识和思考[J]．理论学刊，2009（3）．

（四）提高主体文化自觉

文化是软实力的灵魂，国家和地区的软实力发展取决于其是否有高度的文化自觉和文化主动。因此，高度的文化自觉是我国发展文化软实力的前提。强大的社会主义先进文化是增强软实力的不竭源泉。文化自觉是在文化反省、文化创造和文化实践中所体现出来的一种主体意识和心态，它具体地表现为文化价值选择和构建过程中人们的一种价值取向，它要求将人生价值观建立在理性的基础之上，所以文化自觉即是人的自觉、理性的自觉、行为和责任的自觉。实践文化自觉是一个艰巨的过程，是一个认识自身文化的过程，更是一个熏陶积淀、提升修养的过程。[①]文化自觉不仅是理论概念，更有实践的意义。这里的自觉，是一种觉悟精神，上至国家民族，下至市民百姓，都需要有对文化的敏感觉悟。因此，我们必须努力提高作为中国特色社会主义文化建设主体的广大人民的文化自觉，充分调动其参与文化建设的主动性、积极性，将中华优秀的文化传统纳入全民教育内容，加大宣传力度，营造舆论强势，使全国上下始终保持奋发图强、昂扬向上的精神风貌，从而实现物质与精神的和谐统一，为加快我国文化发展凝神聚力，从而使我国文化软实力不断得以提升。

虽然从普遍意义上讲，文化兴衰、人人有责，但作为中国特色社会主义领导核心的中国共产党，代表着中国先进生产力的发展要求，代表着中国先进文化的前进方向，代表着中国最广大人民的根本利益，其文化自觉决定着我国软实力的发展。在党的十七大报告中，胡锦涛总书记用三个“越来越”高度概括了站在新的历史起点上，处于新世纪新阶段文化的地位和作用，发出了“推动社会主义文化大发展大繁荣”的号召，提出了“提高国家文化软实力”的战略目标，并作出了全面部署。这充分反映了我们党在新的历史条件下的高度文化自觉。可以预料，随着我国新文化建设高潮的到来，我国软实力的发展也将出现历史性的跨越。[②]

（五）提高中国文化传播能力，不断扩大中国文化的影响力和竞争力

传播深度决定影响广度。一个国家文化的影响力，不仅取决于其内容是否具有独特魅力，而且还取决于是否具有先进的传播手段和强大的传播能力。文化的传播能力已经成为一个国家软实力的决定性因素。国家文化传播能力越强，越能将本国的文化传播到世界各国，越能让世界各国人民接触、了解、接纳本国文化，越能使本国文化融入世界各国当地的文化。

---

① 董立人，曹雪芹．以文化自觉提升“软实力”[J]．中国特色社会主义研究，2004（4）．

② 陈志，杨拉克．城市软实力[M]．广州：广东人民出版社，2008：101-104．

提高我国的文化软实力，一方面要不断丰富和创新文化内容形式；另一方面必须花大力气提高文化传播能力。要大力发展汉语语言文化，通过兴办和发展孔子学院、举办对外汉语水平考试等方式，加强对外汉语教学，提高世界各国人民运用汉语进行文化沟通的能力，使中国文化通过汉语的国际普及和发展走向世界；要大力弘扬和传播中国优秀传统文化，使中国的优秀传统文化伴随着诗歌、戏剧、曲艺、武术、书法、绘画、工艺、服饰、礼仪、中医、饮食、民俗文化等的发展走向世界，传载和传播优秀的中华民族精神，提高中华文化的国际影响力。[①]

另外，新闻媒体是信息传播、文化扩散的重要载体，在文化传播中处于特殊地位。因此，我们要把提升国际大众传媒主流媒体影响力作为提高中华文化传播能力的战略重点，进一步加大投入，完善扶持政策，壮大总体实力，提高核心竞争力，做大做强主流新闻媒体，形成舆论力量。要大力发展我国的对外广播电视、新闻出版、互联网络，扩大大众传媒的国际覆盖面和辐射力，掌握话语权，增强用多种语言传播中国文化、报道中国发展的能力，深入研究国内外受众的心理特点和接受习惯，善于利用现代传播技巧，增强文化传播和新闻报道的亲和力、吸引力和感染力。

提高中国文化传播能力，扩大中国文化的影响力和竞争力，还要求我们加强中华文化与世界其他各民族优秀文化传统的融合。在软实力的建设中，坚持和实施文化融合战略，是提高中华文化国际影响力的需要。加强我国文化软实力建设，不仅是要发挥文化凝聚力、增强民族凝聚力的巨大作用，而且要扩大对外文化交流，提高中国文化的国际影响力。没有中华文化同世界各国文化的相互交流，就不可能促进中华文化同世界各国文化的相互借鉴和融合，就不能推动中华文化走向世界，提高中华文化的国际影响力，也就不能在全球范围内增强我国的文化软实力。

（六）大力推进文化产业与文化创意产业的发展

文化作为软实力的重要内核，对一个国家的发展至为重要，它可以创造生产力、增强内驱力。21 世纪头 20 年是我国现代化建设的重要战略机遇，也是文化发展的重要战略机遇。要把握这个机遇，实现以推动文化建设来提升我国的文化软实力，建成文化软实力大国的目标，就必须树立强烈的机遇意识、发展意识，开阔发展思路，拓宽发展途径，推动中国文化产业与文化创意产业的全面繁荣和快速发展。

文化产业不仅是新一轮产业结构优化升级的突破口，是我国转变经济发展方式的重要抓手之一，还是满足人民群众多样化精神文化需求的重要供给载体，更是维护民族文

① 骆郁廷．我国文化软实力的发展战略[J]．马克思主义研究，2009（5）．

化安全、捍卫国家文化主权的有利工具。在全球经济一体化的背景下，文化产业飞速发展，它已成为城市文化软实力对外部受众发挥亲和效应的主要渠道，而且产生贴身的、深入人心的、持久的影响。然而，与文化产业发展较快的西方发达国家、日本和韩国相比，中国文化产业发展的现状可以简单地概括为产值小、规模小、市场化程度低、发展滞后、产业发展环境不良等几个问题。为此，我们必须进一步解放思想、转变观念，充分利用历史文化资源优势，把文化旅游业、文化展演业、休闲娱乐业、特色文化创意产业等作为支柱型文化产业来培育，精心策划、包装、打造一批具有核心竞争力的文化产品和文化品牌，加快构建文化产业链，加快文化产业集群建设。

要坚持以市场为主导，通过积极的产业政策和有序的市场化运作，充分发挥国有文化企业的骨干作用，培育和发展大型文化企业集团，保护好、引导好民营企业投资文化产业的积极性，迅速壮大我国文化产业的规模，使文化产业占国民经济比重明显提高，竞争力显著增强。

另外，政府也应加大对文化产业的投入。调整财政支出结构，逐步增加对文化产业的经常性投入。积极创造条件，充分利用市场机制，扩大文化市场准入，鼓励民营资本及个人投资兴建各类公益性文化机构和设施，逐步形成投资主体多元化、社会化的投融资新格局，进一步繁荣文化市场，使文化产业发展得更好。

由于创造力被认为是软实力的重要体现，文化创意产业作为创造力物化的集聚形态自然成为软实力的重要标志之一。文化创意产业的发展将成为我国一些中心城市经济发展的新引擎。

目前，我国的文化创意产业还处于自发状态，要促进它的快速发展，必须要提高对发展创意产业重要性、迫切性、前沿性和未来发展态势的理解、认识与认同，把创意产业作为我国新一轮文化产业发展的先导产业；要建立一个良好的产业体制和创意成果产业化机制，推动创意产业的发展；在有条件的地区率先建设创意产业园区和创意产业集聚区，充分发挥其示范、集聚、辐射和推动作用；加强立法，加大知识产权保护力度，为创意产业的发展营造有利的法制环境；设立各类创意产业发展基金，创造多元化、高效率、低成本的投融资环境；加快文化创意产业人才引进与培养，不断推出有利于人才成长、有利于发明创造的新政策、新规定，大力营造尊重知识、尊重人才、奖励创造、宽容失败的创新文化，营造让优秀人才脱颖而出的发展环境。

（七）不断增强社会公共服务能力，建立完备的公共文化服务体系

文化涉及教育、科技、卫生、体育等诸多领域，每个领域都关系到社会每一个人的生活质量，关系到每一个人的素质提升。因此增强社会公共服务能力，发展公益文化事业，建立覆盖全社会的比较完备的公共文化服务体系，不仅是实现和维护广大人民基本文化权益的主要途径，更成为提升我国文化软实力的关键所在。

为此，我国要在建设文化强国的轨道上，以广大群众关注的热点难点问题为服务重点，加快推进教育强国、科技强国、卫生强国、体育强国的建设，积极开拓创新，改善公共服务手段，提升公共服务能力，提高公共文化产品和服务的供给能力，注重统筹均衡发展，在文教科卫体各个领域取得全面的进步，让广大人民群众充分享受到文教科卫体等事业发展带来的实惠。要把发展公益文化事业作为保障人民基本文化权益的重要途径，坚持以政府为主导，加大财政投入力度，加强社区文化建设，鼓励社会力量积极参与公益性文化建设，拓宽服务渠道，健全服务网络，不断提高公共文化产品和服务的供给能力。

在教育上，要注重基础教育抓均衡、高等教育抓质量、职业教育抓结合、终身教育抓体系；在科技发展上，要强调加强科技创新，建立从源头创新到推广应用的立体式的区域创新体系；在卫生建设上，要从切实维护人民群众切身利益、不断提高广大人民群众健康身体素质的高度出发，逐步形成与我国经济社会发展相适应的科学的卫生发展规划体系；体育建设要将全民健身作为基础工程，把竞技体育作为工作重点，把体育产业培育成新的经济增长点，坚持加大政府推动、鼓励社会支持、吸引全民参与相结合，促进体育事业全面、协调、可持续的发展[①]。

通过上文对我国历史文化资源与文化软实力建设的对策与建议分析，我们可以看出：要推动一个国家或地区文化软实力的提升，必须以"凸现文化为本、坚持因地制宜、体现多元发展、实现循序渐进"为原则，这是有力促进文化软实力提升的必然选择。必须以文化软实力的发展现状和需求状况进行准确的调查、定量评价与比较研究为基础；对文化软实力的发展进行科学论证和合理规划；加强保护、充分开发、合理利用丰富的历史文化资源；提高主体文化自觉性，塑造民族或区域文化精神；提高文化传播力、影响力与竞争力；积极推动文化产业与文化创意产业的发展；不断增强社会公共服务能力，建立完备的公共文化服务体系七条基本路径，这是推动文化建设，提升地区乃至国家文化软实力的必由之路。而这四项原则与七条基本路径都与历史文化资源的发掘、保护与利用息息相关。

我国历史文化底蕴深厚，文化资源禀赋源远流长而丰富多样，其多维的禀赋类型及其比较优势和功能作用，为我国文化软实力的提升提供了源源不断的资源供给、产业支撑和资本保障。历史文化资源与文化软实力具有深刻的内在关联度，综合开发利用文化

---

① 姚伟钧，任晓飞．武汉文化软实力与武汉发展[J]．炎黄文化，2008（2）．

资源成为提升地区乃至我国文化软实力的深层动力。只有坚持上述四项原则与七条路径的选择，才能有效促进我国文化资源潜力向文化产业竞争力的转变，促进文化资源优势向文化产业优势的转变，促进我国实现由文化资源大国向文化软实力强国的战略性转变。

案例/专栏 4-1

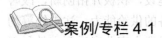

海外孔子学院迅猛发展 彰显中国文化软实力

孔子学院是国家汉语国际推广领导小组办公室，即国家汉办在世界各地设立的推广汉语和传播中国文化与国学的教育和文化交流机构，2004 年 11 月全国首家孔子学院在韩国首尔成立，目前全球已经建立了 322 所孔子学院和 369 个孔子课堂，分布在近 100 个国家和地区，成为推广汉语教学、传播中国文化和国学的全球品牌。一所对外汉语教学的学校以孔子的名字命名，表明了中国语言文化的源远流长和深厚的底蕴。它还体现了中国语言文化在 21 世纪中融入世界的发展趋势。

▶▶ 中国文化独特的魅力

语言的强弱是国家强弱盛衰的象征，是国家“软实力”的核心。近年来，由于经济政治地位不断提升，中国的国际影响迅速扩大，国外了解、学习中国语言文化的需求也随之增加。我国著名语言学家许嘉璐先生曾说过：“一种语言是否受到世人的青睐，最根本的是要看以该语言为母语的国家实力如何，看她对异文化的人群吸引力的大小。”全球“汉语热”为许先生的话做了一个很好的注脚。从 2004 年建立第一所孔子学院到今天，世界各地平均每年会建立 54 所孔子学院，差不多每 7 天世界上就会多一所孔子学院。

21 岁的德国女孩米米是大学三年级的学生，同时她还在慕尼黑孔子课堂中级班学习汉语。在接受《全球华语广播网》记者专访时，米米坦言：虽然汉语很难学，但德国人学习汉语的热情却很高。

▶▶ 孔子学院创办模式

国家汉办副主任赵国成表示：推广本国语言是一些发达国家的通行战略。例如，法国有法语联盟，德国有歌德学院，西班牙有塞万提斯学院。而孔子学院近年来之所以发展迅猛，一方面源于全球的汉语热，另一方面也离不开孔子学院独特的创办模式。

中国的孔子学院与其他国家的语言推广机构不同的地方在于，孔子学院是建立在合作的基础之上的，也就是说，是中国和外国的教育机构合作办孔子学院，并不是单独到外面去办，所有的孔子学院，孔子课堂都是设在大学里面、中小学里面，是大学或者中小学的一部分，这里面既反映了中国希望有更多外国人学习汉语、了解自己的文化，同时反映了国外学校开设汉语课程、希望了解中国的愿望。

▸▸ 国际化的教授方式

孔子学院的首要任务是汉语教学。目前，各国的孔子学院针对教学对象的不同，会分别开设适应学生、商务人员及普通民众等不同需求的汉语课程。同时，针对不同国家地区文化背景的不同，孔子学院也已经开发出多达45种语言的汉语教材。

汉语教学的同时，孔子学院的另一项工作是组织中国和其他国家之间的文化交流活动，推广中国文化。德国慕尼黑孔子课堂的负责人高芳芳女士说：因为德国普通的老百姓对中国非常感兴趣，非常想多知道、多了解中国，但是他们不一定现在有时间、有兴趣去学语言，但是他们比较愿意参加，如我们的讲座、电影晚会，还有书法班、绘画班以及太极拳班等，有很多人对这方面感兴趣，我们差不多每个月都要举办文化沙龙，举办各种各样的其他文化活动。

▸▸ 平等的文化推广理念

当以中国古代圣贤“代言”的中华文化迅速走向海外的同时，孔子学院已不再仅仅是一所汉语教学的学校，而逐渐成为向世界人民推广中国文化的名片和窗口。国家汉办副主任赵国成表示：文化的推广，更多、更重要的就是人员的交流。如何推广中国的文化，我觉得一个是需要有一种比较平等的理念、宽阔的胸怀，因为任何文化之间都是平等的，没有说谁高谁低，所以我们推广文化的出发点一定要正确，也就是说，我们并不是好像站在高处向别人推广我们的文化，其实不是这样的，我们的想法实际上就是让更多外国人能够更正确地、全面地、真实地来了解中国，其实文化的推广更多的、更重要的是人文的交流，在我们孔子学院办学也好，举办各种各样的活动也好，大大促进了中国和外国的人员交流，大家互相见面了，能够互相共同地探讨问题了，能够互相地去了解了，我觉得这个是文化交流的一个核心内容，也是一个核心的形式。

作为一名在德国生活了二十多年的华人，高芳芳表示：传播中国文化是自己义不容辞的责任，这也是她和她的同事们一直兼职来做慕尼黑孔子课堂的初衷。“我在德国已经呆了二十多年了，我的感觉就是德国人对中国的兴趣越来越大，现在是想通过自己具体的工作把一个真实的中国，把中国人的真实形象告诉德国人，告诉德国的普通的老百姓。”

孔子学院的迅速发展扩大了中国在世界的影响力。美国《纽约时报》曾评价说：“孔子学院是迄今为止中国最好最妙的一个出口产品，是中国实施和平外交战略、提升国家软实力的重要措施。”

资料来源：海外孔子学院迅猛发展 彰显中国文化软实力[EB/OL]. http://china.cnr.cn/qqhygbw/201105/t20110517_508004517.html，资料在引用时有所删改。

【思考与讨论】

1. 孔子学院在海外不断发展的原因？上述案例体现了本章中提升文化软实力的哪几项原则？

2. 结合你对孔子学院的认识，谈谈文化资源在提升文化软实力中起着怎样的作用？

本章小结

- 文化软实力主要是指一个国家或地区的主体在长期发展过程中培育形成的独具特色的共同思想、价值观念、基本信念、人文精神、行为规范的集合及其所产生的凝聚力、吸引力和影响力，其载体是文化事业和文化产业。文化软实力是软实力的核心，对其起统领作用。软实力与硬实力之间存在三种关系：共生兼容关系、非均衡对称关系、动态互馈关系。
- 文化是构成和标志综合国力的表现为：首先，文化作为一种力量，主要是通过人的素质、能力和行动表现出来的，所以，文化之所以成为国力，就是要从文化对人的塑造和激励谈起。其次，作为构成一国文化软实力主要资源的民族文化，是该国凝聚力和创造力的源泉。再次，文化价值观的输出具有强大的渗透力、吸引力和说服力，对他国人民的价值追求、文化心理以及生活方式能够产生重大影响。最后，当今世界，文化与经济日益紧密地结合，文化产品成为越来越重要的经济商品，成为独立的贸易形态。
- 文化资源与文化软实力的关系：（1）文化资源是文化软实力的重要构成要素；（2）挖掘文化资源是提升文化软实力的必要手段；（3）文化软实力的提升会加速文化资源的积累过程。
- 提升中国文化软实力应遵循的原则：（1）凸现文化为本；（2）坚持因地制宜；（3）体现多元发展；（4）实现循序渐进。
- 提升我国文化软实力的方略：（1）对中国文化软实力的发展现状进行准确的调查、评价与比较研究；（2）科学制定中国文化软实力的发展战略；（3）加强保护、充分开发、合理利用我国丰富的历史文化资源，让历史文化资源成为提升我国文化软实力的强劲动力；（4）提高主体文化自觉；（5）提高中国文化传播能力，不断扩大中国文化的影响力和竞争力；（6）大力推进文化产业与文化创意产业的发展；（7）不断增强社会公共服务能力，建立完备的公共文化服务体系。

综合练习

一、本章基本概念

软实力；文化软实力；硬实力；文化资源；文化产业

二、本章基本思考题

1. 简述文化软实力的含义。
2. 分析软实力与硬实力的关系。
3. 阐述文化资源与文化软实力的关系。
4. 提升文化软实力应该遵循哪几项原则？
5. 应该怎样提升我国文化软实力？

推荐阅读资料

1. 陈少峰. 文化的力量[M]. 北京：华文出版社，2013.

2. 花建. 文化软实力：全球化背景下的强国之道[M]. 上海：上海人民出版社，2013.

3. [美]约瑟夫·奈. 软实力：权力，从硬实力到软实力[M]. 马娟娟，译. 北京：中信出版社，2013.

4. 龙耀宏. 民族文化与文化软实力[M]. 北京：民族出版社，2011.

5. 施忠连. 五缘文化：中华民族的软实力[M]. 上海：同济大学出版社，2013.

6. 刘晓玲. 文化软实力提升浅论[M]. 长沙：湖南人民出版社，2009.

7. 唐代兴. 文化软实力战略研究[M]. 北京：人民出版社，2008.

第五章

传统文化市场的发展与政府管理

本章学习目标

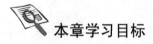

通过对本章的学习，学生应了解或掌握如下内容：

1. 文化资源的转化，需要文化市场的力量；
2. 传统文化市场的形成、发展、繁荣、深化和转型过程；
3. 宋代文化市场繁荣的主要表现；
4. 宋代政府对市场管理的三大主要制度；
5. 政府对传统文化市场的管理方式；
6. 传统文化市场管理对现代的启示。

导言

文化市场是指以商品交换形式提供文化娱乐服务的场所，文化市场是市场的有机组成部分，具体来说，是市场体系中的一个行业市场。从表现形式上讲，文化市场是指文化商品、文化服务以及文化资源营销活动的场所。从本质内容上讲，文化市场是指在文化商品、文化服务以及文化资源交换过程中所反映的文化生产者、文化经营者和文化消费者之间各种经济关系的总和。它既包括了文化生产者、文化经营者与文化消费者之间的交换关系以及供求关系，也包括了文化生产者、文化经营者和文化资源所有者之间的经营关系。文化市场是历史发展到一定阶段的产物，在经济、政治等因素的作用下兴衰消长。

中国历史上的文化市场经历了形成、发展、繁荣、深化和现代化转型几个阶段，在一定程度上反映了历史文化资源及其民众消费状况。政府出于政治、经济等动机采取了多种管理制度和措施，为我国现行文化市场的管理提供了历史借鉴。

第一节　传统文化市场的发展历程

中国文化发展的历史，一方面体现了厚重丰富的文化资源，另一方面也体现了广阔的文化消费市场。在当下中国文化产业发展中，文化市场的发掘远远不够，文化市场的潜力非常巨大，许多文化资源并没有转化为市场，甚至许多文化资源还处于没有开发的状态。因此，有必要对传统文化市场的发展历程进行分析与研究，从中找出有利用价值的部分。

一、传统文化市场的形成

夏、商、周三代以前，人们在满足生活需要的物质生产中，创造了最早的实用艺术品，包括玉雕、贝雕、骨雕、石雕、彩陶、漆器、竹编、草编等装饰性和观赏性的工艺制品。考古发掘的资料也证实了文化商品的早期交易痕迹。据考证，在新石器时代晚期仰韶文化散布的甘肃等地遗址中，出土了磨制的玉片、玉瑗和海贝。这些物品并非出产于当地，可能是通过商品交换从新疆和沿海地区流入本地的。在南京北阴阳营新石器时代遗址发现的三百多件玉石玛瑙制品①以及吴县草鞋山等遗址出土的大量玉饰②也能说明早期文化商品交易的存在。

音乐、舞蹈、杂技是最早进入市场的商品。它们最初为娱神而作，旨在祈求神灵的恩泽。三代以后，上层统治阶级也开始从歌舞中寻找快乐，表演艺术从娱神下降为娱人，为宫廷、官府、贵族、地主和富豪家庭提供精神享受。春秋战国时期，出现了最早的职业艺人。据《史记·货殖列传》记载，中山国的人们为了谋生，男子长于工艺制作，女子多从事歌舞业，卖艺谋生。这一时期另一个文化市场——教育市场初露端倪。社会转型导致了政府控制力的松弛，学在官府的规则被打破，官府中的文化人流散四方。孔子等人就以文化知识为商品，开馆授徒，民间私学兴起。荀子、墨子、庄子等都是当时著名的私学大师。教育范围的扩大推动了社会对书籍的需求，图书（竹简、木简、帛书）交易市场自然出现。

---

① 南京博物院．南京市北阴阳营第一、二次的发掘[J]．考古学报，1958（1）．

② 钟蘐．从江苏原始社会后期考古资料看私有制的产生[J]．考古，1976（3）．

秦汉时期，丝绸之路的开通打开了文化商品的国际贸易之路，各种奇珍异品和异国艺术纷至沓来，西域、中亚以及欧洲地区的毛织地毯、珠宝玉器、琵琶等工艺制成品和绚丽的音乐、舞蹈、绘画、雕塑、杂技等艺术传入中国，文化商品流通的种类和范围都在扩大。

汉朝出现了较为固定的书肆。在京城太学附近，形成了以经营书籍为主的槐市。太学诸生每月初一、十五两次在槐树林下聚会，交换书籍和乐器。书肆上还有专门以抄书为业的佣书人，如东汉名士王溥因“家贫不得仕，乃挟竹简插笔洛阳市肆佣书。”佣书侧重于书法技艺的售卖，写得一手好字便可以在市场上赚取酬劳。如晋人卫恒《四体书势》载：“上谷王次仲始作楷法，至（汉）灵帝好书，时多能者，而师宜官为最，大则一字径丈，小则方寸千言，甚矜其能。时或不持钱诣酒家饮，因书其壁，顾观者以酬酒直，计钱足而灭之。”

与此同时，绘画市场也开始萌芽。与书法市场一样，民间的绘画市场是以佣画的形式出现。主家提供绘画材料和资金，画工出卖绘画和雕刻技能。民间画工创作的主要作品有墓室壁画、画像石、画像砖。

秦汉时期发展最为明显的是演出娱乐市场。当各种娱乐活动从上层走向民间，以零星的小规模的卖艺活动来进行时，演出市场便开始萌芽了。从秦汉时期的文献中，可以看到有关职业或业余艺人表演歌舞百戏的场景描写。如《汉书·武帝纪》记载，元封“三年春，作角抵戏，三百里内皆来观”[①]。元封“六年夏，京师民观角抵戏于上林乐馆”[②]。“角抵”是一种互相较量力量和技巧的对抗性运动，在汉代通常会与杂技、乐舞一起表演，被称为“角抵戏”或者是“百戏”。这表明有些表演已经从流动状态向固定场所发展，并已形成了一定的规模。

“碑碣云气，丧乐娱宾，长门买赋，佣书为钱，艺术市场日趋繁茂以致唯利是图，临街卖艺者亦有之。”[③]由上可以看出，到汉代，文化市场的各个门类已基本具备。有的已经有固定的地点、固定的交易时间和一定的交易规模，交换关系清晰。因此，可以说，最迟到汉代，我国文化市场便已形成并初具规模。

二、传统文化市场的发展

上海交通大学的学者李康化认为“魏晋南北朝时期是我国艺术经济发生质变的大变

---

① 汉书·武帝纪[M]．北京：中华书局，1962．

② 汉书·武帝纪[M]．北京：中华书局，1962．

③ 李向民．文化产业史[M]．长沙：湖南文艺出版社，2006：64．

动时期，其历史地位是不容忽视和轻视的。”[①]诚如斯言，国家分裂、社会动荡却带来了文化市场的别样发展，绘画、书法和雕刻市场都获得了不同程度的进步，为隋唐时期的大发展奠定了基础。

佛寺的兴盛推动了佛像绘画的繁荣，大大小小的寺庙成了画家们赚资取酬的场所，也造就了一批佛像绘画高手，如曹不兴、卫协、顾恺之等。顾恺之在瓦棺寺展览收费的故事更是为后人津津乐道。“兴宁中，瓦棺寺初置，僧众设会，请朝贤鸣刹注疏，时士大夫莫有过十万者。既至长康，独注百万。长康素贫，众以为大言。后寺僧请勾疏，长康曰：‘宜置一壁。’闭户不出一月余，日所画维摩诘一躯。工毕，将欲点眸子，乃谓僧众曰：‘第一日观者，请施十万，第二日观者，请施五万，第三日观者，可任其施。’及开户，光照一寺。施者填咽，俄而得百万钱。”[②]佣书市场的进步体现在“魏碑体”的出现。善书之人在碑刻中形成了独特的书法艺术，流传至今。此外，抄写佛经也是他们重要的营生手段。社会对文字美感的重视导致了书法市场的出现，王羲之、王献之等著名书法家的书法作品价值连城，成为人们慕求的对象。佛教的传入还带来了大规模的凿窟造像，石窟艺术获得飞速发展。我国四大著名的石窟都产生于这个时期。除了石窟艺术外，各种佛雕和造像碑也流行一时，推动了民间雕塑艺术市场的发展。

隋唐时期，国富民强，文化市场得到恢复和发展，文学市场、诗歌市场、绘画市场和歌舞娱乐市场都在汉代基础上有了新的进步。文学市场上最流行的商品是碑文和墓志铭。碑志的流行为文学家提供了谋利的途径，部分文学家放弃了文人耻于言利的传统，在撰写墓志中获得了可观的利润。诗歌在唐朝走向高度繁荣，一批批杰出的诗人为市场带来了大量优秀的作品，在民间广为流传。诗人元稹在《白氏长庆集序》中描写了当时诗歌市场的情况：“然而二十年间，禁省观寺、邮候墙壁之上无不书，王公妾妇、牛童马走之口无不道。其缮写模勒，炫卖于市井，或因之以交酒茗者，处处皆是。其甚有至盗窃名姓，苟求自售，杂乱间厕，无可奈何。”[③]唐代绘画市场上最热门的是壁画，寺观、宅第建筑的迅速发展带来了对壁画的大量需求，许多文人士大夫也投入到佣画市场上，成为比画匠技高一筹的名画家。

民间歌舞市场的发展是唐代繁荣的表现之一，以歌舞为主的演出市场获得了进一步的发展。职业艺人和艺人团体出现，固定的演出场所逐渐增加，节庆娱乐活动丰富多彩，并体现出与商业结合的趋势。

① 李康化．文化市场与营销变革[M]．北京：北京大学出版社，2008：9．

② 张彦远．历代名画记[M]．卷五引京师寺记．

③ 旧唐书．卷一六六白居易传．

早期职业化的艺人主要是艺妓和优伶。艺妓是指在青楼倡门以歌舞为业的女艺人，当时通常被称为倡妇或娼妇。市井艺妓或是走街串巷或是在固定场所靠歌舞谋生，是当时社会活动中交际面最广和最活跃的阶层。萧德言《见佳人负钱出路》诗云："独负千金价，应从买笑来。只持难发口，经为几人开。"这首诗描述的是一位行走江湖靠卖唱谋生的歌妓。民间专以卖艺、卖唱为生的女子被称为"优伶"。与娼妓不同，她们有人身自由，有家室。这种优伶女子在民间有很多，唐代最有名的优伶首推刘采春。据范摅《云溪友议》卷九鹦鹉词条："俳优周季南、季崇及妻刘采春，自淮甸而来，善弄《陆参军》，歌声彻云。"同书卷十又载："崔郎中（刍言）初为越副戎，宴席中有德化周氏者，乃刘采春女也。虽罗唝之歌，不及其母，而杨柳之词，采春难及。"这里表明刘彩春母女技艺相传，她们或行乡入里，或往来都市，或应筵宴之召，以歌舞或其他技艺为生。这些艺人不仅单独卖艺，还结成了一定的团体——伶党。《陆文学自传》云陆少羽不满主人凌辱"舍主而去，卷衣诣伶党，著《谑谈》三篇。以身为伶正，弄木人、假吏、藏珠之戏"。

唐朝的演出活动总称百戏。百戏在唐以前就已出现，但在唐代，无论种类、技艺，均比以前有所发展、创新，内容也更加丰富多彩。百戏大抵可以分为两大类：一类是歌舞戏，包括大面、钵头、踏摇娘、窟礧子、参军戏等。还有一类是杂技，内容包括寻橦、绳技、蹋毬、舞马、舞象犀、幻术、鱼龙漫衍戏、筋斗、山车、旱船、夏育扛鼎、腰背船、跳丸等。百戏已经成为唐代市民的重要娱乐生活项目。在长安两市中还有专门的百戏演员，为社会各阶层演出并收取费用。上至皇帝，下至豪民、普通市民都可以在百戏中一晌贪欢。

艺人们除了传统的街头流动卖艺外，还可以在固定的场所长期表演，也可以在节庆时节献艺取利。固定的表演场所多依附寺庙道场，如长安城中的慈恩寺、青龙寺、荐福寺、永寿寺的戏场。在节庆时节，百戏热闹非凡，更增添了节日的喜庆气氛。

自中、晚唐后，文艺活动，尤其是艺人的民间艺术活动将文艺娱乐正式引向了商业化道路，成为以劳务形态存在、以盈利为目的的大众文艺消费服务，并主要出现在诸行商人汇聚的古老而繁荣的集市上，通过杂剧、讲史、散文、皮影、说史等民间演艺形式参与商品交易活动，塑造其商业品格。

三、传统文化市场的繁荣

两宋时期，国家由乱到治，政府抑武扬文，商品经济繁荣，市民阶层出现，这些有利的因素把传统的文化市场推向极盛。

由于宋太宗、宋徽宗、宋高宗等皇帝的热衷，绘画市场进入了黄金时期。上至皇室、达官贵人，下至平头百姓都参与其间。一些画商或持画者主动上门求售画作，拿到市场上售卖，固定的画铺也开始出现。更重要的是，作为中介组织的“牙侩”也诞生了。牙侩通过联系买卖双方，协调书画价格，从中获取佣金。

开科取士为百姓求取功名提供了新的途径，民营书院也应运而生。人们对书籍的需求、雕版印刷事业的发展推动了刻书业和图书交易的发展。书坊刻书和售书并行，遍布全国各地，北方的开封、南方的杭州、西南的四川、中南的两湖、华东的江浙皖赣，形成了全国的刻书中心。四川的“蜀本”、浙江的“浙本”、福建的“建本”都名扬天下。许多书坊设有刻印作坊，拥有写工、刻工和印工，技术条件雄厚。书坊主人还组织文人从事编纂，把编辑、刻印、售卖集中于一体，掌握了图书生产的全过程，并在图书制作方面和原料产地建立多种联系，在图书流通上和各地书贩建立流通网络，成为一个力量雄厚的生产经营实体。书坊刻印图书，是以书籍作为商品投入市场进行流通，适应社会需求，以盈利为目的。刻书业的发展直接激活了图书市场，图书贸易中心迅速增加，汴京和临安是当时最大的图书集散地，各地大批书商前来贩运书籍，买卖兴隆。图书买卖的形式有店铺售卖、流动销售和集市贸易。如东京相国寺庙会就是定期的集市，“每月五次开放，万姓交易……殿后资圣门前，皆书籍玩好图画”[①]。

宋代最为发达的文化市场还是演出娱乐市场。演出娱乐市场的繁荣表现在以下几个方面。

1．形成了四个层次的演出市场

由低到高依次为路岐人组成的流动演出市场，节庆、庙会和集市组成的不定期演出市场，茶楼、酒肆、妓院组成的固定演出市场和瓦肆组成的专业演出市场。各级市场都具有可观的规模和丰富的演出内容。

2．演出市场巨大，盛况空前

据《东京梦华录》载，北宋汴京著名的瓦市有九处，勾栏五十余座。《梦粱录》记载南宋有瓦市十七处。宋朝瓦舍集聚了众多百戏杂技艺人，“无论风雨寒暑，经常表演着各种歌舞、戏剧、曲艺以及杂要技艺之类，”[②]观众如潮，天天客满。

3．演出形式多样，名家辈出

瓦肆集聚了众多百戏杂技艺人，宫廷艺人、官妓、民间艺人等混杂其间，成分庞杂。“经常表演着各种歌舞、戏剧、曲艺以及杂要技艺之类，如杂剧、院本、南戏、傀儡、

[①] 孟元老．东京梦华录[M]．卷3．北京：中国商业出版社，1982．

[②] 夏野．中国古代音乐史简编[M]．上海：上海音乐出版社，1989．

影戏、诸宫调、鼓子词、说话、唱赚、小唱、散乐等。”[①]

4. 演出市场竞争激烈

技高者立足，甚至终身在勾栏表演。如“小张四郎一世只在北瓦占一座勾栏说话，不曾去别瓦作场，人叫做小张四郎勾栏。”[②]技逊者走人，被淘汰到“路岐人”，即街头流浪艺人的行列，甚至被逼出京都。

5. 专业组织和团体的涌现

说话、戏剧等曲艺的专业化与规模化使脚本的创作人员相对独立出来，形成专业组织——书会，创作话本、戏文、商谜、歌词。今日可考的有古杭书会、九山书会、武林书会、玉京书会等[③]娱乐业的组织，它们多被称为“社”。临安的“社”名类繁多，社里有社首、班首等行会首领，还有“社条”行规，制定行业规范，约束成员遵守职业道德。

6. 演出内容的世俗化

为了符合市井观众的情趣和口味，鼓子词、诸宫调、唱赚、杂剧等音乐或综合文艺形式呈现出“以俗为雅”的特点。宋词是这一文化景观的典型代表。宋词“无论从词的题材内容、构思立意、意象语汇还是表述口吻等诸方面来看，它们都共同体现出了‘以柔为美’的倾向。”[④]更有许多学者认为宋词就是当时通俗的“流行歌曲”，如袁行霈先生指出：“唐五代北宋的词，基本上可以称为当时的流行歌曲。”[⑤]谢桃坊先生也认为：“宋词中的大多数作品都是供小唱艺人演唱用的，而小唱是由简单的方式演唱流行的通俗歌曲。”[⑥]

7. 与商业和市场的高度结合

市场经营规则普遍存在于演出市场的各个环节。从生产环节看，付酬索词是当时基本的交换方式。宋代存在着一大批依靠作词为生的知识分子，他们在宋词产业链中充当着生产者的角色。如北宋词人柳永就通过为乐工歌妓作词获得报酬。从经营环节来看，演出更是纯粹的盈利性服务活动，利益成为基本的驱动力。瓦舍的演出是一种商业行为。《南宋志传》第十四回对艺人在勾栏的演唱有这样的记述：“大雪先唱一曲名《浪淘沙》……小雪继唱一曲名《蝶恋花》……大、小雪唱罢，台下子弟无不称赞。小雪持过

---

① 夏野. 中国古代音乐史简编[M]. 上海：上海音乐出版社，1989：118.

② 孟元老. 西湖老人繁胜录[M]. 北京：中国商业出版社，1982.

③ 宋代戏文张协状元题为“九山书会编”；宦门子弟错立身. 题署“古杭才人新编”。皆永乐大典所收。幺书仪. 元人杂剧与元代社会[M]. 北京：北京大学出版社，1997：105.

④ 杨海明. 唐宋词美学[M]. 南京：江苏教育出版社，1998：62.

⑤ 袁行霈. 中国诗歌艺术研究[M]. 北京：北京大学出版社，1996：279.

⑥ 谢桃坊. 再论宋代民间词[M]. 贵州社会科学，1987（4）.

红盘子，下台遍问众人索缠头钱。豪客、官家各争赏赐。”[①]所有这些艺人或者艺人团体的演出活动都是要通过市场行为才能实现的。艺人据出身高下、师门传承，乃至于剧种戏目，都清清楚楚地按市场游戏规则按质论价。文化娱乐市场的谋生机会有可能引导人们以此为目标而进行专门技艺的培训。[②]娱乐从业人员买卖已形成一定的市场，如歌童、舞女，在杭州都有专门的官私牙嫂作为中介雇买。这是娱乐市场在人力资源配置中作用的具体表现。这个市场体系除了服务市场、资本市场、劳动力市场外，还有物质商品市场。瓦肆除了伎艺表演外，也是商品贸易集中地。瓦肆市场的商品贸易常常为勾栏的演出服务，出售的商品往往是戏剧文化商品，如戏剧人物或道具。瓦肆还以其大规模的消费需求激活了周围的商品市场，“市肆名家驰誉者”大多就位于城内五大瓦子附近。临安的二十来处瓦肆，几乎全位于商业繁华街市或商道要冲。

四、传统文化市场的深化

元朝，受统治阶级偏好的影响，歌舞市场衰弱，杂剧和散曲获得了巨大发展。工艺品市场和绘画市场也有一定程度的进步。

明朝的文化因为商品经济的渗透和影响而独具特色。也正是这种特色，使得明朝的文化市场取得了非常大的发展，整体上较前代更加活跃和繁荣，并且具有了某些近代文化市场的特征。[③]

演出市场在宋元的基础上继续深化，商业化、市场化特征更加突出。明朝在娱乐场所从事娱乐业的乐人已成为一种社会职业，从业人数渐多。社会职业一改往日的士、农、工、商四大结构，成为：“士、民、工、商、兵、僧、道、医、卜、星命、相面、相地、奕师、驾长、艺人、蓖头、修脚、修养、倡家、小唱、优人、杂剧、响马、巨窝”，[④]二十四民了。艺人、小唱、杂剧、倡家已成为职业，乐人的数量之多可见一斑。

到明朝中晚期，小说、戏曲（包括杂剧和传奇）、散曲、民歌、故事等大量涌现。在各种表演艺术中，戏曲成为下层人民最主要的文化娱乐形式。戏曲分为杂剧和传奇，语言通俗易懂，剧情多是民众街头巷尾听见看见之事，音乐动听，人们可以借此消遣娱乐，结果是“趋附日众”。在这一时期，还出现了以说唱为主的大型娱乐中心，如南京

---

① 巴蜀书社．明代小说辑刊[M]．第2辑．成都：巴蜀书社，1990：111.

② 洪巽的旸谷漫录、廖莹中的江行杂录卷中都说，京都中下之户，生女教艺，长大卖人。清尊录载，兴元甚至有民培养人妖（男扮女）售成都。据此或可类推临安．

③ 陈娟．明代文化市场研究[D]．武汉：华中师范大学，2009.

④ 姚旅．露书．第九卷．见：白寿彝．中国通史[M]．第九卷．北京：人民出版社，1985：56.

的秦淮河畔、杭州西湖畔。

明朝演出市场上流行的主要产品属于通俗文化消费品，其消费群体不仅包括传统的官僚、士大夫以及富商阶层，还包括由商人、百工、城市平民组成的市民阶层。他们属于社会的中下层阶级，但是作为社会上数量最为庞大的阶层，他们的文化消费对于整个明代演出市场的发展水平有着举足轻重的意义。特权与地位不再是进入文化市场进行消费的唯一凭证，每个普通市民都有自由和机会参与文化消费。陈眉公曰："自《西游记》出，海人、达官、文士、冶儿、游女，以至京城戚里，旗亭邮骚之间，往往抄写传诵，演唱殆遍。"[①]"《水浒传》其书，上自名士大夫，下至厮养隶卒，通都大郡，穷乡小邑，阁不目览耳听，口诵舌翻，与纸牌同行。"[②] 在这一时期，不仅有众多在城市常年演出的职业戏班，而且有大量在农村流动演出的草台班子。不仅有众多宫廷、王府、会馆和官绅私宅内的戏台，而且有大量农村的庙会戏台和营业性的城市戏园。

明清时期，书法、绘画、篆刻等艺术品的商品化进程加快。书画交易的形式有：字画店征收名家的书画挂在店里出售或寄售；字画店或南纸店将书画名家列有字画尺寸价码的"笔单"挂出，顾客预订后由店方出面下单、取货；部分画家在集市、庙会上摆摊写字卖画。

珍奇古玩的价格走高和官府贿赂所需带来了古玩市场的畸形繁荣。有购买力的权贵官僚进入市场，追名逐利，获得了可观的利润。谢秉在成化二十三年的一次奏折中说："京师的射利之徒，货宝石，制为奇玩，交通近侍，进入内府，支价百倍。"[③]古董交易不仅交易金额大，而且涉及的范围也相当广泛，历代各种文物几乎都在市场上出现。古董商、古董贩和牙侩是古董市场的主要经营者，他们经手的文物不仅在国内市场上流通，还流向国际市场。

明清时期，民营教育市场再次兴起。除了书院复苏外，学塾教育获得了新发展。学塾教育分为三类：一是私塾，由教师在家开馆授徒；二是教馆，有钱人家礼聘教师在家教授子女；三是义学，由富商家绅出资聘请教师，借用祠堂等公共场所教授贫寒子弟。

五、传统文化市场的转型

清中叶后，传统戏剧走向鼎盛，各种地方戏曲竞相兴起。据统计，在我国 317 种戏

---

① 陈继儒．楚江情原叙[M]．福州：海峡文艺出版社，1985：54．

② 许自昌．得斋漫录卷 6．

③ 明孝宗实录卷二．

曲剧种中，形成于清代的汉族地方戏曲就有近两百种，约占全部剧种的 2/3。[①]戏剧成为人们日常生活不可或缺的组成部分。当时戏班繁盛，名角辈出，戏剧艺术水平有了飞跃性的提高。民国时期，戏剧市场上还出现了独特的经纪人——经励科，他们是联系戏班、演员与戏院的重要媒介，是现代演出经纪人的雏形。此外，评书、评话、弹词、琴书、大鼓词、道情等传统说唱艺术也臻于佳境，它们以其趣味性、亲民性而获得了最广大的观众和市场。

从清末到民国时期，文化市场逐渐受到西方文化、资本和科技的影响，歌剧、流行歌曲、报刊、电影等现代文化市场开始出现，文化市场开始从传统向现代逐步转型。

第二节　政府与传统文化市场

对文化市场的管理，本质上就是对文化资源的管理。历朝统治者对文化市场的基本态度或弛或禁，并随环境的变化和不同文化市场的差异而调整。总体而言，多数统治者采取了抑制和禁止的态度。但是在商品经济力量的刺激下，在各阶级阶层需求的推动下，统治者又会做出不同程度的妥协。因此，政府对文化市场的态度是各种力量和需求碰撞和博弈下的产物。对统治者而言，维护专制主义中央集权稳固统治的需要是禁弛的核心动机，增加财政和满足统治者奢华享乐的欲望也在一定程度上影响着政府对文化市场的态度。

一、政府对市场的基本管理制度

有市场和市场交易行为的存在，必定就有政府对市场和市场交易的管理行为。文化市场作为大市场的一部分，同样受到政府的重视和管理。因此，一般的商品市场管理制度常常适用于文化市场。这里以宋朝的商事管理制度为例，从中可以了解到政府对文化市场的管理措施。

宋朝对市场的管理可归结为三大制度——专卖制度、商税制度和行会制度。由于商品经济与航海技术的发展和繁荣，宋代的对外贸易日趋繁盛。为了加强管理，政府专门建立了一套管理海外贸易的机构和制度——市舶司和市舶条法，屡颁诏令，对舶来品实行严格的专卖制度。如北宋太宗年间规定：“私与蕃国人贸易者，计直满百钱以上论罪，

① 李康化．文化市场与营销变革[M]．北京：北京大学出版社，2008：19.

十五贯以上黥面流海岛，过此送阙下。淳化五年申其禁，至四贯以上徒一年，稍加至二十贯以上，黥面配本州为役兵。”[①]《宋会要辑稿·职官》也载，至道元年（995 年）三月，诏广州市舶司：“内外文武官僚敢遣亲信于化外贩鬻者，所在以姓名闻。”太宗太平兴国元年（976 年），舶货全部禁榷，但到了太平兴国七年，政策有所放宽，除珠贝、玳瑁、犀象、珊瑚、玛瑙、乳香等奢侈品全部归国家专卖外，其余“放通行药”三十七种，作为非禁榷品，由国家实行部分博买，或“听市于民”。[②]南宋乾道七年（1171 年）“诏见任官以钱附纲首商旅进蕃买物者有罚。”据载，宋代海外交易的品种在北宋初年有 50 余种，发展到南宋时达到 300 余种。这些舶来品中，不少是与文化市场有关的内容，政府专卖束缚了文化市场的发展。

由于商税在国家财政中起着举足轻重的作用，宋代政府高度重视商业税的征收。宋代的税收机构称“税务”，从京师一直到地方县镇都有相应的机关，对僻远的不设税务税场的临时性的村墟市集也普遍采取“买扑法”征收商税。所谓“买扑法”，即按商税数召买人户承买。如此细密遍及各地的商税网，对当时正呈现出活跃发展势头的文化市场必是疏而不漏。宋代的商税分“过税”和“住税”两大类。“过税”专向转贩货物的商旅征收，商旅沿路经过税务，按其货价的百分之二收税。“住税”是买卖交易税，凡开设店铺的商人在当地出售货物，或“至所到县镇住卖”，该地税务就要按物价的百分之三收税。交“住税”者，包括进行商品生产的手工业者兼商人和一部分兼营家庭手工业的农民，所有文化市场上的交易者亦在此列。

政府为了便于征调工商业者的徭役和征收赋税，强行让工商业者按所属行业成立行会。据《续资治通鉴长编》载：“（元丰八年）在京诸色行户，总六千四百有奇。”[③]各行经营者有统一的服饰。《东京梦华录》载：“其卖药卖卦，皆具冠带……诸行百户，衣装各有本色，不敢越外。谓如香铺裹香人，即顶帽披背；质库掌事，即着皂衫不顶帽之类，街市行人便认得是何色目。”[④]行会制度也发展到了文化市场中。例如南宋时期，随着教坊废止，艺人们纷纷建立起自己的专业行会组织，称为“社会”或“社”，且种类名目繁多，如临安的杂剧——绯绿社、清乐——清音社、唱赚——遏云社等。这些组织有明确的社规，负责各方的协调与市场运作。

---

① 脱脱．宋史[M]．卷 186．北京：中华书局，1985．

② 参见续资治通鉴长编．

③ 李焘．续资治通鉴长编[M]．卷 244．北京：中华书局，1979．

④ 孟元老．东京梦华录[M]．卷 5．北京：中国商业出版社，1982．

二、政府对传统文化市场的管理

这里分别以宋代政府和明代政府对图书市场和娱乐市场的管理来分析政府对传统文化市场的管理方式。

在封建社会，图书的内容往往涉及政治、军事、文化和社会风俗各个方面，直接关系着统治集团的利益。因此，历代王朝对图书的生产和流通都进行着不同程度的管理。到了宋代，雕版印刷术的推广扩大了书籍的流通范围，加深了书籍对社会的影响。与此同时，宋代政府对图书市场的管理也日益加强。政府对图书市场的管制包括以下几个方面。

1．对出版传播的限禁

随着图书市场的发展，宋朝统治者对图书生产及传播有了比较全面的认识和高度的重视。为巩固统治、稳定社会，他们在图书买卖中实行严格的限制和禁毁政策，凡是对统治不利或有潜在危险的书，就要禁止印卖流通。历朝都根据臣僚上言，针对当时图书出版和流通情况，颁布诏令，制定条例，做出意义明确、内容具体的规定，对违令者予以惩治。这些诏令、条例具有权威性、强制性以及准法律性的特点，体现了宋代封建国家的出版导向和出版政策。哲宗元祐五年（1090 年）七月，根据出使辽国归来的苏辙的建议，礼部拟定了对出版活动具体的管理原则和办法："凡议时政得失，边事军机文字，不得写录传布；本朝会要、实录，不得雕印，违者徒二年，告者赏缗钱十万，内国史、实录仍不得传写；即其他书籍，欲雕印者，选官详定，有益于学者方许镂版，候印讫，送秘书省，如详定不当，取勘施行，诸戏亵之文，不得雕印，违者杖一百。委州县监司，国子监觉察。"[①]该条例对出版传播的限制、出版审验制度、管理机构、奖励告发、违禁罚则都作了具体规定，可视为宋代出版管理与控制的纲领性文件。此后历朝只是对此加以重申、补充和延展。

2．对图书市场的行政管理

宋代统治者制定了出版政策和法规，通过一定的组织机构，运用各种行政和法律的手段自上而下地贯彻落实，以对图书市场进行管理和控制。首先，通过颁发诏旨，制定有关条例。政府针对一定的刻书印卖情况，作出意义明确和内容具体的决定，传达给出版者、印卖者，使官方或民间的各刻书机构与印卖者有所遵循。如仁宗康定元年（1040 年）五月颁发的禁印令，是针对当时"访闻"开封书肆之家多将各类事关家国机密的文字"镂版鬻卖，流布于外"而发的；徽宗大观二年（1108 年）三月的诏令，是据"访闻"俘虏中多收藏有宋朝当时出版并流通于市的文集书册而作的。其次，预先审阅，防患于

① 徐松．宋会要辑稿[M]．第 165 册．北京：中华书局，1981．

未然。在宋代图书市场上，所有图书在刻印前均须经有关方面“看详”、“看定”、“详定”、“看验”、“觉察”，认定无违碍后，方得以雕版印卖，否则不予刻印并予以严厉处罚。有时为了强化管理，出版前“选官详定”，印刷完毕后也不能马上售卖，还须送秘书省再次查验，无碍后方许进入市场流通。再次，事后查验。国子监及各军州随时对“书坊见刻板及已印者”进行“访闻”、“缴审”、“查验”、“专切觉察”、“常切检举缉捕禁绝”，加强对印刷出版业的跟踪管理。除此之外，统治者还会不时地根据特殊事件对图书进行特别审查，其中有全国范围内的诏察，也有对边境地区、京师开封府及刻书中心等重点地区的监督检查等。最后，奖励检举。宋朝实行了引导、奖励举报的政策，以调动广大民众的积极性和参与意识。宋代所颁布的有关刻书印刷的法令中，就有不少关于奖励举报者的条款。例如仁宗康定元年（1040 年）五月诏：“许人陈告，勘鞫闻奏。”[①]至和二年欧阳修《论雕印文字札子》：“许书铺及诸色人陈告，支与赏钱二百贯文，以犯事人家财充。”[②]此外，南宋时期，在福建、两浙转运司的榜文或录白中，出现了“陈告追究，毁板施行”的字样。可见“许人陈告”、“严立赏榜”已成为宋代图书市场行政管理的重要组成部分。

3．对图书市场的法律控制

由于图书市场竞争越来越激烈，书籍在出版发行过程中总会出现一些“急于锥刀”、“擅行印卖”的无序现象，干扰正常的市场秩序。对此，宋代统治者除了运用行政手段外，还运用法律手段来控制书籍出版发行，规定各类刻书机构和个人都应在一定的法令许可范围内进行书籍的刻印售卖活动，任何超出和背离“见行条法”的私卖行为，都被视为非法，予以“科罪”。另外，宋代还通过“立法禁戢”，频频颁布各项有关刻书印卖的“告捕条例”来实现。这些法令是刻书与售卖者的行为规范，它规定可以做什么、必须做什么和禁止做什么，规定对合法行为的保护（如对出版权、版权的保护）和对违“戾”行为的“责罚”，从而形成对图书市场强有力的控制体系。

但宋代政府并不一味对图书市场进行限制和禁止，除禁书外，政府的基本态度还是宽容和支持的。政府的宽容态度受到了各种因素的影响。一是服务于政府抑武扬文的基本国策。统治者为了防止武力篡国的历史再现，提倡以文治国，大兴文教。二是增加财税，维持国库开支的需要。为了获得可观的商税，以充国库，统治者制定了一系列惠商、恤商的经济政策，“一切弛放，任令通商”[③]，使其在尽可能广泛的范围内自由发展。

明朝政府早期对演出市场的态度也是禁止或限制。明初时，太祖、成祖对戏曲、歌

① 徐松．宋会要辑稿[M]．第 166 册．北京：中华书局，1981．

② 欧阳修．论雕印文字札子[M]．欧阳文忠公文集卷 108．

③ 吕陶．净德集．四库全书本．

舞、妓人从政策上多有钳制。娱乐业属“贱业”，对乐人及其家属在读书、入仕等方面多有限制，管制苛刻。《明律·广婚》中说：“民人娶乐人为妻，问不应，为妾无勿论。乐人乃教坊司妓者，若流娟亦照此例。”“凡官吏娶乐人为妻者，杖六十，并离异。若官员子孙娶者，罪亦如此，附过，侯荫袭之日降一等，于边远叙用。”朱元璋还对乐人在表演过程中有严格规定，《明律·礼律》载：“凡乐人搬做杂剧戏文，不许装扮历代帝王后妃、忠臣烈士、先圣先贤神像。违者杖一百。官民之家，容与装扮者与同罪。其神仙道扮，及义夫节妇，孝子顺孙，劝人为善者，不在禁限。”不但如此，朱元璋还禁歌舞、小唱，禁官佐、军士唱曲、学唱及与乐人交往，明顾起元在其《客座赘语》第十卷中载：“洪武二十二年三月二十五日，朱元璋下圣旨：在京但有军官军人学唱的割了舌头。”明初政府对娱乐业和乐人的种种政策和律令极大地禁锢了社会娱乐业的发展和传播。但是，明中叶后，上至皇帝，下至宗室、大臣、职官，享乐、奢靡之风大起，尽情于声乐。统治阶级对娱乐态度的改变导致了政府对娱乐业和乐人政策的不断松动，呈现出一种宽容和默许，娱乐业开始了在社会各个方面的全面繁荣。

由上可知，统治阶级对文化市场的态度基本分为禁和弛，政治因素、经济因素、社会因素以及统治阶级的喜好都会导致政府或禁或弛。政府对不同文化市场的态度和管理办法也不同。对图书刻印和销售市场而言，为了从思想上维护专制主义中央集权，政府多采取严厉的管制政策和措施，明确规定禁书的范围，动用法律、行政手段，加强事前审查和事后监督，奖惩并用，形成严密的管理网络。宋代对图书市场的管理代表了历代政府对图书市场的基本态度和管理方式。但对演出娱乐市场、绘画、雕塑、书法等艺术品市场常持宽容的态度，尤其在社会承平日久之后，统治阶级为了自我享受和粉饰太平，常常成为这些市场的主要消费者和推动力量。而对于民间教育市场，政府则时禁时弛。当该市场能为国家培养需要的人才时，则放手由民间管理，甚至予以资助，宋政府对书院的态度就是如此。当私学培养的学生非议时政，干预政治，冲击统治秩序时，禁止甚至迫害接踵而来。书院自唐诞生后，历代政府或扶持或打击，无不源于巩固统治的需要。

第三节　传统文化市场管理对现代的启示

传统文化市场与现代文化市场无论在性质、规模、运行体制和机制等方面都有本质的区别，它终究是农业社会下的文化产品与服务供给模式，不具备突破旧体制，自发演变成现代文化市场的驱动力。但是，传统的管理模式还是为现代文化市场管理提供了宝贵的经验和教训。从下面几方面来分析。

一、为权贵服务导致了传统文化市场基础的脆弱性

确切地说，传统文化市场是城市文化市场，甚至是京都文化市场。它们服务的主要对象是权势阶层。这些市场瞬间繁荣的原因是政治权力的聚合导致经济资源的汇流。政治中心的变迁、统治阶级的喜好等非经济因素对演出市场的兴衰消长同样有着重要的影响。如重要的文化市场往往是随着朝代的替换、都城的变更而迁徙。唐都长安、两宋时的汴京和临安，明清时期的南京和北京都是作为京都，皇亲国戚、达官显贵云集，三教九流涌入，财富汇流，消费欲望和消费能力迅速积聚，导致了消费产业的骤然繁荣。消费性大于生产性是这些大都市的基本特征。因此，这些城市首先是作为政治中心、军事中心而汇聚了大量的财富和人口，进而发展为具有强烈消费欲望的经济中心。这种强大的政治因素决定了文化市场基础的脆弱性。当政权更替导致京城变迁，昔日的繁华瞬间烟消云散。

权贵消费容易衍生奢靡享受之风，导致超前消费。如两宋时期的京城聚集了大量官僚贵族和富商大贾，财富高度集中后出现畸形消费。宋真宗时宰相王旦指出："京城资产百万者至多，十万而上比比皆是。"[①]这些人和"举户鬻产，徙京师以避徭役"[②]的城邑上户，以及与吴人沈将仕"携金数万，肆意欢适"[③]一样抱着到京城追欢寻乐心理的外地官员和富商们，共同促进了当时京城的消费水平。他们"第宅园圃，服食器用，往往穷天下之珍怪，极一时之鲜明。惟意所欲，无复分限。以豪华相尚，以俭陋相訾。厌常而好新，月异而岁殊"[④]。推动当时娱乐性高消费的主要力量是官僚贵族和大商贾。因此，文化市场主要是受少数权势阶层驱动的、为少数人服务的特权市场。这种超越自身经济承受能力，而去逞一时之嗜欲，对个人来说，其后果就是落得个"破终身之赀产而不自知也"的悲惨境地。由个人而及社会，宋朝两宋京城娱乐业一时的繁荣和发展，终究不是完全建立在社会生产力发展的基础上。因此，表面的歌舞升平，并不能换来社会的长久太平"[⑤]。与两宋一样，其他朝代的多数城市演出市场也是在政治权贵奢靡消费风气驱动下超前消费的产物。与经济驱动下的现代演出市场不同，这种政治因素驱动下的醉生梦死的超前消费既造就了传统的演出市场，也遏制了这一市场的长期稳健发展。

---

① 长编卷八五．大中祥符八年十一月己巳记事．

② 长编卷一一六．景祐二年春正月戊申记事．

③ 汴京勼异记卷七．杂记．

④ 司马光．传家集卷二五论财利疏．

⑤ 余江宁．论宋代京城的娱乐生活与城市消费[J]．安徽教育学院学报，2004（3）．

历史上这种深刻的教训值得现代管理者深思。目前，文化市场出现的大众文化反大众的倾向就与历史上有相似之处。如娱乐场所的豪华装修，高消费，特权消费，演出市场的高票价，公款追星，艺术品市场的热钱爆炒，以及其他文化市场商品价格的偏高将广大的消费者挡在了消费的大门外，演出娱乐市场甚至成了少数人炫耀权力、金钱和身份的场所。

发展文化市场的目的是不断满足大众日益增长的精神文化生活需求，提高人们的文化素质，为物质文化发展提供强大的精神力量。文化市场的高端化倾向背离了这一根本宗旨，迎合权势和金钱的奢华消费引发了一系列社会丑恶现象，引起了大众的强烈不满。同时，大众的广泛参与是文化市场发展繁荣的根本，抛弃了大众就意味着文化市场在追逐短期的暴利中自动放弃了潜在的强大的购买力，因而失去了长期稳健发展的基础。娱乐市场的大起大落便是典型的例子。以歌厅、舞厅、卡拉 OK 厅为代表的歌舞娱乐场所曾经是娱乐产业的领头羊，曾经获得无数大众的青睐。但是到 1994 年前后，突然转入高档化、高消费路线。一大批高档娱乐场所冲进市场，豪华的装修、高档的音像和新鲜的服务吸引了高能力消费者。高档娱乐场所成为少数人炫耀财富和凸显身份的标志，公款消费、高价宰客和色情服务等丑恶现象也开始衍生。在政府的调控和打击下，许多娱乐场所很快进入惨淡经营状态，一批物美价廉的文化娱乐场所成长起来。所以，大众文化市场才是最广大、最持久、最具发展前途的市场。传统文化市场侧重为有权、有钱者服务，始终只能局限于有限的城市和短暂的存在。现代的文化市场必须立足于民，切实为大众提供丰富多彩的精神文化产品，才可能成长起来。

二、经济进步是文化市场发展绝对的推动力

传统文化市场是经济力量与非经济力量共同推动的产物。虽然非经济的力量引导了市场的畸形繁荣，但经济的发展才是文化市场绝对的推动力。传统文化市场的发展总是与商品经济的发展息息相关。

以明朝为例。明朝从正德朝开始，传统经济模式虽然在经济生活中仍然占有主导地位，但是它失去了原有的生命力，已经开始衰败，商品经济以一种崭新的姿态登上了历史舞台。明中期以后，农业领域的商业时代全面到来，一些基本的农业产品走上了商品化的道路。如粮食、棉花等农作物和经济作物开始积极地面向市场而生产。农产品商业化的直接结果就是大量的农业人口从土地中分离出来，转向了工商业和服务性行业。农业和商业分离的趋势在全国大部分区域蔓延开来。主要体现为去农而商的人数大量增加和这些人经商的行为逐渐由农闲时期的间歇性活动演变为固定的职业。何良俊在《四友斋丛说》中提到，到了嘉靖、隆庆年间，“去农而改业为工商者三倍于前矣”，“去农

而游手趁食者又十之二三矣"，"大抵以十分百姓而言，已六七分去农。"[①]正统元年，政府不得不顺应客观形势，承认了白银在市场流通方面的既得地位，白银很快就周转起来。"弛用银之禁"，于是出现"朝野率皆用银，其小者乃用钱"[②]。万历初年张居正推行一条鞭法，赋役皆按亩征银，标志着白银货币化的最终形成。

商品经济的发展促成农民向城市集中，转型为城市市民，为文化市场的发展提供了基本的生产者和消费者。商品经济的发展必然推动城市数量的增长。经济型城市的发展又为文化市场的发展提供了重要场所和资金来源。更重要的是，商品经济的发展会培育一种市场意识和消费心理，为追求消费和享受的新型市民阶层的诞生提供了基础，为文化产品的商品化和市场化转型提供了思想背景。如宋代的人们冲破了"农本工商末"价值观念的束缚，"货殖之事益急，商贾之事益重"。人们不再以经商为耻，社会各阶层纷纷经营商业，出现了"全民经商"的态势。宋代的经商群体已"不再指单一的专职商人，而且，'全民经商'中的'民'不再是狭义上的下层民众或被统治阶级，而是包含了相当的上层社会的人群或说统治集团的成员"[③]。皇室成员、官僚士人、广大平民百姓甚至僧侣、道士、尼姑等都加入到了经商的队伍中。随着商品生产的发展，加上整个社会奢靡享乐之风的兴盛，人们的商品意识也在迅速增长，从而刺激了各种带有商品化色彩的娱乐业的繁荣。

按照马克思主义的观点，经济基础决定上层建筑，经济发展水平决定了人们对文化产品的需求欲望的高低和需求能力的大小。当人均收入达到 1 000 美元时，人们对文化产品的需求便显著增长。当人均收入达到 3 000 美元时，人们对文化产品的需求便会大幅上升，购买力提升便会推动文化市场的扩大。只有大力发展生产力，提高国民的经济收入和生活水平，才能为文化市场提供越来越多的消费者和越来越强的购买力，文化市场的持久繁荣才有可能。

三、权力下放是激发文化市场活力的重要手段

文化市场提供的是具有意识形态的特殊商品，政府一定要对它进行监督和指导，甚至直接参与市场经营。但是过多地介入微观经营和管理，就会窒息市场的活力。如何适当分离管理权和经营权，下放权力，让民间力量参与进来，共同经管，历史上的做法也值得借鉴。以下以宋朝的教育市场为例来分析。

终宋一世，在其以书院为标志的教育市场的发展过程中，政府给予必要的支持，并

① 何良俊．四友斋丛说[M]．卷 13．北京：中华书局，1997．

② 明太祖实录[M]．卷二三六．郑州：中州古籍出版社，1996．

③ 吴晓亮．试论宋代"全民经商"及经商群体构成变化的历史价值[J]．思想战线，2003（2）．

放手让民间力量对书院进行自我管理，这是宋代的教育市场充满活力的重要原因。

宋代书院的管理权下放给有一定声望的学者。如范仲淹、周敦颐、张载、程颢、程颐、杨时、朱熹、陆九渊、吕祖谦等学问大师，都曾长期从事教学实践活动和教学管理工作，积累和创造了丰富的教学和管理经验，逐渐形成了一套严格的学校管理制度。

书院实行山长负责制，山长由人品学识俱佳的著名学者出任，靠学术和道德的双重威望来树立管理权威。山长的任免方式是多种多样的，可自任，可聘请，可公推。只有官方出资设立的书院才由皇帝诰命或官府任命。书院专职人员并不多，大抵都由学生兼职承担，减少了专职管理人员，强化了书院的教育功能。

书院经费筹措以民间资金为主，兼涉政府资助。书院的教育经费主要由助学田和助学钱两大部分构成，来源主要有两种：一种是私人捐赠，这是书院经济最主要的来源。捐赠者中有学者、地方官绅、商人，也有普通老百姓，他们捐田地或筹集钱款新建或修复书院。宋代共新建书院 711 所，其中 502 所由私人捐赠建成，占书院总数的 70.6%[①]。第二种是官府拨赐，包括皇帝御赐和各级政府拨置田地和钱款。据载嵩阳书院于至道三年（997 年）赐额，应天府书院于大中祥符三年（1009 年）赐额，茅山书院于天圣二年（1024 年）赐田，石鼓书院于景祐二年（1035 年）赐额和学田。[②]另有地方官吏从地方财政划拨一部分给书院或将没收了的田或闲置田划给书院。资金的筹措、使用和分配一般由山长负责主管。正是因为有坚实的经济实力作后盾，书院藏书丰富，山长待遇优厚，生徒衣食无忧。这一切保障了书院的稳定发展和学术自由，促成了宋代书院教育的兴盛和显赫。在学者的管理下，书院形成自由讲学的良好的学术氛围和规范的管理制度，成为高等教育的有效补充，推动了传统高等教育事业的发展。

由上可见，宋代政府对书院实行宏观管理，将具体经营管理权下放给民间力量，激活了高等教育的微观市场。书院在社会赞助和知名学者的主持下，可以自由地发展。宏观管理与微观管理的有机结合是宋代书院取得不朽成就的重要原因，成为此后书院的摹本。

四、宽严相济是文化市场健康发展的保障

文化市场不同于一般意义上的商品市场。但是过多强调文化商品的特殊性，就会窒息文化市场的活力。就如过多强调文化商品的一般性，就会弱化其教育功能一样。正确地处理文化商品的市场性、艺术性、社会性，宽严相济，既要进行管理，又要求发展繁荣，才能保障文化市场健康有序地发展。严过于猛，宽至于惰，由此阻碍文化市场的发

① 陈谷嘉，邓洪波．中国书院制度研究[M]．杭州：浙江教育出版社，1997．

② 苗春德．宋代教育[M]．开封：河南大学出版社，1999．

展或导致精神垃圾泛滥，这种历史上的教训也是很多的。这里以宋代的禁书制度和明代的娱乐市场制度为例来分析。

从秦朝的焚书坑儒到明代的文字狱，历代统治者都采取各种措施对某些类型的书籍的出版和传播进行限制或禁止，形成了历史悠久的禁书制度。宋代的禁书制度承前启后，非常具有代表性。宋代的禁书类型非常广泛。统治者为了巩固统治，增加财政税收，弘扬儒学正宗，列出的禁书类型非常广泛，主要包括天文术数谶纬之书、供边贸之书、民间宗教经典、小报、文集、私刻经书、历书、科场呈文和质量低劣之书。这远比前代禁止的天文、术数、历法、兵法书籍要宽泛得多。禁书也很频繁，北宋诸朝禁书次数应不少于30次，远远高于前朝的次数。[①]禁书手段也多种多样，对犯人有拘禁、处死、流放，对禁书没收、毁版，还实施奖励制度鼓励检举揭发。从禁书中可以看到，天文书籍、文集、小报、经书、历书被禁止私刻私印，必然影响科学、文化知识的传播，禁锢了人们的思想，扼杀了人们参政议政的权利。尽管北宋是一个轻武佑文的朝代，但是禁书制度仍然损害了文化的多元性和广泛深入传播的可能性。从历史上的禁书制度中可以看到，由于统治阶级过分关注和推崇图书商品的政治教化功能，损害了图书传播知识、愉悦心灵等本体价值的实现。

过犹不及。政府放弃对文化市场的管理职能，任市场规律自由运行，则可能带来消极的文化产品，明代的娱乐市场就是一个例子。明中后期，吏治腐败，上层阶级生活奢侈腐败，程朱理学受到新思潮和商品经济的冲击，失去了对社会思想的控制。政府的管理也处于失控状态，对文化市场的管理也在无能为力中走向废弛，奢侈腐朽、荒淫无度之风弥漫。重利益、重享受的价值观决定了人们在衣食住行等方面必将向着华丽、舒适、美观方向发展，逆反社会心理使人们摆脱禁网，追求叛逆的刺激和快感。人们对肉欲的追求就成了当时社会风尚中的一部分。据典籍记载，在这一时期，“春宫图”以及各种淫器就公开在街头出售。表现赤裸裸性欲的书籍曾一度大量在社会上刊行，追求感官刺激的性文化在社会各个阶层中扩散，人们的社会生活越来越背离传统伦理的轨道。“三言”、“二拍”中的一些作品，对肉欲的描写毫无遮掩，可以从中看出纵欲现象在当时的普遍性。像《肉蒲团》、《玉娇女》、《绣榻野史》等一大批性文学作品大量涌现。同时期产生的被称为“天下第一淫书”的《金瓶梅》，对性欲的描写更直白。肉欲宣泄的极端，导致了男色的盛行。《二刻拍案惊奇》卷十七中如此写道：“而今世界盛行男色，久已颠倒阴阳，那见得两男便嫁娶不得？”[②]显示了情欲放纵后的变态心理。由于纵欲风气的影响，在当时，以南京、北京为中心，大同、扬州等地的娼妓也大量发展起来，致使娼妓遍布天下。明人谢肇淛《五杂俎》中说：“今时（指万历时）娼妓布满天下，

① 林平．论北宋禁书[J]．四川大学学报（哲学社会科学版），2003（5）．

② 凌濛初．二刻拍案惊奇[M]．长沙：岳麓书社，1993：245．

其大都会之地动以千百计，其他穷州僻邑，往往有之。”“娼妓们终日倚门卖笑，卖淫为活。”[1]纵欲是一种变态心理，带来了许多社会问题，例如，贪婪腐败、腐化、堕落的加剧，奢靡炫耀，叛逆怪诞行为的风行等。

当前，到处可见以“盛世华章”、“盛世弦歌”命名的各种晚会，以“惊世豪宅”、“富豪山庄”命名的房地产名称，以“贵族会所”、“富豪之家”命名的休闲娱乐中心等，张扬着对金钱的崇拜和炫耀、对富人的艳羡和对下层民众及弱势群体的漠视；色情陪侍和卖淫嫖娼打着“娱乐休闲”、“洗浴保健”的时髦名称粉墨登场；网络上色情、武打、凶杀等有毒有害作品盛行；部分公务人员、党员干部贪污腐败时常见诸报端，人民群众，特别是青少年的成长生活环境受到污染，青少年犯罪逐年增多。所有这一切与历史上的奢侈淫乱之风有惊人的相似之处。因此，政府要切实履行自己的管理职能，在繁荣文化市场的同时，要加强对文化市场的管理，借助行政、法律等手段清理整顿不良文化商品和服务，净化文化市场，为优秀的文化商品和服务缔造清洁的市场环境。

本章小结

- 中国文化发展的历史，一方面体现了厚重丰富的文化资源，另一方面也体现了广阔的文化消费市场。在当下中国文化产业发展中，文化市场的发掘远远不够，有必要对传统文化市场的发展历程进行分析与研究，从中找出有利用价值的部分。
- 从夏商周三代以前到汉代，是我国传统文化市场逐步形成并初具规模的历史时期。音乐、舞蹈、杂技是最早进入市场的商品，随着春秋战国时期私学的兴起，图书交易市场也逐渐出现。秦汉时期，丝绸之路的开通打开了文化商品的国际贸易之路，而发展最为明显的则是演出娱乐市场。
- 宋代最为发达的文化市场是演出娱乐市场，主要表现为：形成了四个层次的演出市场；演出市场巨大，盛况空前；演出形式多样，名家辈出；演出市场竞争激烈；专业组织和团体的涌现；演出内容的世俗化；与商业和市场的高度结合。
- 宋朝对市场的管理可归结为三大制度——专卖制度、商税制度和行会制度。由于商品经济与航海技术的发展和繁荣，宋代的对外贸易日趋繁盛。为了加强管理，政府专门建立了一套管理海外贸易的机构和制度——市舶司和市舶条法。由于商税在国家财政中起着举足轻重的作用，宋代政府高度重视商业税的征收。宋代的税收机构称“税务”，从京师一直到地方县镇都有相应的机关。

---

[1] 谢肇淛. 五杂俎・卷五・人部一.

- 统治阶级对文化市场的态度基本分为禁和弛，政治因素、经济因素、社会因素以及统治阶级的喜好都会导致政府或禁或弛。政府对不同文化市场的态度和管理办法也不同。对图书刻印和销售市场而言，为了从思想上维护专制主义中央集权，政府多采取严厉的管制政策和措施，但对演出娱乐市场、绘画、雕塑、书法等艺术品市场常持宽容的态度。书院自唐诞生后，历代政府或扶持或打击，无不源于巩固统治的需要。
- 传统的文化市场管理模式为现代文化市场管理提供了宝贵的经验和教训：为权贵服务导致了传统文化市场基础的脆弱性；经济进步是文化市场发展绝对的推动力；权力下放是激发文化市场活力的重要手段；宽严相济是文化市场健康发展的保障。

综合练习

一、本章基本概念

文化市场；书会；经励科；专卖制度；商税制度；买扑法；住税；行会制度；山长负责制

二、本章基本思考题

1. 简述传统文化市场形成、发展、繁荣、深化和转型的历史过程。
2. 简述宋代文化市场繁荣的主要表现。
3. 简述宋代教育市场的发展状况。
4. 分别叙述宋代的专卖制度、商税制度和行会制度。
5. 简述古代政府对文化市场的管理制度。
6. 叙述传统文化市场管理对现代文化市场管理的启示。

推荐阅读资料

1. 李康化. 文化市场与营销变革[M]. 北京：北京大学出版社，2008.
2. 李向民. 文化产业史[M]. 长沙：湖南文艺出版社，2006.
3. 陈谷嘉，邓洪波. 中国书院制度研究[M]. 杭州：浙江教育出版社，1997.
4. 苗春德. 宋代教育[M]. 开封：河南大学出版社，1999.

第六章

有形的文化资源及其开发

本章学习目标

通过对本章的学习，学生应了解或掌握如下内容：

1. 有形的历史文化资源的概念与类别；
2. 有形的文化资源与旅游产业之间的互动关系；
3. 博物馆对文化资源保护和利用的现状、问题及对策；
4. 工业遗产旅游的开发目标、原则与模式；
5. 会展业在促进文化资源产业化开发中的作用、问题及对策。

导言

文化资源是实现文化资源产业化开发的载体，有形的文化资源是文化资源中可视的、具有物化形态的组成部分。随着现代产业经济的蓬勃而兴，有形的文化资源依托旅游业及相关产业快速发展，衍生出观光旅游、博物馆遗产旅游、工业遗产旅游、会展旅游等诸多模式，日益成为历史文化资源进行产业化开发的重要途径。

第一节　文化资源与旅游文化产业

我国是世界文明古国，在约五千年的文明发展史中，包括汉族和55个少数民族在内的中华民族创造了光辉灿烂的文化，积累了丰富的历史文化资源。这些历史文化资源有的以物质或者非物质的方式传承至今，有的已经失传。如何来挖掘和合理利用这些宝贵的历史文化资源，为今天的经济、社会发展服务，成为当今历史文化研究的重要课题。

当然，利用历史文化资源推动社会经济发展的途径和方式是多种多样的。这需要发挥我们的智慧去探索和总结。就目前的社会发展状况而言，将历史文化资源转化为文化产品投入到旅游文化产业中，不失为一条行之有效的途径。

一、旅游文化产业发展状况

（一）我国旅游文化产业发展历程

新中国成立之初，我国认识到发展旅游业的重要性，并于 1964 年 7 月设立中国旅行游览事业管理局，统领全国旅游事业的发展。由于当时中国的政治经济状况所限，旅游业主要为外交工作服务，接待来访的外国政要和国际友人，所以旅游业发展非常缓慢。直到 1978 年，党的十一届三中全会召开以后，我国的旅游业才真正从外事工作中脱离出来。

1979 年 9 月，全国旅游工作会议明确提出旅游工作要从“政治接待型”转变为“经济创汇型”，指明了旅游业的发展方向，使其逐渐发展成一个经济产业。1986 年，我国将旅游业写入“七五”计划，要求大力发展旅游业，确立了旅游业的产业地位。1992 年 6 月，中共中央、国务院做出《关于加快发展第三产业的决定》，将旅游业列为加快第三产业发展的重点。1995 年 9 月，在《中共中央关于制定国民经济和社会发展“九五”计划和 2010 年远景目标的建议》中，将旅游业列为积极发展的第三产业中排名首位的新兴产业。1998 年 12 月，中央经济工作会议将旅游业确立为国民经济新的增长点。2003 年 10 月，温家宝总理在世界旅游组织第十五届全体大会上宣布“要把旅游业培育成为中国国民经济的重要产业”。2009 年 12 月，国务院专门出台《关于加快旅游业发展的意见》，要求把旅游业培育成国民经济的战略性支柱产业。旅游产业在国民经济中地位的提升，一方面是国家对旅游业发展的重视，另一方面是旅游业自身的优势所在。旅游业是“无烟工业”，旅游经济是“低碳经济”，符合当今世界经济发展的潮流。旅游业的兴旺还有巨大的带动作用，不仅能直接带动交通、餐饮、住宿、景点景区、零售业等直接相关产业，还能带动金融、咨询、保险、农业、工业等关联产业。

（二）我国旅游文化产业发展现状

国务院要求把旅游业培育成国民经济的战略性支柱产业，是希望它发展成增长效率高、扩散效应强，对国民经济有重要的支撑和带动作用的产业。从当前旅游业的发展状况来看，旅游业的发展速度已经高于国民经济的增长速度，在经济结构中所占的比例也越来越大。2007 年，我国入境旅游达到高峰，入境旅游人数达到 13 187.33 万人次，旅游外汇收入达到 419.19 亿美元。2008 年、2009 年由于世界经济波动、拉萨 3·14 打砸抢烧事件、新疆 7·5 事件、汶川地震和甲型 H1N1 流感等影响，我国入境旅游呈现下滑态势。2010 年 1 月至 10 月，我国入境旅游人数达到 11 140.87 万人次，入境旅游外汇收入达到 379.34 亿美元，从当前状况来看，下滑态势有望扭转。而 2012 年，我国国内旅游继续火爆，全国国内旅游人数达到 20 亿人次左右，国内旅游收入 10 183.69 亿元人民币。

旅游人数的持续增加，得益于交通事业的发展。交通事业的发展为旅游者提供了安全、便捷的交通环境。截至 2009 年底，我国公路总里程达 386.08 万千米，其中等级公路里程 305.63 万千米（等级公路中高速公路 6.51 万千米）；内河航道通航里程 12.37 万千米；全国铁路营业里程达到 8.6 万千米，里程长度升至世界第二位[①]；我国境内民用航空（颁证）机场共有 166 个，其中定期航班通航机场 165 个，定期航班通航城市 163 个。[②]2009 年底，我国有载客汽车 180.79 万辆、2 799.71 万客位；河运输船舶 16.48 万艘，载客量 80.52 万客位。[③]

住宿是旅游业发展的重要保障。截至 2009 年底，全国共有星级饭店 14 237 家，其中五星级 506 座、四星级 1 984 座、三星级 5 917 座、二星级 5 375 座、一星级 455 座。星级饭店拥有客房 167.35 万间，拥有床位 306.47 万张。2009 年，全国星级客房的出租率为 57.88%，从业员工达到 167.26 万人，营业收入总额 1 818.18 亿元。[④]

在旅游业持续旺盛的发展需求下，多个机构把人员、资金投入到旅游发展中，提高了旅游服务能力。2009 年，与旅游业直接相关的交通运输业，批发零售业，住宿和餐饮业，文化、体育和娱乐业的城镇固定资产投资都有较大增长。到 2009 年末，全国纳入统计的旅行社达到 20 399 家，资产总额达到 585.96 亿元，[⑤]全国有艺术表演团体 2 478 个，博物馆 1 996 座。[⑥]

相关部门为了提高旅游服务水平，加强了对旅游目的地的监督评定，并加大了旅游

① 中华人民共和国铁道部网站．2009 年铁道统计公报．http://www.china-mor.gov.cn/zwgk/gongbao2009.html.

② 中国民用航空局网站．2009 年全国机场生产统计公报．http://www.caac.gov.cn/I1/K3/201002/t20100205_30262.html.

③ 中华人民共和国交通运输部网站．2009 年公路水路交通运输行业发展统计公报．http://wwwmot.gov.cn/zhuzhan/tongjigongbao/fenxigongbao/hangyegongbao/201009/t20100916_811433.html.

④ 中华人民共和国国家旅游局网站．2009 年中国星级饭店统计公报．http://www.cnta.gov.cn/html/2010-11/2010-11-25-9-42-64682.html.

⑤ 中华人民共和国国家旅游局网站．2009 年中国旅游业统计公报．http://www.cnta.gov.cn/html/2010-10/2010-10-20-10-43-69972.html.

⑥ 中华人民共和国国家统计局网站．2009 年国民经济和社会发展统计公报．http://www.stats.gov.cn/tjgb/ndtjgb/qgndtjgb/t20100225_402622945.htm.

人才的培养力度。国家旅游局先后进行了最佳旅游城市、优秀旅游城市、旅游强县的评选，评出最佳旅游城市 3 个、优秀旅游城市 339 个、中国旅游强县 17 个。国家旅游局还实施旅游景区质量等级评定管理。目前，评定为 1A 级景区 130 个、2A 级景区 926 个、3A 级景区 521 个、4A 级景区 873 个、5A 级景区 76 个。至 2009 年末，全国共有旅游院校及开设旅游系（专业）的普通高等院校 852 所，在校生 49.84 万人，中等职业学校 881 所，在校学生 45.41 万人。2009 年，全旅游行业在职人员培训总量达 397.11 万人次。国家旅游局还推行行业从业人员资格准入制度，规范导游人员资格考试。

同时，为了做大做强旅游产业，国家旅游局还加强与文化部、商业部、农业部等相关部门的合作，推出了特色主题旅游。2009 年 8 月，文化部与国家旅游局联合出台了促进文化与旅游联合发展的意见，提出十项推进文化与旅游结合发展的主要措施。根据该措施的战略构想，2010 年 10 月至 11 月，文化部、国家旅游局、湖南省人民政府共同在湖南省张家界主办首届中国国际文化旅游节。旅游节期间，举办了丰富多彩的文化旅游活动，受到境内外媒体的广泛关注。来自中国 16 个旅游城市的代表还在此期间发表了《中国旅游城市文化与旅游共同发展张家界宣言》，呼吁全社会共同关心文化旅游的发展，承诺把文化与旅游的深度融合发展作为旅游城市共同的行动纲领。

为了让更多的旅游者亲身感受中国文化的博大精深，自 2009 年起，全国各级文化文物部门归口管理的公共博物馆、纪念馆，全国爱国主义教育基地除文物建筑及遗址博物馆外，全部向社会免费开放。文化部还大力促成文化演出团体与旅游结合，抓住旅游这个巨大的文化市场。“据不完全统计，2006 年在全国各重点旅游城市和旅游景区定时定点上演的、投资在百万元以上的旅游文化演出有 153 台，资金投入达 17.9 亿元，参加的专业和业余演职人员 1.76 万人，观众达 1.67 亿人次，实现演出收入 26.8 亿元。”[①] 文化演出的开展为一些旅游景区带来了生机和活力，增强了市场竞争力。文化部和国家旅游局还联合公布了 35 个旅游演出类国家文化旅游重点项目名录，以使入选目录企业发挥文化品牌优势，促进文化与旅游的深度结合。此外，我国的文物保护单位、文化遗产地等文化场所和文化空间已经成为旅游者的热点目的地。历史文化资源在旅游产业中的作用日益明显。

可见，旅游产业是我国的一个朝阳产业。它形成了较大的产业规模，产业优势逐步迸发出来，旅游与文化的结合也越来越走向深入。旅游产业优势的凸显得益于我国五千年文明史中积淀的深厚历史文化资源和幅员辽阔的国土上积聚的奇丽自然风光，对国内外旅游者形成巨大的吸引力。国家旅游局在制定旅游业“十二五”发展规划纲要时，提

① 邵琪伟．促进旅游文化产业全面发展[J]．中国旅游报，2007-08-15．

出要在“十二五”期间把我国建设成世界旅游强国的目标。这一目标的实现虽然已经有了良好的基础，但是旅游产业如果不更加注重文化资源，特别是历史文化资源的挖掘和利用，提升文化软实力，那么这一目标将仅仅是一句口号。

二、历史文化类的旅游资源

文化资源是在历史发展过程中人们创造的各种文化形态的总和，是文化资源的主体，也是旅游资源的重要组成部分。历史文化资源类型划分是认识资源特性，对资源进行有效保护和合理利用的基础。

历史文化资源内容丰富，对其进行类型划分需要从文化的结构入手。马林诺夫斯基（Bronislan Kaspar Malinowski，1884—1942 年）在《文化论》一书中，根据文化的功能，将文化分为物质设备、精神文化、语言、社会组织。[①]威廉・费尔丁・奥格本（Ogburn William Fielding，1886—1959）从文化起源和功能相结合的角度，把文化划分为物质文化和非物质文化。[②]我国学术界对文化结构没有统一、权威的划分方式，二元结构说、三元结构说、四元结构说以及多要素说等分类方式并存。[③]联合国教科文组织通过的《保护世界文化和自然遗产公约》和《保护非物质文化遗产公约》，其实质在于保护物质文化遗产和非物质文化遗产。《保护世界文化和自然遗产公约》中的文化遗产包括三个方面的内容：文物，从历史、艺术或科学角度看，具有突出的普遍价值的建筑物、碑雕和碑画，具有考古性质成分或结构、铭文、窟洞以及联合体；建筑群，从历史、艺术或科学角度看，在建筑式样、分布均匀或与环境景色结合方面具有突出的普遍价值的单立或连接的建筑群；遗址，从历史、审美、人种学或人类学角度看，具有突出的普遍价值的人类工程或自然与人联合工程以及考古地址等地方。《保护非物质文化遗产公约》中界定的非物质文化遗产包括：口头传统和表现形式，其中包括作为非物质文化遗产媒介的语言；表演艺术；社会实践、仪式、节庆活动；有关自然界和宇宙的知识和实践；传统手工艺。我国在保护非物质文化遗产工作中在上述五项非物质文化遗产类别外增加“与上述表现形式相关的文化空间”一项。姆斯特（W.Munsters）通过对欧洲旅游文化的研究，将历史文化资源分为静态和动态两大类，并对各种历史文化资源开发的旅游文化产品进行了归纳，如表 6-1 所示。

---

① [俄]马林诺夫斯基. 文化论[M]. 费孝通译. 北京：中国民间文艺出版社，1987：4-9.

② [美]威廉・费尔丁・奥格本. 社会变迁——关于文化和先天的本质[M]. 王晓毅，陈育国，译. 杭州：浙江人民出版社，1989.

③ 林耀华. 民族学通论[M]. 北京：中央民族大学出版社，1997：388.

表 6-1　旅游文化产品类型

静态吸引物	动态吸引物
文物古迹： 宗教建筑 公共建筑 历史建筑 宫殿城堡 园林公园 陵寝建筑	历史文化活动： 宗教节日 世俗节日 民间节日
主题公园： 历史文化主题公园 考古类主题公园 建筑公园	艺术活动： 艺术展览（表演） 艺术节日
博物馆： 民俗文化博物馆 艺术博物馆	
旅游专题线路： 文化——历史专线 艺术专线	

资料来源：W.Munsters．Cultural Tourism in Europe , 1996:110.[①]

根据以上对文化结构的分析，结合我国目前历史文化资源在旅游文化产业发展中利用的现状，我们可将历史文化类的旅游资源分为以下五种。

（一）历史遗迹

历史遗迹是指各个历史时期人们活动留下的痕迹，包括古人类生活遗址、古城、古村镇、历史建筑、历代题刻等。历史遗迹的共同特征是以物质或者曾经以物质的方式呈现过，并且不能轻易移动。

我国通过考古研究发现了许多古人类生活遗址。这些遗址在科学研究中有重要意义，形成较大影响的有元谋人遗址、蓝田人遗址、北京人遗址、河姆渡人遗址、半坡人遗址、大荔人遗址、金牛山人遗址、马坝人遗址以及巫山人遗址、郧县人遗址、建始人遗址、长阳人遗址等。

---

① 戴代新．我国文化旅游资源保护与利用的误区及对策——以宜宾市僰文化旅游开发研究为例[J]．同济大学学报（社会科学版），2010（1）.

城市的出现是文明发展到较高程度的标志之一。从现在的考古发掘来看，我国在夏代就出现了城市。此后，城市数目越来越多，城市功能也越来越完善。我国现存的许多城市有几千年的历史，在经济、文化发展中具有举足轻重的作用。国务院先后公布了三批共 113 座历史文化名城。这些城市类型多样，有的曾经是政治、经济中心，有的是重大历史事件的发生地，有的是重要历史人物的出生地，有的因盛产精美工艺品而闻名。此外，各省市自治区也公布了行政区划内的历史文化名城。

古村镇能够体现历史时期的传统风貌和地域、民族特色，是民间文化生存和积淀的土壤。建设部和国家文物局组织中国历史文化名镇和中国历史文化名村的评选工作，目前为止，公布了四批名单，进入名单的中国历史文化名镇有 143 座，历史文化名村有 108 座。

历史建筑包括宫殿、民居、军事建筑、园林、水利设施、道路、陵墓、寺庙以及祭祀场所。我国历代帝王将相以及地方政权的头目建造了一些规模宏大的宫殿，这些宫殿是中国建筑艺术的精华。目前，保存完好的有北京故宫和承德避暑山庄。我国民居形式多样，福建土楼、碉楼、土家吊脚楼、窑洞、四合院、徽式民居是其中的代表。关隘、长城、边墙以及古代战争留下的工事遗址都属于军事建筑的范畴。我国的园林分为皇家园林和私家园林，圆明园、颐和园是皇家园林的代表，私家园林以苏州园林见长。我国有大禹治水的故事，人们在利用水资源的过程中修筑了庞大的水利工程，一些工程现在还在受益，如都江堰、坎儿井、京杭大运河等。早在公元前 246 年，秦始皇就开始修建云南沟通内地的五尺道。此后，经历各朝的开拓，形成了发达的陆路道路交通系统。丝绸之路、茶马古道是我国古代贸易和文化交流的重要通道。墓葬制式是我国礼制的一部分，陵墓的大小、装饰以及随葬品是墓主社会地位和身份的象征。除了黄帝陵、秦始皇陵、十三陵、成吉思汗陵、马王堆汉墓、九连墩战国墓等这些帝王及贵族陵墓外，我国古代还有悬棺葬、二次葬等多种葬俗遗址。寺庙以及祭祀场所包括寺庙、道观、教堂以及官方祭祀和民间祭祀的场所，如五台山佛教建筑群、武当山道教建筑群、布达拉宫、天坛等。

历代题刻在我国分布广泛，具有重要的艺术和历史价值。它包括摩崖石刻、岩画等。如重庆的白鹤梁题刻、大足石刻，阴山、贺兰山、云南沧源等地的岩画。

（二）传统器具

传统器具是在日常生产生活中所使用过的物品。它包括家具，如座椅、床、茶几等；农事生产工具，如石磨、堆窝、犁铧、背篓、箩筐、鱼叉等；餐饮工具，如碗、碟、筷子、茶壶等；饰物，如花瓶、牙雕、骨雕、金银首饰、服装等；兵器，如剑、刀、戈等；交通运输工具，如马车、手推车等。这些传统器具与人们的日常生活息息相关，是人们在适应自然过程中的发明创造。传统器具中有的在我国实现过规模化生产，如包括碗、碟、花瓶等在内的瓷器，以及以紫砂壶为代表的茶壶，曾经是我国古代重要的外贸物品；有的只是在某一地域生产和使用，带有很强的地域特征，如独轮车一般在平原使用，山区使用背篓、扁担较为普遍。

（三）传统艺术

我国传统艺术的种类众多，形式多样。它包括音乐、舞蹈、戏剧、曲艺、民间口头文学、杂技与竞技、绘画、雕塑、书法等。我国的昆曲、古琴艺术、新疆的木卡姆、蒙古族长调、福建南音、贵州侗族大歌、西安鼓乐、蒙古族呼麦、《格萨尔》史诗、新疆《玛纳斯》、甘肃花儿、粤剧、藏戏、朝鲜族农乐舞、青海热贡艺术、书法、篆刻、剪纸等传统艺术已经被联合国教科文组织列为人类口头和非物质文化遗产代表作。此外，我国的非物质文化遗产保护名录中还公布了为数众多的传统艺术项目。

（四）传统工艺

传统工艺是人们从古至今积累的科技成果。它包括传统工具制作技艺，如弓箭、水车、木船、油纸伞等制作技艺；传统食品加工工艺，如制茶、酿酒、制醋、泡菜腌制、肉类腌制、植物油提炼、中式烹饪等技艺；传统建筑建造工艺，如吊脚楼、风雨桥、土楼、碉楼、蒙古包、四合院等建造工艺；传统雕塑工艺，如泥塑、木雕、石雕、牙雕、玉雕、印章等雕塑工艺；纺织印染工艺，如龙袍、土布、丝绸、服装、蜡染、土家织锦、蜀锦、壮锦、苏绣、湘绣等制作工艺；编织扎制技艺，如竹编、草编、藤编、棕编、纸扎、风筝制作等技艺；金属加工工艺，如铁器加工，金银首饰制作等；装裱工艺，如书画、剪纸等装裱工艺；陶瓷制作技艺，如茶壶、坛子、碗、盘、碟等制作技艺。此外，我国还有各类纸张制作、毛笔制作、传统药物制作等众多传统工艺种类。

（五）传统节日

传统节日是具有特殊意义和活动的日子。[①]传统节日具有丰富的文化内涵，群众参与度高，是传承传统文化、增强民族凝聚力的重要载体。传统节日中既有全国性的节日，如除夕、春节、元宵节、端午节、重阳节、中秋节等，也有在一定区域或者行业举办的节日，如农事节日，吃新节、马奶节等；宗教性节日，如开斋节、燃灯节、社节等；社交类节日，如七巧节、女儿会等；商贸性节日，如草药会、骡马会等。

---

① 徐万邦，祁庆富．中国少数民族文化通论[M]．北京：中央民族大学出版社，1996：305．

三、历史文化资源在旅游文化产业发展中的作用

历史文化资源在旅游文化产业发展中的作用贯穿于产业发展的全过程。它的重要性主要体现在以下几个方面。

（一）文化资源是旅游文化产业产品开发的重要源泉

资源是一个产业存在和发展的前提，是产品开发的必要条件。旅游文化产业的资源主要来自两部分：一部分是自然资源；另一部分是文化资源。自然资源由大自然缔造，如大海、山、沙漠、草原等。文化资源是人类智慧的结晶，其中的绝大多数属于历史文化资源。旅游文化产业的产品经营者提供给游客物质和服务的组合，包含旅游过程中的餐饮、住宿、交通、游览、娱乐和购物等。

历史文化资源是旅游产品开发的重要源泉。几乎所有的旅游文化产业产品都可以吸纳历史文化资源。首先，直接利用历史文化资源进行旅游景点的开发。我国的西安、北京等地利用历史遗迹开发的景点数量大，档次高。例如，西安的秦始皇兵马俑、大雁塔、华清宫等；北京的故宫、天安门、天坛、颐和园等景点都是中国旅游景点中的精品，每年有几百上千万的中外游客参观。此外，在一些地区还运用传统器具、传统艺术、传统工艺、传统节日开发专题博物馆，工艺体验和展示中心等。例如，宜昌车溪民俗游览区建成农家博物馆，展示农事耕作中使用的水车等传统器具；湖南凤凰设立土家织锦作坊，展示土家织锦的工艺流程。

其次，历史文化资源还可以开发为餐饮、住宿、交通、娱乐和购物等旅游产品。如北京全聚德烤鸭、重庆火锅、成都茶馆、兰州拉面都是具有历史文化积淀的特色餐饮项目。有的地区还开发具有历史文化内涵的特色住宿项目，如开发蒙古包宾馆、帐篷宾馆、吊脚楼宾馆等。在交通上，香港的有轨电车已经有一百余年的历史，现在不仅是重要的交通工具，还是著名的旅游景点；北京前门大街在改造过程中恢复停运半个世纪之久的有轨电车；贵州梵净山开发人力轿夫抬游人上山游览。在娱乐中，内蒙古草原旅游有骑马、射箭、传统民歌对唱、传统婚俗表演等项目。利用历史文化资源开发的旅游购物更是不可胜数，如在西安旅游可以购买仿制的陶俑，在山东潍坊可以购买到传统方式制作的风筝等。

再次，自然资源旅游产品的开发中也应当融入历史文化资源内涵。素有“奇险天下第一山”的陕西华山，如果没有道教文化在此的积淀和历代文人墨客撰写的诗篇、碑记和摩崖石刻恐难成今天旅游的胜景。自然资源的美是外在的形式美，只有结合了历史文

化资源内在美的旅游文化产业产品，才能形成形式美与内容美的统一。

总之，旅游文化产业可以利用历史文化资源开发多种类型的产品，服务于旅游活动。旅游产品只有充分挖掘和利用了历史文化资源，才能体现产品的特色和内涵，形成旅游的内驱力。

（二）文化资源是提升旅游文化产品品位的有效途径

产品品位是产业发展中的核心竞争力之一。随着我国开放程度的增加和交通条件的改善，旅游文化产业的竞争越来越激烈。各个地区都想通过一定的手段，让自己处于行业中的领先地位。很多城市打出提升旅游产品品位的旗号，然而对什么是旅游产品的品位、如何提高品位却有不同的思考。旅游产品的品位其实是旅游产品的内涵和特色，以及服务质量。提高旅游文化产品品位的方式很多，如加强硬件建设、培训服务人员等，但是最为重要和有效的方式应该是挖掘历史文化资源，充分利用历史文化资源的内涵提升产品品位。

例如，凤凰古城在 2000 年以前还是一个不起眼的江南小镇，2001 年，凤凰县委、县政府将南方长城、沈从文故居、熊希龄故居等 8 个景点组合在一起，通过城区复古改造和景点历史文化内涵的挖掘，推出“天下凤凰”的口号。从此，凤凰的旅游业飞速发展，据有关部门统计，2001—2008 年，凤凰累计接待中外游客 1 822.9 万人次，旅游收入达到 54.78 亿元。2009 年，尽管受国际金融危机的影响，国际国内旅游产业发展的强劲势头有所减缓的情况下，1 月至 9 月，依然接待游客 367.3 万人次，实现旅游总收入 20.22 亿元，其中门票收入 1.23 亿元。再如，甘肃敦煌的阳关旅游景点。阳关是西汉时期设置的古代通往西域的重要门户，宋代以后由于与西域的陆路交往减少而废弃，现在仅存一个高出地面 3 米左右的烽燧遗址，就景观来说，它在旅游发展中不具有优势。但是，唐代大诗人王维的一首《送元二使安西》，“渭城朝雨浥轻尘，客舍青青柳色新。劝君更尽一杯酒，西出阳关无故人。”的诗句勾起人们对边塞生活的遐思，也使得阳关声名大振。在发展旅游过程中，敦煌并没有选择恢复阳关昔日繁荣景象，而是树立了一尊王维的雕像并修建了一个展示边塞历史和古代征战留下的遗物的阳关博物馆。通过展示这些历史文化资源来唤起人们的思考，构建自己心中的阳关。

（三）文化资源是旅游文化产业健康发展的重要基石

旅游文化产业发展健康与否主要看是否有持续不断的发展后劲，后劲的直接体现就是需要有源源不断的客流。旅游者离开自己惯常生活的环境去旅游的动力在于求新，追求一种与自己生活的环境不同的文化新体验。这就要求旅游文化产业差异化发展，才能吸引旅游者。历史文化资源的挖掘和利用能够实现这种差异化发展的要求。云南丽江、山西平遥、湖南凤凰同为古城，但是因为它们各自有不同的历史文化资源，形成不同的城市特点，在旅游业发展中都有自己的位置。

历史文化资源促进旅游业健康发展还在于它所包含层次的丰富性。利用历史文化资源开发旅游产品并不是只能进行一次开发，而是可以根据人们对它内涵挖掘的深度进行持续不断的开发。恩施土司城在开发的初期，人们只看到恩施独特的民族风情，准备建设成集土家族、苗族、侗族等少数民族文化景观的“民族大观园”。在建设过程中，业主单位发现游客对土司文化更感兴趣，就把“民族大观园”改为“恩施土司城”，专门围绕土司文化来建设。首先仿照土司爵府建成“九进堂”，随后又建成纪念土家族人文始祖的廪君祠和反映土司功绩的大型浮雕。在加强硬件建设的同时，土司城里面还请来当地的非物质文化传承人，每天在景区定时进行两场原生态的民间艺术表演。现在人们进入恩施土司城不但可以看到土司生活的场景，还能够领略土家族独特的历史文化。

在旅游文化产业的发展过程中，很多旅游目的地出现了游客周期性的波动。其具体表现是游客数量达到一个高峰以后会逐渐减少，再过一段时间又有一定数量的回升。产生这种波动的原因，一方面是世界经济的影响，经济的波动影响人们的收入，进而影响到人们的出游计划；另一方面，也是最为重要的方面，应该是旅游目的地的因素。许多旅游目的地一次开发以后，不注重后继开发而失去竞争力，导致走向下滑轨道。通过对历史文化资源深入挖掘，可以为旅游目的地提供源源不断的动力，防止进入波谷，减少周期性波动。

四、旅游文化产业发展中文化资源挖掘与利用

我国旅游文化产业发展中对历史文化资源的挖掘和利用已经取得初步成果，但由于我国该产业起步较晚，一些政策的羁绊也刚刚脱离，旅游文化产业正步入快速成长期，对历史文化资源的挖掘和利用还存在以下问题和不足。

（一）挖掘不足

对历史文化资源挖掘不足的第一层意思是一些历史文化资源没有进入挖掘者的视野，第二层意思是对历史文化资源内涵研究不足。历史文化资源有的存在于地上，有的存在于地下，有的已经失传。目前对历史文化资源的挖掘多局限于在地上，已经形成具有一定影响力的部分，绝大多数目前还没有影响力，以及存在于地下和已经失传的历史文化资源还没有进入文化挖掘者的视野。巴东天子岩岩画是分布在巴东县官渡口镇小溪河村的一组天子岩，岩画中由 400 多枚横列的红色手掌图案和红色竖线构成，当地人把

岩画称为“千手印”。岩画属于人类早期的文化现象，巴东岩画具有我国南系岩画使用红色涂染的特征，但又不同于南系岩画表现人物活动，具有自身的特点。这一重要的历史文化资源与神农溪旅游景点近在咫尺，有较高的旅游开发价值，但却还没有进入相关人员的视野。恩施市早在1991年就被湖北省公布为历史文化名城，比湖南省凤凰县列为省级文化名城的时间还要早 8 年。但恩施市疏于对历史文化资源内涵的挖掘，至今没有形成具有影响力的旅游品牌和像样的旅游景点。对历史文化资源的挖掘不仅要发现它，还要了解、研究它，它才能为你所用。

（二）重利用，轻保护

历史文化资源的利用能够带来一定的商业效益。受眼前利益的驱使，人们都希望从中分得一杯羹。但是，与此相反，对它的保护却需要付出，这种付出有时可能还不能在短时间内得到回报，所以存在对历史文化资源重利用、轻保护的现象。

这种现象在旅游景点的开发中较为突出。如来凤县准备开发仙佛寺旅游景区时，想利用它的摩崖造像和古刹名气大肆建造。在施工过程中，当地的文化研究专家发现景区建设使用钢筋混泥土建筑，不符合对摩崖造像和古刹保护的要求，紧急上书上级主管部门和新闻媒体，要求停止建设。在各方的呼吁下，工程被迫停工，要求制定更为科学的保护计划后才能建设。在旅游文化产业开发中，有时建设者的主观愿望是想获得保护与利用的双赢，由于研究不深入，可能建设造成了实质性的破坏。重利用、轻保护，还体现在非物质文化遗产的利用中。一些旅游景点，旅游旺季请来一些非物质文化遗产传承人进行原生态的表演；旅游旺季过后，就不再管这些人的生活，也不会有意识地去组织这些人进行文化传承。

（三）产品形式单一

我国旅游文化产业虽然有国家旅游局实施统一的领导和管理，由于产业涉及面广，很多部门实质分属不同的行业和主管部门管理，造成难以协同发展，直接后果是对历史文化资源的利用不充分，产品形式单一，难以形成合力。

旅游局在整个旅游文化产业中通常只管理旅行社和景区，与旅游有关的餐饮、住宿、娱乐、购物、交通分别属于卫生、工商、文化、交通、商务等部门管辖。在旅游局的具体指导下，历史文化资源在旅游景区和景点的开发中运用较为成功，在其他几个方面的利用和开发还比较薄弱。很多地区在旅游景点可以了解到独特的历史文化资源，但走出景点之后看不到与之相关的影像，听不到与之有关的声音，买不到与之有关的产品。有的地区还出现各相关行业严重脱节的现象。旅游景区的名气起来了，旅游者突然增多，没有做好预案和衔接工作，带来交通拥堵，不能及时将游客送往目的地；住宿紧张，上千人没有宾馆住宿。

五、文化资源挖掘与利用的改进措施

文化资源的挖掘与利用，实质是文化的积累和再创造，即通过一定手段发现文化成果中的内涵，并用适当的方式把内涵外化。鉴于当前历史文化资源挖掘与利用存在的问题，可以从以下三个方面进行改进。

（一）甄别项目、合理开发

甄别项目是需要对项目进行充分的前期调研，论证项目的可行性并对项目进行定位。历史文化资源的科学、文化价值不能等同于旅游价值，并不是所有的历史文化资源都能进行旅游文化产品开发。四川宜宾市珙县在旅游开发中将“僰人悬棺天下谜”作为宣传口号，[①]由于人们对死亡文化的禁忌，以及悬棺的观赏价值欠缺等因素，难以成为独立的旅游项目，所以珙县旅游始终在低水平徘徊。僰人是我国古代西南蛮夷中的一支，没有自己的文字，在历史发展中文化传承断裂，对他们的记载散见于一些汉文典籍中，成为一种神秘文化。僰人留下的历史文化资源不仅仅是悬棺，还有城池遗址、军事遗址、岩画、铜鼓等，可以进行重新定位开发。

有的历史文化资源开发具有不可逆转性，一旦开始建设，就不能恢复到原初状态，所以一定要合理开发。合理开发首先要坚持的就是“保护第一”。“保护第一”并不是对利用的排斥，而是考虑更为长远的利用。依靠我们今天的科技力量，如果对历史文化资源不能实施有效的保护而盲目开发，就会造成巨大破坏。这也是我国考古学界“帝王陵暂不发掘”的原因之一。其次要注重开发的先后顺序。我国大部分旅游项目都是分期建设，一般一期工程完工以后就对旅游者开放，它的好处是一方面可以缓解投资的资金压力，另一方面可以检验项目的市场反映。这就要求首先开发的部分要有吸引力，但又要给后面的开发留下空间，以使相互补充，成为一体。

（二）优化产品开发方式

旅游者出游是为了从不同的文化体验中达到身心的愉悦，不同于历史文化研究的专家，他们没有充裕的时间来进行深入研究，所以旅游文化产品首先要对旅游者形成感官

① 戴代新．我国文化旅游资源保护与利用的误区及对策——以宜宾市僰文化旅游开发研究为例[J]．同济大学学报（社会科学版），2010（1）．

刺激，其次要讲究时间效率。这就要求旅游文化产品必须可知、可看、可感。就历史文化资源的开发方式而言，可以采用物化或者舞台化。

物化的产品可以是雕塑、绘画，也可以是建筑、博物馆、主题公园等。土司文化是湖北恩施的一个重要历史文化资源。土司是土家族地区的统治者，历经元、明、清三朝的发展，他们创造了代表土家族最高水准的文化。但在雍正十三年（1735 年），清政府以革命的方式结束了土司统治，把土司及其上层官员迁徙到外地，土司文化的发展就此中断，历经两百多年的时光，如今仅剩一些文字记载和建筑遗址。恩施在开发土司文化过程中，仿照土司爵府修建了九进堂，里面设置戏楼、衙署、书房、绣楼、粮仓、银库等建筑，还原土司生活场景；还制作了大面积的浮雕，把土司奉命抗倭取得重要战绩、过年跳摆手舞等重要历史事件和特色文化活动展示在上面。旅游者通过这些物品，可以初步感受恩施土司文化。

舞台化就是把一些历史文化资源编排成为音乐、舞蹈节目。当前，我国旅游当中兴起实景舞台剧这一新兴的旅游文化产品。它以天然真实的景观作为舞台背景，以一定地域的文化为表现主题。《大梦敦煌》、《印象·刘三姐》、《印象·丽江》等优秀实景舞台剧为这一旅游文化产品迎来了诸多荣誉，也为实景舞台剧的发展树立了标杆。湖北利川腾龙洞旅游就是利用当地的历史文化资源开发实景舞台剧走出了困境。腾龙洞号称亚洲第一大洞，但在旅游竞争中并不具有优势，原因在于我国南方地区喀斯特地貌很多，溶洞资源丰富，与利川相距不远的重庆武隆、湖南张家界都有优秀的溶洞旅游资源，直到 2004 年，腾龙洞都还是在粗放型经营。2005 年，腾龙洞风景区旅游开发有限公司通过融资，在洞内推出“激光秀”和实景舞台剧《夷水丽川》，使得人们对腾龙洞及土家文化有了一个全新认识，引来腾龙洞旅游的快速发展。《夷水丽川》的节目内容都选自土家族非物质文化遗产，包括摆手舞、肉连响、茅古斯、撒尔嗬等内容，可以说是一部反映土家族人民从先民巴人开始到现今的发展史诗和土家族优秀民族文化的荟萃。剧目自 2005 年推出以后，进行了多次改版，打造成了舞台精品，每天演出两场，很多人就是在它的吸引下来腾龙洞旅游的。

利用历史文化资源进行旅游文化产品开发，还要避免手法单一和品种单一。如果手法单一，就会千篇一律，旅游者形成视觉疲劳，达不到开发的效果。开发的旅游产品不仅要使旅游者能听到、看到，还要能触摸到，最好还能开发出相关的旅游商品，以便游客购买。

（三）加强文化内涵宣传

文化内涵宣传是旅游者获取旅游产品信息和背景的渠道。这一举措可以通过编撰图书、拍摄影视片、组织文化活动、培养本土导游等活动来实现。一本好书可以成就一个城市，沈从文先生的《边城》让无数男女对湘西小镇——茶峒充满向往，意图去寻找心中的翠翠和她家的那条黄狗。一部《乔家大院》既演绎了晋商传奇，也着实让山西祁县的旅游火了起来。平遥古城依靠一年一度的国际摄影大展，使它成为了世界的焦点。这些在旅游文化产业发展中取得的成功经验，需要继续弘扬。同时，我们还应该重视导游在文化内涵宣传中的作用。导游，是指从事引导旅游者游览工作的人，他是在旅游过程中与旅游者接触最多，联系最紧密的人员。导游在工作中与旅游者面对面的交流，信息传播的符号系统多，可以利用大量的非语言符号，如手势、语气、语调、表情等，传达文字难以表述的信息。导游的面对面交流，还可以及时收集旅游者的反馈信息，为旅游文化产品开发提供参考。

历史文化资源是旅游文化产业链上的基础性资源，同时也是最重要的资源。我们要重视旅游目的地的历史文化底蕴和人文内涵，在充分研究和理解它的基础上开发出吃、住、行、游、娱、购等多种各具特色的旅游文化产品，从而在这些产品中注入文化内涵，充实旅游文化产业链。

因为历史文化资源具有地域性、群体性等特征，所以它是开发特色旅游不可或缺的因素。同时，在自然资源旅游产品开发中，也不能忽视历史文化资源的利用，因为它是增加产品内涵，提升产品品位的关键。我们应该认识到，历史文化资源挖掘是旅游文化产业发展的基础性工作。我们要通过深入研究，充分了解和认识历史文化资源的发展现状及前景，开发出具有国际影响力和竞争力的旅游文化产品，实现旅游大国向旅游强国的蜕变。

第二节　博物馆文化遗产的保护和利用

博物馆是人类文明进步的重要标志，是一个国家、一个地区历史文化和现代文明的形象代表，被誉为人类文明的宝库、文化的殿堂、智慧的结晶。随着国家对文化遗产保护和利用的不断重视，博物馆作为文化遗产的储藏所和管理者，其文化遗产保护和利用功能显著增强，日益成为我国文化遗产保护和利用的主力军。

一、博物馆对文化遗产保护和利用的现状及问题

经过长时间的探讨和实践，博物馆对物质文化遗产的保护和利用取得一定的成就。

例如，采用数字化技术对容易损坏和难以复原的文物进行修复；利用影像、虚拟技术等科技手段提高文物的展出率；专项博物馆的异军突起等，这些都在一定程度上满足了公众的精神文化需求，取得了一定的经济效益和社会效益。但这些现象只是在少数的博物馆中得到体现，国内大部分的博物馆对物质文化遗产的保护和利用还处于粗放化阶段。

（一）保护和利用的技术手段较单一

馆内收藏是博物馆对物质文化遗产的传统保护手段，虽然采取了信息化手段，但“博物馆信息化在国家信息化和文化遗产事业的整体规划中没有占据应有的位置，存在各自为战、重复建设的现象”[①]，满足不了实际工作的需求。对物质文化遗产的利用手段也主要是表现为单一重复的馆内展出、陈列，缺少技术投入，更换率较低，难以凸显地方特色，吸引游客的眼球；很多博物馆在城市发展中的特点就是独树一帜，而没有发挥其在有效保护基础上所进行的产业化趋势发展，以此提高展出陈列的技术手段。

（二）保护和利用的区域差异大

由于经济发展的差异性，物质文化遗产分布的差异性，以及政府经济投入的差异性，最终导致博物馆中物质文化遗产保护和利用区域差异增大。文化遗产保护和利用取得一定成效的地方，大都是文化遗产分布集中、经济发展较快的国家直属或地方省、市博物馆，如故宫博物院、河南省博物院、上海市博物馆等，然而这些博物馆在中国整个博物馆事业中只是凤毛麟角，大部分的博物馆还处于相对落后的发展状态；相对于经济欠发达的市、县以及少数民族地区来说，还有部分地区没有建立博物馆，即使建有博物馆，也因为文化遗产少，经济支出短缺，面临难以支撑的局面，更是难以得到有效的保护和利用。

（三）保护和利用的力度不够

博物馆对文化遗产保护和利用力度不够的局面是由多方面原因引起的：一是管理体制条块分割，缺乏整合；二是博物馆是非营利性事业单位，管理经费主要来源于政府支出，而政府支出的数量越来越少，难以对濒临灭绝的文化遗产进行全面的保护和及时的抢救，制约了博物馆事业的发展；三是博物馆对文化遗产进行保护和利用的过程中可以遵循的法律法规较少，造成部分文化遗产的无意识流失和破坏；四是对非物质文化遗产的定位不明确，导致传统的博物馆工作观念和工作方式与非物质文化遗产保护存在很多不适应的地方，如藏品与其产生时空的分离、与其原生“语境”的分离、文物的孤立性、

---

① 张小朋，张莅坤．博物馆信息化标准框架体系概论[J]．东南文化，2010（4）．

线性的展示方法以及博物馆的历史感和消亡感在藏品上的映射[1]。

（四）保护和利用中的矛盾多

博物馆对文化遗产保护和利用取得成效的同时导致了更多矛盾的产生。一方面是文化遗产保护和经济建设之间的矛盾。在将 GDP 的增长作为工作重心的今天，许多地方政府往往把经济指标放在第一位，当遗产保护和经济建设之间产生冲突时，博物馆对文化遗产的保护却往往遭到来自政府的阻力。另一方面是博物馆对文化遗产进行保护和利用过程中产生的矛盾。文化遗产是不可再生的珍贵遗产，一旦损坏，不可再生。部分博物馆片面追求经济效益，对文化遗产进行过度的开发利用，最终导致文化遗产的“濒危化”。

二、博物馆对文化遗产有效保护和合理利用的对策

（一）博物馆文化遗产的有效保护

1．提高法律法规的保护力度

由于文物保护法律法规意识薄弱，博物馆内的一些在职人员往往忽略法律法规的存在，对损坏的文化遗产进行盲目的修补，并且不加以妥善地保管，致使部分珍贵的遗产出现无意识地损坏、丢失、难以复原等现象。博物馆应本着以“《文物保护法》为核心，有关行政法规为骨干，地方文物法规相配套的文物保护法体系”[2]，加强法律法规的执行力度和宣传力度，实施对文化遗产的有效保护。

2．普及博物馆内数字化虚拟技术的保护

数字化具有可存储、可传递、可处理、可再生、可利用、可共享等特点，恰到好处地弥补了物质文化遗产不可再生、不可替代以及易损坏等缺陷。先进的博物馆应与高端的科学技术紧密结合。根据国家文物局《文化遗产保护中长期科学和技术发展规划纲要》的要求，提高战略研究和科学规划意识，把高端的数字虚拟技术积极应用于对文化遗产的保护，尽量避免无意识的损坏事件的发生。

3．加强博物馆对非物质文化遗产保护的明确定位

在市场开发环境中，非物质文化遗产的缺失日益成为遗产保护中的核心问题。随着传统型博物馆向现代型博物馆不断转型，传统型博物馆在观念和体制上进行了较大的转变，开始致力于把工作方向定位在对非物质文化遗产的保护和利用上。

---

[1] 王巨山．手工艺非物质文化遗产理论及博物馆化保护研究[D]．济南：山东大学，2007．

[2] 沈海宁．我国文物事业管理研究[D]．武汉：华中师范大学，2001．

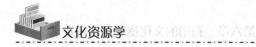

4．培养公众的文化遗产保护意识

2006年世界文化遗产日的主题是“文化遗产在我身边”，2007年为“保护文化遗产，人人有责”，2008年为“文化遗产人人保护，保护成果人人共享”。这一系列的遗产日主题活动，充分表明文化遗产的保护不是单靠博物馆就能起到绝对的保护效果，它所需要的是社会大众的共同保护。博物馆作为宣传文化遗产的媒介载体，让公众了解文化遗产保护的目的、作用、意义，并提高公众保护文化遗产的保护意识，是博物馆重要的历史责任和神圣使命。通过发挥博物馆的教育职责，旅游者能更直接地领略文化遗产的博大精深、珍贵稀奇，认识到其对于当代及子孙万代存在的巨大价值，认识到自身所担负的保护与传承的重大责任，从而使保护的观念广为传播而渐渐深入人心。

（二）博物馆文化遗产经营

遗产经营是遗产事业使命扩张的产物。文化遗产管理的使命自20世纪80年代以来开始发生变化。随着文化成为生活质量的重要标志，人们的文化与精神消费已上升为普遍性的社会需求，博物馆对文化遗产的经营被提上议事日程。

1．经营博物馆遗产资源

许多博物馆除展示的文化遗产外，在博物馆的库房柜橱中还藏有大量像古籍善本、文献资料、原版书以及各历史时期的照片等珍贵资料。博物馆可以利用这些资源实行查阅合理收费，编辑出版文献专辑对外出售，名人字画专著通过高科技手段仿真影印进行发行和销售，既能满足收藏爱好者及专业人士的需求，又能增加博物馆的经济收入；博物馆还可以利用馆内收藏文物的优势，开发文物复制品和纪念品，宣传文化特色的同时带来一定的经济效益；对于表演、礼仪、手工艺展示等“活态”的非物质文化遗产资源，在安全保护的范围内，采取博物馆同观众互动的方式，让观众亲身感受其中，更利于博物馆内文化遗产良性经营的开展。

2．开展博物馆遗产旅游

博物馆作为文化遗产的汇聚之地，是开展遗产旅游的特殊场所。博物馆同旅游相结合逐渐成为我国博物馆发展的一个明显趋势。如何充分发挥博物馆中文化遗产的资源优势，使博物馆同旅游紧密结合，主要有以下几个途径。

（1）打造博物馆特色游。目前，大部分博物馆对文化遗产的展示都是通过传统的平面、静态的形式对游客进行展览陈列，由于是几十年不变的展览方式早已使游客厌倦了这种“隔着玻璃看，耳旁别人讲”的固定模式。对此，博物馆要根据不同的群体需求，结合馆内的遗产资源优势，充分利用现代化技术手段，开设一些游客直接参与、体验的项目。

（2）同旅游部门紧密结合。博物馆和旅游部门可以以相互提供信息为基础进行紧密合作，从而做到优势互补、共同受益，带动整体经济的发展。旅游部门有较长时间的市场经验，可以把游客的需求反馈给博物馆，博物馆根据反馈的信息结合市场需求进行自我调整，开拓有博物馆特色的产品和旅游市场，然后把自己展出的形式、内容、特色等信息及时传达给旅游部门，以此建立创意性的精品旅游线路。

（3）加大宣传力度。博物馆应积极主动与当地媒介、互联网、宣传公司等相联系，不失时机地宣传介绍馆内的文化遗产资源优势，发布展览信息；同其他博物馆之间长期合作，定期举办专题性的大型展览或专门的博物馆研讨会，借以发行一些设计独特、图文并茂的介绍书、明信片、纪念品等。

（三）正确处理文化遗产保护和利用的关系

博物馆坐拥丰富的遗产资源。如果只讲保护，不注重利用，只会使单纯的保护陷入自我封闭、难以发展的境地；如果只讲利用，而不实施有效的保护，其结果就是竭泽而渔，终将造成不可挽回的损失。目前，受眼前经济利益的驱使，许多博物馆盲目地对文化遗产进行模糊保护和过度开发，造成了文化遗产资源潜在的、难以挽回的损失，加剧了消失速度。

可持续发展观视自然生态和社会经济为一个有机整体系统，强调人与自然的和谐统一、生态与经济的共同繁荣，追求“自然—社会—经济”相互协调，形成良性循环的持续发展目标模式[①]。博物馆应在遵循对物质文化遗产贯彻“保护为主、抢救第一、合理利用、加强管理”和对非物质文化遗产贯彻“保护为主、抢救第一、合理利用、传承发展”两大方针的同时，还要利用可持续发展观正确处理文化遗产保护和利用的关系。以此为理念，博物馆应克服经济利益的诱惑，尊重文化遗产的历史价值、审美价值、艺术价值、社会价值、科学价值，对其进行恰当的、持久的、保护性的使用，使文化遗产发展具有规范性、持久性和扩展性。可持续发展战略是一个长期的系统性工程，博物馆自身遵循原则的同时，还应发挥教育的本职功能，通过文化遗产教育普及文化遗产知识，引起整个社会的注意，形成保护利用文化遗产持续发展的自觉意识和道德氛围，使之成为每个公民的责任和义务。

第三节　历史文化资源与工业遗产

工业遗产是文化遗产家族中的新成员，是具有历史的、技术的、社会的或科学的价

① 张虎勤．西安文化遗产的可持续发展战略研究[J]．西安交通大学学报，2005（3）．

值的工业遗存。工业遗产包含建筑物和机械、车间、作坊、厂矿、加工厂、仓库、能源加工地、运输和所有相关的基础设施，以及与工业相关的社会活动场所，如房屋、宗教场地、教育场所等。[①]

国际工业遗产保护委员会定义的工业遗产，偏重于有形工业遗留建筑的方面，国内对于工业文化遗产的定义则考虑到中国的工业实际情况，除包括大工业机器生产的工业遗产外，也涵盖了手工业店铺等内容，因此，大量存在的手工业老字号和非物质类工业遗产也被纳入工业遗产的范围。

广义的工业遗产包括古代的大型工程遗址，如列入世界文化遗产名录的都江堰水利工程。狭义的工业遗产是指工业革命以来的工业遗存，如列入第六批全国重点文物保护单位的青岛啤酒厂早期建筑、汉冶萍煤铁厂矿旧址等。目前，研究的重点是近代工业遗产，考虑到我国拥有大量的古代工业遗产的情况，我们所探讨的工业遗产为广义的工业遗产。

工业遗产的保护与利用是工业遗产研究中最重要和最具有实践意义的内容。其中，工业遗产旅游开发是有效地保护工业遗产的方式。工业遗产旅游是以工业遗产为主要旅游吸引物的新型专项旅游形式，工业遗产旅游能够满足新时期游客高层次的心理需求，又能丰富城市景观，同时能有效传承城市文脉和增加原有工业地带的活力，因而在工业遗产保护实践中占据重要的地位。如何发挥工业遗产旅游资源的作用、确保城市文脉的延续，这里主要结合武汉的工业遗产旅游资源进行探讨。

一、工业遗产旅游开发概述

（一）工业遗产旅游的开发目标

工业遗产是重要的人类文化遗产，具有多方面的价值。除了历史、艺术、科学价值之外，还具有可改造再利用的经济价值。发展工业遗产旅游，从旅游供给方来说，主要是保护工业遗产，同时实现遗产的经济价值。从旅游消费方来说，游客探寻的是工业遗产丰厚的历史底蕴、独特的工业美感、生动的科教资源，能够在旅游过程中较好地满足旅游者求新、求异、求知、求乐的旅游动机。[②]

仅从工业遗产保护主体的角度看，工业遗产的旅游开发具有多重目标，既包括保护工业遗产，也包括为旅游者提供优良的旅游产品，还包含促进工业遗产旅游的可持续发展。

---

① TICCIH．Nizhny Tagil Charter for the Industrial Heritage，2003．

② 王德刚，田芸．工业旅游开发研究[M]．济南：山东大学出版社，2008：125．

1．保护工业遗产

工业遗产是具有高度历史文化价值的工业纪念物、建筑群和工业场地。工业遗产具有多重价值，因而应受到保护。工业遗产旅游开发不是简单地进行现代化的改造，而是应遵循保护第一的原则，最大限度地保护工业遗产。

2．提供优质的旅游产品

工业遗产旅游开发是将工业遗产生成过程中多重信息转换成旅游资源，形成新的遗产景观。工业遗产景观以不同于传统文化景区的面貌出现，具有较强的科技含量和神秘性，能带给旅游者全新的体验，使身心得到放松和愉悦。

3．促进工业遗产与遗产旅游的可持续发展

工业遗产旅游能够吸引游客消费从而实现工业遗产的经济价值，但应该以工业遗产的可持续发展为目标，避免过度开发，从而损害工业遗产的生存。应该以工业遗产旅游和工业遗产保护协调发展为原则，以遗产保护发展遗产旅游，以遗产旅游促进遗产保护，从而实现工业遗产和工业遗产旅游的健康可持续发展。

（二）工业遗产旅游开发原则

1．积极保护原则

工业遗产是人类历史上重要的工业遗存。由于受到错误观念的影响，工业遗产曾经被视作落后和丑陋的象征，因而导致大批工业遗产的加速消失。工业遗产保护相比其他遗产更具脆弱性，所以在旅游开发中应加强保护。遗产的原真性和不可再生性，并不意味着采取原封不动的冻结式保存方法，而是尽可能使工业遗产融入现实生活。积极性保护也意味着充分调动社区居民和旅游者的主观能动性，使其逐渐改变对工业遗产排斥和冷漠的态度，达到逐步认识到遗产地的价值，并参与到工业遗产保护的活动中。

2．独特魅力原则

旅游景区的复制和模仿是旅游开发中的大忌，同质化的旅游活动使游客兴味索然。从某种意义上说，独特魅力是旅游的灵魂。具体到工业遗产开发中，应该突出构成旅游吸引力的关键因素——特有的工业遗产资源。挖掘当地所拥有的稀有工业资源，形成人无我有的资源格局，从而以完整且有冲击力的旅游形象立足于旅游市场。如自贡被誉为中国的井盐之都，有上千年的盐业生产史，形成了独特的盐业工业遗产。自贡工业遗产旅游利用城市特有的盐业遗产资源，营造城市特色氛围，打造古盐井遗址游览区、盐业历史博物馆、盐文化感受区等特色旅游景区，形成了自贡特有的城市意象和旅游品牌。[①]

① 袁霜凌．自贡工业遗产旅游研究[D]．成都：四川师范大学，2006．

3．统筹整合原则

工业遗产旅游开发是涉及范围较广的系统工程，应统筹各方面的力量，同时整合不同区域的旅游资源。从旅游开发活动参与者来看，牵涉政府部门、旅游企业、学者、居民等主体，同时在旅游开发活动中不应忽视游客的地位，从一定意义上说，能否考虑游客的需要是决定景区开发成败的关键因素。从空间范围上看，工业遗产分布超越单一地段局限。因此应将资源整合起来共同开发，形成规模效应和吸引游客的效果。例如，上海杨浦区工业遗产呈带状分布，单个景区很难达到最优效果，进行资源的整合十分必要。该区将工业遗产和其他旅游资源进行整合，进行组合性整体开发，形成工业遗产资源和传统旅游资源的良性互动。①

4．传播营销原则

工业遗产作为一种新型遗产，对于大部分游客是陌生的旅游对象，因而应加强宣传以提高知名度。为营造工业遗产旅游适宜的环境，旅游部门应结合新媒体扩大宣传和营销的力度，如组织相关论坛和会议，提升民众对工业遗产和工业遗产旅游的正面认知，从而达到诱发出游的动机和行为。游客是旅游活动的参与者，也是旅游传播的重要媒介，对于扩大景区的知名度有重大影响。良好的服务是游客形成正面评价的关键因素，因而旅游目的地应以完善的服务设施、舒适的旅游环境和人性化的服务吸引和影响游客，从而形成正面的旅游形象。

（三）工业遗产旅游开发模式

根据遗产存在的形态和所处区域，考虑到与周边旅游资源类型的关系，工业遗产旅游开发模式主要有专题博物馆模式、工业景观公园模式、与旅游购物相结合的综合开发模式、文化创意产业园模式。

1．专题博物馆模式

博物馆是保护遗产资源的重要场所，也是重要的旅游资源。工业遗产庞大的空间结构为建设博物馆提供了优良场所，而运用现代博物馆理念改造后的博物馆更具灵动的特征，提供的观光、休闲和科普教育功能的旅游产品也更受游客的欢迎。根据原有工业场所产品的类型，可以建设成各种专题的博物馆。相比传统博物馆局限于室内，工业博物馆可以根据工厂旧址面积的大小和文化遗产的价值，建设成露天博物馆。

2．工业景观公园模式

随着经济发展和社会进步，人们越来越注重生活品质，其中休闲是体现生活质量的

① 张晶．工业遗产保护性旅游开发研究[D]．上海：上海师范大学，2007.

重要指标。公共活动空间作为社会生活与展示自我的舞台，能够让普通民众寻找自身所看重的价值，追求愉悦与满足。公园作为公共休憩空间而成为市民休闲的主要场所。

工业景观公园是在原有工业遗产的基础上，保留原有的历史空间和环境，通过科学的旅游开发设计，将工业遗址改建成社区公园和公众活动场所，以满足人们消遣、休闲、健康和娱乐的需求。工业遗产改造成工业景观公园，不仅能改善地区生态环境，还能发挥社会效益和经济效益，成为旅游观光的重要选择。

3．与旅游购物相结合的综合开发模式

该模式适用于位于城市中心区的工业遗产。遗产地段拥有优越便捷的交通设施，原有的外部环境已经变化，工业和工业设施的原有使用功能停止。为了使工业遗产发挥作用，根据遗产地外部环境的要求和可能而进行的功能转换，将具有改造潜力的工业遗产改造成集购物、娱乐、度假为一体的综合中心。

4．文化创意产业园模式

文化创意产业园模式是将工业遗产地通过产业重组和调整，将原本从事第二产业的工业区，改造成现代创意产业基地的空间功能置换的开发模式。这种模式的特点不是改变原有工业遗产的空间结构，而是改变内部空间，改造成适合办公、创作、设计、会议等空间单元，形成新的现代服务业和创新产业为主的产业集群。依托文化创意产业对工业遗产进行旅游开发，是通过人类智慧和科学技术手段，在保护工业遗产原有的历史和文化内涵的基础上，寻找新的灵感，加入艺术展示、生活小品等艺术创意，在延续工业遗产独有的文化价值的同时，又赋予工业遗产场所新的意义。文化创意园不但促使工业遗产价值功能转化升级，也使工业遗产旅游产业价值链延伸。①

文化创意产业园模式的工业遗产旅游开发，近年来在我国许多工业密集的城市出现，如上海、杭州、天津、北京、南京等大城市，都出现了依托工业遗产地的创意产业园。

上述模式是工业遗产旅游开发的典型模式，但工业遗产地场所环境千差万别，资源禀赋各异，相关的配套服务和其他旅游活动项目不同，必然使得工业遗产旅游开发模式具有多样性。因此，在工业遗产旅游开发实践中，不必局限于现有模式，而应根据工业遗产旅游的开发进程和旅游市场的变化加以调整，不断创造新的实践形式。

二、武汉工业遗产资源概述

武汉位于江汉平原的东北部，辖区面积 8 647 平方公里，市区面积 3 965 平方公里，

① 鹿磊，韩福文．文化创意产业视域下大连工业遗产旅游开发探讨[J]．旅游论坛，2010（1）．

是我国中部唯一特大型城市。区域内湖泊众多，水资源丰沛。长江与汉江在此交汇，是古代航运业的重要中心。武汉是国内重要的交通枢纽，有“九省通衢”之称。尤其是近代史上，武汉是中国铁路的重要起源，京汉和粤汉铁路的起点均是武汉。武汉是近代重要的大都会，是华中地区最大的货物集散地和商贸中心。武汉还是中部地区教育的重镇，中国近代教育史上很多事件发轫都源于此。[①]优良的区位条件，便捷的交通及丰富的自然资源和人力资源，都为武汉近代工业的发展提供了重要前提。同时，工业的发展也带动了城市规模的扩大和城市布局的调整，为城市发展提供了重要的推动力。

工业是武汉城市存在的基石。特别是近代史以来，江城的盛衰和起伏都与工业的发展紧密相连。随着工业的聚集和成长，大批人才从四面八方相会在这里，工业发展带动了城市的第三产业的兴旺，也促使城市的规模不断扩大。所以，从某种程度上说，工业是武汉城市的发动机。工业的发展还不局限于此，工业的影响涉及城市的各个方面，形成了与工业紧密相连的景观。从这些景观中，我们能直观地感受到武汉工业发展的痕迹。

从文化资源的角度来考察，资源是满足人类生存和发展需要的一切有价值的成分的集合，而文化资源是人们从事文化生产或活动可供利用的各种物质和非物质的集合。文化资源的复杂性首先表现在其具有物质和非物质的双重属性。工业文化遗产资源也具有上述特征。武汉工业的发展对城市的交通、金融、商业、文化以及工作、生活方式都具有潜移默化的影响。因此，我们考察的工业遗产资源，既有我们耳熟能详的景观，也有被我们忽视的生活形态，所有这些都是武汉开展工业遗产旅游可以借助的资源。

（一）优秀历史建筑与工业遗产

武汉是中国近代史上有重要地位的城市，是考察中国近代史的鲜活样本。工业发展贯穿武汉近现代史，尽管屡遭战火和岁月的侵蚀以及人为的破坏，武汉街头仍保存有一批兼有历史价值和美学价值的工业遗产建筑。

武汉是我国铁路的重要发源地和铁路枢纽，连接我国南北的大通道京广铁路的前身——芦汉铁路（后成为京汉铁路）和粤汉铁路在武汉交汇，从而改变了武汉的城市发展路径，使城市迅速扩展，也加速了武汉地区的经济、社会、文化等方面的进步。武汉也保存了大批铁路工业遗产，如江岸车辆厂和机务段、京汉铁路总工会旧址和大智门火车站等工业遗产。

大智门火车站建成于 1903 年，是芦汉铁路的配套设施，1991 年停止使用，该火车站是我国第一条长距离准轨铁路的大型车站，其主体建筑候车大厅年代较早，为我国近代

① http://www.whtj.gov.cn/documents/whsq2007/index.htm.

铁路建设尚存的重要历史见证，至今保存完好，武汉人称之为汉口老火车站，2001 年入选第五批国家级文物保护单位名录。[①]大智门南 2 公里的循礼门火车站 1932 年建成，1949 年后与大智门火车站合并，改名汉口站。让人扼腕叹息的是，循礼门火车站由于未能纳入各级文物保护单位的名录，已于 2009 年被房地产开发商拆除。[②]

武汉工业遗产建筑分布相对分散，而在小范围内又相对集中。武汉是一座架在水上的城市，江河湖泊众多，因此，桥梁这一重要的交通遗产在武汉广为分布，可以说，武汉的每个角落都有桥梁的影子。而在长江和汉江的武汉段又集合了武汉桥梁的精品。根据《武汉现存旅游资源分类表》，在交通建筑类名目下，就有长江大桥、长江二桥、长江三桥、军山长江大桥、月湖桥、晴川桥等建筑。[③]以工业遗产的标准来看，凡是三十年以上的优秀工业建筑都应该纳入体系，那么，汉江武汉段的长丰桥、知音桥、江汉铁路桥、江汉一桥等都是工业遗产。

在武汉 1 300 多座桥梁中，历史意义和交通价值最高的当属长江大桥。尽管长江大桥不是武汉第一座跨江的桥梁（江汉一桥于 1956 年通车，早于长江大桥一年），却是武汉有史以来最雄伟的建筑，也是优秀的建筑精品。长江大桥于 1957 年 10 月建成通车，从此“一桥飞架南北，天堑变通途”，被誉为“万里长江第一桥”，改变了武汉三镇的空间和心理距离，武汉成为真正的大武汉。对于全体中国人来说，长江大桥不仅缩短了南北交通的距离，也是当年建设社会主义高潮的历史见证，还是中苏关系蜜月期的时代见证。

长江大桥的建筑美学价值也值得关注。大桥娴熟运用中国传统造桥工艺，同时体现中国传统文化。大桥护栏雕刻有大量中国传统吉祥图案，如喜上眉梢、孔雀开屏等。大桥建成后，成为国内外游客来汉的必游地。武汉长江大桥更是融入武汉人的生活，起名有“建桥”，调味品有“大桥鸡精”，衣服有“大桥衬衣”，汽车有“大桥轮胎”。大桥是武汉最响亮的名片。毛泽东为大桥开通写下了家喻户晓的题词，国家邮电部于 1957 年国庆节发行一套以长江大桥为纪念主题的邮票，这为提升长江大桥的知名度起了重要的推动作用。2008 年，长江大桥被列入湖北省第五批省级文物保护单位。[④]根据长江大桥的价值，完全符合国家重点文物保护单位的标准，应尽早提升大桥的保护力度和层次。

汉口旧租界区也是工业遗产的聚集区。武汉近代意义上的工业大机器生产源自外国资本兴建的洋行等相关企业。1861 年汉口被开辟为通商口岸后，外国资本就源源不断地涌入武汉，利用中国内地丰富的原材料和廉价的劳动力，竞相开办工厂和洋行。自 1873

---

① 武汉地方志编纂委员会．武汉年鉴：2002[M]．武汉：武汉年鉴社，2002：397．

② http://www.cnhan.com/gb/content/2009-11/09/content_1074156.htm.

③ 武汉市旅游局，北京大学中国区域经济研究中心．武汉市旅游发展规划：2004—2020 年[M]．武汉：武汉大学出版社，2005：41.

④ http://cjmp.cnhan.com/cjrb/html/2008-04/23/content_280431.htm.

年俄国商人创办的顺丰砖茶厂从外地迁入汉口以来，截至1938年共有十余个国家先后在武汉创办工业企业220个。[①]随着收回租界运动的兴起，外国洋行纷纷停业，大批精美的工业建筑却历经风雨保存了下来，不能不说是个奇迹。汉口旧租界区位于江汉路以北，麻阳街下码头以南，濒临长江堤岸三千多米。如今，这里仍有大批银行、洋行等建筑。其中的精品包括汇丰银行、美国花旗银行等银行建筑和日清轮船公司办公大楼、景明洋行等洋行建筑。

英国汇丰银行于1913年在英租界开始修建汇丰银行大楼，于1920年建成。该大楼为钢筋混凝土结构，由主、附两栋楼组成。建筑风格为典型的西洋古典风格，主楼外墙为麻石砌面，正面麻石大柱坚固端庄，造型大方，比例协调。该银行于1955年5月，结束在汉口营业并退出中国。1999年光大银行出资对其进行全面维修，达到了修旧如旧的效果，现作为光大银行汉口分行继续发挥着功能。[②]

美国花旗银行于1910年在汉口设立分行开始经营业务。1922年在今青岛路一号建设银行大楼，建筑为5层钢筋混凝土结构，是混合古典主义和现代主义风格的建筑，整个建筑疏朗大方，空间结构呈中轴对称，又富有变化，装饰考究。美国花旗银行于1940年关闭汉口分行的业务。[③]该建筑如今已经作为武汉公安局某分局的办公楼在继续使用。

日清轮船公司办公楼建成于1928年，位于今江汉路与沿江大道交叉口。该办公楼由著名的景明洋行设计、由实力雄厚的民族建筑业的开拓者汉协盛营造厂建造。建筑为钢筋混凝土结构，巧妙利用两条路的相交的地形，建筑线条柔和舒展，没有局促感和压迫感，为沿江大道近代建筑的典范。该建筑今为武汉证券公司的办公大楼。[④]

民族资本兴建的企业是武汉工业史上重要的组成部分。民族企业家在内忧外患的时代背景下艰苦创业、顽强谋取发展，在民族危亡之际以国家利益为上，为推动国家复兴和社会进步做出了重要贡献。尽管民族资本企业先天不足以及生存空间狭窄，但还是有民族资本企业顽强求生，最终在近代中国工业史上创造了不朽的业绩。更为重要的历史见证物——工业建筑遗产也幸运地保留下来，为我们回顾这段不平凡的历史提供了历史参照物。同时，至今能保留下来的建筑也是在建筑设计、施工等方面具有领先时代的价值，可谓同时代的建筑精品。

民族企业留下的建筑类工业遗产种类多样，涵盖纺织、水电、烟草等多个行业。南洋兄弟烟草公司大楼，该建筑曾于1926年作为武汉国民政府旧址所在地，在中国近代史

---

① 武汉地方志编纂委员会．武汉市志·工业志[M]．武汉：武汉大学出版社，1999：22．

② 张小泉，刘红霞．金碧大厦：汉口英国汇丰银行[J]．武汉建设，2008（4）：40-41．

③ 武汉地方志编纂委员会．武汉市志·文物志[M]．武汉：武汉大学出版社，1990：105．

④ 李百浩．湖北近代建筑[M]．北京：中国建筑工业出版社，2005：35．

上具有重要的历史意义，现为国家级文物保护单位。这类建筑由于其具有较重要的历史地位，因此得到了比较好的保护。而原武昌第一纱厂办公楼等类似建筑的保存则是考验经济建设和保护文化遗产的试金石。

武昌第一纱厂建于1919年，该厂和裕华纺织厂、汉口申新第四纺织厂以及震寰纺织厂合称为武汉四大纱厂。四大纱厂自诞生起就处于艰难求生的境地，企业曾因国外廉价纺织品的倾销而处于亏损状态，也因日本侵华而蒙受重大损失。武昌第一纱厂因未能撤离武汉而被日军霸占。抗战胜利后，企业恢复生产，改名为"商办汉口第一纺织有限公司"。1956年，经过民族资本企业的社会主义改造后，公私合营最终定名为国营武汉第六棉纺织厂。[①]该企业于20世纪90年代破产，从而完成了近80年的历史使命。厂区变卖后改为住宅小区，绝大部分工业建筑被拆除，幸运的是，原纱厂办公楼硕果仅存，维修后被改作小区的办公楼。同时代的震寰纺织厂（解放后改为武汉国棉五厂）的历史进程和武昌一纱厂相似，也于同时期破产，只是该厂所有的工业建筑全被拆毁而被用作房地产开发，该厂大量的工业建筑精品荡然无存。

武汉原本拥有丰富的工业遗产，但由于各种历史原因，大量工业遗产已经消失，而最近的破坏源于原有厂区的功能置换为房地产开发，加上现有的遗产保护体制的落后（凡是未能纳入各级文物保护单位的名录的任其自生自灭），导致工业遗产保护的真空，从而使大量工业遗产灭亡。但随着文化自觉和人们对待工业遗产态度的转变，民间力量和工人正成为工业遗产保护的生力军。成功的例子是建于1958年的武汉重型机床厂拆迁时成功保存住老大门的案例，2007年厂区置换后将变成商业住宅区，大批原有建筑将被拆除，在民间工业遗产人士和老职工的呼吁下，最终，厂区大门得以保存下来，避免了抹除全部历史的悲剧的发生。[②]

历经沧桑保留下来的工业遗产，蕴含了饱满的历史信息，是不可再生的珍贵资源，对研究近代以来武汉地区的政治、经济、社会生活等都有重要的意义。为了避免拆毁工业遗产的事件发生，当务之急是确立工业遗产的标准，早日开展普查，尤其不可忽视距今年代较近的工业遗产，如建国后兴建的大批以"武"字开头的企业和当代有代表性的工业建筑，毕竟今天的建筑可能就是明天的珍贵遗产，为了未来，我们应珍视昨天和今天。

（二）名人与工业遗产

武汉近现代工业铸就了无数辉煌，大批劳动者是武汉工业建设的主力军，同时，优

① 武汉地方志编纂委员会．武汉市志·工业志[M]．武汉：武汉大学出版社，1999：826.

② 蒋太旭，文艺．工业重镇如何善待工业遗产[N]．长江日报，2007-07-02.

秀人物的引领和导航作用也不可小觑，也正是这批工业领军人物的带领和劳动者的汗水才造就了武汉工业的业绩。

这批工业的领导者是民族意识最早觉醒群落中的实干家。为了实业兴国，他们不惧外国侵略势力的猖狂，奋发进取勇于开拓，为武汉工业开局奠基。为了招揽优秀人才，他们放眼全球延揽才干为我所用，显示了包容和开放的胸怀。大批科技工程专家为了提高产品质量和工程进度殚精竭虑，甚至不惜以身殉国。这批工业名人的事迹至今能激励当代人为振兴国家而奋斗，是优质的爱国主义教育资源，同时也是开展旅游的重要吸引物。武汉近现代工业史上名人辈出，这里只选择几位代表，目的在于启发人们关注有形工业遗产背后的非物质工业遗产。

张之洞（1837—1909 年），是武汉近代工业史上具有划时代意义的人物，是引领武汉工业昌盛第一次高潮的关键领导者。张之洞是晚清时期有重要影响力的大臣，服侍过五位皇帝，曾在外任督抚 25 年，其中 18 年任湖广总督。张之洞是一位开明的保守派，他以儒家的修身、治家、治国、平天下为自身信条，同时，他能放眼天下积极进取，为挽救清廷而不遗余力。他一生事业的高峰是在湖北推行的新政。1889—1907 年督鄂期间，他屡有开拓之举。沟通南北交通，他主持兴建京汉铁路；发展地方实业，他创建了汉阳铁厂、湖北枪炮厂、湖北布纱丝麻四局等工厂，奠定了武汉工业的基石。此外，他还大力扶持民族资本企业的发展，鼓励藏富于民。[①]张之洞堪称武汉近代化之父，他在任期间，武汉的经济实力迅速增长，成为国内外著名的工业中心和大都市。

宋炜臣（1866—1920 年），祖籍浙江宁波，是中国近代火柴工业创办人之一，也是武汉民族工厂的拓荒者。一生涉猎冶金业、轻工业、公用事业等行业。1877 年在武汉营建五丰铜矿公司，1897 年在汉口创办燮昌火柴厂，是湖北第一座火柴厂，也是当时国内最大的民族资本火柴厂。宋炜臣富有眼光和实干精神，颇得时任湖广总督的张之洞的赏识，称其为“有为之士”，勉励其“好自为之”。在张之洞出官股 30 万鼓励的背景下，宋炜臣于 1906 年联合湖北、江西、浙江等地实力商贾 11 人，在汉口组建既济水电股份有限公司，出任总经理，1908 年秋天供电，为当时全国最大的官商合办水电企业，给江城带来了光明。1909 年水厂开始提供自来水，为了消除居民的疑虑，他当众喝下了第一杯自来水。自来水的引入使武汉的生活品质得到了提升。[②]

盛宣怀（1844—1916 年），江苏武进人，是清末的重臣、实业家，也是张之洞的得力干将。在他的积极建议下，湖北成立了开采煤铁的专门机构——湖北煤铁开采总局，

[①] 武汉地方志编纂委员会. 武汉市志·人物志[M]. 武汉：武汉大学出版社，1999：235-238.

[②] 武汉地方志编纂委员会. 武汉市志·人物志[M]. 武汉：武汉大学出版社，1999：588-589.

他是我国近代工业史上机器采矿业的开创者。汉阳铁厂后期陷入资不抵债的困境，盛宣怀独揽大任，是汉阳铁厂后期的主要领导者和负责人，为汉阳铁厂的生产和经营做出了重要贡献。为了解决铁厂能源的问题，盛宣怀在江西主持开采萍乡煤矿。1908 年，他又根据形势需求，将汉阳铁厂、萍乡煤矿、大冶铁矿联合起来，成立了一代雄厂——汉冶萍公司。[①]他是我国近代最早实施跨地区企业联合的实践者。

蔡锡勇（1847—1898 年），福建龙海人，是最早将西方复式会计学介绍给中国的学者，也是洋务兴国运动中的重要人物，颇得张之洞的赏识，赞“其才品兼优，事事著实”，在办理洋务方面无人能出其右。他在学成归国后，被张之洞委以重任。蔡锡勇是武汉近代一系列工业开创的具体实施者。他具体指挥汉阳铁厂、湖北枪炮局、布纱丝麻四厂等企业的创办。[②]蔡锡勇还为企业积极引进国外智力。当时卢森堡是钢铁业发达的国家，蔡锡勇利用自己在国外的联系，多次从卢森堡引进高级人才并委以重任。如卢森堡工程师欧仁·吕贝尔被蔡锡勇的诚意感动，来到武汉担任汉阳铁厂的总工程师。[③]吕贝尔出色的工作能力为企业做出了重要贡献，使汉阳铁厂后期生产效率大幅度提高，从而成为国内外有影响力的企业。

徐建寅（1845—1901 年），祖籍江苏无锡，中国近代化学先驱徐寿之子，中国近代兵工业创始人之一。1900 年八国联军侵华，国外军火企业对大清实施武器禁运，其中炮药就在禁运名单。徐建寅受张之洞的邀请，出任湖北营务处暨教吏馆总教习，为筹建火药厂而努力奔走。在他的殚精竭虑的工作下，三个月建起火药厂，生产出黑色火药，解决了国防的燃眉之急。六个月后，他又研制出无烟火药，提高了枪炮的火力。作为科学家，他事必躬亲参与科研，1901 年 3 月 31 日，在和工人试制火药时发生事故，一代国防工业科学家不幸遇难。

李维格（1869—1929 年），江苏吴县人，中国近代教育家、钢铁工业先驱。1896 年盛宣怀接管陷入困境的汉阳铁厂，聘请精通洋务的李维格出任工厂翻译。在此期间，为了摆脱技术工人短缺的窘境，他还创办了汉阳铁厂学堂，此为中国冶金职业教育的发端。由于设备和技术落后亟须改进，李维格接受重任出国考察国外先进工厂。经过长达八个月的考察，李维格于 1905 年 10 月回国。归国后李维格担任铁厂总办（厂长），主持改造工厂的工作。铁厂从生产设备、技术人才、生产管理、销售渠道多方面得到改进，工厂生产和销售进入了良性循环的轨道。1908 年 3 月，为提高经济效益，在盛宣怀的提议

① 夏东元．盛宣怀传[M]．上海：上海交通大学出版社，2007：257-275．

② http://news.sina.com.cn/z/zzdde/index.shtml．

③ 姚伟钧．张之洞与武汉近代工业文化遗产[J]．武汉文史资料，2008（7）．

下，汉阳铁厂与大冶铁矿、萍乡煤矿联合成立汉冶萍煤铁厂矿公司，盛宣怀和李维格分别担任公司总经理、协理。李维格承担了公司招股、借款等重要任务，后又出任公司总经理，负责公司的扩建和涉外事宜。1916年，大冶钢厂成立，李维格以衰弱之躯出任厂长，直到1929年2月病辞。[①]

詹天佑（1861—1919年），广东南海人，中国第一代铁路工程师，有“中国铁路之父”之称，修造了著名的京张铁路。他是粤汉铁路建设成功的关键人物。自1898年粤汉铁路建设开始起，工程进展缓慢。大清灭亡后，人事变动频繁，物资供应紧张，铁路建设处于要下马的境地。1912年5月，商办广东粤汉铁路公司总经理詹天佑经粤汉铁路督办谭人凤，推荐担任粤汉、川汉铁路会办。詹天佑来汉后，在汉口原租界区鄂哈街9号（今洞庭街65号）修建房屋。他人生的最后7年都在为两条铁路修通而努力。根据当时情况，詹天佑提出“就款计工”的原则，集中经费修建粤汉线武昌至长沙段及川汉线汉口至宜昌段。面对不利局面，他筹划大局并具体指导线路安排、铁路备料、施工难题等。迫于形势所迫，川汉线铁路工程不得不下马。武（昌）长（沙）段加紧施工，于1918年9月建成通车。[②]粤汉铁路于1936年全线贯通，詹天佑居功至伟。

在武汉近现代工业史上，这些工业界的伟人为工业生产和工程建设竭尽全力，为武汉留下了大量工业遗产。他们的精神气质穿越时代，影响至今，为人类的进步提供源源不断的动力。

（三）地名与工业遗产

地名不是简单的文字符号，它是历史变迁的记录，也是社会变革、地理变迁、人文进化的忠实反映者。地名是写在大地上的篆刻，寄托了所在地区民众的期望和祝福。[③]武汉近代以来长期以工业城市的形象示人，工业文化遗产渗透到社会的各个角落，地名自然也被打上了许多工业的印痕。这些地名时刻在提醒着人们与工业有关的一部分城市记忆，尽管有的企业或拆迁或消失，但地名是历史信息的储存器和档案馆，为我们打捞模糊的工业记忆提供了方便。

今天，我们任意打开一份武汉地图的详图，就能发现大批与工业相关的地名。从区域上分，工业地名集中分布在武汉钢铁公司的周围（青山区）和武汉经济技术开发区（汉阳区）。从行业上分，工业地名分为：（1）交通设施地名，如粤汉码头、常码头、长江大桥、大桥局、长江二桥、二桥路、江汉桥、月湖桥、晴川桥、知音桥等。（2）冶金类

---

① 李海涛，自在．李维格与汉冶萍公司述论[J]．苏州大学学报，2006（2）：112-118.

② 汪瑞宁，刘向昀．詹天佑的武汉情缘[J]．武汉文史资料，2004（5）：6-7.

③ 郭清霞，陈文．武汉地名文化资源旅游价值的发掘利用[J]．湖北大学学报（哲学社会科学版），2006（5）：584-586.

地名，如钢花、钢都、红钢一路——红钢三路等。[①]（3）汽车工业地名，如东风大道、神龙大道、车城大道等。（4）机械类地名，如纺机路、铁机路等。（5）石油化工类地名，如青化路、石化村等。（6）工业概念类地名，如工业大道、冶金大道、纺织路、企业路、光谷大道等。[②]

工业地名凝聚了所在时代工人的记忆，大批工人的聚落散落在江城的各个角落，他们被湮没于历史的长河中，但工人生活的地方却见证了工业发展的历史。工人生活最初以宿舍区为形式，如武重宿舍、铁机公寓、内燃宿舍、长航宿舍、武锅宿舍等，这批地名见证了工人开辟新战场的热火朝天的工作情景和生活的简陋。大批宿舍区的集合逐渐形成了聚落，称为村，如工人村、船厂村、铁机村、石化村、国棉新村、工人新村一村——工人新村九村。工人村落的进一步发展则达到了城的规模，如红钢城。城的内部则有了街坊的分类。如武汉钢铁公司的周围就有 128 个街坊，面积大过国内中等规模的县城。[③]

地名和时间一样在变动，武汉现有的工业地名主要形成于 1949 年之后，尤其是 1956 年左右，国家在武汉建立了一批以“武”字开头的特大型企业后留下的历史痕迹。特别是武汉钢铁公司对武汉的影响尤为深远。全国大批科技人员和工人汇集江城，形成了不同于三镇其他地方的独特语言景象——“弯管子话”。大量工业基础建设改变了青山一带的景观，大批苏联时代建筑塑造了特有的建筑空间，十里钢铁长廊如林，造成了特有的工业景观。武钢的地名变迁也正好反映了新中国成长的脚步。20 世纪 50 年代的简易职工宿舍组成的工人村，70 年代变为红钢城，90 年代变为钢花新村，21 世纪的开局十年则变为钢都花园。尽管名称在不断变化，但是可喜的是武钢已立项保护红钢城的老街坊，留住 20 世纪武钢创业阶段的苏联式建筑。

三、武汉工业遗产旅游开发策略及构想

武汉工业遗产拥有大批高质量的资源，具有旅游开发的潜能。同时，武汉旅游业需要提高竞争力和影响力，急需打造旅游新亮点。此外，进入 21 世纪的第二个十年，旅游业的发展逐渐走向个性化和特色化的道路。2010 年 3 月，国务院批准了武汉的城市发展规划，武汉城市的定位是历史文化名城、中部中心城市、工业基地、教育基地和交通枢纽。[④]工业遗产旅游是契合武汉城市定位的发展方式，工业遗产旅游也迎来了千载难逢的

[①] 武汉市地名委员会．武汉地名志[M]．武汉：武汉出版社，1990：646．

[②] 武汉市地名委员会．武汉地名志[M]．武汉：武汉出版社，1990：244-280．

[③] http://blog.sina.com.cn/s/blog_49d12d330100ig69.html．

[④] 车莉．国务院批复武汉城市总体规划：定位中部地区中心城市[N]．长江日报，2010-03-12．

契机，因为工业遗产旅游结合了都市风情、近代历史、工业发展和交通变迁，满足武汉城市定位，并有广阔前景的事业。

武汉拥有丰富的工业遗产资源，具有旅游开发的良好条件。与武汉工业遗产地位不相称的是，武汉工业遗产旅游仍处于初级阶段，旅游产品和景区人气都需要尽快培育。

武汉目前真正开展工业遗产旅游的只有张之洞与汉阳铁厂博物馆和武汉钢铁公司博物馆。而如汉口老租界区工业遗产建筑、长江大桥等遗产处于点散面广的局面，大多为旅游团和游客走马观花的对象，很难产生经济效益。

张之洞与汉阳铁厂博物馆位于汉阳龙灯堤特一号原武钢集团汉阳钢厂内，汉阳钢厂为1959年大炼钢铁时期兴建，厂址为清末张之洞创办的原汉阳火药厂。汉阳钢厂于2002年建成张之洞与汉阳铁厂博物馆，配套建筑有汉阳铁厂门楼和汉阳兵工厂门楼，一起作为武汉的工业旅游项目和青少年教育基地。博物馆设有两个展厅，展出相关照片两百多幅，历史实物一百多件，包括原汉阳铁厂的钢铁产品、铁厂建筑的砖瓦、厂区界碑、工人用品、汉阳兵工厂的汉阳造枪炮、汉阳铁厂发行的股票以及张之洞的相关文物和图书等。由于博物馆以静态展览为主，缺乏动态的参与项目，以及博物馆很难保留原有汉阳铁厂的原真性。博物馆自建成以来，陆续接待国内外游客一万多人。但日常游客数量较少，博物馆馆长顾必介说道："一般很少有人来参观，除非是对历史比较感兴趣的。"[①] 为了扩大博物馆的知名度，企业也曾经借助媒体和文化遗产日大力宣传，博物馆还自建有网站。但效果不是十分理想。

2005年汉阳钢厂准备整体搬迁，汉阳钢厂决定预留60亩用地留作建设近代工业遗产博物馆，决定在原有张之洞与汉阳铁厂博物馆的基础上扩大规模，利用本地特有的汉阳造资源，打造中国近代工业博物馆。企业已经请专家学者进行了相关论证，企业和学者的呼吁已经引起武汉市政府的重视，已经纳入市政府的议事日程。特别是汉阳区政府力图推进近代工业博物馆落户汉阳，借助纪念张之洞督鄂100周年的契机，汉阳区政府和汉阳钢厂邀请知名学者呼吁建设国家级近代工业博物馆。

作为国内特大型钢铁企业，武汉钢铁公司已经有52年的历史，建造企业博物馆提升企业形象和文化势在必行。武钢借纪念企业成立50周年的机遇，以原武钢剧院为基础修建武钢博物馆。作为国内首家钢铁博物馆，武钢博物馆于2008年9月开馆。博物馆内展出企业的创业与发展史，展示中国现代钢铁工业发生和发展史，是展示企业文化的优秀平台。博物馆激发起员工的岁月记忆。很多企业老员工主动捐献出和武钢有关的物品，并且要求担任博物馆的志愿者。此举开辟了武汉市生产企业保护工业遗产的新路子，体

① 吴娟．"汉阳造"工业遗址保护之路[N]．长江商报，2006-12-28．

现了文化自觉和对工业遗产的珍视。博物馆开放以来，受到社会各界的关注。在提高企业知名度、企业合作交流、履行社会责任和弘扬企业文化方面都取得了成效，截至 2009 年 10 月底，博物馆共接待国内外游客 13.4 万人次。[①]

武汉其他历史悠久且仍在发挥生产功能的企业，大多忽视企业本身的历史，或者忙于生产无暇顾及自身的文化传承。因为企业转型和企业搬迁留下的大批工业遗产，大多一拆了之。如武汉锅炉厂和武汉重型机床厂搬迁后，被用作房地产开发，原有设施作为商业地产开发的拦路虎，自然遭到拆除。所以，保护和利用这批工业遗产最关键的是抓紧认定遗产保护范围，避免遗产的加速消失。

与工业遗产旅游关系密切的工业旅游是以参观现有的生产企业的生产过程、厂区面貌为主的旅游形式，武汉市内有大批企业适合开展此项活动，不但能提升企业的文化和知名度，也能带动相关服务业和就业。目前，武汉市开展此项活动的企业主要集中在汉阳区的武汉经济技术开发区，参与企业类型覆盖汽车、食品和饮料等行业，如神龙汽车、万通汽车、顶益食品、可口可乐饮品等公司。

武汉大批工业遗产散落在城市的各个角落，为武汉旅游的重要吸引物，目前只是作为单一旅游个体，尚不能连接成线。武汉的工业遗产旅游产品急需扩大，旅游线路也应加速规划，以便早日发挥工业遗产旅游的功能。

武汉旅游业发展正面临增加总量和提升旅游产品质量的关键时期，问题的关键是打造新、奇、特的旅游产品，而工业遗产旅游即为新的专项旅游产品。根据《武汉市旅游产业发展规划纲要》，到 2015 年武汉市将打造七大旅游特色专项产品，其中包含工业专项旅游。规划将以近代工业遗产博览园为中心，依托钢铁工业旅游区、光谷创意休闲旅游区、汽车工业产业园和食品工业产业园，从而呈现江城工业历史风貌和现代产业优势的工业旅游产品。[②]

第四节　会展与文化产业

一、与会展有关的几个概念

展览是人类经济文化交流发展到一定阶段的产物，它随着生产力的不断发展而日益

① 王金胜．建设一流博物馆 为武钢第三次创业增添文化动力[J]．武钢政工，2009（12）：14-16.

② 韩卫．武汉七大特色产品出炉[N]．长江日报，2009-11-09.

丰富多样。人类社会展览活动原始阶段萌发于原始社会的祭祀活动，表现形式为直接以农畜产品、手工业品作为陈列手段，随着宗教意识的产生，又出现了宗教艺术的展示，社会大分工的发展最终产生了以经济活动为中心的陈列展销，即古代物品交易市场。从整个世界来看，此后人类展览活动经历了大体如下几个阶段：古代展览阶段，即古代集市、庙会，其代表是产生在中世纪法国的国际贸易集市——香槟集市。它的形成和发展是社会分工和生产力发展的结果，是古代展览活动较为完善的形式。需要说明的是，我国展览活动在此阶段的时间较长，从奴隶社会一直到 19 世纪末，这是由于我国长期处于农业社会的缘故。近代展览阶段，这一时期出现了纯展示性的艺术展、纯宣传性的国家工业展。其代表是 1851 年英国举办的"万国工业博览会"，后来在它的带动下产生了全面展示人类科技文化进步的世界博览会。现代展览阶段，这一时期的展览主要为贸易展览会和博览会，展览成了商务流通的主要渠道。但它早期形式是样品博览会，其代表是 1894 年的德国莱比锡样品博览会。第二次世界大战后，贸易博览会才成主角，并且日益专业化。20 世纪 60—80 年代，展览业发展迅速，成为世界上一个庞大的商务服务行业，并形成较为完善的体系。世界展览发展的历史阶段，如表 6-2 所示。

表 6-2　展览发展的四个历史阶段

阶　段	时　　期	特　征	场　　所	规　模	组 织 方 式
原始	原始社会	原始	随意	地方	自然
古代	奴隶社会—17 世纪	农业	集市	地区	松散
近代	始于 1667 年	工业	工业展览会	国家	组织
现代	始于 1894 年	贸易	贸易展览会与博览会	国际	组织

数据来源：俞华，朱立文．会展学原理[M]．北京：机械工业出版社，2005：27

我国近代展览会是伴随着西方列强的经济侵略而出现的，它与商品经济联系密切，是我国商品经济发展和社会近代化的产物。它在近代包括展览会、陈列会、劝工会、劝业会等形式。

（一）会展的含义

狭义的会展主要包括会议和展览会两个基本组成部分。会议是会展的重要组成部分。它主要是指人们为了解决某个共同的问题或处于某种目的聚集在一起进行讨论、交流的活动。展览或展览会，就是展览的参与者通过物品或其他要素的展示，集中向观众传达各种信息，实现双向交流，扩大影响、树立形象，实现合作或传授知识、教育观众的目的。

广义的会展包括公司会议（Meeting）、奖励旅游（Incentive Tour）、协会与社团组织的会议（Convention）、展览会（Exhibition or Exposition）及节事活动（Event）五部分，简称 MICE。

不管是狭义还是广义上的会展，从会展活动所发挥的功能上分析，会展是人们进行信息交流、洽谈商务合作、开展市场营销以及满足人们某种精神需求的一种活动形式；对于企业或组织，它能起到桥梁、媒介和窗口的作用，对于各种节事活动的参与者而言，则能使参与其中的人们在精神上得到愉悦和满足。

（二）会展业的含义

会展业是指利用各种会议、展览、奖励旅游和节事活动资源，并为相关活动提供策划、设计和组织，以及提供场地、配套设施及其他各项服务的经营单位和机构的集合。它是一个综合性和关联性非常强的行业。目前，无论国际还是国内都是把会展业列入商贸服务业。

会展业服务内涵主要包括六个方面：（1）筹划并举办各种规模、各种性质、各种目的和各种层次的国际和国内会议；（2）筹划并举办各种规模、各种性质、各种内容和各种形式的国际和国内展销会、展览会、交易会和博览会；（3）筹划并安排各种规模、各种目的和各种层次的奖励会议和奖励旅游活动；（4）筹划并举办各种规模、各种性质、各种内容和各种目的的节事活动；（5）提供上述各项会展所需要的各种场馆和设施及其配套的内在服务，如会务、报关、运输、展台搭建与设计、翻译等；（6）安排和提供会展活动的参与者所需要并能令人满意的住宿、餐饮、交通、游览、娱乐、购物等各种生活接待服务。

会展业的发展历史非常悠久，作为一种特殊的服务业，已成为在全球经济中占有相当比重的新兴产业，成为不少国家服务业中最重要的经济部门之一。国际上，会展业的产业带动系数大约为 1:9，即展览场馆的收入如果是 1，相关的社会收入便为 9。从国际上许多成功的会展城市：瑞士日内瓦，德国汉诺威、慕尼黑，美国纽约，法国巴黎，英国伦敦以及新加坡和中国香港等情况来看，会展业，特别是已经做出品牌的会展为城市乃至整个国家带来了巨额利润和经济的空前繁荣。博览会经济的活力也辐射到了其他行业，从而带动整个社会经济的进步。

今天的会展业作为一种复杂多样的经济文化现象已经渗透到人类社会的各个层面，会展的内容形式、功能结构都在不断地发生着变化。一个高端的会展活动所带来的直接和附加价值是不可预期和评估的。如 2008 年北京奥运会，很大程度上提升了中国的形象和地位，使全世界重新认识北京，了解中华五千年的灿烂文化，这种有形、无形的影响是不可估量的。

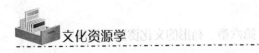

在全球化的消费社会背景下，传统文化正逐渐淡出，商业文化活动因其扩张性、侵略性和高效性将占据主导地位，文化与产业结合来提高文化吸引力、增强产业竞争力，将成为文化和产业的生存法则。

会展活动可以把一个产业的相关信息进行集中整合，加大传播速度和范围，同时也建立了一个深入探讨产业发展、互相交流成功经验的平台。每一次相关产业展会的举办，都会使这个产业得到一次大的提升。

此外，会展活动带来的经济效益巨大，它在本质上几乎是一个"免费"的商品，也就是说，游客只是消费，而不能从当地带走什么，故称为单向性消费经济，是运用于城市再生策略的主要工具之一。在西方发达国家，每年有几千亿美元用于会议的消费，而目前在中国，会议的产值也在千亿人民币以上。通过会展活动的举办，人们可以达成多方面的目标需求，给诸多相关产业带来经济增长。会展业会直接影响一个地区的多种产业消费，例如，酒店业、旅游业、广告业、交通业等。会展行业的发展会极大地拉动内部消费，改变一个地区的产业结构。

会展业已经从原来的展示产品、进行贸易或解决某些问题的单一层面聚集，发展到现在与各个领域相互交错的多元化经济文化活动。其中所表现出的对自身产业文化的阐释和体现，呈现出一种纷繁复杂多层次的文化内容。

会展业要得到持续的发展，应该整合自身文化资源，深入研究其产业文化的实质，借助创意、想象力的开发，充分提高会展活动的文化品味，以此创造产业生机，扩大产业平台，推动业态交流，最终体现会展文化产业的价值。

中国会展经济要得到健康的发展，究其根本，文化是最本质的生命力。目前全球金融危机为文化产业的发展提供了难得的机遇，相信会展业会借助文化竞争力推动更多的产业复苏，同时创造出自身产业持续发展的模式和方向。

（三）会展文化

"会展文化"（Convention and Exhibition Culture）这一新的概念，是在2005年7月10日郑州举办的"首届中国国际会展文化节"中被明确提出来的。陈泽炎先生对会展文化概念做了如下界定[①]：

（1）"会展文化"是以会展活动为载体所直接展示、代表和反映出来的关于文化的内容。

① 陈泽炎．会展文化概念辨析[J]．中国会展，2005（14）．

（2）“会展文化”是指当把举办会展活动作为一种产业经济活动时，其总体上所表达、展现和凸显出来的会展产业在精神、理念、价值等方面的文化内涵。

（3）“会展文化”是指在某一个具体会展活动项目的层面上，由于其作为一种经济的和社会的活动方式，其组织者就必然会在筹备和操办的全过程中对所依据、遵循的思想意识等方面的东西有所体现，从而表示其文化的内质。

2008 年，上海应用技术学院经济与管理学院的陈红进副教授在《商场现代化》发表文章认为：上述概念尽管完整地表述了会展文化各个层面的含义，但在分析会展产业发展时也容易出现“文化泛化现象”。即把所有的会展活动都和文化挂上钩，从而出现文化庸俗化倾向，这反而有悖于举办“会展文化节”，提升会展产业文化品位的宗旨。会展文化最简单的表述应当是指：在会展活动中总体上所表达的会展产业所具有的文化内涵，也就是上述三层含义中的第二层。之所以如此界定会展文化，与文化本身的概念有关。对于文化概念演变的研究由来已久，对文化的定义古今中外不下百种，但有一点是共同的，即人们都承认文化是人类社会的特征，是人类群体的精神财富，尽管由于时空的变迁，不同的文化具有不同的特点，但都被一部分群体所认可并具有相对稳定的传承性。鉴于此，基于会展产业的会展文化作为文化母概念中的一个子概念，应该是指人类通过会展活动所表现的具有会展产业特征的文化内容，包括生活方式、行为方式、意识方式和价值取向。[①]

会展文化的概念实际上是大的文化概念的衍生品，而文化概念的多义性、歧义性和不确定性，使得人们对会展文化的概念也会有不同的界定。

陈泽炎先生的“会展文化”是从广义文化的角度来界定的，这在文中就有说明。他的“会展文化”概念，相对更加全面地说明了会展活动在各个层面上所体现出来的文化内涵。

而陈红进先生提出的“会展文化”，实际上是在会展产业这一具体层面上，对会展活动中表现出的各项文化内容的阐释。

在会展活动的举办过程中，产业文化特征从总体上以及各个层面均会有所表达和展现，其组织者在筹备和操办的过程中，对所依据、遵循的社会心理和意识形态等方面的文化内质也会在活动中凸显出来。

总之，他们都在各自文中提出了会展文化与文化产业的关系，强调从会展产业的视角来探讨其产业文化的品味与本质。

---

① 陈红进. 与会展文化有关的几个概念辨析[J]. 商场现代化，2008（4）.

（四）文化会展①

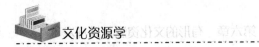

文化会展是会展经济的有机组成部分，是文化创意产业发展的重要内容。文化会展包括举行的各种会议、举办的各种文化艺术展览和特殊的文化节庆活动。由于文化会展这一行业近几年才得到人们的广泛关注，尤其是在研究领域尚处于刚刚起步阶段，因而在什么是文化会展等基本概念问题上还没有统一的认识，在这里，对文化会展的概念不进行过多的讨论。

文化会展主要是指专业会展，它是以高科技产品、文化和艺术品展示和人文与经济信息交流为基本内涵，按照市场经济机制来运作的各类展览和会议的文化服务业。

从行业范围来划分，文化会展是指文化事业和文化产业范围内容在内的相关会展活动，包括文博业和文化产业行业的范围。

从活动类型来划分，文化会展主要包括电影节、电视周、艺术节、双年展博览会、文化节、狂欢节、文化展览等内容。

从会展内容来划分，文化会展主要包括传统文化、现代文化、文明系列、大师系列、国宝系列等若干系列和重大文化活动。

为经济、科技和社会发展提供服务的会议和相应的展览活动等也是文化会展的内容之一，如商业展览中的会议论坛和各种科技、体育等活动中的开闭幕式、各种纪念庆祝活动等。

经过多年的探索和积累，中国的文化会展有了很大的发展，文化会展的规模化、国际化、专业化、品牌化的特点已初露端倪。但从总体上看，文化会展业的成熟程度还不高，会展服务管理水平也相对落后，还处在初级探索发展阶段，需要大力发展。近年来，我国政府和全社会高度重视文化会展发展，《国家“十一五”时期文化发展规划纲要》把上海国际电影电视节、中国国际广播影视博览会、中国国际广播电视信息网络展览会、中国国际动漫节、中国国际音像博览会、北京国际图书博览会、全国图书交易博览会、中国（深圳）国际文化产业博览交易会等八个项目列为国家重点支持的文化会展项目。同时，各方也都举行了相关的文化产业博览会、交易会等文化会展活动。

二、会展业的带动作用

会展业是会议业和展览业的总称，隶属于服务业，它是通过举办各种形式的会议和展览，以吸引大量商务客和游客，促进产品市场的开拓、技术和信息的交流，并以此带

① 陈锋，邢树森．上海世博会文化会展活动的思考和建议[J]．上海应用技术学院学报，2009（1）．

动交通、住宿、商业、餐饮等部门的发展，而随之带来推动旅游业的进一步发展，催生旅游文化底蕴的显现。

会展业具有传播信息、知识、文化，促进各地区沟通与交流的作用。基于各地多元文化的特点、兼容并蓄的文化优势，会展业的这一功能将促使各地依托会展业的发展，加大与外界的沟通，给文化创新带来生机与活力，在继承和弘扬传统文化的基础上，广泛吸收和借鉴外来优秀文化，合理开发我国丰富的历史文化资源。

会展业具有提升举办地知名度的作用。在举办一些国际会议或大型展览会的过程中，各媒体纷纷云集该地，各种消息都由该地扩展到全国乃至全世界，一些名不见经传的城市都因成功举办某次国际性会议而蜚声海内外。因此，成功的会展运作对城市知名度的提升具有无可比拟的作用。同时，每次大型会议或展览的举办必将吸引大量的商务客和游客，随之产生对交通、餐饮、住宿等一系列服务行业的要求，在不断完善服务设施、提升服务质量的过程中，也不断促进旅游业的发展，从而产生会展业与旅游业良性的互动效应。

会展经济是信息经济。要通过新闻媒体、户外广告、手机短信等手段及时发布文博会信息、招商招展信息，让普通市民了解文博会、参与文博会，让各地文化企业了解文博会。要通过搭建文博会这个平台，让客商了解文化产业发展的各方面信息，并通过文博会上传递的市场信号，觅得商机，招商引资，促进发展。

会展经济是服务经济。展会本身是一个为客商服务的大舞台，其中蕴含着无限商机。为客商服务，首先要提供最核心的服务——让客商在展会上实现其商业目的，完成招商、贸易任务。实现这一点，最重要的是要看展品是否有市场潜力，展台能否实现良性互动等，要全面了解客商的需求，为他们提供最高水平的商业服务。其次，要提供好“吃住行游购娱”等相关服务。

会展经济是人气经济。文博会要办成“文化的盛会、人民的节日”，要提高其人气指数，形成强大的人流、物流。不但要吸引展商、客商等专业观众参加，还要吸引普通观众来参观、旅游，让不同类别的观众在文博会上各得其需，高兴而来，满意而去。考核文博会是否成功，既要看成交额，还要看参展量、客流量、展租面积等，全面考察，体现人气指标。

会展经济是特色经济。各地都有自己的文化地域特色，文博会要与文化建设、产业发展、旅游服务、精品创作、群众文化活动结合起来，办出地方文化特点，促进文化产业和文化事业的发展。

会展经济还是知识经济、文化经济。要充分挖掘文博会所蕴含的知识含量、文化含量，发挥其经济价值。把文博会作为文化产业发展的突破口，拉动文化投资，转变消费观念，刺激文化消费，开拓文化市场，拉长产业链条，培育优质品牌和产业集群，促进文化资源向产业优势、市场优势的转变。

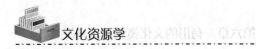

会展业是现代服务业和文化创意产业的结合。国内一些城市通过构建会展品牌，使会展成为城市的一张文化名片，为当地的文化产业发展提供了机遇。如深圳的文博会、杭州的动漫展等。

依托我国丰富的文化资源优势打造品牌展会。通过创办雕塑展、图书展、非物质文化遗产展览等众多具有地方资源优势的展会，以展扬名、以展会商、以展带业、以展聚财、以展兴市，推动文化产业发展。

三、当前会展业发展中的问题及对策

（一）武汉市会展业发展中的问题

1．会展场馆规模小

武汉市目前可供展馆面积总量不足 10 万平方米，展馆主面积尚不够举办一个真正意义上的大型展会。武汉国际会展中心约为 5.5 万平方米，真正可供举办展览会面积为 2.8 万平方米，武汉科技会展中心为 2.6 万平方米。此外，洪山体育馆、武汉杂技厅每年也承办少量的展览会。据统计，2004 年全市共举办各类展览 120 个，其中武汉国际会展中心办展 67 个，占 55.8%；科技会展中心办展 29 个，占 24.2%；洪山体育馆办展 20 个，占 16.7%；杂技厅办展 2 个，占 1.7%；其他地方办展 2 个，占 1.7%。[①]在 2006 年第七届机博会上，由于展览规模的扩大，国际会展中心的展览面积无法满足展览的需要，组委会不得不设两个会场展览。武汉国际会展中心设置装备制造展、工业控制展、工程机械展、电子信息及桥梁展等，武汉东湖科技会展中心主要设置船舶工业展；而国际会展中心和科技会展中心相距很远，导致整个展览显得不完整，也给客商和专业观众带来了麻烦。在展览大国德国，拥有 21 个博览会场地，展览馆总面积 230 万平方米，一般中等博览会场都在 20 万平方米左右，其中汉诺威博览会展览馆达 47 万平方米，室外展览场地 21 万平方米，还有 5 万个位置的停车场。武汉展览馆规模偏小，限制了国际性的、全国性的国际展览会的召开。与其他城市相比，武汉市的展览数量比较少，场馆出租率较低。武汉市每年办展约 100 个，其中，外地来展约占 25%。根据 2002 年的资料显示，武汉展览业从规模上看，大致分为三个档次：第一类是以中国武汉国际机电产品博览会、中国国际食品博览会、武汉经贸洽谈会等为代表的贸易展览会，展出面积约 3 万平方米，在 1 000

① 殷增涛．2005 武汉文化发展报告[M]．武汉：武汉出版社，2006：121．

个标准展位以上，但这类展览会所占比重较小；第二类是武汉市汽车制造机数及零部件展览会、武汉光电子技术展览会、中国（湖北）科技展览会等展出面积约 7 千平方米，350 个标准展位，所占比重也不大；第三类是各种类型的小型展览会，展出面积在 2 千平方米，约 100 个标准展位，这类展览会的比重较大（见表 6-3）。2005 年全市共举办各类展会 162 个，其中在 1 万平方米以上的展会 24 个，大型展会展出面积占 25%，中小型展会占 75%，仍以中小型展会为主。

表 6-3　2002 年武汉市展览面积现况

展览档次	标准展位（个）	展出面积（平方米）	所占比重（%）
大	1 200	30 000	4
中	350	7 000	15
小	100	2 000	81

资料来源：全市外贸工作调研报告汇编．2002（7）：86．

2．会展质量不高

首先，参展商与会展主题不相符。主要表现为招展过程中过分追求展位而盲目招展，导致与展会题材不相符合的参展商出现在展会期间。如在 2004 年首届文化产业洽谈会西展厅内就出现了一些小商品摊位，它们与文洽会主题完全不符，使一些专业观众很失望。其次，会展题材雷同。题材雷同的现象在武汉会展市场上尤为普遍，突出反映在中小型展览中。往往是一个展览馆的一个题材刚刚撤下展台，同一题材的展览又在另一个展览馆拉开帷幕。2001 年 9 月至 12 月，武汉就审批了 3 个美容展；2005 年武汉市机械展 35 天内办了 4 次，家装展 1 年办了 8 次，汽车展 1 年内办了 3 次，导致会展主题单调，没有品牌。另外，重复办展使参展企业对会展经济失去信心。不少有实力的企业经常收到来自四面八方的会展邀请函。企业在应付各方面的展会的过程中，耗费了大量精力，极大地挫伤了生产企业参展的积极性。不仅浪费会展资源，也造成参展商和专业买家分流，淡化专业展的特色，影响了会展品牌的塑造。在国外会展大国，为避免重复展览，会展政策专门规定相同或相近题材的展览间隔至少 6 个月才能举办。即使能在审批上通过，也会被同行们耻笑的。

很多会展公司在组织展会过程中忽视对专业观众和购买商的组织。专业性观众及购买商参展的多少决定参展观众的质量，也是展会成功与否的关键。参展商参展主要是为了拓展销路和市场。如果专业观众少，参展公司没有取得参展效益，下次就不会再来参展。专业性的买家、专业贸易观众是参展商的目标群体，也是主办者的目标观众，是参展商的潜在客户。因此，参展商希望见到有效的贸易观众，只有这样的观众才能给展会带来票房价值。据悉，德国汉诺威博览会年营业额4亿马克，每年举办展览50个，参展商24 800家，国内16 800家，国外8 000家，观众人数250万人次，国外观众26万人次，观众质量层次很高，大多数为专业观众和贸易人员。而武汉会展业一些大型的会展还是以政府主办为主，政府在组织过程中只重视对参展商的组织，甚至会强迫下级单位参展，摊派展位，而忽视对专业观众和购买商的组织，缺乏对展览买方市场的培育，或者说，只注重“人气”，而不管专业观众的多少。往往在开幕式上招来一些普通观众来凑热闹，给领导一种展会办得“隆重热烈”、“群众踊跃参观”的好印象。

而且参展商和观众的跨区域性和国际性程度较低，致使展览会不能充分发挥区域性和国际性的影响力。来武汉参展的外地企业很少，以湖北省内居多，大约占70%；武汉一些冠名为“国际”的展览，其实也只有极个别的国外公司参加，影响相当有限。

另外，展览与会议相结合本身就是会展的题中应有之意。展览期间的展中会是吸引专业人士到场并培养潜在客户的重要手段。目前几乎上一定档次的展览会都会组织一个到数个研讨会，尤其一些专业的展览会，更会请专家及行业内的权威人士到场讲座，政府官员、行业协会及企业都应参加。展中会能够使展览扩大影响，提高档次，使展览真正成为行业交流的有效工具。但武汉会展市场中，除了政府主办的展览会外，大多数中小性展会的展中会极少。很多都是在展位上摆摊推销，现场零售，基本没什么专业及行业影响。

3．会展配套措施不完善

在发达国家，能够办好国际性的博览会均是以发达便利的公交设施作为办展基础的。公交设施的快速集聚与分流是办好国际展览的必备条件。如德国汉诺威，在展览馆旁耗资数十亿马克修建火车站，博览会期间，火车可以直达会场，从机场到会场有直升机提供交通服务，只需8分钟。从市中心到博览会场可乘地铁，只需5分钟，开车的观众通过电子导向系统直接开往有5万个位置的停车场。博览中心提供全方位服务，包括银行、邮局、海关、航空、翻译、日用品、商店、餐馆，整个服务体系成为一个城中城。武汉市目前最大的会展场馆是国际会展中心，也是全国唯一位于商业黄金地带、闹市中心的展馆。前临武汉城市主干道解放大道，并且是立交双层交通，背靠京汉大道，也有立交城市轻轨。实行交通管制期间，巨大的人流、车流无法疏通。乘车高峰时，从各区到展览中心要一个多小时。在大型会展期间，如机博会、食博会、武洽会期间，这一矛盾表现得更加突出。特别是国际会展中心没有足够多的配套停车场，很多车主不得不绕道停在武广的地下停车场，增加了他们参展的成本。如果车主为省钱就容易导致乱停车，使本就显局促的会场更加难于管理。

以上主要是交通方面，更主要的是在经营运作方面不完善。展览馆建设是一个投资大、回收期长的公益型投资，不管是在发达国家还是发展中国家，均由政府出资建设。与其他城市相比，武汉展览馆的投资模式比较特殊，即投资方主要由政府与几家企业进行合资建成，这里的企业方主要是汉商集团。由于种种原因，使展馆的营运收入与税收、利息之间的差额日益增大，从而影响了展馆短期经营的积极性和长期发展的规划性。另外，由于缺乏对展览市场的规范管理，多头管理收费现象严重，导致办展公司办展成本很高。收费部门主要包括工商、公安、卫生、城管等，具体收费项目包括挂名主办单位费、场地展位费、展架搭建费、电费等。展览公司一方面要面对行政部门的收费，另一方面还要面对市场的恶性低价竞争。从武汉市场来看，有实力的展览公司离开武汉到一些办展条件优惠、办展成本低的城市；会展公司的减少也使得武汉国际会展中心为了保证较高的出租率，自己到各城市组织参展商。

4. 服务水平差

展馆经营服务中的垄断。主要表现为在同一时间内对参展商缺乏基本的平等待遇。一些小型展览公司在参展中如遇政府主导的展览会时，往往会在展馆的使用与时间安排上为政府主办或承办的展览让路，且一些约束大多是临时通知的。这就使得中小型展览难以达到预期效果。展馆服务的垄断还表现在展馆内为参展商服务的展台搭建、广告制作服务上。目前，有些展馆不允许参展商自行寻找搭建公司及广告公司，其馆内服务主要由展馆安排。这样的垄断服务就使服务价格难以市场化，而服务质量粗糙。在多家展览项目同时出展期间，展馆的搭建服务与广告制作服务工作往往跟不上去，影响参展商的展览效果。

在国外展览大国，企业参加展览后还会收到办展公司邮寄的关于展览会的会后统计分析资料，从而使参展商清楚该会展的成绩，增加再次参加展览的积极性。但是武汉市的一些展览会后不仅很难找到该项目的负责人，更有甚者，连展览主办单位都找不到。因为很多展览主办单位组委会都是几个单位临时性组合的，会后没有具体的负责人。国外的做法看似增加成本和投入，但实际上却很好地维护了展览会的形象，提高了质量和知名度，从而增加展览会的吸引力，留住老顾客，扩大展出规模，提高会展收益。

多数展会主办单位服务意识淡薄，只有极少数展览会设立了相关的服务商、法律咨询机构、专业观众检录系统等，大多数情况下，参展商和观众在参加展览会遇到的一些问题难以解决，对会后统计材料也无从真实了解，可能只限于从报纸上了解一些官方关于该会展的被夸大的数字统计。在硬件设施建设上表现为没有馆内邮局及其他商务服务项目等。

此外，在管理水平和办展人员素质方面也是参差不齐，缺乏会展专业人才。大多办展人员是半路出家，缺乏相应的专业培训。很多展览公司也不是很专业，存在操作不规范现象。虽然武汉建立了一系列的旅游院校，但目前尚没有设立会展及相关专业。因此，专业人才的缺乏也成为制约武汉会展业发展的瓶颈之一。

（二）武汉会展业存在问题的主要原因

1．政府角色错位

政府在会展经济中的角色错位问题主要集中于场馆建设经营管理方面。一方面，市政府在场馆建设中充当配角，如前所述，武汉市建展览馆由企业与政府合资兴办是在国际展览业中少有的一种模式。目前这种模式带来的问题是，国际会展中心现在承担武汉市会展业80%的展览业务，巨额的资金在短期内无法收回，给汉商集团带来极大的难题；同时，也使其展馆的经营者陷入债务缠身的境地。这就必然导致经营者为资金周转快而寻求短期性目标，从而影响展览的社会效益和宏观效益。另一方面，却在办展中当主角。在信息沟通不畅、经济往来不活跃的情况下，由政府搭台办展会，集中开展经贸活动，确实能起到促进企业间、区域间经济合作的作用。但随着市场化进程的不断推进，市场化经营逐步发展，企业有条件也更愿意根据自身情况进行自主经贸往来。如果在办展过程中，政府干预过多，会使办展的实效减弱，以至流于形式。从当前武汉几个大型会展品牌来看，武汉市政府均是这些展会的主办方。即使是“政府搭台，企业唱戏”的节会，实际都是政府在唱主角，企业被动地在捧场“跑龙套”。甚至有些展会，政府既是主办方又是承办方，不容讳言，有些领导甚至把办展会当作政绩来抓，只图热闹，不讲实效。在政府直接办展会时，对展会进行全过程监管。就连展会期间住什么宾馆、摆什么样的摊位、何时签约、坐什么车子、游什么景点都有行政要求。这就会造成有一些参展商是为完成行政任务而被迫参展，由此也派生出将展位转租出去或提前撤展的现象。如2004年文洽会展厅出现小商品展位，就是有关文化系统单位把展位转租给私人小商贩导致的。

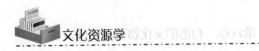

在管理方面，对展览公司的资质审查不严格。政府对展览公司资质管理的放任直接导致会展质量上不去。专业性强的、有一定实力的展览公司一般很注重前期可行性论证，前期可行性论证的投入较多。但是，也有一部分非专业性的展览公司不愿意进行展览题材的前期论证和调研，专门跟着专业展览公司办展览。这样，新开发出来的展览主题得不到政府的有效保护，就导致同类展览经常遭克隆，恶性竞争加剧，使会展品牌难以树立。

2．缺乏行业管理

目前，武汉市缺少真正有效的行业约束机制和管理组织。武汉也有展览行业的管理部门，并且不只一个，主要有武汉市会展办公室、贸促会武汉分会展览部及刚刚于2007年3月27日成立的湖北省会展业商会等组织。但是对于具有怎样资质的展览公司才可以办展，参展商需要符合什么样的行业标准才能入场，这些组织并没有具体可行的规定，导致武汉展会鱼龙混杂，展会质量不高。

另外，缺少对展馆办展的频率的约束。前面也讲到，国外是不允许 6 个月内在同一地区举办同一题材的展会的。但武汉市会展管理组织并没有对在同一城市能不能举办多个同类全国性、国际性展览会，在同一场馆能不能连续举办同类展会，展馆能不能租给两个时间相近的同类展会等问题做出严格规定。缺乏有效的宏观调控和行业自律，导致多头办展，资源分散浪费，恶性竞争，价格混乱。

3．相关法律管理滞后

立法滞后是我们国家处于转型期的典型表现，展览业界也是这样。目前，针对会展的办展主体、承办单位、参展单位等各自的责、权、利界定不清，没有基本规范和法律依据。这就必然导致企业在办展和参展中应有的权利得不到法律保护，使企业的无形产权和有形产权容易遭到他人的侵害。知识产权的侵权现象在会展方面也很严重，2004 年市政府出台了《关于加强我市会展业知识产权管理与保护工作的意见》，并且在机博会、光博会等大型展会期间，市知识产权局及相关部门指派执法人员首次驻会进行监督检查，及时受理有关知识产权自寻、投诉和纠纷调处请求，使会展活动知识产权管理与保护工作得到一定程度的加强。但是由于人们的法律意识淡薄，法制不完善，会展中的侵权与被侵权现象还是无法遏制。

4．行业协会作用不够

行业协会是一种社会中介组织，是行业管理的主体。它作为非营利组织，主要职能是根据有关法律和组织内部条约来制约和协调会员之间的关系，为企业提供信息、研究、培训等方面的服务，沟通企业和政府之间的联系，促进本行业规范健康的发展。从国外比较活跃的会展行业组织的发展来看，行业协会的功能主要有：（1）制定行规，进行行业间的协调和管理；（2）对展览会进行资质评估，为政府审批项目提供依据；（3）加强信息交流和调研，促进展览市场的透明度；（4）对专业人才培训，提高展览会的组织水平和质量。

但是我国的行业协会从诞生之初就扮演着“二政府”的角色，对行业的代表力也很有限。并且从实际来看，各地已经建立的会展行业协会背后都有政府的影子，也做不到完全的服务和非营利。不论各地行业协会具体是如何成立的，行业协会总与当地政府部门有着千丝万缕的联系。从展览行业协会来看，虽然业界一直在呼吁成立全国统一的展览行业协会，以规范我国的展览市场，但是直到今天我国一直没有这样的组织。具体到武汉市也是这样。究其原因，是由于展览业的管理体制的多渠道，导致现在任何一个主管部门都不会轻易放弃对会展行业协会的主管权，这背后说到底还是一种部门利益的博弈。

会展行业协会虽然都誓言要为会展行业的健康有序发展做一些具体事情，但也大都只是喊口号的多，实际做实事的少。唯一做到了的就是吸纳会员，每年向会员单位征收年费。

前面提到由于政府的“越位”挤压了展览行业协会作用的发挥，各地在成立了展览行业协会的同时，政府也大都成立了会展办公室。在实际管理中经常越位，一定程度上充当了行业协会的角色，导致真正的行业协会处境尴尬。虽然发展会展需要政府的大力扶持，但真正的扶持应该是在创造良好的会展环境、建造大型展馆等方面。而行业的发展应通过市场来调整。

对于我国现阶段来说，政企分开是发展行业协会的基本条件，也是改革行业协会管理体制的重要前提。提出政企分开，实际上是要求政府放弃直接管理行业协会，转变为加强监督。政府职能转变，尤其是政企分开，为会展行业协会的建立和发展创造了良好的外部环境。另外，会展行业协会如果要发挥作用，首先要得到企业的认可。国外行业协会的会长是选举产生，而非政府任命。协会如果想制订行规的话，也应该是在企业的积极参与下共同制订。企业希望能够在行业协会的协调下形成行业特有的文化生态，平时多以俱乐部和沙龙等形式进行联络和信息沟通，形成一个有合作、有竞争的良性状态。只有这样，会展行业协会才会充分发挥其应有的职能，促进会展行业的健康发展。

（三）加快发展武汉会展业的建议

1．政府提高认识，积极指导

会展经济被誉为“城市的面包”。产业带动系数公认为1:9，即如果会展产业本身收益为 1 元的话，那么整个城市相关产业的收入为 9 元。在武汉，会展经济产业带动效果最明显的是 2004 年举办的第 51 届中国国际医疗器械博览会，本届博览会会期 5 天，却给武汉相关行业带来了 10 亿元的效益，相当于全市一个“黄金周”的收入。所以政府一定要提高对会展业的认识，把会展业作为营销城市、提高城市品牌、打造城市名片的重要载体。将会展业作为重点发展产业纳入到武汉市的《“十一五”规划》，并且要制定具体的武汉会展业五年或十年产业规划，为武汉会展业提供应有的行政资源和支持。

制定会展业及相关产业发展配套措施，监督会展活动规范有序进行，为会展业的发展创造良好环境；建立全市会展业统一协调管理机构，具体包括工商、税务、技术监督、公安、市容管理、交管、产权保护等部门。

加强对会展市场的整顿和规范，净化会展市场环境，积极促进会展业的规范化。当前会展市场秩序不规范，既有管理上的问题，也有机制上的原因。审批管理不规范，容易导致会展品牌无法培育。市场信用混乱，容易导致办展欺诈，会展品牌的寿命缩短，甚至有些主题展览只能“昙花一现”。工商部门要对参展品加强管理，严厉打击通过展览会销售假冒伪劣产品的行为。消防、安全等问题也需要引起有关部门重视。

总的来说，政府应着力接轨国际惯例，导入自由竞争、优胜劣汰的市场机制，淡化行政干预，建立公平、公开、公正的行业发展环境和竞争秩序。同时充分借鉴外国先进经验，通过优化配置会展资源，走专业化、市场化、品牌化、国际化、规模化、信息化之路，充分发挥会展旅游业对外开放的窗口功能、信息交流与技术合作的桥梁作用以及带动相关产业的倍增效应。

2．加强行业协会服务水平

需要进一步强调行业协会的服务水平。武汉会展业的相关行业组织应充分发挥中介组织的自律规范作用，积极促进展览业产业化。在政府部门的指导下，制定会展业的行业规范和服务体系，起草展览会的等级标准及评定方法，促进全市展览市场优胜劣汰机制的形成；协调有关部门对全市会展业实行统一归口管理，规范登记、注册评级及展会的报批、审批手续；同时还要开展行业调查，研究会展行业发展方向，协助政府制定武汉市的会展业中长期规划，帮助会员单位提高会展水平和服务水平。

加强对展览立项的管理，对展览公司实行资质认证制度，年度审核，避免多头批文的情况发生。在建立资质认证制度之前，首先应建立起规范的会展行业服务标准体系。之所以还要实行资格审定制度，原因之一就是我国目前尚未建立起会展业规范的服务标准体系，导致在市场竞争中一些根本不具有出展组办条件或出展服务功能或已经衰败的展览公司仍有出展组办资格，而另一些既有出展服务意识又有服务能力的公司因没有出展组办资格被排斥在出展市场之外。展览市场中一些不良现象，如变相买卖、转让批文、服务质量差、不具规模、重复撞车等都与此有关。

尽快实现主办方与承办方角色的分离。目前不少展览会的主办单位或实际主办单位是行业协会性质的组织，而同时展览会的承办单位也是这些组织。出现这种状况的根本原因在于武汉市的行业协会组织既要通过主办展览会获利，又要通过承办展览会获利。从实际效果看，这样行业协会的经济利益可能是提高些，但同时却极大地削弱和影响了他们发挥作为行业协会应该发挥的功能和作用，这种行为是对会展业长远发展极不负责任的做法，有背协会的宗旨。

3．提高本地展览公司专业化水平

一定的会展规模是与一定的展览专业队伍分不开的，专业展览公司是会展业专业化发展的基础。随着经济的发展，专业化越来越成为会展业的发展方向。武汉市在这方面与其他城市相比，专业展览公司不仅数量少，而且质量及专业化水平尚有待提高。一些民营的展览公司由于题材选择成本较高，或题材决策的难度较大，纷纷向综合性的展览公司转化。所以必须重视展览公司专业化的培育，只有这样才能实现会展品牌化战略。政府应对专业化展览公司的发展给予政策扶持。如减少展会参展商的行政管理成本，主要是税收、交通方面；政府主动为参展商提供宣传与资讯，扩大专业性展览会的影响。另外，还要降低展馆经营服务方面的垄断色彩，提高展馆的服务质量与水平，以此来降低专业化展览公司的办展成本，促进武汉市与展览公司相配套的专业搭建公司与运输公司的发展，从而达到增强武汉会展业的整体水平的目标。

4．加快会展专业人才培养建设

加快人才培养，培育一支熟悉会展业务、富有管理经验的专业队伍，是加快会展业发展的根本举措。截至2009年，武汉市有55所高等学校，包括7所部属高等院校，在校生100多万人，智力资源极为丰富。武汉应充分发挥发达的文化教育资源和人才科技优势，一方面要在正规的高等教育中增设“会展”专业，加强会展理论研究，建立会展理论学科体系，为会展业的持续发展培养和储备人才，同时，会展行业协会或会展企业的培训部门要举办一些务实性的短期培训班，提高办展人员素质和业务知识水平，大力开发国际化会展人力资源。加强对会展人员的在职培训和对高素质专业策划、管理人才的培养。

目前武汉已初步形成了学历教育和在职培训两种培养方式，但远未形成一个系统的、规范的会展教育体系。今后武汉应当加强引进外教和原版教材，推广双语教学和第二外语学习。在学历教育领域，合理设置会展专业核心课程体系，推广会展企业和学校的合作办学模式。此外，要加强会展人才的评估标准与职业资格认证研究，适当引进国外的培训认证。特别是要与国外著名会展经济管理中心联合举办会展人才的培训，引进国外先进的管理经验，进一步奠定武汉会展经济向国际化、专业化、品牌化发展的人才基础。

5．整合会展市场资源，强强联合

会展市场资源整合是会展业专业化、集团化发展的必然要求。目前各大城市会展资源整合趋势加强，武汉也应该借鉴先进的会展营运模式进行资源整合，增强市场竞争力。可以把武汉现有的展览会项目或展览公司的部分权益转让给国际著名的展览公司，通过它们强大的营运能力和先进的管理方法来做大做强武汉的品牌展会。这样做的好处是可以使武汉展览品牌得到国际展览业的认可，也可以对知识产权进行有效的保护。

我们应敢于“抛砖引玉”，加强与国外会展公司在举办展会、兴建和经营展馆等方面的合作，学习和借鉴国外先进的经营理念和管理模式，与它们在竞争中合作，在合作中竞争。顺应国际展览业的兼并潮流，与国际展览公司联合的大趋势。联合的方式有多种，如股份合作、品牌联合、展览代理等，展览联合的例子在我国有很多，特别是最近几年，在北京、上海、广州、成都、郑州等会展城市，国际会展公司与当地会展中心或合资成立新公司，或联合培育当地品牌展览会，或成立代理办事处等。武汉也应该一方面大力培育自己的品牌展会，另一方面积极寻求与国际展览公司的联合。通过强强联合实现优势互补，建立具有国际竞争力的展览集团，进而带动和增强我市会展业的整体竞争力。

此外，武汉还应加强和国际权威机构间的联系，包括商会、全球性组织、行业协会、武汉友好城市的贸易机构及一些跨国公司等，这有助于借鉴其先进的管理经验，有助于利用其资源进行会展业务上的合作，拓展市场，还有助于武汉会展业实施“走出去”战略。

6．加快会展业信息化建设

目前，武汉的会展网上资源仍然十分有限，还没有建立起一个系统的、权威的会展资料数据库，各个会展企业的客户资源也没有运用科学手段很好地加以整合。行业协会网站已开通，但各项内容还需要完善，信息发布以及统计的功能还需要进一步优化。现在规模较大的展览会一般都设有观众登录系统，但其信息统计功能还不够完善。在瞬息万变的数字社会，会展业客户对互动性与个性化服务的需求日益增长，武汉应该力争在会展业信息化建设方面走在前面。

7．会展业与旅游业充分结合

借助旅游业的资源和优势，可以促进会展业发展的专业化、规模化，并大大增强其经济拉动效应。武汉要实施会展业和旅游业的优先发展战略，应做到统一政令、协调管理。会展部门和旅游部门可以充分协作，开展联合营销，增强综合竞争力，在服务方面，两者要密切联系，互通信息。

总的来说，武汉会展业需要尽快与国际惯例接轨，导入自由竞争、优胜劣汰的市场机制，加强行业自律和协调，建立公平、公开、公正的行业环境和竞争秩序，加快人才培养，塑造一支富有经验的专业队伍。顺应入世后服务贸易将进一步开放的潮流，武汉应该充分发挥对外经济交流方面的优势，加强对外交流与合作，优化配置会展资源，走国际化、专业化、大型化、品牌化、网络化之路，使武汉会展业走向世界。

本章小结

▸▸ 历史文化资源是在历史发展过程中人们创造的各种文化形态的总和，是文化资源的主体。历史文化资源与旅游产业的有机互动，推动着历史文化资源的产业化开发。历史文化资源对旅游文化产业发展的重要性表现在：第一，历史文化资源是旅游文化产业产品开发的重要源泉；第二，历史文化资源是提升旅游文化产品品位的有效途径；第三，历史文化资源是旅游文化产业健康发展的重要基石。同时，旅游产业中也存在着历史文化资源挖掘与利用的诸多问题：第一，挖掘不足；第二，重利用、轻保护；第三，产品形式单一。

- 博物馆作为文化遗产的储藏所和管理者，其文化遗产保护和利用功能显著增强，日益成为我国文化遗产保护和利用的主力军。博物馆对文化遗产的保护，既要利用法律法规，提高保护力度，又要普及博物馆内数字化虚拟保护技术，还要加强对非物质文化遗产保护的明确定位。
- 工业遗产是文化遗产家族中的新成员，是具有历史的、技术的、社会的或科学的价值的工业遗存。工业遗产旅游开发是有效的保护工业遗产的方式。工业遗产旅游的开发目标有：保护工业遗产、提供优质的旅游产品、促进工业遗产与遗产旅游的可持续发展。工业遗产旅游开发需要遵照一定的原则，即积极保护原则、独特魅力原则、统筹整合原则与传播营销原则。
- 会展业是指利用各种会议、展览、奖励旅游和节事活动资源，并为相关活动提供策划、设计和组织，以及提供场地、配套设施及其他各项服务的经营单位和机构的集合。会展业具有传播信息、知识、文化，促进各地区沟通与交流的作用。会展业是现代服务业和文化创意产业的结合。大力发展高质量、多层次、宽领域的会展，是提升城市品位、搭建文化产业交流平台的重要途径。

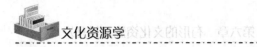

综合练习

一、本章基本概念

物质文化遗产；历史文化旅游资源；博物馆遗产旅游；工业遗产；会展文化；文化会展；文化创意产业

二、本章基本思考题

1. 简述旅游文化产业中历史文化资源挖掘、利用的问题与改进措施。
2. 简述博物馆日益成为我国文化遗产保护和利用的主力军的原因。
3. 工业遗产旅游开发的原则有哪些？

4．简述武汉工业遗产资源的种类与开发策略。

5．会展文化与文化会展的区别是什么？

6．简述武汉会展业发展中的问题与对策。

推荐阅读资料

1．胡惠林．文化产业概论[M]．昆明：云南大学出版社，2005.

2．吴宜进．旅游资源学[M]．武汉：华中科技大学出版社，2009.

3．单霁翔．走进文化景观遗产的世界[M]．天津：天津大学出版社，2010.

4．王际欧．浅析博物馆文化产业的特征、结构与开发策略[J]．中国博物馆，2006（3）.

5．王德刚，田芸．工业旅游开发研究[M]．济南：山东大学出版社，2008.

6．刘会远，李蕾蕾．德国工业旅游与工业遗产保护[M]．北京：商务印书馆，2007.

7．李炯华．工业旅游理论与实践[M]．北京：光明日报出版社，2012.

8．樊国敬．会展旅游[M]．武汉：华中科技大学出版社，2011.

9．皇甫晓涛．创意中国与文化产业[M]．广州：暨南大学出版社，2007.

10．张京成，李岱松，刘利永．文化创意产业集群发展理论与实践[M]．北京：科学出版社，2012.

第七章

无形的文化资源及其开发

本章学习目标

通过对本章的学习，学生应了解或掌握如下内容：

1. 无形的文化资源的概念、类别及其开发方法；
2. 历史文化主题公园的含义、特点、分类及功能；
3. 历史文化主题公园的内部构成及发展现状；
4. 历史文化主题公园目前发展中存在的误区及开发对策；
5. 民俗节庆的保护与开发现状，节庆与文化产业的关系；
6. 节庆产业的发展对策与思路；
7. 我国的饮食文化资源；
8. 老字号的发展目前面临的困境及发展思路。

导言

我国是享有五千年历史的文明古国，拥有深厚的历史文化底蕴，有着灿若星河的无形的历史文化资源。随着有形的历史文化资源的逐渐开发，无形的历史文化资源同样越来越受到人们的重视，其开发也成为世人共同关注的热点话题。无形的历史文化资源的开发形式多种多样，其中，历史文化主题公园、民俗节庆、饮食文化、中华老字号等成为其主要载体。当今市场经济日益深化、文化体制不断改革，历史文化资源走产业化之路成为发展的必然趋势。

第一节 历史文化资源与主题公园

从1989年深圳华侨城锦绣中华的开业，到现在主题公园在各大城市相继安家落户，我国主题公园发展至今已20年有余。主题公园的建设，尤其是娱乐性和机械性的主题公园建设，随着我国经济实力的提升、国民物质生活的富足而如火如荼。由于同质化现象严重，更多的主题公园建设是模仿外国和内部互相模仿，把主题公园等同于人造景观，跟风和西化（甚至直接可以说叫美国化）现象比比皆是。据调查，我国的主题公园大概有2 500多个，其中大概70%亏损，只有10%盈利[①]。而一些地方通过多年的实践探索，利用现代的高科技手段和当地特有的历史文化资源，进行合理巧妙的规划，走出了一条颇具创意的历史文化主题公园发展的新路子，从而掀开了主题公园在中华文明古国发展的新篇章。大唐芙蓉园、清明上河园和杭州宋城便是其中的典型代表。

一、历史文化主题公园的概念体系

（一）定义

历史文化主题公园不是一个全新的事物，但却是一个全新的概念。然而主题公园的概念，无论是国外还是国内学术界都没有统一的看法。大多数学者赞同的界定是：主题公园是现代旅游业在旅游资源的开发过程中所孕育产生的新的旅游吸引物，是自然资源和人文资源的一个或多个特定的主题，采用现代化的科学技术和多层次空间活动的设置方式，集诸多娱乐内容、休闲要素和服务接待设施于一体的现代旅游目的地。从这个角度看，历史文化主题公园就是以历史文化资源为主题的现代旅游目的地。也就是说，历史文化主题公园必须有主题公园的一些特性，但同时公园的主题必须是历史文化，尤其是古代和近代的历史文化。例如，山东省梁山县的水浒文化主题公园[②]和开封的清明上河园就是真正意义上的历史文化主题公园；而历史遗迹和文化遗址不是主题公园，像锦绣中华这样的微缩景区也不是历史文化主题公园，它们虽然以历史文化为主题，但是缺乏主题公园相应的配套设施和管理服务系统，不能称为历史文化主题公园。

---

① 杨艳林. 大唐芙蓉园市场前景分析[J]. 科技信息，2007（13）.

② http://www.yangtse.com/news/gn/201005/t20100527_738955.html.

（二）特点

作为主题公园这个大家族中的一员，历史文化主题公园与其他主题公园之间存在很多共性，主要体现在以下几个方面。

（1）主题的创意性。历史文化主题公园的主题是历史在现代社会中的活的灵魂。拥有无限创意的主题是历史文化主题公园的生命力所在。文化是苍白的，但可以通过各种形式表现出来，主题公园的主题必须是创造性思维的结晶，才能使主题公园拥有旗帜鲜明的特色和独一无二的个性，才能在现代创意文化产业中形成一种拥有强大市场扩张力的文化产品。

（2）设计的制约性。对于历史文化主题公园来说，设计是展现其主题的活的载体。进行别出心裁的设计才能创作出个性十足的历史文化主题公园，这也会是历史文化主题公园成功的根本基础。而要拥有个性十足的设计，必须遵循一定的原则：一是选址要临近交通便利、经济发达、人口稠密的大中城市，才会达到维持主题公园生存和发展的门槛人口；二是公园整体的布局要局促严整，处处让游客们感到游园便利、服务周到；三是整体风格要彰显其选取的历史文化主题，并与其文化品位相称；四是要以传统工艺技术为主，兼具高科技。

（3）节目的多样性。节目是主题公园内活跃的细胞，是历史情节的真实再现。为了追求公园建造上的巨大成功，使游客仿佛置身于历史之中，节目必须采取多种方式。主要包括历史情节再现的观赏性节目、饱含文化的参与性节目等。

（4）投资的高风险性。历史文化主题公园是个高投资的项目，由于其产业在我国还没有获得十足的发展，其高度的风险性是不言而喻的。在一定程度上讲，高投入也直接意味着高风险。

（5）经营管理的现代企业性。主题公园是一个营利性较强的现代旅游景区，具有很强的市场指向性，也就决定了其经营管理的企业性。历史文化主题公园虽然兼有公益性和营利性，且在相当长的一段时间内，其管理的行为和主体是政府授权的公益性单位或组织，应该以公益性为主，但公园的运营必须依靠现代企业的管理制度才能在竞争中扎根生存。

（6）效益的多重性。历史文化主题公园是现代社会中休闲文化、大众文化、生态文化和传统历史文化融合的旅游产品，其产生的效益也将是多重性的。一个成功的历史文化主题公园的落户，必将有利于当地经济的发展，更可以提升所在城市的城市形象和城市品位，使当地发展成经济发达、文化繁荣、社会和谐、生态文明的城乡共进区。

与一般主题公园的特征不同，历史文化主题公园由于承借了历史文化元素，可以说，历史文化主题公园源自主题公园而又高于主题公园。作为今后中国发展的主体文化产业，它则具有以下差异性特点。

（1）目标市场比较单一。历史文化主题公园有较强的文化内涵性，也就决定了其客源的狭窄性。从地域来讲，客源主要为当地居民和外来的主题文化仰慕者；从阶层来讲，主要以收入较高的社会精英为代表。

（2）园区格调比较一致。历史文化主题公园的主题一旦确定，其园林设计、规划建设都必须与其主题的文化品位和内涵格调密切吻合，从而塑造文化味十足的历史演绎园，避免太浓厚的现代气息。

（3）文化内涵性高，富含教化人民的功能。可以这样大胆地说，历史文化主题公园的游客多为高学历和高收入的人群，以公务员、商务人士和大学生等社会精英为代表。他们游园的目的不仅仅是为了观赏景色，更是奔着其悠久的历史和厚重的文化内涵而来的，为此主题公园的建设者在规划之初就应充分考虑这一点，用多种手段表现其主题的文化内涵性。

（4）公益性强。一方面，由于公园本身有一定的文化公共基础设施的性质，且历史文化主题公园的主题取之于历史，用之于“创造历史的主体——人民”，名正言顺；另一方面，历史文化主题公园的建设是为满足人们日益增长的精神需求、提升人们的文化水平而服务的，所以历史文化主题公园有极大的公益性。

（5）建设、开发与保护共行。历史文化主题公园的主题是历史文化，或者是有其历史文化的实物或仿造物，一些景点本身就是文物，而另一些主题建筑随着岁月增长，寄托了人们的思念和期盼之后，也具有了文物古迹的性质，对于这样物化的历史文化建筑，当然要采取建设、开发与保护共行的方法。

（6）文化产业和文化事业相结合。像大观园等这样的历史文化主题公园，原初目的只为拍摄电影，随后就成为了文化事业单位；而还有一部分公园是为增加当地的文化基础设施而建设，其性质和作用同博物馆、图书馆无任何区别；另外，更多的新兴文化产业工程，由于其行业处于建设初期，政府大力扶植或者直接参与出资，也附带了文化事业的性质；再者，一些文化产业本身就是从文化事业发展而来，是计划经济向社会主义市场经济的产物，而目前我国正处在这样的一个嬗变期。如果主题公园只求发展文化产业而不关注文化事业，虽可能一时获利，但最终会走向经济效益和社会效益“双输”的局面。

（7）持久性与易逝性共存。由于其文化内涵是永恒的，区别于一般的主题公园的即时性，历史文化主题公园具有持久性的特征。如果经营良好，其生命周期会达到超出想象的长久；但随着时代的发展，人们的文化层次的提升和欣赏口味的变化，主题公园内部的产品（主要是节目演出）可能会一步步走向冷清甚至只是昙花一现，这就要求主题公园在文化表达上面要采取多样化的手段。

（8）休闲度假性为主。历史文化主题公园一般都环境优美，由于其顾客的文化水平和经济条件较高，其游园的目的多为缓解紧张的工作压力，所以渴望世外桃源般的优美田园景致。静谧、优雅、古朴、厚重的格调迎合了他们的需求，成为了历史文化主题公园的主要格调。历史文化主题公园也相应地成为了以休闲度假为主的旅游品牌。

（三）分类

主题公园的分类形式多种多样，但根据不同的主题，历史文化主题公园大体可以分为以下几类。

1. 历史人物类

主要以历史人物为主题，在他们的诞生地、死亡地或者重大历史事件的参加地建造，代表为河北临城赵云文化主题公园、内蒙古阿尔山成吉思汗征战主题公园、衢州孔子文化主题公园、北京萧太后城等。

2. 地域文化类

以区域性的地域文化为展示主题，在地域文化的产生地或者产生极大影响的异地建设，代表为无锡吴文化主题公园、长沙王陵公园汉文化主题公园、东湖楚文化旅游区等。

3. 民族民间文化类

主要以即将消亡的民族民间文化为展示主题，延续和拯救民族民间文化，主要代表为各种的少数民族文化园和民俗文化村等。

4. 历史片段类

以历史进程中的一个片段为选题，再现历史实情，例如战争、事变、商贸等，代表有俄罗斯卫国战争主题公园、咸阳丝绸之路旅游城、舟山鸦片战争遗址公园等。

5. 仿古建筑类

主要以古建筑、遗址和古迹等为原型或基础仿制升级而建设成，西安大唐芙蓉园、开封清明上河园、杭州宋城为其中代表。

6. 传统文化类

以大家耳熟能详的传统文化为设计主题，典型代表为曲阜儒家主题公园、山东省梁山县的水浒文化主题公园、北京十八层地狱宫、祁县周易民俗文化宫等。

（四）功能和意义

历史文化主题公园是个新生事物，其产生的效应是多层次的。总体来看，它至少有以下几种效益。

1．文化

文化的继承和发展是智慧民族的毕生意愿。韩剧的热播使韩国国民昂首于世界，但韩国人看中的不是韩国片带来了多少美元的收入，而是韩语影响的扩大和韩国文化在世界范围内产生的共鸣和认同。历史文化主题公园的文化主题的成功宣扬才是公园发展的主体，它起到了传承文化和教化人民的作用，由此带来的文化复兴和民族自信可泽被苍生、惠及万世。

2．社会

历史文化主题公园开创了一个新的休闲旅游模式，为文化消费严重不足的国人提供了心灵畅松之所。一些商界人士认为，不会休闲的员工就不会更好地工作。历史文化主题公园定会使人们有更好的身体条件和心理状态，从而提高现代社会的工作效率。另外，由于此产业属于劳动密集型产业，这对提高当地就业率，维护社会稳定和谐大有好处。

3．环境

历史文化主题公园的营造格调大多以山水相依、绿树萦绕为主，这对提高当地的绿地覆盖面积，局部调节优化小气候，增强当地的生态建设大有裨益，也间接地达到了保护环境的目的。

4．经济

成功的历史文化主题公园定能有力拉动当地经济的发展，并会在相当长的时间内成为当地经济发展的主要引擎之一，这为促进当地产业结构的调整、优化和升级打下了基础。

二、历史文化主题公园的内部构成

历史文化主题公园是一个一应俱全的独立王国，是城市辖域中的“城中之城”。它是现代旅游业发展中的新生事物，是一个城市的文化产业综合体。它主要包括以下四部分。

（一）主体建筑和基础设施

1．主体建筑

主体建筑是主题公园的硬件基础，其他设施都在此项上面延伸展开。它给人以最直接和最深刻的印象，是主题公园建设和发展中“硬件中的硬件”。主题公园一般不像名胜古迹那样具有能吸引游客的自然风光或历史景点，而多是人造景观。但是，成功的主题公园绝不是人工布景、装饰和造型的简单堆砌，而是每个景点都要经过繁复的创意设计，使其具有主题和灵魂。只有历史主题公园的主题文化背景与公园物质要素相叠合并达到有机化，才能提高历史主题公园的文化品位，适应当今社会人们旅游的需要。

2. 基础设施

基础设施是否完备直接影响一个主题公园的形象，以至主题公园品牌建设的发展。基础设施是否便利直接关系着主题公园的接待能力和服务水平的高低。加强服务设施的建设，真正让游客感受到体贴入微的感觉，应是公园建设者孜孜不倦的追求。

（二）园区产品

主题公园的产品，即惟妙惟肖的节目表演，是主题公园发展中“硬件中的软件”。节目表演虽然依附在物态的建筑和舞台之上，但主题公园的节目表演才是它的看点所在，是历史文化主题公园活的灵魂，是历史文化在当代依然焕发勃勃生机的鲜活表现。有创意的节目表演，是大多主题公园长盛不衰的秘诀所在。

（三）营销

营销是主体公园发展中的重中之重，是“软件中的硬件”。营销是旅游目的地建设和发展链条的终点，也是旅游目的地进一步建设和发展的推动力。旅游目的地的建设和发展的最终成效，要通过市场来检验。营销概念是否得当，营销方式和技术是否对路，对于旅游景区而言，既有雪中送炭之力，又有锦上添花之效。主题公园能否在对手如云的现代社会博得一席之地，营销是最关键的因素。鉴于目前各省雄心勃勃的文化产业发展现状和国外主题公园咄咄逼人的抢滩攻势，打造完整产业链和板块式营销是最佳选择。

（四）管理

新公共管理学上讲，管理即服务。它道出了现代管理的精髓，拿到文化产业学上来说，是再合适不过的了，更何况文化产业在本质意义上讲，也是服务业。管理是主题公园发展中“软件中的软件”。除了体验主题公园的建筑和观看节目表演外，能引起游客极大感受的就是公园内工作人员无微不至的服务了。从广义角度看，游客对主题公园的游览本身就是对服务的消费；从狭义角度看，服务深深隐含在一切的节目表演和娱乐项目上，尤其体现在游客在园内的二次消费上。它主要包括对所有人员的管理，以及园内后勤服务及零售业等细节。

三、历史文化主题公园在我国的发展现状

由于我国尚处在发展历史文化主题公园的初期，出现了一些不尽如人意的地方和奇

怪的现象。

在我国，历史文化主题公园的发展还处于规划最初级和产业链最低端的阶段，多半公园没有摆脱遗址参观、古迹游览的影子，随之而来的结果就是公园主要依靠门票来维持生计。游客在园内的主要任务就是走马观花式的浏览，往往出现“N 多年满怀期待，一小时光怪陆离，五分钟默然离去，一辈子不再怀念”的情况。

历史文化主题公园的发展区域多在经济发达的东部沿海地区，多在人口稠密、生活水平较高的大都市和有城市群依托的大中型城市。而广大中西部地区，建设历史文化主题公园无论从数量上还是质量上都不占优势，这就更加拉大了三大经济区域之间的差异。尤其是在文化资源尤为丰富的中部九省市（以河南和湖北为代表），其历史文化主题公园的数量与其文化资源的拥有量是不成正比的。坐拥世界最为庞大的消费群体和最为悠久的历史文明，怎样利用和发挥其交通优势和人力资源优势，是河南、湖北两省亟待解决的问题。

目前我国还处在一个有历史文化，而无历史文化主题公园的时代。凭借其新奇的创意和庞大的市场消费群体，目前建设的历史文化主题公园在经济上成功的几率是较高的。造成此种情形的原因是多重的：首先，我国处于历史文化产业发展的初期，出现如此有创意的主题公园定会引起人们的普遍青睐；其次，日益提高的生活水平使人们的精神生活需求日益旺盛，而有文化内涵的文化产业会更令消费者们情有独钟；最后，日益强大的国力和民族自信，文化复兴成为不可违背的潮流和时尚，在看惯了西方浅薄虚华的快餐文化之后，新世纪的现代国民更多地会怀念悠久的中华文明。

四、历史文化主题公园发展的几大误区

正因为我国正处在历史文化主题公园发展的初期，前进路上自然避免不了曲折和倒退。目前，各地发展历史文化主题公园的误区主要如下。

（一）有文化没品位

文化是主题公园的灵魂。文化依次体现在那些饱含时代特色的仿古建筑中，体现在生动逼真的节目表演中，更体现在由人和物构成的整个历史文化主题公园的氛围中。一些主题公园虽然选题为历史文化，但文化表现甚为空洞肤浅，只注重表层、骨架和数量，而内涵、灵魂和质量却集体缺失。文化的表现手法很低级，或者根本就不注重去表现文化。没有文化坚守的员工就没有文化的真正表现，更不能体现在冰冷默然的人造建筑中。当如此厚重的历史被如此拙劣的表演替代时，不仅是对辉煌历史的亵渎，也会使游客兴趣索然，愤然离去，更谈不上提高游客的游园时间和重游率了。

（二）主题不同模式却大体相同

各地的建设目前正在如火如荼地的进行中。由于无经可取，一旦某个地方出现了一个较为成功的案例，各地都生搬硬套般竞相仿效，仓促上马。致命的硬伤便是园林设计的雷同，许多建筑大体相似，参与性节目和体验性节目也基本相同。游览此类公园时不仅有时空错落的感觉，感觉似曾相识；更为严重的是，这样的主题公园把巨大的客源分流，必然产生恶性竞争的不良后果。

（三）盲目追求多元化而导致公园不伦不类

主题公园是一个高投资的项目，为了争取更多的客流量，降低其收回成本年限，不少兴建者处心积虑、挖空心思地在争取客源。为此，他们针对不同的适应人群，建造和设计了不同的主体布局和表演节目，结果使主题公园背离了本色的主题。此类主题公园兼具传统与现代，汇集西方特色与本土神韵，造园设计时而保守谨慎，时而大胆开放，幽静与喧闹并存，优雅与粗俗杂糅，成为了融合高、中、低三档消费，兼顾老、中、青、少四类人群利益的“大会堂”。然而，设计者的初衷不仅没有实现，而且给游客留下了“不伦不类”的印象。

（四）门槛过高，使游客“望园兴叹”

人们在物质生活条件富足之后才能享受文化产业的高端产品和服务。成功的历史文化主题公园无疑是高品位的艺术结晶，其消费必然也应该是高端的。但是我们不要忘记，历史文化主题公园带有一定的公益性，属半营利半公益性的文化事业范畴。那么，如果公园的门票定价过高，不仅会违背造园的初衷，也会使公园的客流量达不到其生存和发展的门槛人口。这样做的结果只能会使公园在无声中消亡。

（五）为争夺文化资源归属地而导致重复建设的后果

围绕一些历史人物的出生地、死亡地和发迹史的发生地的归属问题，各地方政府和其拉拢收买的学术界人士经常争论不休。我们不禁要问：我们该相信谁？谁是正统？而我们透过现象看本质，各地方政府念念不忘的无非是隐藏在历史人物后边的巨大文化价值和经济利益。一些地方政府不尊重历史事实，为策应学术上的论战，不惜大量资金建造所谓“××故里”、“××旧居”等重点项目，由此带来了周而复始的多米诺骨牌效应：其他竞争者不甘示弱，相继规划实施更大规模的文化产业项目。一时间，中华大地出现了多个以某文化名人为建造主题的历史文化主题公园。它们的相似并不是建园模式的相似，而是由于其主题相同而带来的设计风格的相似，必然造成此类公园的重复建设。

（六）硬件设施和产品服务不配套

历史文化主题公园是现代旅游下的产品，其现代化的设施必须用现代化的理念和现代化的管理和服务来执行。公园拥有高端的硬件设施是毋庸置疑的，这也是一个历史文化主题公园成功的物质基础和保障。但如果管理和服务跟不上，同样会给公园带来覆灭的命运。在现代服务业竞争日趋惨烈的今天，顾客对公园的接待设施、游园质量和人性化服务提出了高质量的近乎苛刻的要求。而一些公园节省运营成本，对员工的招聘和吸纳没有进行过高的要求，进而也没有进行正规的培训和相对严格的制度化管理，造成了开业红火一段时间后立即冷却的现象。

（七）不求变更致使重游率低

游客的欣赏口味是不断变化的，其文化品位也是在不断提升的。而一些公园的节目和演出一直是固定的，数年来从未有什么变化，竟然连台词和动作也从来不做变更。更为可笑的是，一些演员渐渐厌烦了这种机械式的生活，演出时毫无庄重严肃可言，远没有开园时的那种尽情式的表演。针对此种弊端，主题公园要做的是“主题以不变应万变，节目却要不断改变”。当然，这样做需要机警快捷的检测机制和反馈机制，可模仿迪士尼乐园的“三三制”原则，即每年年终时三分之一的节目不变，三分之一的节目做出修改和创新，另外三分之一就淘汰。

（八）重商业开发，轻文脉保护

文化遗产可进行商业开发，但要保护文物周边环境，要做到现代与古代的对话，而不是“商业化”对文物文脉的侵害。过度商业化将会破坏历史文物的环境氛围和文化特质。历史文化主题公园的主题是历史文化，一些公园更是在原有遗址的基础上扩建而来。如果过分注重经济利益，忽视了历史文化主题公园的公益性，必然招致社会各方的指责和批评。如今，文化成为发展经济的一种手段，甚至成为一种借口，以至公园内外的商业气氛十足，不仅破坏了原有的文化资源，使原有的文化资源面目全非，更丑化了历史文化主题和主题公园的形象。

五、历史文化主题公园的前景展望

目前，历史文化主题公园的发展尚处于初级阶段，但我们有理由相信：历史文化主题公园定会在不久的将来获得飞跃式的发展。

首先，文化产业迎来了发展的黄金时期。政策方面，随着《文化产业振兴规划》的颁布和中宣部等九部委制定《关于金融支持文化产业振兴和发展繁荣的指导意见》的出台，必将正式打破文化产业融资难的瓶颈，将文化产业的发展带进一个新的历史发展时期。市场方面，随着人们生活水平的提高，恩格尔系数会进一步下降，人均可支配收入会快速增加。2009 年，我国人均 GDP 已达 3 678 美元。而当人均 GDP 超过了 3 000 美元时，就进入了一个世界旅游界公认的旅游业爆发性增长的阶段。

其次，伴随我国城乡一体化进程的加快和新农村建设的稳步推进，城乡界限将进一步模糊开来。在人口稠密且历史悠久的中原和其他中部地区，定会增添数量可观的历史文化主题公园。一个中等城市甚至小城市发展一个或者多个历史文化主题公园完全有可能成为现实。

再次，文化产业可分为传统历史类文化产业、新兴科技类文化产业和时尚创意类文化产业。就文化产业的发展状况而言，美国就像中国的深圳，而中国就像国内的河南省。虽然美国和深圳的历史不算悠久，文化根基浅薄，但是一样可以发展成为文化产业的重镇，而美国和深圳所大力发展的，就是新兴科技类文化产业。实质上它们发展的是一种快餐文化，经不起时间的考验。有深刻文化底蕴的历史文化产业才是值得人们去细细体味的，而历史文化主题公园就属于这种传统历史类文化产业。

最后，历史文化主题公园选择的文化主题是地域文化。地域文化兼备时代性和地域性等特征，在一定程度上避免了发展文化产业时同质化现象的出现。换句话说，发展历史文化主题公园本身就能或多或少地促进各地文化产业的差异化发展。

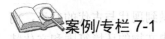

案例/专栏 7-1

清明上河园与大唐芙蓉园的发展模式

十六大以来，建设大型主题公园又呈现了新一轮的建设热潮。开封的清明上河园和西安的大唐芙蓉园依托所在城市的背景进行独到的开发和建设，在市场运作方面取得巨大成功，在强化历史文化名城的市场认知形象，以及保护和发掘历史文化遗产方面做出了显著的贡献，基本实现了 4E 目标体系。

（一）两个历史文化主题公园的基本情况

1. 大唐芙蓉园——中国第一个盛唐文化的主题公园

西安的大唐芙蓉园是由曲江旅游区管委会筹资 13 亿元在 1400 年前大唐王朝的皇家

园林——曲江遗址的基础上建成的，是一个全方位展示盛唐风貌的融观赏、娱乐、休闲为一体的大型园林式主题公园。园林以唐文化为主线，集中展示了唐代的建筑文化、诗歌文化、雕塑文化、茶文化、女性文化、宫廷歌舞文化、饮食文化、焰火文化；同时还利用声、光、电等高科技手段，在唐文化的烘托下，建成全球最大水幕电影（幅宽120m×20m），是全球第一个五感主题公园（融合了视觉、味觉、听觉、嗅觉、触觉五感），也是全球最大户外香化工程。[①]

2. 清明上河园——大型宋代历史文化主题公园

清明上河园是按照1:1的比例把宋代著名画家张择端的代表作，堪称中华民族艺术瑰宝的《清明上河图》复原再现的大型宋代历史文化主题公园。它拥有大小古船50余艘，各种宋式房屋400余间，形成了中原地区最气势磅礴的宋代古建筑群。2001年被评为国家AAAA级旅游景区（点），2003年被《中国旅游报》评为中国旅游知名品牌，2004年荣获全国文明风景区示范点称号，进入开封市纳税企业50强的行列，取得了较好的经济效益、社会效益和环境效益。

（二）两种模式的共同经验

两个主题公园能够取得成功是有多种原因的，分别为历史文化主题公园的发展提供了两种不同的模式。大唐芙蓉园的模式可以简单地用“旅游+地产”来形容，即近来大家耳熟能详的“曲江模式”。与此模式相配套的是高品位、高投资、高消费和政府的高度支持。大唐芙蓉园不仅是艺术上的巨大成功，也在经济上给公园和当地带来了丰厚利润。而清明上河园则可以用“旅游+饮食+民俗演出”来阐释，公园里不仅是休闲度假的绝佳胜地，更是体验开封小吃和开封民俗的大众乐园。与大唐芙蓉园迥然不同的是，清明上河园走的是“高消费、高品位、较低投资和低成本”的路子，使其在市场狭小的开封取得了异样的成功。

同作为中西部较为成功的历史文化主题公园，两个主题公园有着一些较为相似的优势和做法。

1. 两古都都为公园的发展提供了绝好的外部条件

（1）提供了可供主题公园产生和发展的各种文化资源。西安和开封都是国务院首批颁布的历史文化名城。它们汇聚了中华民族的悠久历史和灿烂文化，并以其独具地域特征的文化积淀，为主题公园文化的确立提供了深厚的人文环境依托和旅游资源比较

① 香化工程，是指运用现代智能远程管网化喷香手段，通过超声雾化原理将水分子和芳香分子一起散发到室内或户外的空气中。内由中、法香化专家合作创意的50多种寓意不同的主题香气，用近300个“铜铸喷香炉”，由中央集散控制系统智能化完成喷香任务，可谓“步移香异”，在嗅感上更凸显了皇家园林的文化内涵。

优势。

西安以农耕时代繁盛一时的唐朝文化闻名于世。其中有古城墙、大雁塔、小雁塔等古迹，还有唐朝的诗歌、歌舞等非物质文化遗产，以及众多史书有关唐朝长安的城市建设和经济繁荣景象的记载，都为大唐芙蓉园主题文化的确立提供了丰厚的实物和文字依据。

开封的城市风貌则体现了历史的连贯性与延续性，延续着城市生生不息的文化脉络，并保持了较为完好的原生态人文环境。而且，开封具备一系列适合主题公园开发和发展的条件：有悠久的历史或有特殊重大的历史事件；有较多的历史文化遗存；有较多的传统文化的内容和具体的表现形式。对这些历史文化素材进行适当形式的设计、包装，将给主题公园的建筑形式、项目设置、节目安排等带来不竭的资源和灵感，为清明上河园提供了特色鲜明的文化主题和丰富多样的审美素材。

（2）拥有主题公园生存和升级的门槛人口。由于主题公园投资额巨大，资金回收期长，必然具有相应的门槛游客和门槛收入要求，客源就成为维系主题公园生存和发展的生命线。因此，国内外的众多学者认为，主题公园要建在靠近经济发达、流动人口多的大城市和特大城市，以保证形成良好的客源市场条件。由以往的经营情况来看，本地市场是主题公园发展的基础和市场开发的首要目标，即核心市场。

西安市总人口为 860 万人，市区人口约 550 万人，这本身就是一个巨大的客源群体。且西安地区经济发展水平高，人均 GDP 接近 4 000 美元，远远超过了 1 000 美元这个旅游学术界公认的国内旅游起步的标准线。

而开封市总人口 460 万人，其中市区人口 80.1 万人，距郑州、洛阳、新乡等城市都在 2～3 小时的车程范围内，同时郑汴洛地区也是河南省经济较发达地区，人均 GDP 位于全省前列。据资料显示，清明上河园 26.3%的游客来自开封市，35.5%的游客来自二级市场区域，共同为其提供了坚实的核心市场基础。

（3）为规模优势的形成打造良好条件。不同类型的旅游资源（项目）在一定地域上相对集中，可以增加这一地区的总体吸引力。相比较个体而言，整体的吸引力更大，更能让消费者觉得，来了一趟古都物超所值。西安和开封都是驰名中外的旅游城市，汇集的经典数不胜数，聚集到一起自然形成了无与伦比的规模优势。

西安市内成熟旅游景点有大雁塔、小雁塔、大兴善寺、青龙寺、碑林博物馆、陕西历史博物馆、大雁塔北广场与南广场、大唐通易坊、大唐民俗广场、大唐戏曲广场、曲江遗址、曲江寒窑遗址公园、秦二世陵遗址公园和唐城墙遗址公园等，和大唐芙蓉园一起形成板块联动的体系，增加了规模效应。

开封市则有翰园碑林、包公祠、龙亭、铁塔公园、相国寺、天波杨府、开封府和禹王台等著名旅游景点，也能形成一定规模的集群效应；且开封市正在实行一票游五园的旅游项目计划，也在很大程度上加强其整体吸引力。

2. 都拥有自己的精品栏目

大唐芙蓉园和清明上河园都有自己的表演节目，参与性的、娱乐性的花样繁多。但是算得上真正为众多游客津津乐道的，还是《梦回大唐》和《东京梦华》。两大舞剧不仅是公园的一大看点，更成为人们逛公园不可或缺的一部分。舞剧在网络上广为流传后，很多观众就慕名而来。《梦回大唐》和《东京梦华》成功地延长了游客游园的时间，扩大了游客的消费欲望和消费范围，成为各自公园的重大卖点和文化娱乐的"金字招牌"。更为重要的是，如此优美的舞剧在被网友上传至网络后，立即引发了热烈的讨论，这不经意之间就扩大了大唐芙蓉园和清明上河园的知名度和美誉度，制造了一个庞大的潜在消费群体。

3. 都拥有稳定充足的三级客源市场

据美国华盛顿的城市土地研究所研究，一个大型主题公园一级客源市场至少需要有200万人口，二级市场也要有200万人口以上，三级客源也很有帮助，但由于三级客源市场的交通费用太高，不能过分依赖、期望三级客源市场。这里所指的一级客源市场范围在80千米或1小时汽车距离内，二级客源市场在240千米或3小时汽车距离内，以便旅游者在一日内往返，二级市场之外以及流动人口属于三级客源市场，如表7-1所示。

表7-1　三级客源市场比较①

市　场	大唐芙蓉园②	清明上河园③
一级市场	西安市区	河南省内和山东、江苏、陕西、山西、河北、安徽、湖北七个省
二级市场	陕西其他市县	北京、辽宁、天津、上海、浙江、福建、广东
三级市场	国内其他省份及国际市场	全国其他省份

从宏观区位来看，大唐芙蓉园地处西安市南郊文化区，距离市内景区近。一级、二级客源市场丰富，交通便利，囊括了关中及陕南、陕北主要的地级市区：宝鸡、渭南、咸阳、铜川、延安、安康等地。

而有些学者认为，对于客源地的特征可用旅游需求空间分布的地理集中性来进行衡

① 随着区域内部高速公路网、高速铁路及辅助的国道、省道、市道和县道的陆续建成和投入使用，原来的三级客源市场的界限正在变得扩大并模糊起来。

② 杨艳林．大唐芙蓉园市场前景分析[J]．科技信息，2007（13）．

③ 郑鑫，谢娟．旅游区客源市场结构特征实证分析——以开封清明上河园为例[J]．郑州航空工业管理学院学报（社会科学版），2008（2）．

量。旅游需求的空间分布结构主要指旅游者的地理来源和强度，其集中性可以用地理集中指数来定量分析，根据他们的问卷调查成果，也可以将清明上河园客源市场分为三级：一级客源市场为河南省内和周边的山东、江苏、陕西、山西、河北、安徽、湖北七个省份；二级客源市场定位为北京、辽宁、天津、上海、浙江、福建、广东等经济发达省区；三级客源市场定位为全国其他省份。

从表7-1看，大唐芙蓉园的主要客源在一级和二级客源市场，清明上河园的主要客源在一级客源市场。西安市区人口就达到550万人，二级市场的人口也大大超过200万人，如此充足稳定的客源为大唐芙蓉园的发展创造了良好的市场条件。而清明上河园地处人口密集的中原，且平原交通便利，无形之间缩短了空间距离，加上周围省份顾客的青睐，清明上河园的发展有着良好的广阔前景。

4. 都在文化上下工夫，追求传统与现代的结合

文化是旅游之基，旅游之魂，没有文化的旅游产品是无源之水，是没有生命力的。在文化含量上下工夫是大唐芙蓉园和清明上河园的一个重要追求。

作为一个以展现中国唐文化为主题的人造园林，大唐芙蓉园具有"高贵的血统"：它在园区建设上始终立足于大唐文化，以体现大唐盛世的灿烂文明为宗旨。既注重唐文化的展示性，又注重唐文化的参与性。与国内众多景区、主题公园演绎那些粗制滥造、哗众取宠的庸俗节目相比，大唐芙蓉园的演出节目既包含着经典的盛唐文化，又包含着浓郁的陕派特色。每个节目都彰显着大唐芙蓉园的品牌内涵，体现着中华文化的博大精深。

清明上河园在仿建画卷里各式宋代建筑的同时，还通过一系列的情景剧、民俗、民间绝活的开发、挖掘和编排，在园区内全方位再现北宋时期的文化风情。在二期工程建设期间，在国内首家挖掘恢复了失传400年的宋代艺术——水上傀儡戏，在中原地区第一个用电影和烟火、电子等高科技手段表演宋金水上大战场景，在河南省率先启动有大型晚会支撑的夜游景区活动，令人耳目一新。

第二节 文化资源与节庆产业

节庆活动的历史源远流长，其产生、形成和发展与各地的自然环境、人文环境、经济环境和发展需求有着密切的关系。同时，社会经济的发展对节庆活动产生了巨大的影响。

一、节庆及其文化功能

节庆最初属于民俗学的一个范畴。民俗是指在一定范围的地区，同一个族群在共同的环境中经历长久的岁月，经由自主地选择、沉淀、累积、互动，逐渐固定适应的生活心态、方式和知识，而形成一定的风俗习惯、信仰体系和价值观念。民俗节庆则是民俗文化最为重要的表现形式，包含着人们的娱乐和休闲成分，又昭示着人们特有的生活方式和价值取向，是建设共有精神家园的文化载体。它是在世界各族人民长期的生产生活实践中产生的，内容和形式都与当地社会群落密切相关，目的多是出于纪念、庆祝和祭祀。从概念上来看，节庆是“节日庆典”的简称，其形式包括各种传统节日以及在新时期创新的各种节日。节庆的概念有广义与狭义之分。广义的节庆包括文化庆典、文艺娱乐事件、商贸及会展、体育赛事、教育科学事件、休闲事件、政治/政府事件、私人事件八大类。狭义的节庆是指周期性举办的（一般是一年）节日等活动，但不包括各种交易会、展览会、博览会、文化、体育等方面的一次性结束的特殊事件。一般的节庆是指传统民俗节庆，它是在历史上形成并传承至今的传统节日或岁时节令。如我国的元宵节、春节、清明节、端午节、中秋节等。

作为节庆的母体和核心要素，节日经历了一个漫长的发展过程。总体而言，节日起初主要是作为根据年月日与天气、气候变化而排定的节气时令的性质进入先民的生活之中，这类节日至今保留着的有立春、清明、冬至等。此后，在历史的长河中，出于纪念一些重大历史事件和历史人物等多方面的动机和需要，又有一些新的节日加入到中华民族的节日序列。发展到今天，作为中华民族主体的汉族拥有的大小节日达二十多个，为了适应这些特定节日带来的环境变化，或是直接受各类信仰的影响，先人又陆陆续续为这些特定的节日创造了各类民俗活动。至今而言，无论是全国性节日，还是地区性节日，也无论是农事节日，还是纪念节日和庆贺节日，这些节日无一例外地包含着多少不等的民俗或相关的纪念、庆贺活动。以元宵节为例，这一节庆中的民俗有放灯、观灯和吃元宵；又如端午节，此节庆蕴含的民俗及其他文化活动更是丰富多彩，有吃粽子、插艾叶、赛龙舟等。可以说，正因为有这些民俗和其他文化活动内容充实其中，节日并不仅仅是一个数字的组合、具体日期的标示，而成为一个具有特殊意义的重要时间节点。中国一方面是节日多，另一方面是节日期间的民俗活动及其他文化活动丰富多彩，两者的结合便催生了悠久的节庆文化，为国人提供了丰富的节庆资源。同时，随着时代的发展和人们文化意识的转变，许多地区创办了现代新型的节日庆典活动，如青岛国际啤酒节、山东潍坊国际风筝节、大连国际服装节、南宁国际民歌节等，这些节日在全国都产生了比较大的影响，丰富了现代人的文化生活，带动了地方经济的迅速发展，促进了各地区的物质文化与精神文化的交流与沟通。

（一）节庆的分类

我国每年传统节庆和现代节庆的数量已经达到6 000多个，已成为世界节庆大国。节庆活动在总体上呈现出复杂而多样的特点，可以从不同层面、角度对节庆进行大体分类[①]。

（1）从时间上可以分为传统节庆和现代节庆。传统节庆，如春节、元宵节、中秋节、端午节等民族传统节日，大都具有悠久的历史；现代节庆，如青岛国际啤酒节、江北水城旅游节、潍坊风筝节等，多是出于经济发展的需要而创立的，具有很大的经济拉动效应。

（2）按族属可分为单一民族节庆（如傣族泼水节）和多民族统一节庆（如春节）。

（3）按主题内容分为宗教祭祀类、纪念类、商贸类、旅游类、文化艺术类、农事类等。

（4）按性质可分为单一性节庆和综合性节庆。但是随着节庆形式的日益多样化，内容的日益丰富，单一性的节庆已经很少了。

（二）节庆的社会功能[②]

（1）普天同庆，万民同乐，丰富民众精神生活。节庆活动期间，人们可以尽情体会节日的欢快气氛，极大地丰富了精神生活，使人们活力四射，更加积极主动地投入到学习、工作和生活中去。

（2）对经济的推动作用。节庆期间，往往会举办不同形式的活动，刺激民众的消费欲望，同时也可以促进当地旅游业发展。如今，国家把传统节日的春节、中秋节、清明节、端午节等列为法定假日，一方面是为了传承民族文化，增强民族意识；另一方面也无形中刺激了节假日期间的旅游活动，从而促进经济的发展。

（3）有利于推动城市基础设施建设，美化环境。节庆活动往往会在短期内聚集大量的客流，因此在节庆举办之前，各地政府往往集中一定的时间对城市的道路、桥梁、房屋、公园、绿地、宾馆、饭店、车站、码头、娱乐场所、公用设施等集中进行整治。从而逐渐健全了城市的基础设施，美化了城市环境。

（4）增强民众的集体认同感和自豪感。传统节庆有利于增强国民对于同为炎黄子孙的认同感和自豪感，旅游节庆的举办也令当地居民以自己的家乡为骄傲。节庆活动的举办在某种程度上，加强了民众的凝聚力和对自己所处的大集体的认同感和自豪感。

---

① 周敦源．旅游文化[M]．杭州：浙江大学出版社，2005：223-224．

② 王悦明．山东省旅游节庆发展研究[D]．济南：山东大学，2008．

（5）有利于繁荣文化。节庆期间往往会举办一些健康向上的文化娱乐活动和各种各样的体育表演和比赛，吸引广大人民群众积极观看并积极参与，不但可以增强人民体质，而且还可以进一步弘扬中华民族优秀文化，陶冶人们的情操。可见，节庆对于促进城市文艺事业和体育事业的繁荣作用重大。

（三）节庆的文化功能

节庆的功能无疑是多元的，如上所述涉及的文化、政治、经济和社会等多个领域。节庆最为核心的功能不是经济功能，也不是政治功能，最主要的功能应该是文化功能。节庆的主要文化功能至少有如下四个方面①。

（1）节庆以其健康的内在价值导向，有利于培育文明风尚。几乎所有的节庆都内含着健康的价值导向。例如，清明节就包含着敬祖的价值导向，中秋节体现了团圆和睦的价值追求，重阳节蕴含着尊敬老人的价值导向，除夕鲜明地体现了合家团圆的价值追求。总之，现今我们所拥有的各类节庆，几乎无一例外地蕴含着一种或多种健康的价值追求，这些价值追求，如和睦、团圆、健康、敬祖、尊老、勤劳、爱国等，不一而足。无疑，这些蕴含于节庆之中的良好价值导向突出地反映了人们对美好生活的向往，也正因为此，节庆作为人类的一种文化创造，在某种意义上讲，也是人类构建理想社会的一种努力。现实生活中，我们经常发现，节庆资源丰富且当地民众对节庆参与面广、参与程度深的地方，往往也是社会和谐、风尚文明之地，其原因即在于此。

（2）节庆以其丰富的文化娱乐活动，有利于满足社会成员的精神文化需求。按照马克斯·韦伯的理想类型方法，在我国，节日依其目的和内容，大致可以划分为“农事节日（活动内容以农林渔猎等生产习俗为标志）、祭祀节日（内容以供献天地、祭祀神灵、祭奠祖先亡灵、祈攘消灾、驱恶避瘟等信仰习俗为标志）、纪念节日（以追念地方历史上受崇拜人物和民族英雄为主要内容）、庆贺节日（以喜庆丰收、祝贺人畜两旺、平安幸福为主要内容）、社交娱乐节日（以通过歌舞游艺活动来进行社交往来为主要内容）等五类”。随着历史的延续，各类节庆积淀了丰富多样、参与门槛很低的文化娱乐活动，这些文化娱乐活动可以有效地满足当代人的精神文化需求。例如，春节因为有放鞭炮、贴春联、吃年夜饭、拜年等娱乐色彩浓厚的民俗，而成了国人普遍喜爱和向往的节庆。即使有些节庆因历史短暂，尚未形成丰富的具有广泛认同和广泛参与的民俗，但照样不乏丰富的文化娱乐活动，就像国庆节期间，许多地方开展广场文化演出，推出一系列丰富的文化娱乐赛事，同样可以为人们提供丰富的文化食粮，满足他们的精神文化需求。

① 肖剑忠．节庆的文化功能与现实隐忧[J]．中共浙江省委党校学报，2009（5）．

（3）节庆以其一致的集体意识和集体行为，有助于培养人们的共同体意识。节庆的重要特征之一就是社会成员拥有一致的集体意识和集体行为。对于节庆，人们不仅普遍知晓其具体日期，知道它意味着什么，而且普遍自发地实施某些行为，并对同一文化背景下的其他社会成员的行为有着明确的行为预期。人们的意识和行为之所以具有集体一致性，主要是民俗的作用机制使然。如前所言，节庆中普遍蕴含着丰富的民俗，民俗可谓节庆的实践载体，并且越是历史悠久的节庆，其活动内容的民俗化越突出。而民俗恰恰具有社会成员实践长久、社会成员认同广泛、社会成员意识自觉、社会成员行为一致、社会约束强大有力的特点，它可以使人们在一个众所周知的时间和场合，自觉地按照传统的规定和其他社会成员的期望，实施某些行为，参与某些公共活动。

（4）节庆以其内在的声望激励机制，有助于非物质文化遗产的保护和传承。近年来，国家非物质文化遗产保护名录的建立以及非物质文化遗产保护日的确立等政策举措的陆续出台，标志着非物质文化遗产保护已上升至国家战略高度，其在继承和发扬民族优秀文化传统、增进民族团结和维护国家统一、增强民族自信心和凝聚力、促进社会主义精神文明建设等方面的意义已成为政府和社会各界的共识，毋庸置疑。

节庆与非物质文化遗产保护的关联，以及前者对后者的促进，主要有两方面：一方面是一些节庆本身就是国家或省、市的非物质文化遗产。这种状况在少数民族的节庆体系中尤为突出。在国务院公布的第一批国家级非物质文化遗产名录中，各类节庆就达 70 个。从这个意义上讲，传承节庆就是保护和传承非物质文化遗产，两者具有同一性。另一方面，也是更重要的，就是各类节庆为非物质文化遗产的保护和传承提供了一种有效的内在激励机制，即声望激励机制。节庆具有集体性的特征，作为节庆重要组成部分的各类民俗活动和其他各类文化活动往往是大众集体参与的，在这种场景下，作为非物质文化遗产的传承人和实践者，他们也就有了在大庭广众面前一展技艺和大展风采进而赢得社会声望的机会。特别值得指出的是，由于节庆期间聚集一起参与和开展各类节庆民俗活动的对象往往来自于熟人社会，因而也就为那些非物质文化遗产的传承人和实践者提供了更加强大的声望激励动力。事实上，也正是由于年复一年、人气旺盛的节庆为许多民间舞蹈、戏剧、曲艺、杂技和竞技、民间美术等民俗活动提供了展示舞台，为这些民俗活动的参与者和实践者提供了强大的声望激励，从而逐渐使得这些民俗活动的影响不断扩大、技艺水平不断提高，并随着岁月的流逝，最终积淀成为世人眼中的非物质文化遗产。从这个意义上说，非物质文化遗产的形成在很大程度上离不开节庆这一母体的孕育。事实上，在国家和各省、自治区和直辖市以及各地、市所公布的各级非物质文化遗产保护名录中，我们可以发现许多的非物质文化遗产在不同程度上脱胎于或受益于节庆，其典型者如各地剪纸艺术以及许多民间戏剧、民间花会、民间灯会等。

案例/专栏 7-2

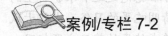

以端午节蛋俗为例谈民俗节庆的保护与开发

农历五月初五端午节是中国传统节日中仅次于春节的第二大节日。端午又称端五、重五、重午、端阳、地腊（道教节庆）、女儿节、浴兰和天中节。端午节蕴含了深厚的文化传统和多姿多彩的民俗特色，已成为非物质文化遗产名录中重要的组成部分。如今，国务院已将端午节设立为国家法定节假日，怎样过一个既有意义又有情趣的节日，成为众人关注的话题。端午节的主要内容至今仍在传承，人们对于其起源、仪式、习俗研究成果丰硕，然而对于端午节吃蛋（鸡蛋和鸭蛋）的这一重要习俗却了解很少。了解端午节食用鸡蛋和鸭蛋习俗，对于挖掘传统节日文化内涵和精神价值，丰富节日活动，激活传统节日有重要意义，同样对于端午节非物质文化遗产保护也具有重要价值。

（一）端午蛋俗起源与流布

挖掘端午历史和文化内涵时，现阶段研究节日符号主要集中在龙舟和粽子，而作为端午节重要习俗之一蛋俗却鲜有人问津。一方面，端午蛋俗现仍在全国各地流行，南方多为鸭蛋，北方则以鸡蛋为主；另一方面，早期文献罕有记录，只是到了明清时期地方志有零星记载。经专家研究，端午蛋俗源自古代寒食节，后来寒食节的很多习俗与清明节合并，端午节吃蛋风俗则和粽子习俗一样融合到端午节。这其中则含有其内在的合理机制。

蛋在中国古代文化中是生育与生命的象征。传说，开天辟地的盘古在鸡蛋中化孕，《艺文类聚》载：“天地混沌如鸡子，盘古生其中”[①]。据《史记》记载，商始祖契为“见玄鸟堕其卵，简狄取吞之，因孕生契”[②]。秦始祖大业也是“玄鸟陨卵，女脩吞之”受孕[③]。民间习俗，妇女生孩子后，亲友看望，送的也是鸡蛋。端午节蛋俗在全国很多地方盛行，主要形式有画彩蛋、斗蛋比赛、亲友互送咸蛋等。

我们在追溯端午蛋俗起源时，发现其来自古代寒食节蛋俗。据南朝梁宗懔《荆楚岁时记》载：“（寒食节）斗鸡，镂鸡子，斗鸡子。古之豪家，食称画卵。”“今代犹染蓝茜杂色，仍如雕镂。递相饷遗。”据说吃彩蛋能“发积藏，散万物”，“补益滋味”[④]，还寄托着人们对于生命、生育的敬畏与崇信之情。而寒食节的众多习俗在宋代归入清明节，

---

① 欧阳询．艺文类聚[M]．天部上．上海：上海古籍出版社，1982：2.

② 刘起釪等．史记：全注全译[M]．上册．天津：天津古籍出版社，1995：71.

③ 刘起釪等．史记：全注全译[M]．上册．天津：天津古籍出版社，1995：137.

④ 谭麟．荆楚岁时记译注[M]．武汉：湖北人民出版社，1985：63.

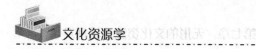

只剩吃冷食习俗，到了明清则寒食节基本消亡[1]，清明节独自承担感恩追远和求护新生的职能。相应的蛋俗也转入清明习俗。至今一些地区仍保留着清明吃蛋的习俗，当作古风俗存留的见证。蛋俗因其与生命相关，与端午节消病辟邪、追求健康的节日主题相同，有内在的“近亲”联系。俗云：“端午吃盐蛋，脚踩石头烂”，意思是端午节吃盐蛋，不但能清热解毒，而且能增强腿力，可以踩烂石头。正如古代夏至粽子逐渐变成端午食物一样，蛋俗有归入端午习俗的可能性。

另外，根据现代畜牧学和气象学的知识，蛋俗汇入端午民俗有现实理性。蛋鸡最适宜的产蛋温度为13～23℃，蛋鸭则是13～20℃[2]。清明节一般为公历的4月5日左右，寒食节在清明的前两日或一日。端午节一般落在公历6月，也有极少的在公历5月底。根据国家气候中心报告，2007年相比往年温度有不同程度偏高，4月全国平均气温为11.1℃，比常年同期高0.9℃；5月全国平均温度为17.1℃，比常年高1.5℃；6月全国平均气温为20.5℃[3]。根据中国历史各朝代平均气温图显示：在过去的3200年中，中国年平均温度变化均在正负2℃[4]，常识也告诉我们，月平均气温相比历史同期温度变化也不会超出此限度。公历5月、6月则是鸡鸭产蛋的高峰期，而寒食节所在的4月以前的时段则不适合鸡鸭产蛋。因其稀少，这也是为什么“古之豪家”才吃彩蛋的缘由。据《荆楚饮食风俗撷谈》：“端午节前，江汉平原地区家家户户都要腌一些鸡蛋鸭蛋”[5]，足见其广为流传。没有蛋品的大量供应，这种习俗是不可能得以大范围实施的。所以，蛋俗归端午可谓恰如其分、生逢其时。

端午节食蛋习俗在我国广泛流布。东北一带端午早晨，长者将熟鸡蛋放在小孩肚皮上滚动，而后去壳给小孩吃下，据说这样可以免除日后肚疼[6]。山东烟台、威海等地也有类似的习俗[7]。河南南阳地区端午节吃鸡蛋祛病辟邪[8]。据汪曾祺《端午的鸭蛋》记载：江苏高邮地区端午吃咸鸭蛋，用鸭蛋壳做鸭蛋络子挂在小孩胸前[9]。端午节吃咸蛋也是湖北人的重要习俗，江汉平原地区在端午节前，家家户户都要腌一些鸡蛋、鸭蛋[10]。现在，

---

[1] 施爱东．清明节[J]．河南教育学院学报（哲学社会科学版），2007，2（8）．

[2] 中国金桥农业信息网．www.jqagri.com．

[3] 中国兴农网．www.cnan.gov.cn．

[4] 杨正瓴，杨正颖．中国的气温变化与历史变迁关系的初步研究[J]．天津大学学报，2002（3）：59．

[5] 方爱平．荆楚饮食风俗撷谈．见：楚俗研究[M]．第二集．武汉：湖北美术出版社，1995：188．

[6] 高占祥等．中国文化大百科全书[M]．综合卷・下．长春：长春出版社，1994：198．

[7] 范芝玲．长岛县端午节俗调查研究[J]．民俗研究，1998（3）：33．

[8] 朱晓红．南阳端午节民俗[J]．东方艺术，2001（4）：49．

[9] 汪曾祺．汪曾祺全集[M]．四．北京：北京师范大学出版社，1998：20-22．

[10] 李德复，陈金安．湖北民俗志[M]．武汉：湖北人民出版社，2002：169．

生活节奏加快，很多城乡居民直接去超市购买成品。端午节孩子们在胸前挂上一个用网线装着的咸蛋，互相逗乐，尤其是斗蛋比赛扣人心弦。江南水乡很多地区都有同样的习俗。在长江流域端午节有食“五黄”的习俗。“五黄”是指雄黄酒、黄鱼、黄瓜、腌蛋黄、黄鳝（有些地方也指黄豆）。

（二）端午蛋俗传说及内涵

端午节吃蛋习俗突出了消病辟邪、追求健康的节日主题，也烘托出爱护孩子这一隐形主角。五月在中国传统文化里被视为恶月，重五之日更是恶日。恶月自然有诸多禁忌。五月不宜盖房，“五月盖屋，令人头秃”；五月不宜赴官，“五月到官，至免不迁”[①]；五月不宜生子，“五月子杀父与母”[②]。为了驱邪避毒，人们插艾草、悬菖蒲、喝雄黄酒。孩子最容易受到邪毒侵害，因此就产生了很多保护儿童的辟邪措施。给小儿手臂佩戴五彩丝。五彩丝通常是以青、赤、黄、白、黑五色丝线编织而成。《事物纪原·风土记》记载：“荆楚人端午日以五彩丝系手臂，避兵鬼气，一名长命缕，今百索是也。”给儿童“额头及手足心”抹上雄黄酒，以祛毒虫、辟邪恶。吃蛋习俗也表达了同样的主题。关于此俗，民间流传着一段传说：相传很久以前，天上有个瘟神，每年端午时，总要溜到下界播疫害人。受害者多为孩子，轻则发烧厌食，重则卧床不起。做母亲的对此十分心疼，纷纷到女娲娘娘庙烧香磕头，求她消灾降福，保佑后代。女娲得知此事。就去找瘟神说：“今后凡是我的嫡亲孩儿，决不准许你伤害。”瘟神知道女娲法力无边，不敢和她作对，就问：“不知娘娘下界有几个嫡亲孩儿？”女娲一笑说：“我的孩儿很多，这样吧，我在每年端午这天，命我的嫡亲孩儿在衣襟前挂上一只蛋袋，凡是挂有蛋袋的孩儿，都不准许你胡来。”这年端午，瘟神又下界，只见孩子们胸前都挂着一个小网袋，里面装有煮熟的咸蛋。瘟神以为这都是女娲的孩子，所以就不敢动手。这样，端午吃蛋之俗逐渐流传开来[③]。这些活动也充分体现了人们爱护儿童的心理，期盼其健康顺利成长的美好心愿。

端午节吃蛋习俗蕴含着丰富的人际交往内容和亲情互动的元素。加强亲朋联系，调节人际关系是节日的一项重要功能。中国人崇尚礼尚往来，作为节日重要食物的鸡蛋或咸蛋是节日人际交往的重要礼品。据《通城县志》（清同治六年版）记载：“五月五日亲故以角黍、腌蛋相馈遗。”《善化县志》（清嘉庆二十三年版）载：“五月五日……往来馈角黍、盐蛋等件。”江汉平原有送端阳的习俗。据《咸宁县志》（清光绪八年版）：“午日，女许嫁者，婿家送花币果羹，曰‘贺节’。所带礼物曰‘节礼’。”送端阳是男女姻亲的重

① 吴树平．风俗通义校释[M]．天津：天津人民出版社，1980：436．

② 王充．论衡[M]．卷第二十三·四讳．北京：北京图书馆出版社，2006．

③ 张全明，王玉德等．生态环境与区域文化史研究[M]．武汉：崇文书局，2005：174

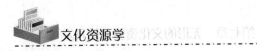

要一环。男方大多当日携带礼物到女方求定婚期，如果确定明年端午节前结婚，节礼就应该更多。礼物既有酒肉水果，也有粽子咸蛋等。

节日也是人们自我放松调剂生活的好机会。端午节娱乐最著名的莫过于龙舟竞渡了。歇后语有五月龙船逆水划——争上游。诗词有唐人张说的《岳州观竞渡》、张建封的《竞渡歌》、元稹的《竞舟》等，对龙舟竞渡的盛况作了描述。端午节斗蛋比赛则是孩子玩乐的游戏。我国东北、浙江、安徽、江苏、广东等地都有类似习俗。比赛一般分为两种：一种是将煮熟的鸡蛋或鸭蛋握在手中，以蛋的尖端与对方的蛋尖碰撞，蛋破者为输；另一种是把熟鸡蛋或熟鸭蛋放在小网袋内，两人以袋装蛋互击，蛋破者败。据《安徽商报》2007年6月18日报道：端午节当天，安徽青年身着汉服在合肥包河公园重温端午仪式，活动之一就是斗蛋比赛，此项活动深得孩子们喜爱。

端午节吃蛋也符合科学原则。据李时珍《本草纲目》记载：鸡子（即鸡卵）气味甘、平、无毒，卵白（主治）目热赤痛，除心下伏热，止烦满咳。卵黄……醋煮，治产后虚及痢，小儿发热。煎食，除烦热……"（鸭）卵气味甘，咸，微寒，无毒……盐藏食之，即宜人。"根据现代营养学的观点，鸡蛋富含蛋白质、脂肪，有人体必需的钾、钠、镁、磷、铁等微量营养素。鸭蛋也有很高的营养价值，其营养成分和鸡蛋大致相当。两者也有细微差别。鸭蛋中含高含量的蛋氨酸和苏氨酸，咸鸭蛋的钙含量较高，是鸡蛋的一倍。

（三）端午习俗保护：时不我待

传统节日是中国传统文化最重要的载体之一，含有最深沉的民族文化记忆。在保持文化特色、传承文化精髓、弘扬民族精神、增强民族凝聚力等方面，传统节日都具有无可替代的作用。传统节日作为传承文化的载体，具有综合性的表现形式。它几乎涵盖了非物质文化遗产的所有门类：（1）口头传统，包括作为文化载体的语言；（2）传统表演艺术；（3）民俗活动、礼仪、节庆；（4）有关自然界和宇宙的民间传统知识和实践；（5）传统手工业技能；（6）与上述表现形式相关的文化空间。很多非物质文化遗产的精髓都依附于传统节日，如端午节的文化精髓就是通过吃蛋习俗和其他习俗得以体现。

进入21世纪以来，除了吃粽子之外，端午节吃蛋民俗和其他众多端午节日习俗逐渐被淡化遗忘。"武汉端午节吃粽子、盐蛋、绿豆糕、插艾叶……曾是盛节，但逐渐被社会所淡化"[①]。一方面，越来越多的人感叹端午节日气氛平淡，庆祝形式单调，仅限于吃一次粽子而已。更令人担忧的是遗忘。2005年6月13日中央电视台新闻频道播出《端午节看中韩两国对传统文化的保护》，有一段采访北京街头行人的调查，有超过60%的人不知道当天是端午节。另一方面，随着改革开放进程和全球经济文化交流的深入，传统节日

[①] 陈芳国，涂天向．武汉通史[M]．中华人民共和国卷·下．武汉：武汉出版社，2006：149．

遭到肢解和异化，西方节日大行其道。一些商家甚至把端午节打造成“粽子节”，节日成了一些商人谋取利益的好时节。端午节英文翻译为 Dragon Boat Festival，成了“龙舟节”。青少年热衷于西方节日的脉脉温情，加上商家的推波助澜，西方节日成了集体无意识的盛大狂欢。此外，我们对韩国江陵端午祭成功申遗怀有复杂的感情。事实上，韩国端午祭之所以能列入世界非物质文化遗产名录，就在于其虽源于中国，但极具民族特色，内涵丰富，活动多样。各种娱乐活动和仪式，既包括和中国相同的用菖蒲水洗头、头上扎艾草、酿米酒等习俗，也包含荡秋千、摔跤、绘画、歌舞表演、做传统打糕等娱乐活动。

端午节已纳入我国国家法定假日，匆忙的现代人开始“有闲”，然而节假日并不能保证民族文化传承，因为如果没有相应的蕴含端午文化讯息的节日活动，端午节和普通休息日并无差别，何况众多习俗已经成为文本和记忆，所以关键问题是怎样使端午节过得有趣、有品味。

了解端午节吃蛋习俗的缘由，对于保护端午节优秀非物质文化遗产具有重要意义，并有助于我们进一步挖掘端午节积极健康的文化内涵和精神价值。同时，对于沟通人际感情、丰富节日活动，抢救保护原汁原味的文化形态，满足人们精神和心理需求，让人们过上一个丰富多彩的端午节，也都有重大价值。

（四）端午节习俗保护模式：民俗节庆旅游开发模式

非物质文化遗产源于人类的生产劳动，人类是创造非物质文化的主体，也是传承的主体。作为极易消失的文化存在形式，活态性、脆弱性是其基本特征。因此，对非物质文化遗产只有不断保护利用才能使其保持活力。

端午节习俗保护与传承也可以借鉴国外成功经验。韩国以其在非物质文化遗产保护的成果引起中国人关注。其成功经验之一就是借助民俗节庆旅游。例如，被韩国称为“重要无形文化财”的江陵端午节和演出的假面戏，年年在当地举办盛大的旅游活动，吸引国内外百万游客的观光和参与，使非物质文化遗产转化为巨大的文化产业，成为当地经济发展的助推器。这种活态保护，不至于使文化资源变成僵死的标本，而是早已融入了韩国人的现实生活之中，青春永驻。[①]韩国非常重视利用非物质文化遗产来促进旅游业的发展，同时通过现代观光旅游推动非物质文化遗产的保护和传承，这是韩国旅游文化产业发展的主要目标。多姿多彩的非物质文化遗产成为吸引游客的重要资源。

民俗节庆旅游是以某种具有鲜明主题的民俗庆典活动作为旅游吸引物而开发出来的一种现代新型旅游产品，是以节庆形式对区域特色进行策划和包装，使其产生定向吸引为旅游业所利用，从而产生社会、经济、文化等综合效益的一种专项旅游形式。区域特

① 王文章．非物质文化遗产概论[M]．北京：文化艺术出版社，2006：257-258．

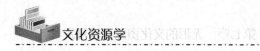

色是其形成的前提条件，节庆形式的开发是形成其必要条件，效益的生成是其开发的主要目的。不管是对传统节庆进行包装为旅游业所利用，还是对区域特色进行节庆形式的策划产生定向吸引，两者都需要目的地具有某种自然、人文、历史、文化等方面的区域或者民族特色，以此策划的节庆活动才有可能产生预期的效益。[①]端午节内涵丰富，主题鲜明，活动多样。其外延包含历史文化、艺术、传统竞技、体育、风俗习惯、古迹等。本身具备民俗节庆旅游开发的潜质。

端午民俗旅游开发机制可以利用民间开发与商业经营相结合，改官办为民办，即在政府倡导下，充分发挥民间团体等非营利机构的积极性，利用经济手段，运用市场机制，将节庆活动与农工商贸文化等紧紧结合起来，以提高端午节庆活动的知名度，提高企业效益，发展商贸经济，促进都市旅游发展，从而使社会效益、经济效益双丰收。

端午节庆旅游内容应注重地方特色和创新，旅游节庆应体现主办地传统的独特魅力和文化意境，揭示更深层的文化内涵和历史渊源，突出端午节的主题，体现时代的风尚，只有这样的旅游节庆才具有生命力。节庆活动要抓住文化这一主题，在节庆活动的组织、编排、宣传上大打“端午民俗文化”的招牌，将民俗、商业、艺术相结合，以“节”的形式推出旅游内容，以丰富多彩、情趣十足的民俗活动吸引游客。这样包括蛋俗在内的众多端午民俗才能深入人心。

2008年武汉市举办了一个端午文化节，采取政府引导、企业赞助、东湖风景区与体育局联手、媒体协办的形式，目的在于弘扬优秀传统文化，打造端午节庆品牌，加强文化遗产和民族民间文化的宣传及保护，发展都市旅游。本次活动内容丰富，包含龙舟竞渡、奥运祝福、端午美食等项目。其中最大的亮点应是原汁原味的端午民俗文化活动。包粽子、佩香囊、绘彩蛋、斗蛋比赛等活动得以重现。活动期间吸引武汉城市圈数十万人参与。[②]

端午蛋俗源远流长，广泛传播，内含丰富的优秀民族传统。由于众多因素的影响，包括蛋俗在内的端午习俗面临传承和弘扬等问题。国家不断加大非物质文化遗产保护的力度，借助端午节庆民俗开发模式，我们相信端午节众多习俗能得到有效保护和传承。

中国是历史文化资源大国，拥有五千年的文明史，在非物质文化遗产方面具有丰厚的积累，民间文化中的口头文学、神话、史诗、语言、民歌、民间艺术、民俗文化、民俗礼仪、民间祭典、民间手工艺术、民居建造术等均是非物质的文化。中国民间文化源远流长，深入人心，其生产习俗、节庆习俗、婚丧习俗、饮食习俗都具有鲜明的地域性、

---

① 连建功，黄翔．湖北省节庆旅游开发研究[J]．资源开发与市场，2007（3）：90．

② 吴昊，董宇彬，秦璇．武汉端午文化节开幕·佳节遇盛事东湖赛龙舟[N]．长江日报，2008-06-01．

传承性、独特性，有许多元素为我国特有。从某种程度上说，非物质的无形的东西往往比物质的有形的东西更加重要。无形的精神文化资源包括了人类的情感，包含着难以言传的意义和不可估量的价值。一个民族的精神文化，往往蕴藏着传统文化中最深刻的内涵，保留着形成该民族文化的原生状态以及各民族特有的思维方式等。因此，文化产业应该有效地使用这些宝贵的文化资源，使其成为发展文化产业的深厚的文化宝库。

合理利用端午节等非物质文化遗产资源，对于推动艺术创新和动漫等文化产业发展，形成一批有影响的文化产业品牌，也具有重要意义。胡锦涛总书记在党的十七大报告中提出要“弘扬中华文化，建设中华民族共有精神家园”。强调要加强中华优秀文化传统教育，运用现代科技手段保护、开发、利用中华民族非物质文化丰厚资源。

同时，当今世界发展的一个重要趋势就是经济与文化日益融合，文化的需求带动了文化产业的发展，文化创意产业是市场前景十分广阔、经济效益非常诱人的朝阳产业，许多国家都把发展文化产业作为寻找新的经济增长点的有效途径。我国文化产业还处于起步发展阶段，发展潜力巨大。例如，有专家就提出将端午节朋友之间互赠香包的传统内容，通过市场运作，加入到当今的端午文化营运中，相信现在的青年人和孩子们一定会喜欢，市场效益肯定不错。如何让民族传统节日既保持其原汁原味的文化形态，又能发挥其文化经济效益，是一个值得深入研究的重大课题。因此，深入挖掘中国民族节日文化资源的文化价值和经济价值，对民族文化资源进行科学合理的保护与开发，从而获得可观的社会效益和经济效益，是我国文化经济发展的重大战略举措。

二、节庆与文化产业

节庆是一种文化事件，也是富有特色的旅游资源。它能够吸引以及聚集各种经济活动、社会文化活动，为人们带来商机、增加就业机会、提升举办地的知名度、加强基础设施建设、吸引更多的游客等。在我国，由于各级政府在推行城市营销时把本地节庆作为基本表现形式的重要手段，这样可以使城市营销或营销城市变得十分直观和有效，因此节庆被越来越多地用作促进旅游以及促进地区经济发展的平台，日益受到重视。

（一）节庆与文化产业的关系

节庆与文化产业建设之间的关系是非常紧密的，节庆既依托于文化产业建设，又是文化产业建设的重要组成部分。文化产业为节庆活动提供了充分的给养和支撑，同时又要求节庆活动为文化产业建设进行反哺，共同实现良好的经济与社会效益。

文化产业是生产文化产品和提供文化服务以满足社会需要的各类行业门类的统称，

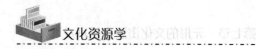

它既包括满足社会精神需要的文化产业活动，也包括满足物质生产和物质生活领域的文化产业活动。以文化为灵魂的节庆活动，对出版、音像影视、广告旅游、教育、食品、网络数字娱乐通信、服饰、文具、玩具、服装等诸多关联产业的发展均具有很强的拉动作用。从 20 世纪 80 年代开始，全国各地开始举办旅游节庆之初，迄今每年都举办不计其数的节庆活动，并形成一批有影响的国家级、国际性节庆活动。这些节庆都提高了旅游目的地本身整体旅游产品的知名度，改善了接待和基础设施，丰富了文化生活，并产生了良好的市场互动效应。

传统节日文化是中国传统文化的杰出代表，是中国特色民俗的重要载体和非物质文化遗产的重要组成部分，具有深刻的文化内涵和重要的社会功能。传统节日文化也是非常重要的人文旅游资源，节庆旅游资源开发是保护和利用传统节日文化的有效途径。因此，在筹备和举办旅游节庆的过程中，必然要经过挖掘民间民俗文化、整理非物质文化遗产的过程，从而起到恢复民族民俗文化的记忆、使民族民俗文化得以传承的效果，同时将这些文化与旅游结合，既产生出文化旅游联姻的经济效益，又使一些民族和民俗文化得到人们的认同和喜爱，可以起到推进文化艺术发展、丰富群众文化活动、加强文化设施建设、做好文化遗产保护工作、扩大对外文化交流的作用。如河北省吴桥杂技节，通过举办国际杂技比赛、传统民间艺术表演、国际马戏论坛、杂技艺术交流、参观杂技之乡杂技图片展览等活动，起到了保护挖掘杂技艺术、呼吁社会重视杂技艺术、促进文化交流的作用，使吴桥杂技节成为世界杂技界最为瞩目的“东方杂技大赛场”。河北杂技集团也成为有一定规模和实力的文化企业集团，并成为河北省文化产业发展的主体，为河北省文化产业发展打下了良好基础[①]。

大型节庆具有边际辐射性广、相关性强、举动性大，而自身产业规模小等特点，其投资、管理运作需要良好的发展环境。文化产业建设的目标是建设适应经济社会发展和对外开放需要的文化发展格局、文化管理体制、文化运行机制、公共文化服务体系和文化市场体系，建立结构合理、机制灵活、技术先进、优势明显的文化产业体系，建设政策法治环境优化的文化产业市场，拥有国内知名的文化品牌、功能完备的文化设施、出类拔萃的文化人才、丰富多彩的群众文化生活。这些目标的实现无疑会为旅游节庆提供良好的发展环境。同时，文化产业建设包括思想道德建设和教育科学文化建设，涵盖文学、艺术、新闻出版、广播影视、哲学、社会科学、社会文化、文化旅游、教育科技、卫生体育等领域。这些文化领域的整体进步会为专业技术要求较高的旅游节庆活动提供专业的技术背景和支撑。

① 孔旭红，辛儒．论区域旅游节庆活动与文化产业建设[J]．河北学刊，2007（5）.

（二）当前节庆文化产业发展中的问题

1．节庆主题、内容和形式的趋同化

当前各地政府新办节庆的一个最大问题在于数量过多过滥、水准参差不齐，没有形成自己的地方特色和民族特色。几个城市同时办服装节、桃花节、民间文化节、灯会、庙会、歌会层出不穷[①]。办节期间的主题活动不外乎文艺晚会、经贸洽谈会、研讨会。办节的一窝蜂现象、雷同化趋势，不仅不能加深民众对节会的印象和认同感，反而劳民伤财，造成参与者的排斥心理。主办者的初衷也难以实现。节庆主题活动很少顾及节庆文化市场究竟是否需要及需要的程度，办一两次就夭折了。每一个节庆活动都应由若干各具特色的主题活动构成，都要有独特的定位和主题，都必须突出节庆文化的鲜明个性，并由此决定着节庆的内涵及其所展示的活力。反之，若节庆定位不准，或节庆主题活动的策划与定位不符，甚至离题万里，则节庆文化的影响和效果将大打折扣。

2．节庆文化活动的功利化

以办节为载体，拓展经济发展空间，挖掘经济发展潜力，这本身是一个很好的思路。但是，不应使文化的商业化过滥和过俗以导致功利化，超出节庆文化的承载力。在最大程度上谋求经济利益的功利化会使节庆失去其赖以存在和发展的文化基础和文化内涵，失去建立在满足人们节庆文化需要基础上的文化。节庆活动的生命力取决于对民族民间文化和现代文化的挖掘和推广，取决于节庆所包含的适合于群众需要的文化韵味。至于引进多少外资、带动多少消费，应是节庆文化发展繁荣必然带来的效应而不是相反。节庆文化产业同一般产业一样，都以市场机制和竞争机制为基础，努力实现最佳的经济效益。但发展文化产业毕竟不同于满足人们物质需要的经济产业。只能遵循而不能背离文化发展的内在的特殊规律，只能遵循而不能背离社会效益和经济效益相统一的原则。节庆文化产业发展的"二重性"要求：既要体现文化产业的特点和规律，又要适应市场经济发展的要求，创造应有的经济效益，更好地发挥节庆文化对经济发展的促进作用。

3．节庆文化资源配置的行政化

一些新办节日之所以难以为继的一个重要原因就在于依赖政府投入和行政支撑。设计、规划、组织、运作、人力、物力、财力等都由当地政府负责或承担，且以种种方式将任务或负担硬性摊派给部门、企业和个人。文化企事业单位和文化工作者的积极性无法调动起来，没有赢得民间资源，特别是民间人才和民间资金应有的参与。在市场经济条件下，由政府承担经营节庆文化产业的全部职能是不适宜的，更多的职能要分解给文化经营企业、文化市场和社会。这也是凝聚节庆文化产业创新人才、解决庞大的办节资

① 李世泽，覃柳琴．节庆文化产业的体制创新[J]．广西社会科学，2003（12）．

金投入的最佳途径。

4．缺乏社区参与的群众基础

群众创作、群众参与、群众享受的文化娱乐节目是节庆活动的重要组成部分，一个成功的节庆活动要让每个人都能从中找到乐趣，这样才会激发人们的兴趣，增强节庆活动的吸引力。而现今各地政府以振兴地方经济、提高地区或城市知名度为目的而新办的各种“节日”，试图以自上而下的方式在群众中铺开，实难让群众普遍认同和接受，这是“官办节日”与生俱来的一大缺陷。一些地方政府所办的节日重视的不是广泛的群众参与性，而仅仅是官员参与性，参与官员的级别、数量是关注的焦点。节日的运转包括接待、安排都以此为主轴。从根本上说，节庆活动缺失民众的认同感就是疏远节庆文化的消费者，就要丧失节庆文化市场，无法打通占领节庆文化市场之路。

（三）发展节庆文化产业的对策和思路①

1．以文化产业的建设带动旅游节庆产业的发展

旅游节庆的发展离不开文化产业的总体进步。因此，这就要求政府尽快建立起适应经济社会发展和对外开放需要的文化发展格局、文化管理体制、文化运行机制、公共文化服务体系和文化市场体系，培育知名文化品牌。在这里尤其要强调文化公益事业和文化设施的建设，要建设一批较高水准的标志性文化设施、功能齐全的基层综合性文化设施、文化活动场所，基本满足群众开展经常性文化活动的需要。同时，大力推进文化产品和文化服务、旅游节庆的产业化，充实、壮大文体中介经济组织，完善文体市场体系，整合文化产业优势，以重大文化项目和活动、文化精品带动文化产业发展。另外，要坚持文化创新，以文化体制创新和机制创新为重点，在继承优秀民族文化的基础上，创新内容形式和手段，拓宽文化服务发展领域，增强文化产品与文化服务的吸引力和感染力。旅游节庆产业不仅要成为文化产业发展的受益者，还要在文化产业建设中发挥领军作用，培育一批旅游节庆精品。

2．以独特的文化资源为内涵，找准节庆活动定位

地方节庆缺少影响力的根本原因是没有内涵。节庆的内涵是什么？是文化，就是与其他节庆有着巨大差异的文化。文化是节庆的灵魂。如果一个节庆的内涵是鲜明的，那么它的定位就会很准确，城市借此进行营销就变得可能和可行。节庆的影响力也就容易形成。中国的春节就是我们中华民族独具内涵和魅力的节日，已经广泛被西方国家接受，即将成为全世界的节日。如果说春节是个太悠久的节日没有普适性的话，我们可以内蒙

① 王科，连建功．国内成功节庆活动对湖北省节庆品牌打造的启示[J]．武汉职业技术学院学报，2006（6）；孔旭红，辛儒．论区域旅游节庆活动与文化产业建设[J]．河北学刊，2007（5）．

古的那达慕节日为例：那达慕同样是一个有着鲜明文化内涵的节庆活动，它的影响力已经不再局限在中国，在亚洲、在世界也令人瞩目[①]。目前我国几个最具国际影响力的节庆活动，从举办载体上看分属不同的类型，或区位特色、或民族特色、或历史特色、或资源优势，这些特色和优势都具有一定的区域垄断性。所以各地在节庆品牌的打造过程中，必须找到自己独具特色的优势所在。

3．培育节庆活动适度合理的市场化运作机制

从本质上讲，节庆活动首先是一种经济活动，其目的是获得良好的经济效益和市场效果。从这个角度讲，节庆活动市场化运作是一种必然的选择。节庆市场化就是把节庆活动纳入市场经济的轨道，遵循市场规律，建立“投资—回报”机制，吸引大企业、大财团和媒体参与，通过市场化运作，形成节庆的良性循环。事实上，“政府引导、社会参与、市场运作”也已被专家认可为一种比较适用于中国国情的节庆活动运作模式。在这个模式中，作为市场运作主体的企业，所要做的就是把节庆活动按市场的方式进行推广。例如，南宁市进行了“以节养节”市场运作模式的成功探索，遵循市场运作规律，实行民歌节组委会领导下的专业公司经营与部门分工负责相结合的运行机制，通过有价票证的使用、出售冠名权、赞助回赠、广告等方式，实现了资金筹措多元化。2002 年成立的国有独资公司——大地飞歌文化传播有限公司，负责民歌节的资金筹措和演艺活动的策划经营，标志着民歌节市场化运作逐步走向成熟，文化品牌向产业品牌提升。此举在确保社会效益第一的同时，极大地刺激了经济效益的增长。同时，政府部门要做好宏观的调控者和推动者的角色，定期评估现有节庆产品，从经济、社会、科技、环境等多方面综合考量节庆产品的经济贡献度、社会贡献度、科技贡献度和环境代价；分析节庆产品的特色与竞争力，统筹调控、指导节庆产品的时间布局、空间布局、主题布局等。对现有节庆产品进行科学分类，分别给予不同的支持与指导。适时增加非物质遗产、有关名人、文艺、教育、科学、体育赛事等方面的节庆产品。

4．寻求多层次、宽领域的合作

旅游节庆关联性极强，不仅涉及本地区的市政管理部门旅游接待，旅游纪念品生产、销售、策划单位等许多部门和个人，还涉及周边地区的多个部门。因此，成功的节庆需要寻求多层次、宽领域的合作。首先，进行区域间的合作。要整合资源优势，进行区域间乃至国际间合作，加入国际性节庆专业组织，顺应节庆活动的国际化和产业化趋势，在利用外界资源发展自己的同时也带动其他地区的发展。其次，要建立起在地理位置上相对集中，既有竞争又有合作的文化产业集群，它主要由相关性的文化企业、文化产品

[①] 郑蕾．丰富节庆内涵，打造节庆品牌[N]．中国文化报，2009-03-03．

供应商、金融机构、相关产业的厂商以及其他相关机构等组成。另外，还包括辅助产品制造商、相关基础设施供应商，以及提供专业化培训、信息、研究开发、标准制定等相关的协会、中介机构等民间团体，进行各部门、各行业、各经营实体之间的合作。可以通过广告、捐赠、票务、赞助和专营权转让等多方式筹集资金，通过与纪念品设计生产商合作开发节庆衍生产品刺激消费，与各类会展公司企事业单位合作举办相关的交易会、洽谈会扩大节庆的边际价值。

5. 节庆活动参与的大众化与社区活动相结合

节庆活动是一种文化消费行为，成功的节庆是人民群众最广泛参与的节庆，大众化参与是节庆成功的基础。要实现大众化，就必须面向民众，植根民众，坚持开门办节，使游客和市民都能从亲身参与中感受到节日的美好和快乐。同时，当地社区的参与可以更好地突出文化特色和节庆气氛。巴西的狂欢节、西班牙的斗牛节、德国的啤酒节等之所以能闻名世界，为所在城市带来巨大的经济效益，就是因为这些节庆活动深深植根于当地社区文化，吸引广大当地居民的参与，具有鲜明的地方特色和文化取向。把节庆活动与当地的历史文化、民俗风情、产业特征和自然风光结合起来，与群众经常性文化活动有机结合起来。以真实的本土文化为基础，以当地群众的参与营造浓厚节日气氛，满足大众精神文化生活的需要。

6. 打造节庆活动品牌

人们提到慕尼黑，就会联想到盛大的啤酒节；提到戛纳，就会联想到电影节的盛典；提到奥斯卡，就会联想起美国的洛杉矶；提到斗牛节，就会联想到西班牙……可见，节庆文化已经与一个国家、一个城市的品牌紧密相连。品牌是企业参与市场竞争的标签，一个成功的节庆就是一个地方的品牌。理性办节必须重视品牌的打造，实施品牌战略，在创立品牌、拓展品牌和发挥品牌效应上下工夫。节庆活动要想具备品牌价值，必须具有鲜明的地方特色，要有亮点、热点和卖点，把节庆活动与当地的历史文化、民俗风情、产业特征和自然风光结合起来。节庆项目的品牌化不仅包括节庆活动本身，还涵盖了其产品和相关服务。许多节庆品牌是依靠特色的节庆活动或项目建立起来的，例如，南宁国际民歌艺术节的两大品牌项目活动——开幕式晚会《大地飞歌》和《风情东南亚》就以其浓郁的民族性、强劲的现代性、广泛的国际性和高雅的艺术性赢得了越来越多的关注。

第三节　文化资源与饮食文化产业

胡锦涛总书记在中国共产党十七次代表大会上发出了“推动社会主义文化大发展大

繁荣”的号召，指出：“当今时代，文化越来越成为民族凝聚力和创造力的重要源泉、越来越成为综合国力竞争的重要因素，丰富精神文化生活越来越成为我国人民的热切愿望。要坚持社会主义先进文化的前进方向，兴起社会主义文化建设新高潮，激发全民族文化创造活力，提高国家文化软实力。”实践也使人们认识到一个国家的崛起和发展，应该是指它的综合实力的全面提升，既有经济的快速发展、经济规模扩大为主要指标的硬实力的增长，更应该有以文化为核心的软实力的全面提升。两者既紧密联系，又相互区别。硬实力显而易见，它是一个国家发展的支撑，是软实力的有形载体。而软实力虽无影无形，但它超强的扩张性和传导性，使它对国家的发展产生了巨大的影响，它是硬实力的无形延伸。

从近几年中国文化在海外的发展过程中，我们清楚地看到中国饮食文化资源在海外的发展与传承，在提升中华民族影响力、增强国家文化软实力方面起到了重要作用。这是因为饮食文化是一个国家和民族物质文明和精神文明发展的标尺，是一个民族文化本质特征的集中体现，也是考察一个民族的历史文化与心理特征的社会化石。因此，中国饮食文化在中华民族的文化传承、文化认同以及在传播中华文化方面都曾发挥了不可替代的重要作用。同时，对这一问题展开研究，对于进一步发挥中国饮食文化在促进中外文化交流方面的作用，也有着十分重要的意义。

一、饮食文化是文化软实力的载体

饮食是国计民生中第一件大事，因而对食物烹饪的重视和考究，以及人们对于饮食的观念，则是表现一个国家的文化素养和文明的象征。技艺高超的中国烹饪，是中华民族历史文明的产物，也是华夏族先民及近代华侨华人对世界文化的一个杰出贡献。

早在先秦时期，中国各民族就以华夏族为中心开展了饮食文化的交流，华夏族的谷物，常常供给北方游牧民族，燕国的鱼、盐、枣、粟，素为东北少数民族所向往。

到了汉代，张骞出使西域，促进了内地与西域之间的饮食文化交流。西域的苜蓿、葡萄、石榴、葱、蒜、胡萝卜等特产，以及西域的葡萄酒，先后传入内地，大大丰富了内地民族的饮食生活。另一方面，内地民族精美的肴馔和烹饪技艺，又为这些地区的人民所喜食和引进，各民族在相互交流的过程中，都在择善而从，不断完善自己，共同创造出中华民族的饮食文化。

从世界范围来看，受中国饮食文化影响较大的莫过于日本。[①]早在公元 4 世纪，就有

① [日]中山时子．中国饮食文化[M]．徐建新，译．北京：中国社会科学出版社，1992：238.

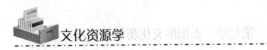

一些中国人经过朝鲜移居日本，这些人称得上是中国早期的华侨，其中有不少烹调厨师和制作食具的工匠。至唐代，鉴真大师又把中国的佛学、医学、酿造、烹饪等文化艺术带到日本。与此同时，大批日本学问僧和留学僧也来到中国，随着他们的归国，唐代宫廷与民间美味也传至日本，中国先进的饮食文化对日本宫廷与民间的饮食生活产生了广泛的影响。例如，日本宫廷的饮食制度就改效唐制，不少宫廷宴会也改用中国的烹饪方法，并时常派人来华学习和研究中国烹调。

唐代以后，中国的许多菜点就在日本流行开来，如中国的环饼（即馓子），是一种用面经油炸做成的类似麻花的食品，远在战国时即已有之；秦汉以后，环饼成为中国人在寒食节的必食之品。环饼传至日本后，被称为“万加利”，并成为日本贺藏神供品。再如粽子，它是中国端午节的节日食品。吃粽子在中国有悠久的历史，这里面有纪念屈原的传说。粽子传到日本后，日本人称之为“茅卷”，现在日本特色的粽子，如御所粽、道喜粽、葛粽、饴粽等，都是在中式粽子的基础上发展起来的，据日本学者木宫泰彦所著的《日中文化交流史》记载：明清时期，中国饮食传到日本的有胡麻豆腐、隐元豆腐、唐豆腐、馒头等种种中国风味的食品，并且学会了按照中国方式，主客围桌共同饮食，这对日本的烹调法和会餐方式都起了一些影响。[①]

在中国菜点传入日本的同时，中国的饮食节令风俗也在日本时兴起来，例如，正月元旦的屠苏酒、正月七日的七种菜、五月五日的菖蒲酒、九月九日的菊花酒等，在日本都十分流行。日本学者森克己在“日宋文化交流诸问题”一文中指出：“大陆（指中国）和我国（指日本）之间，从原始时代起，就在进行文化交流。先进的大陆文化不断地流入我国。与此同时，日本把这些大陆文化在不知不觉中汲取，日本化。”木宫泰彦的《日中文化交流史》一书中也指出：“日本中古之制度，人皆以为多系日本首创，然一检唐史，则知多模仿唐制也”。“中国乃东洋文化之母国……倭人来自中国，目睹其情形，必赉往若干新知识，而对中国文化作极热烈之钦慕。”[②]

中国和非洲也有近千年的交往，近年来在索马里等东非国家出土了唐、宋、明三个朝代的瓷器和钱币。另外，今日非洲的烤全驼和唐代宫廷菜肴浑羊殁忽在形状和烹制方法上有惊人的相似之处，据《食珍录》记载：“此菜‘最为珍食。置鹅于羊中，内实粳、肉、五味，全熟之。’”而烤全驼的做法也是将鸡蛋塞入鱼肚中，然后把鱼放进鸡内，再把鸡放在烤羊的肚里，最后把烤羊放入一头骆驼的肚子里烤制而成。我国的烹饪研究专家认为，这可能是中国和非洲历史交往在饮食文化上的一个见证。

① [日]木宫泰彦. 日中文化交流史[M]. 胡锡年，译. 北京：商务印书馆，1980.

② [日]木宫泰彦. 中日交通史[M]. 上卷. 陈捷，译. 北京：商务印书馆，1930：20.

随着丝绸之路的开通，中国同中亚、西亚以至欧洲的经济往来日趋密切，通过这条道路，中国饮食文化源源不断地通过华夏人民介绍到西方，据《宋会要》记载：1070年，大食国（今伊朗）“遣使来员，赐器服，饮食”。这种互相往来的例子，在史书中是很多的。至今在希腊——地中海文化圈内，中式饮食还占有一席之地。

伟大的革命家孙中山先生在《建国方略》中指出：“中国近代文明进化，事事皆落人后，唯饮食一道之进步，至今尚为文明各国所不及。中国所发明之食物，固大盛于欧美。而中国烹调法之精良，又非欧美所可并驾……昔日中西未通市以前，西人只知烹调一道，法国为世界之冠。及一尝中国之味，莫不以中国为冠矣。”自清代末期以后，中国一直遭受西方列强的欺侮，尽管那时中国饮食文化已领先于世界各国，但西方各国并不承认，认为法国才是世界的烹饪王国。自孙中山的《建国方略》问世后，中国烹调技术在世界上的地位也有了很大的提高，使世人认识到中国才是当之无愧的烹饪王国。

另外，与饮食内容相关的筷箸饮食方式，也源于中国，并通过华人、华侨不断向海外传播。中国是筷箸的发源地，日本、朝鲜、韩国、越南等国的用箸习俗皆由中国传入。筷子早在唐以前就传到了亚洲各国，特别是东南亚、东北亚一带。箸在日本的最早使用，据日本学者山内昶先生《筷子刀叉匙》中指出：推古十六年（608年）日本宫中设宴招待隋朝使者裴世清等人时，“席间采用中国餐桌礼节，以两双筷子和汤匙作为正式餐具，摆放在餐盘内，这是日本最早使用筷子的正式记录。”[①]源自中国的箸文化，经过长期发展，现已成为日本文化的典型代表。

朝鲜半岛也是最早接受中国箸文化的域外地区，7世纪时的新罗时代，他们就开始使用箸了，今天朝鲜语中筷子的读音“zhegala”，就含有汉语“箸”的音素。[②]韩国从1995年下半年起，在小学一年级开设了“筷子课”，并向教师提出了“让孩子们用筷子夹豆子”的教学方法。现在，全世界有15亿以上的人使用筷子，足见中国人发明的筷子，已成了当今世界风格独具的重要餐具。

事实上，筷子的发明使用，对中华民族智慧的开发是有一定联系的。尽管是一双简单得不能再简单的筷子，但它能同时具有夹、拨、挑、扒、撮、撕等多种功能；而与看上去“动刀动枪”式的西方餐具相比，成双成对的筷子又多了一份“和为贵”的意蕴。在民间，筷子被视为吉祥之物，出现在各民族的婚庆、丧葬等礼仪中。当我们仔细品味筷子的妙用时，更增添对祖先的崇拜之情。著名的物理学家、诺贝尔物理奖获得者李政道博士，在接受一位日本记者采访时，也有一段很精辟的论述：“中华民族是个优秀民

---

① [日]山内昶．筷子刀叉匙[M]．丁怡，翔昕，译．台北：蓝鲸出版有限公司，2002：114．

② 刘云．中国箸文化史[M]．北京：中华书局，2006：367．

族，中国人早在春秋战国时期就使用了筷子。如此简单的两根东西，却是高妙绝伦地运用了物理学上的杠杆原理。筷子是人类手指的延伸，手指能做的事它几乎都能做，而且不怕高温与寒冷。真是高明极了！”

“殷勤问竹箸，甘苦乐先尝。滋味他人好，乐空来去忙。”宋代文人程良规的这首诗，是对筷子那种奉献精神的生动描绘。筷子作为中国饮食文化的重要内容之一，源远流长，已在世界各国中产生了深远的影响。

二、饮食文化的传播与文化软实力的提高

如今在世界各地，众多的华人在海外聚居，华人开的中餐馆比比皆是，深受国外人士喜爱，成为中外文化交流的一个重要渠道。因此，我们这里主要探讨清代以后，特别是近代以来，华人华侨移民后，在海外与定居国之间的烹调技艺、经营管理、饮食习俗等文化交流的情况。

现在世界各国基本上都有中国餐馆，而且呈越来越多之势。据 1990 年 12 月 8 日《经济参考》报道：“随着华人的足迹走遍世界，中华饮食文化的热风也吹遍了全球每一个角落。有报道统计，居住在世界各国的华侨、华人约有 3 000 万，约有 16 万家中餐馆。其中英国 4 000 多家、法国 3 000 多家、澳大利亚 6 000 多家、德国和比利时各 1 000 多家、意大利 500 多家、瑞典 500 多家、美国多达 16 000 多家，占全世界中餐馆的 10%。”

进入 21 世纪，2007 年 6 月 30 日《欧华报》报道：“据不完全统计，目前英国约有中餐馆 9 000 家，荷兰拥有 2 200 多家中餐馆，而德国中餐馆和华人速食店超过 7 000 家，法国中餐馆已经超过 5 000 家，西班牙中餐馆达 3 000 家，仅巴塞罗那就有 600 多家，葡萄牙中餐馆 600 多家，奥地利 800 多家。中餐依然是海外华人经济中的支柱产业之一。”

对此，周南京先生在《海外华人对世界文明的贡献》一文也作过专门研究，他指出：“美国华人餐馆业始于 1849 年，首家中餐馆出现于旧金山。后来，旧金山、纽约、洛杉矶等地的中餐馆日益增多。到 1995 年，全美国的华人餐馆约 2 万家，其中绝大部分为中餐馆，也有少量西餐馆、日本餐馆等。这些餐馆遍布美国各地，其中纽约有 700 家，投资额约 2.8 亿美元；洛杉矶有 1 500 家，投资额约 2.5 亿美元；旧金山有 1 400 家，投资额约 2.3 亿美元；芝加哥有 1 000 家，投资额约 1.6 亿美元；夏威夷有 300 家，投资额约 5 500 万美元。”

关于西欧 6 国（英国、法国、荷兰、德国、比利时、奥地利）中餐业的发展，李明欢在其新著《欧洲华侨华人史》一书中，作了较详细和系统的论述。她指出：“1998 年英国的中餐馆数目比 1975 年增长 2.75 倍，法国同比增长 4.33 倍，荷兰同比增长 8.5%，

德国同比增长 3.4 倍，比利时同比增长 4 倍，奥地利同比增长 12.3 倍。”

在海外，中国菜使得无数老外心往神驰，也使得众多的海外华人有了安身立命的依靠。在西欧饮食市场，各国菜式餐馆林立，唯中餐馆独占鳌头。美国人称，在世界各地只要有人的地方，就可见到挂大红灯笼的中餐馆。在德国这样固守传统的国家里，中餐馆也遍布全国。日本自维新以后，习尚多采西方，而独于烹调一道就嗜中国之味。在今天日本，中餐、日餐、西餐三足鼎立，中餐已成为大饭店餐饮中的一个重要组成部分。最近日本又兴起了“药膳热”。眼下的澳大利亚，凡是有市镇的地方必有中餐馆。这几年，尽管澳大利亚经济连年不景气，但中餐业的发展却一片繁荣景象。前几年，东欧市场一经开放，中式烹饪便一拥而进，中餐馆出现犹如雨后春笋。

与此相伴随的是，欧美等海外华人素以餐馆业为谋生第一职业。英国华人 50 多万，经营餐饮业的占 50%以上。美国华人近 400 万，有近 20%从事餐馆业。荷兰华人人口占该国 0.3%，但其经营的餐馆却占荷兰餐馆总数 2.5%。仅有一万多华人的中美洲小国哥斯达黎加，首都圣约瑟市中心便开了 80 多家中餐馆。

除了上述餐馆业之外，还有蔬菜店、鱼店、杂货店、酒店、米店、糕点馆、水果店、土特产品店等，这些行业本钱少、赚钱多，很适合多数中小华商的经济实力，故颇受华商的青睐。海外华商在饮食领域的活动，既有利于自身的生存和发展，也有利于所在国人民生活的需要和社会经济的发展。

中华烹饪饮食文化之所以风靡世界各国，在西方文化背景下长大的老外之所以偏爱中餐，是因为中华烹饪饮食文化有着其他菜系不可比拟的优点，我们从中式烹饪饮食文化与世界各大菜系的比较中可以看出。

世界有三大菜系之分：东方菜系、西方菜系和土耳其菜系。中国烹饪是东方烹饪的代表，要想反映中国烹饪的世界领先地位，只需拿中国烹饪与西式烹饪相互比较，而土耳其菜系烹饪技艺粗放，可说不足与东西方烹饪媲美。欧美西方，是当今世界上发达国家最集中的地方，但西方是发达与不发达并存。西人不善治饮食。西式烹饪电气化、机械化程度高，强调营养、热量、速度等，都值得学习和借鉴。但从总体上说，西餐比较单调乏味。例如，英国人比较保守，尊重传统的东西，其烹饪也是如此，以原汁原味、清淡著称。美国菜式是在英国菜式的基础上发展起来的，所以其烹调方式与英国大体相同，只是美国人注重效率，比英式烹饪更为简化。美国饮食除了“快”字，恐怕再也找不到什么闪光的字眼了，美国是重玩不重吃的国家。德国菜式也比较简单。俄式菜主要讲究的是数量和实惠。法国烹饪用料考究、口味浓郁、质地鲜嫩，很讲究饮食礼仪和服务方式，是西式烹饪的最高水平。法国烹饪发展的高峰期 19 世纪中晚期出现的一系列烹饪巨著曾为欧美各国普遍接受，奉为标准，可见法国烹饪是西式烹饪的代表。然而法国人却对中国烹饪饮食文化推崇备至，中餐被法国人誉为“世界最佳饮食”。在法国人眼里，中国厨师个个像魔术师，那些被称为神秘、古怪的中餐烹调法给世人带来了最无穷尽的美味享受。

事实上，中国的烹饪方法十分注重整体效果，丰富而又和谐，多样而又统一，带有浓郁中国哲学的调和色彩和宽容性。例如，中国烹饪讲究调和鼎鼐，把味道放在首位，它的原料可以是一种或多种，它的调料可以是一样或多样，但最终都是要调和出一种美好的口味，可见美味的获得并不是孤立的产物，是多种因素的结合，很难进行定性、定量的具体分析。这一切讲究的就是分寸和整体的配合，一切以菜的色、香、味、形的美好、协调为度，度之内的千变万化就决定了中国饮食的丰富和善于变化。由此也反映出，在中国这种多姿多彩的饮食文化中，美性的追求显然是首要的。

而西方人的饮食多从理性角度考虑，注重营养和卫生的合理搭配，对味道之美反而是不大讲究的。各种调料都分得清清楚楚，很少有原料之间的多种配合，呈现出味道单一，营养价值一目了然，较少艺术氛围的特点，反映了东西两种截然不同饮食观念的质性差异。当然，随着现代科学文化的发展，东西方不同的饮食观念也正在互相渗透，互相取长补短，以完善本民族的饮食文化。

根据史料，中国人向外移民的现象从16世纪开始就很明显地不断增加，主要集中在东南亚国家。19世纪初开始，这股移民风逐步进入一个高潮，并扩展到了美洲、澳洲等西方国家。对中国文化和社会有些了解的人大致上都知道，受儒家思想影响极深的中国人的乡土情结以及对祖国和祖宗的意识强烈，除非有什么不得已的理由，否则他们是不会轻易离开家乡的。而16世纪开始，海外华人不断地增加，最显著的就是南方沿海地带的中国人大量走出国门，促使他们离开祖国的原因，大致上是因为中国内地政治的不安与动荡，与之连锁反应的是经济的衰退和贫穷农民的增加。

与此同时，需要大量廉价劳工来进行开发工程的西方国家及其殖民地所提供的工作机会和金钱对这些破产的农民来说，无疑是一个很大的诱惑，再加上航海技术的发展使得移往海外来得较为便利和省时。虽然在这之中有些移民是被拐骗过去的，但不可否认，自愿出走的人仍占大多数。在这群移民群中不乏从事农业、手工业以及厨师或小贩等人，这些到了异乡的中国人因人生地不熟的关系，往往都会很自然地团结起来聚居在一起，除了便于同乡之间互相帮助之外，和当地人语言不通也是一大因素。这些聚居在一起的华人逐渐形成一个社区，那就是唐人街（China Town），而唐人街是中国饮食文化传播的主要聚集地，所以华人的餐饮业大多都以唐人街为基地，也有小部分是在劳工聚集的地方做小本生意，他们的顾客主要是吃惯家乡菜的华人。因此，这类远走他乡的厨师是中国料理的主要传播者，当然也包括了小部分家庭式传播者，也有到了当地经营西餐厅的华侨老板或厨师。

由于早期移民海外的中国人主要来自沿海各省，其中又以闽粤一带占大多数，所以我们不难在东南亚及欧美等国发现大多数的中菜馆皆以粤菜（广东）、闽菜（福建）为主，现在川菜后来居上，这也可以反映华人、华侨的成分已悄然发生了变化。

开餐馆曾是很多华人华侨海外创业初期的经历。相对于其他行业而言，中餐业投资少，风险小，专业性不是很强。例如，中餐业是华人华侨在日本的传统行业，在日本各地都可以见到中餐馆，有人说日本 80%以上华人靠餐饮业或曾经靠餐饮业为生，日本的中餐馆早就成为日本餐饮业中不可缺少的组成部分，并在一定程度上为日本的饮食文化做出了贡献。我们以馒头为例，来看这个问题。

宋人高承在《事物纪源》中说："诸葛武侯之征孟获，人曰：'蛮地多邪术，须祷于神，假阴兵以助之。然蛮俗必杀人，以其首祭之，神则飨之，为出兵也。'武侯不从，因杂羊豕之肉而包之以面，像人头以祠，神亦飨也。而为出兵，后人由此为馒头。"诸葛亮为东汉末年人，他命军中所做的肉馅包子，被人称为馒头，说明三国时包子已出现了。

三国时面食种类增多，这一方面与面点的发展分不开，另一方面也与此时节日食俗的发展紧密相连。如这时的"人日"、"天穿节"要吃煎饼，寒食节吃"寒具"，伏月吃"汤饼"等，都是以面制作。

面点与节日食俗结合起来，从而也促进了面食的发展，特别是馒头的制作，经过几百年的发展，水平不断提高，并向中华文明圈区域传播。在元代，华侨林净因于 1350 年来到日本，定居于奈良，以卖馒头为业。林净因以其在中国学会之馒头手艺不用肉和菜馅，改为适合日本人风味的小豆馅，还在馒头上描一粉红色之林字，广为销售，是为日本馒头之始，深受好评。甚至当时的后村上天皇也很爱吃，并召林净因至宫中，赐以宫女为妻。结婚时，林净因又曾制馒头，广为赠送宾客。由是，这种习俗一直传至今日，人们在婚嫁喜庆时，仍有赠送馒头的风习。而林氏一族也便以制作馒头为传世家业，其所居之地，被称为"馒头屋"，并成为当地的名胜古迹。

据记载日本馒头创始人的《盐懒始祖林净因碑记》称，林净因的子孙亦人才辈出，其孙林绍曾回中国学习点心的制法，返回日本后，移居京都，生意十分兴隆。到 17 世纪中叶，还由后水尾院赐以"盐懒山城大椽"的官号。日本人民为了表示对林净因的缅怀与崇敬，还在奈良建了一座林神社，每年 4 月 19 日，食品界人士便前往奈良林神社举行节日朝拜，六百多年来，从未间断。14 世纪元代的林净因把馒头传到日本，为缅怀与崇敬先贤功德，因而日本有了馒头节。

许多经营者都认为"饮食是文化交流的使者"。在关西地区，大阪上海新天地的"皇宫"餐厅要算"以文化促发展"的佼佼者。

2005年9月，大阪上海新天地新装开张。从一楼到七楼，涵盖衣食住行和文化娱乐。这座全日本第一家由华人投资建设的综合商城，早已经成为关西华人购物、餐饮、娱乐的中心，更是一道向日本社会传递“中国”、“上海”的风景线。5月黄金周，上海新天地特地从国内请来了武汉歌舞剧院的“丝竹琴韵女子乐坊”为黄金周的节日气息推波助澜。在“皇宫”用餐的客人，品尝着上海美食，欣赏着中国江南美曲，给每位在场的客人带来一份意外惊喜。有许多到“皇宫”用餐的客人表示，来这里寻求的不仅是一顿可口晚餐，更是一份难得的享受和心情。现在，在关西的许多华人社团举办活动也选择在大阪上海新天地。

打文化牌的中国餐馆不是个案，在东京的“上海人情”饭店也是靠中国文化吸引客人。餐厅装修雅致，既有中国传统特色，又有现代气息。在餐厅的墙壁上贴着中国20世纪30年代电影明星的照片，“旧上海和平饭店股东大会”场面的壁画把人们的思绪拉到解放前的中国。菜单上也处处体现了中国传统饮食文化，“豆腐花”因为制作繁琐，利润低，中华料理店一般不会把它列在菜单上。但“上海人情”认为“豆腐花”是中国传统美食中必不可少的，因此店里的师傅们坚持每天起早磨新鲜的豆浆，他们把价格仅卖680日元的“豆腐花”装在一个套有不锈钢桶的小木桶内，香葱、虾米、紫菜、榨菜覆盖在豆花上面，在中国市肆随处可见的“豆腐花”在这里却制作得精致无比。

中国菜在韩国的流行，华人、华侨功不可没。据日本神田外语大学林史树先生研究认为：“可以说中国菜的历史包括了韩国华侨的历史。1882年壬午事变时，清军进入朝鲜半岛，中国菜便开始流行了。当时，中国餐厅有各种规模。”[①]根据朝鲜半岛历史，韩国人的不少氏族的祖先都源自中原。这些人主要是因为战乱的原因来到朝鲜半岛南部生活。直到今日，我们还可以在韩国的户籍册所记录的本贯看到不少昔日中原人移居朝鲜半岛的痕迹，如苏州贾氏。在中国清朝末年，中国人为了逃避战乱，多数从山东半岛乘船过黄海，登陆仁川、釜山和当时的汉城。[②]登陆后多数经营农业、饮食业。韩国华人中的汉族95%以上来自山东，其中以祖籍烟台、青岛、威海居多。据林史树先生研究：“韩国、朝鲜人爱吃中国菜的历史已经有一百二十年了，中国菜的厨师一般是朝鲜半岛的华侨，一百二十年的历史就是他们的定居过程，在这个过程中，韩国人爱吃的中国菜出现了，这就是所谓‘韩式中国菜’——在华侨社会，开中国餐厅的人占有相当大的比例。例如，在釜山华侨中，882户中有89户开中国餐厅，约占全体的10%。加上其他自营业，如医院、中药局、旅行社等，全部自营业户数是124户，所以中国餐厅占所有自营业的

---

① 林史树．中国菜的“现地化”与“再现地化”：越境的“韩式中国菜”．见：周宁静．第九届中华饮食文化学术研讨会论文集[C]．台北：中华饮食文化基金会，2006．

② [韩]崔承现．韩国华侨史研究[M]．香港：香港社会科学出版社，2003．

70%以上”。[①]由此可知，华侨到了东亚各国，甚至欧美一带，开始都是从事饮食行业，生活条件十分艰难。经过多年的艰苦奋斗，这些华侨终于在各国争得一席之地，时至今日，不少人甚至成为当地著名的企业家。

潮州菜在世界各地的传播，也是和一部潮籍华侨史密不可分的。潮汕地区历史上由于地少人多，生产条件落后，很多人感到难以在家乡发展，且潮州面临大海，有多条直通南洋各国的海道航线，因此在很早的年代，潮汕人便开始向海外移民。我们根据潮汕华侨史，可以知道从明代开始，潮汕地区已经向海外移民，到了清代更是日益增多，一直到20世纪中叶，潮汕移民仍然是相延不绝。这些潮籍华侨到了东南亚各国，甚至欧美一带，开始都是从事一些艰辛的行业，如采矿和修筑铁路，生活条件十分艰难。经过多年的艰苦奋斗，这些潮籍华侨最终在各国立足定居，有的还获得了巨大成就，在各国产生较大影响力。

这些潮籍华侨到了异国他乡，仍未能改变自己的饮食习惯，依然十分喜爱自己的家乡饮食，而不适应外国的饮食习俗。于是在这些有潮籍华侨打工的地方，就开始出现一些经营潮州菜、潮州小食的小摊档，如潮州粥、潮州牛肉丸、潮州粿条汤之类。经营这些小食摊档的，多为一些打工的潮州华侨。但是，随着潮籍华侨在这些地方经济上的发展及事业上的成功，富有潮州风味特色的小食摊也慢慢发展起来，逐渐开始经营正宗的潮州菜，一些中高档的潮州菜馆、潮州大酒楼也开始出现。

在东南亚一带，最早出现的潮州菜馆应该是什么时候呢？根据一些相关的历史资料以及一些潮籍老华侨的回忆，认为是在潮州海外移民最具规模的清代。清代光绪年间，有个叫潘乃光的商人，多年经商奔波于东南亚一带，光绪二十一年（1895年），他写了一组题为《海外竹枝词》的组诗，详细叙记了他出国的见闻和感慨，其中有一首他描述在新加坡酒楼的状况：“买醉相邀上酒楼，唐人不与老番侔。开厅点菜须庖宰，半是潮州半广州。”从这短短的四句诗里，我们可以看出两个问题：一是在海外的潮籍华侨，他们到了外国之后，还是保留着家乡的饮食习惯和爱好，因此他们还不喜欢和当地的外国人一起饮食；二是中国菜在当地已占有相当大的市场，而在国外的中国菜中，潮州菜已可与广州菜并驾齐驱了。

近几十年来，潮州人的足迹也踏遍欧洲、拉美各国，他们所到之处，同样带去中国潮州菜，富有浓郁潮州风味的潮州菜，很快引起当地华人和各国人民的关注和喜爱，各种中高档潮州菜酒楼也就在欧美各国应运而生。例如在美国，最早经营潮州菜的地方是

① 林史树．中国菜的“现地化”与“再现地化”：越境的“韩式中国菜”．见：周宁静．第九届中华饮食文化学术研讨会论文集[C]．台北：中华饮食文化基金会，2006．

加州和波士顿，开始也是经营一些中低档的潮州饭菜、小食之类，由于富有特色，生意红火，所以很快便出现经营正宗潮州菜的中高档酒楼、菜馆，所供应的菜式，既有潮汕地方特色的小食，也有潮州菜中的高档菜肴，如“红炖鱼翅”之类的菜肴，而且这股潮菜热也很快影响到美国东部各大城市，据不完全统计，单是在纽约便有“福满楼”、“潮江春”、“帝豪潮州海鲜酒家”、“明珠大酒店”等十多家高档豪华的潮州菜酒楼，所烹制的潮州名菜深受当地华侨和美国人的欢迎。

至于欧美其他各国，几乎每一国家均有潮州菜馆，如法国、西班牙、巴西等，甚至连较小的国家，如摩洛哥，也有潮州菜馆，尽管这些潮州菜馆经营潮州菜的方式、规模不尽相同，但都为宣扬优秀的中国饮食文化，促进中国人民和各国人民之间的友好往来做出贡献。从某种程度上来说，中国饮食文化的外传也促进了中国文化的输出，外国人士对中国文化的一些感性认识，许多都是从中国饮食开始的。

探讨华人华侨的文化传承，可以反映出中华饮食文化是华人华侨文化的重要组成部分，也是华人华侨进行中外文化交流的重要桥梁。因为中国饮食文化是中国民族文化的一份厚重遗产，而中华民族是一个具有无限创造精神的民族，中国的烹调技艺源远流长，熔铸了中国人民的聪明才智。中国饮食不但讲求科学性，还注重艺术性；不但给人以味美的享受，还可以丰富人们的文化知识。正如孙中山先生在《建国方略》中所言：“烹调之术本于文明而生，非深孕乎文明之种族，则辨味不精；辨味不精，则烹调之术不妙。中国烹调之妙，亦是表明文明进化之深也。”这说明一个国家的饮食文化如何，则足以表现一个国家或民族的文化素养。

华人华侨在海外经营中餐馆的实践，也是在不断地吸取海外饮食文化的一些精华，这也就丰富了中华饮食文化的内涵，对中国饮食文化的发展与创新起到了一定的推动作用，因为一个民族文化的发展与进步离不开经济文化双向交流的健康进行。因为一种民族文化，无论它曾经多么的丰富、多么的先进，如果封闭起来，完全与外部世界相隔绝，不仅难以保持自我更新的生命力，也不可能获得世界性的文化价值和意义。而现代文明所包蕴的普遍主义价值，与许多国家和民族的文化并非完全对立与冲突，其中有一些成分不但不冲突，运用得当，反而可以相互提供支撑，有一些成分经过调适可以顺应，有一些成分可以兼容共存。因此，中华饮食文化在世界文化史上的显著地位，更在于它的开放性，在于多方位的中外文化交流，在于中华饮食文化在海外广泛而持久的传播所产生的重大影响。

三、加强中国饮食文化传播的对策

中国传统文化在长达数千年里一直走在世界前列，它所树立的一座座丰碑，至今仍然令人景仰。然而，十五六世纪以来，随着世界形势的变化，中国文化的这种领先地位逐渐丧失，唯有中国饮食文化却在不断走向世界，这应该归功于华人华侨在海外的推广，而这种推广是充满了艰辛的，其原因就在于这种传播缺少一个较大的平台和先进的营销理念。据 2008 年 1 月 30 日《三联生活周刊》以《中国 1.2 万亿餐饮市场谁为老大》为题报道："在中国这个拥有几千年饮食文化的文明古国，在西方人眼中被看作东方美食之都的中国大地，蓬勃发展的餐饮业却始终摆脱不了这样一大困惑——有名冠全球的招牌菜系，有各界津津乐道的美味小吃，却难觅称霸世界的餐饮企业。"这比起当今麦当劳和肯德基等西式快餐连锁传入中国的速度是大为逊色的。为此，我们认为应该加强中国饮食文化的海外传播，并提出如下对策。

（一）充分利用奥运会、世博会以后的影响，加快中国饮食文化的传播，提升中国文化的国际影响力

不久前，《世界眼中的中国》大型调查报告在北京正式发布。《世界眼中的中国》主题调查由北京数字一百市场咨询有限公司负责执行，以奥运期间来到中国的外国人为主要调查对象，对外国人的中国形象和中国文化认知、奥运感受以及中国经济印象等内容做了详细的问卷调查。本次调查采用拦截访问与网上调查结合的方式进行，访问对象涉及欧洲、北美、亚非拉以及澳洲等 20 多个国家。在对"中国的代表性事物"的了解上，大部分外国人选择了"功夫"、"长城"和"中餐"，如图 7-1 所示。

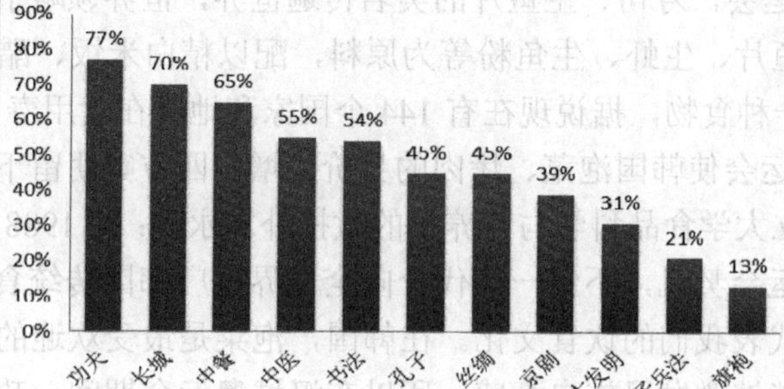

图 7-1　外国人对中国代表性事物的了解情况图

数据来源：数字一百市场咨询有限公司

面对洋快餐在中国的快速扩张，我们理应作出迅速的反应，2008 年北京奥运会和 2010 年上海世博会的举办，为海内外中国餐饮业创造了一个千载难逢的传播中国饮食文化的机遇和平台。许多国家都是利用奥运会和世博会来传播本国饮食文化的，特别是奥运会。

从第一届现代奥林匹克运动会算起，奥运会的饮食至今已有一百多年的历史。在人

类历史的长河中，一百多年只是短暂的一瞬，但是奥运会自诞生之日起，其运动员的饮食就由简朴日趋为复杂。1924 年，法国举办的奥运会，其饮食丰富多彩，奥运饮食以此为历史的航标，以它独特的魅力载入了光辉的史册。

当然，也有几届奥运会的饮食不尽如人意的。如 1996 年，第 26 届夏季奥运会在美国亚特兰大举行。这届奥运会号称百年盛会，耗资 17 亿美元。参加奥运会的国家和地区有 197 个，几乎包括了地球上所有的国家和地区，盛况空前。这届奥运会向全世界展示了高超的体育竞技，有 53 个国家和地区夺得了金牌，创下了 24 项世界纪录。可是，在饮食方面却令人怨声载道，许多国家的代表团向这届奥运会的组织者提出抗议。众所周知，世界各地、各民族的生活习惯不同，饮食习惯尤其不易改变。因此，奥运村中一定应有不同类型的食堂和膳食，以适应来自世界各地不同民族运动员的口味。可是事实令人失望，奥运村中只有清一色的西餐。中国运动员因吃不惯这种饮食而深为苦恼。有些运动员只好以吃水果和自带的方便面过日子。幸亏后来我国使馆人员和亚特兰大华人、华侨社区的热心人士组成后援会，才使符合中国运动员口味的食品得以保证，由此才创造出较好的竞赛成绩。

事实上，奥运饮食对各个举办国而言，既是机遇，也是挑战。在历届奥运会上，具有主办地特色的食品，借着“奥运东风”走向世界的成功案例不少，尤其是之前在东北亚举办的两届赛事。

1964 年东京奥运会，寿司、生鱼片的美名传遍世界，世界领略了寿司的可口滋味。所谓寿司，是以生鱼片、生虾、生鱼粉等为原料，配以精白米饭、醋、海鲜、辣椒等，捏成饭团后食用的一种食物，据说现在有 144 个国家和地区在食用寿司。

1988 年汉城奥运会使韩国泡菜、烤肉的身价陡增，四方宾朋留下了对泡菜的美好回味。据韩国釜山国立大学食品科学与营养学的教授朴君永说：“1988 年，韩国政府的观光部和农协利用奥运会契机，不惜一切代价向全世界推广韩国传统食品——韩国泡菜。我们认为泡菜最能代表我们的饮食文化。在韩国，泡菜是最受欢迎的传统食品，它也代表了我们的历史，能够激发民族自豪感，所以在汉城奥运会期间，政府决定大力推广这个传统饮食。”现在，韩国泡菜已经被推广到 110 多个国家和地区，每年收入超过 70 亿美元。朴君永说：“以前日本人最看不起韩国泡菜，韩国留学生吃了泡菜后必须刷牙才能进教室，现在 98%的泡菜是出口日本的。”

从近几届奥运会来看，都给主办国餐饮业带来了巨大影响。汉城奥运会上，吸引外来游客 22 万人，让世界认识了韩式美食，并随着奥运会的举办开始向世界推广，这种无形的收益更是不能单单用资料来衡量的。

2000 年的悉尼奥运会是截至目前奥运历史上盈利最多的一届奥运盛会，其中，仅奥运期间便有 40 万人入境，直接旅游收入 42.7 亿美元，1997—2004 年期间，悉尼奥运会共计为悉尼带来了 1 600 万人次的旅游入境，如果拿国际上公认的餐饮收入占到旅游总收入的 1/5～1/4 的标准来计算的话，仅奥运期间便有 8.54～10.7 亿美元的直接餐饮收益，如果加上奥运经济持续区间的收入，得出的数据将更让人惊讶！因此，2008 年北京奥运会后，博大精深的中国传统饮食文化如何做好中国饮食文化的宣传和推介工作，是值得我们认真研究的。

据 2007 年 10 月 20 日《楚天都市报》报道：中国人民大学副校长冯惠玲教授主持了一个有关北京奥运的国家社科重大课题《2008 年北京奥运会与文化中国国家形象要素排序》，专家组就“北京奥运与文化中国国家形象要素排序”这一课题，以实证研究方式，进行了历时半年的调查，调查对象包括 50 多个国家的 405 位社会影响力较大的政治家、企业家等。调查结果显示：在具体的中国文化形态中，海外公众最感兴趣的是饮食文化，占调查对象的 32%，艺术文化与民俗文化紧随其后，分别占 26%和 18%。

台湾观光局的统计数据也显示：“台湾美食已经正式超越了故宫的翠玉白菜，成为最能吸引国外观光客来台的标的。”台湾美食，无论在品牌出口，或是扩大观光效益，在台湾经济发展中都占有一席之地，表明了中餐的吸引力。

如今，我们已经进入后奥运期，我们可以充分利用奥运会、世博会的影响，在世界各地举办中国美食展会活动，特别是要加强中国各地风味菜的宣传，全面推介中国的美食文化，不断提升中国饮食文化的世界影响力。

（二）努力扩大中国餐饮品牌在海内外的影响，积极支持做大做强餐饮品牌

在《世界眼中的中国》这项大型主题调查报告中，数字一百市场咨询有限公司引入了一套综合性的“评价中国”评价体系，问卷设计涵盖经济、环境、政治以及国民素质等诸多方面，其中对中国经济认知现状的调查结果尤其引人注意。大部分外国人不仅仅对中国经济现阶段的评价较高，同时在中国经济发展的未来预期方面，也非常看好中国，超过六成的外国人认为中国将成为未来 20 年世界上最大的经济体。中国的经济发展使中国的品牌认知大幅度提升，使中国的品牌文化迅速融入世界。

这次调查的结果显示，联想、中国移动等中国品牌在外国人当中享有较高的知名度，其在受访者中的认知度分别达到 58%和 52%。作为中国的快速消费品品牌，伊利借势奥运赞助商的营销策略，在外国人当中也赢得了 14%的认知度，相对较高。奥运期间，李宁作为营销表现最为突出的品牌之一，在“奥运期间印象深刻的品牌”调查序列中位于前列，在“认知度——印象深刻程度”的比例方面，李宁明显处于首位。这说明李宁品牌以较小的认知度成本赢得了相对较大的品牌印象深刻程度，这与李宁的名人效应和奥运影响的认识度有紧密关系。具体如图 7-2 所示，在这当中，没有一家从事餐饮的企业，

因此，我们应该积极支持和扶持餐饮品牌，特别是有一定基础的海内外餐饮品牌，以与快速传播的洋快餐品牌抗衡。

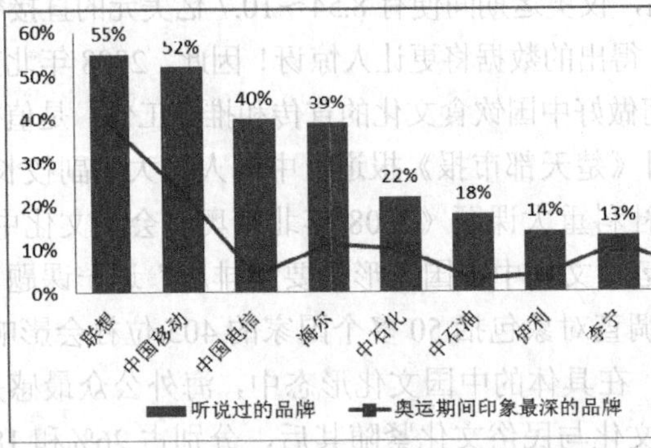

图 7-2 外国人所了解的中国公司示意图

数据来源：数字一百市场咨询有限公司

北京奥运会、上海世博会是海内外中国餐饮企业营销和传播的大舞台，是提升企业品牌价值的一次绝佳机会，海内外的一些老字号餐饮企业品牌应该抓住这样的机会，向日本、韩国学习，加大推广中华美食的力度。那么全聚德烤鸭、东来顺涮肉、榨菜炒肉等的知名度以及中国知名菜系的影响力，在全球范围内比肩于日本寿司、韩国泡菜，亦非不可能之事。①

近年来，中国经济在持续高增长的推动下，不仅在宏观层面上根本摆脱了总量短缺状态，而且在微观层面上诱发出日渐深入的市场经济繁荣过程。随着社会经济的稳步发展和人民生活水平的不断提高，中国餐饮业一直保持着快速发展的强劲势头。行业规模和经营领域也日趋扩大，成为中国消费市场中增长幅度最高、发展速度最快的热点行业，海内外的中国餐饮企业也有很大的发展，出现了一些餐饮业的知名品牌，从而实现了从物质餐饮——精神餐饮——品牌餐饮三步曲的重要过程。

在这种背景下，一些有实力的海内外餐饮企业应该放开手脚，做大做强自己的餐饮品牌。作为政府部门来说，也要积极配合他们的工作，制定相关政策，支持他们的发展，帮助海内外餐饮企业加大品牌形象宣传，加强知识产权保护，推动品牌经营理念和连锁经营等现代流通方式在全球的普及，这样就会给海内外餐饮业带来更快、更大的发展。实施品牌战略，是每个海内外餐饮企业发展的必经之路。通过弘扬饮食文化，将餐饮业融入文化含量，可以培育一批餐饮品牌企业，促进中国旅游市场的发展和文化消费，以

① 辛明. 韩国泡菜靠奥运走向世界[N]. 中国青年报，2008-01-08.

充分实现餐饮品牌自身的商业价值。

在这方面，北京俏江南股份有限公司（以下简称俏江南公司）有一些成功的经验，俏江南公司自2000年成立以来，一直致力于打造世界级的民族餐饮品牌。公司的发展目标是通过以国内地域扩张及品牌运作为主，多业态扩张为辅，继承和发扬中华饮食文化的精华，并以“俏江南”品牌特有的表现形式进行重述，成为世界级的弘扬饮食文化的中国餐饮品牌。公司坚持以精品川菜、粤菜、健康饮食为特色，以满意服务和匹配的环境为基本，创造持续的品牌优势；秉承弘扬中国饮食文化，利用旗下不同品牌推出适应不同消费人群的极致美食体验，开创经典、品味生活；总结与推广“俏江南”品牌独特的餐饮文化与管理方式，通过融合吸纳全球范围内餐饮企业先进管理经验，不断加强企业经营的核心竞争力，成为全球餐饮业的管理标杆，真正做到用“世界性语言阐释中国元素”。

俏江南公司主要定位于商务餐，选址一般都在写字楼林立的商务区，与此相适应，公司内部装修和设备的质量都是过硬的，档次也很高，整体装修风格具有中国传统文化气息，选材注重环保，食品卫生超过规定标准，消防安全合格，日常运行安全，信息化系统先进，点菜配备手掌机，分店和总部网络相通，数据实时传递。

俏江南公司具有川菜和粤菜两大菜品研发体系，并在筹备设立研发基金。公司提倡在餐饮中注入文化因素，并将每一道菜品都做成一件艺术品，既美味可口，又颇具观赏性。同时，公司的餐饮文化跟中国的传统二十四节气密切结合，根据不同节气和时令，推出切合当时气候的菜品，既给顾客带来不同的口味体验，又能按节气给顾客补充营养，既健康又时尚。

伴随中国经济高速增长和商务活动日益频繁，俏江南公司利用在商务正餐领域已有的领先优势及管理经验，在全国乃至全球范围内主要商业活跃城市进行扩张，现已拥有横跨北京、上海、天津、辽宁、山东、江苏、四川和广东等八大省区合计43家直营门店，成为国内分店数量最多和影响力最大的中餐正餐企业。他们精心培育“俏江南”及相关品牌，通过对人力资源、供应链和销售资源的全面整合，成为中餐餐饮行业的世界级企业。

与此同时，海内外餐饮企业还要深入发掘和整理中国的主食、小吃、菜肴和茶饮等独特制作工艺，积极推出餐饮新品种和新品牌，不断壮大自身的实力。

（三）加强中国饮食文化中和谐观念的宣传，提升中国文化软实力，为中国餐饮业营造良好的经营环境

文化是中国面对世界最为深厚的积淀。中国传统的和谐饮食文化观经过现代转换，对当代西方世界具有重要借鉴和启示意义。我们应该充分开发中国饮食文化资源，如利

用奥运会创造性地实现奥林匹克文化与中国文化的交流与融合。落实在饮食管理上，就是要坚持中餐和西餐相结合，在严格遵守国际奥委会相关规则的前提下，展示中国饮食文化的特色，把中国和世界结合起来，让世人记住中国的饮食文化。中国人民大学副校长冯惠玲认为，北京奥运为我国带来的最大的机会是文化交流和文化展示。如何才能达到最佳的宣传展示效果？这不仅需要知道我们想说什么，还需要知道对方想知道什么。她认为，海外公众最感兴趣的是能够承载中国历史文化的饮食文化。在这方面，中国饮食文化的确是大有用武之地的。中国饮食文化的特点就是和谐，“和谐”在饮食文化中的含义是适中和平衡，但这是在差异和多样的前提下实现的，就像中国文化一样。

“和”的思想还在一定程度上促成了中国饮食文化兼容并蓄的生成机制。在“和而不同”的思想指导下，中国饮食文化广泛地和有选择性地借鉴和摄取了域外饮食文化的精华，特别是奥运会这样一项最国际化的盛会，世界各国最优秀的饮食文化，都会在这场盛会中找到属于自己的舞台：法国的鹅肝、意大利的空心粉、俄罗斯的鱼子酱、日本的寿司、韩国的泡菜等都已被广泛接受。鱼香肉丝、宫保鸡丁、烤鸭等中国菜也名扬海外，那么以此为契机，融合世界饮食文化之精华，进一步将我们的饮食文化升华，实际上是给自身注入了新的营养物质，使中国饮食文化给人们一种既传统而又清新的感觉，因而一定会深受世界各国人民的欢迎。

毛泽东同志曾充满民族自信心地说：“我相信，一个中药，一个中国菜，这将是中国对世界的两大贡献。”凡是吃过中式菜肴的外国人士，总是对此赞不绝口，从而激起对中国文化的崇敬。许多外国人认为，在食物的烹调技术方面，中国的成就是任何一个国家都比不上的。菲律宾《东方日报》1977年11月21日，曾以《中国菜征服了巴黎》为题写道：“在巴黎，用中国菜招徕顾客的餐厅，最保守的估计有一千多家，每家都生意兴隆，有一定的主顾，每逢星期假日，还有大摆长龙的镜头。让法国人排队等饭吃，只有中国菜才有这种魅力……中国菜能够在巴黎大行其道，使一向注重美食的法国人光顾，绝不是一阵热潮，而是一般法国人在吃了血淋的法国牛排与沾满了芥末的蜗牛之后，再吃这香味俱全的中国菜，发觉在‘吃’的文化上，确实不如具有五千年历史文化的中国。”

美国有一家杂志曾以“哪个国家的菜最好吃”的问题，作过一次民意调查，结果大多数的人都认为中国菜最好吃。所以，美国有这样一句幽默的话：“美国人的钱控制在犹太人手里，而犹太人的胃口则掌握在华人手里。”这充分说明中国饮食文化是深受世界各国人民欢迎的。

中国饮食文化之所以能够称誉全球，有其深刻的历史原因。早在先秦时，我们的祖先就形成了在性问题上保守的传统，而将人生的倾泄导向于饮食。与此相反，西方在性问题上十分放纵，而在饮食上却比较机械保守。由于这个原因，不仅导致了中国饮食文化的高度发展，而且赋予饮食以丰富的社会意义。

中华饮食文化的精华是“善在调味，重在营养，美在造型”。北京是中国的经济中心、文化中心和国际交流中心。北京有3 000多年建城史和800年的建都史，它创造、积累并汇聚了体现中华传统饮食文化的品种繁多、风味各异的美食佳肴，因此我们建议在北京建立中华饮食文化传播博览馆，向中外友人展示辉煌灿烂的中华饮食文化，使广大的民众认识到华人、华侨是中国传统美食的国际“信使”，为他们在海外创造较好的经营环境。同时，这也有利于传播中华民族饮食文化的核心价值，更好地体现中国和谐文化的精神。

中华饮食文化传播博览馆应该是展华人、华侨传播中国饮食文化的历史，展示民族传统精华，弘扬中华民族传统的饮食文化，代表着中国人民的一种文化创造。同时，对于挽救那些质优、量少、风味佳的传统特色食品也具有极为重要的意义。我们应该在实现传统食品工业化的同时，充分考虑给传统土特产品保留一块让它自由充分发展的空间，这样做不仅仅是在保留一种产品、一个工艺或一种配方，更是在弘扬一种传统和一种文化。

（四）积极申请将中国烹饪列入世界非物质文化遗产

我国非物质文化遗产名录制度的确立来源于国际社会对文化遗产保护的实践经验。1972年，联合国教科文组织通过了《保护世界文化与自然遗产公约》，制定并更新了《世界遗产名录》和《濒危世界遗产名录》，世界文化遗产保护从此进入“名录”时代。1997年又通过了建立“人类口头和非物质文化遗产代表作”的决议，至此，“名录制度”开始从物质文化遗产转向非物质文化遗产。2003年10月17日，联合国教科文组织第32届大会通过了《保护非物质文化遗产公约》，最终确定了“人类非物质文化遗产代表作名录”和“急需保护的非物质文化遗产名录”。随着我国对非物质文化遗产保护和开发力度的加强，开始积极参与申报世界非物质文化遗产。2001年5月，昆曲入选世界第一批“人类口头和非物质遗产代表作”。2003年10月，我国参与了《保护非物质文化遗产公约》的制定，并于2004年8月正式批准加入该公约，随后还两次当选“保护非物质文化遗产政府间委员会委员国”，积极地参与履约指南等规则制定。2009年，在联合国教科文组织保护非物质文化遗产政府间委员会第四次会议上，我国申报的端午节、中国书法、中国剪纸、中国篆刻等22个项目入选“人类非物质文化遗产代表作名录”，黎族传统纺染织绣技艺、羌年、中国木拱桥传统营造技艺等3项入选“急需保护的非物质文化遗产名录”。2010年，中医针灸、京剧入选“人类非物质文化遗产代表作名录”，麦西来甫、帆船水密封舱壁制作、木版活字印刷术入选“急需保护的非物质文化遗产名录”。

2011 年，中国皮影戏、赫哲族伊玛堪说唱又分别入选“人类非物质文化遗产代表作名录”和“急需保护的非物质文化遗产名录”。加上之前入选的昆曲、古琴艺术、新疆维吾尔木卡姆艺术以及与蒙古国联合申报的蒙古族长调民歌等 4 项，我国目前共有 36 个项目列入世界非物质文化遗产名录，是世界上拥有联合国教科文组织名录项目最多的国家，但这当中没有中国的饮食文化。

2010 年 11 月 16 日，联合国教科文组织保护非物质文化遗产政府间委员会第五次会议上，法国的“法国美食大餐”，希腊、意大利、西班牙、摩洛哥四国联合申报的“地中海饮食”和墨西哥的“传统的墨西哥美食”三项餐饮类项目被批准进入联合国教科文组织“人类非物质文化遗产代表作名录”，这是《保护非物质文化遗产公约》生效以来首次将餐饮类非遗项目列入世界名录。

据报道，2008 年初，法国就已正式向联合国教科文组织提出申请，要求将法式烹饪列入世界非物质文化遗产名单。从 2006 年开始，法国饮食界和文化界就开始谋划将法式烹饪列入世界非物质文化遗产名单，为法国美食赢得世界认可而奔走游说。在欧洲饮食史及饮食文化研究所、图尔大学这两个机构的联合倡议下，法国顶尖名厨、知名学者、作家、文化界人士组成了一个为法式烹饪“申遗”的声援委员会，并正式向法国文化部提出了相关要求。“好的烹饪是真正的国家事业。”巴黎索邦大学校长让·罗伯特·皮特说。“烹饪就是文化”，这是法国名厨和美食家的坚定信念。当时法国总统萨科齐呼吁法国人动员起来，争取使他们的“烹饪和美食遗产”纳入联合国教科文组织的《人类非物质文化遗产名录》。

法国美食大餐等申遗成功，引发了韩国、日本、土耳其等多国餐饮项目竞相申遗的热潮。因此，我们应该加快将中国饮食文化申报为“世界非物质文化遗产”。

经济全球化进程，为中国饮食文化走向世界提供了难得的机遇。中国饮食文化不再仅仅是中国的，借助于现代技术和商业手段，可以向全世界展示中国饮食文化的魅力。即使单单从经济增长的角度考虑，饮食文化的力量也不可轻估。另外，经济全球化不但促进了世界各国的现代技术、文化的传播，也为中国饮食文化的传播提供了高效的手段。我们有理由相信，在重视文化交流的当今社会，中国饮食文化一定会在世界各地得到进一步发展，这也必将提高中国文化的软实力。

第四节　文化资源与中华老字号

老字号是数百年商业、手工业的竞争中留下的精品，都各自经历了艰苦奋斗的发家史而最终统领一行，其品牌也是人们公认的质量的同义语。同时，老字号的发展与城市有紧密的关系，可以说，老字号的兴衰沉淀便是一部丰富的城市社会生活史。

一、老字号是城市文化的缩影

（一）老字号的由来

字号，是中国特有的文化传统。一个人的称谓，首先是“姓”与“名”。所谓“名”，是社会上个人的特称，即个人在社会上所使用的符号。“字”往往是名的解释和补充，是与“名”相表里的，所以又称“表字”。《礼记·檀弓上》说：“幼名、冠字。”《疏》云：“始生三月而始加名，故云幼名，年二十有为父之道，朋友等类不可复呼其名，故冠而加字。”又《仪礼·士冠礼》：“冠而字之，敬其名也。君父之前称名，他人则称字也。”由此可见，名是幼时起的，供长辈呼唤。男子到了二十岁成人，要举行冠礼，这标志着本人要出仕，进入社会。女子长大后也要离开母家而许嫁，未许嫁的叫“未字”，亦可叫“待字”，今“待字闺中”的成语便从这里来。十五岁许嫁时，举行笄礼，也要取字，供朋友呼唤。

号是人的别称，又称别号，它虽然不是正式的称谓，但它常常寄托着人的情趣、理想，因此，号更可以反映人的性格，彰显人的个性。春秋时期的“老聃”、“鬼谷子”等，应该是最早出现的别号。南北朝时期人们开始流行起号，唐宋形成风气，元明清达到鼎盛。别号多流行于知识分子阶层中，除了称谓作用，还可作文章、书籍、字画的署名。

字号包含着深厚的历史文化传统，是中国古代各阶层普遍接受和使用的东西。随着市镇经济的出现，字号开始用在商业领域，成为某个店铺或某种商品的代称。如产品或店铺由于信誉高、质量好，存在时间久，拥有稳定的客源，便成了老字号。中国的商业字号通常有吉祥如意、兴旺发达、和气生财之意，如同仁堂、全聚德、东来顺等。还有以店主姓名或经营产品作为招牌，如王致和、爆肚冯、砂锅居等。也有的老字号具有特定的意义，如六必居，六必乃古代酿酒工艺操作要点：“黍稻必齐，曲蘖必实，湛炽必洁，陶瓷必良，火候必得，水泉必香。”

都城是孕育老字号的重要母体，北宋都城汴梁即出现了老字号的萌芽。北宋是市民经济非常活跃的朝代，从《清明上河图》中可见一斑，画中商铺林立，有茶坊、酒肆、脚店、肉铺、庙宇、公廨等，此外尚有医药门诊、大车修理、看相算命、修面整容，各行各业，应有尽有，街市行人摩肩接踵、川流不息，真实地反映了北宋的城市经济情况。经济的发达、市民的繁荣催生了商业的兴盛，质量、口碑上乘的店铺渐渐发展成为老字号。

一本记载东京城市生活的书籍《东京梦华录》中提到了北宋诸多的店铺。《东京梦华录》是南宋人孟元老所著，他经历了北宋的繁华与灭亡，这种强烈的对比给他巨大的冲击，带着回忆的性质写出《东京梦华录》，反映了他颇为复杂的心态。《东京梦华录》采用白描手法，对今日研究北宋城市与市民文化很有帮助。他在书中提到了许多商业店铺。

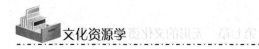

北宋时夜市发达，《东京梦华录》中记载，京城的夜市有两个地方最为有名：一个是朱雀门一带；另一个是州桥附近。以朱雀门为中心的夜市，位于御街的南段，这段街区居民与店铺较多，生意兴隆。“出朱雀门东壁，亦人家。东去大街、麦秸巷、状元楼，余皆妓馆，至保康门街……以南东西两教坊，余皆居民或茶坊。街心市井，至夜尤盛。”[①] 州桥，又叫天汉桥，汴河从桥下穿过，属于京城的中心，又是交通要道，商业经济活跃。夜市给各色小吃、酒楼以更大的发展空间。夜市小吃丰富，有肉干、肉铺、煎烤等，夏天还有绿豆汤、荔枝膏、细粉、甘草冰雪凉水、梅子姜等清凉食物。除小吃外，汴梁酒楼众多，有一家丰乐楼最为有名，也称矾楼，这座酒楼装饰豪华，生意火爆，是上流阶层的聚会场所。它存在时间较久，在北宋徽宗时代曾进行大的装修改建，但由于资料的缺乏，只在《东京梦华录》中提到，我们认为它可以算作北宋的老字号酒楼。宋人曾留诗一首：

梁园歌舞足风流，美酒如刀解断愁。

忆得少年多乐事，夜深灯火上矾楼。

汴梁酒楼大约有七十几家，还有一些专门销售精、粗酒菜的酒店，倾向于餐厅性质，其菜品各具特色，也是达官显贵常光顾的场所。一些小吃已发展成为名气较大的店铺，如卖饼的有海州张家、皇建前院的郑家，规模很大，有五十几个炉子。熟食分为北方与南方口味，北方口味的有段家爊肉，南方口味的有九曲子的周家、寺桥的金家等。北宋饮食业如此发达，在这一行业已经具备了老字号发展的土壤。北宋虽然市民生活丰富，商品经济相对发达，但由于朝代更替，有机会成为老字号的店铺在历史动荡中消失。

明清时期，老字号发展到全盛时期。辽、金、元、明、清先后在北京定都，稳定的政治环境为老字号的发生、发展提供了适宜的空间。明代北京的商圈，打破了“前朝后市”的旧制，相对集中在皇城的四周：北面在地安门的钟鼓楼一带，东、西面为东安门、西安门的东四牌楼、西四牌楼附近，南面则主要集中在正阳门外，形成了四个中心。除此之外，北京还有专门的集市，如内市、外市、庙市等。有些街区集中售卖某种商品，形成了猪市、米市、花市等。明代北京市场的布局，为日后老字号的发展奠定了空间基础。

老字号在明清得以发展的另一个原因是华北地区的农民不断涌入京城，为京城提供了劳动力，并带来了农村的部分土特产。尤其是遇到灾年，河北、山东等地的农民背井

① 孟元老．东京梦华录[M]．上海：上海古典文学出版社，1956：13．

离乡，往京城寻求活路，他们先从低端做起，后从事一些小买卖，慢慢站住脚跟，有老乡再投奔而来。北京的许多行业形成了“外地帮”，如饭馆行业，山东人居多，主要来自济南、福山、荣成三个地方。

京城是皇亲国戚、达官贵族的居住之地，老字号与皇宫、王府、贵族联系紧密，是它发展的另一个重要原因。此外，京城文人多，经营古玩、字画、珠宝的商号颇多，久而久之，形成了许多老字号，琉璃厂是此类商品的主要聚居地，戴月轩的湖笔、槐荫山的徽墨、博古斋的宣纸、一得阁的墨汁、庆云堂的书画等，都出自琉璃厂。饮食行业的老字号同样与官府结缘，月盛斋和六必居的产品直供皇宫，慈禧太后很爱吃王致和南酱园的臭豆腐，为此王致和南酱园特开设了夜间售卖。

京城成为北京老字号发展最好的母体，也决定了京城老字号带有政治色彩。除北京外，天津、上海、杭州、武汉等城市也是老字号发展的重要载体。这些城市的老字号主要发端于清末民初，由于受到外来侵略，这些城市先后开埠，成为帝国主义在中国的租界，中外贸易交流频繁，客观上为老字号提供了发展空间。

上海是中国最早开埠的城市，洋人纷纷开设洋行，从事对外贸易，在与洋商的竞争中，中国的民族工商业者以“实业救国”为指导，创造了一批名扬中外的品牌，如“恒源祥”、“冠生园”、“杏花楼”等。清末民初的战乱时期，众多商号为躲避战乱进驻租界，客观上使这些老字号保存下来，当时到“老凤祥”买金银首饰，到“邵万生”买日用杂货，已经成了租界里中国人的购物习惯。天津是我国发展较早的工商业城市之一，在近代历史上曾被认为是仅次于上海的第二大工商业城市，并由此形成了“劝业场”、“狗不理”、“泥人张”等全国乃至世界闻名的老字号。

杭州的老字号创办时间同样很早，“百年汇昌”创办于嘉庆五年（1800 年）、胡庆余堂创办于清同治十三年（1874 年）。杭州的胡庆余堂、楼外楼、知味观至今仍旧耳熟能详，成为杭州乃至浙江的代表。

武汉老字号主要诞生在江汉路，江汉路因租界而兴盛。例如，“四季美汤包”是 1922 年由汉阳人田玉山创店经营，特色为“皮薄、汤多、馅嫩、味鲜”；“祁万顺酒楼”是由黄陂人祁海洲创办于 1926 年，原址在汉口大智路，当时是个水饺馆，后迅速发展，到 1963 年因经营有特色出席全国群英会，名震八方，盛极一时；热干面是武汉人早点普遍喜爱的风味小吃，但以创立于 1928 年的“蔡林记”最为著名；“老通城酒楼”是由汉阳人曾厚诚于 1929 年创建，原名为“通城食品店”，是武汉经营荆楚名特小吃豆皮和江苏菜的著名酒楼；“大中华酒楼”是由安徽人章再寿与同乡 18 人合股，于 1930 年创办，因其烹制武昌鱼而著名，成为经营鄂菜风味的名酒楼。“悦宾酒楼”是由扬州人王茂祥等人合股于 20 世纪 30 年代所开的。“老会宾楼”是由汉阳人朱荣臣开办于 1932 年，时名为“会宾大酒楼”等。

（二）老字号的特点

老字号具有深厚的历史底蕴和文化价值，它根植于城市之中，存在于市民生活之间，具有鲜明的特点，主要表现在以下几个方面。

1．老字号极具文化内涵，是非物质文化遗产的重要组成部分

老字号之所以不同于其他企业，是因为它在数百年的发展过程中积累了文化内涵和文化格调。单就现存老字号的牌匾来说，不少出自名人手笔。“都一处”烧麦的牌匾为乾隆皇帝所题，“六必居”相传为严嵩所写，而考场失意、商场得意的王致和的牌匾出自两位状元之手，“王致和”与“南酱园”分别由孙家鼐、鲁琪光所赠。

现阶段，老字号的文化内涵更多地通过非物质文化遗产的形式加以肯定。已经有许多老字号的制作工艺入选非物质文化遗产目录，以北京为例，有三十六个老字号项目入选市级“非遗”名录，其中二十二个入选国家级“非遗”名录。

在饮食行业主要包括北京便宜坊焖炉烤鸭技艺、全聚德挂炉烤鸭技艺、月盛斋酱烧牛羊肉制作技艺、壹条龙清真涮羊肉技艺、北京烤肉制作技艺、鸿宾楼全羊席制作技艺、天福号酱肘子制作技艺、东来顺饮食文化、“菊花白”酿酒技艺、牛栏山二锅头传统酿制技艺、北京二锅头传统酿制技艺、张一元茉莉花茶窨制工艺、王致和腐乳酿造技艺、六必居酱菜制作技艺、都一处烧麦制作技艺、北京豆汁习俗；文房四宝类有一得阁墨汁制作技艺、荣宝斋装裱修复技艺、荣宝斋木板水印技艺、戴月轩湖笔制作技艺、肆雅堂古籍修复技艺；鞋帽类包括内联升手工布鞋制作技艺、马聚源手工制帽技艺、盛锡福皮帽制作技艺、京式旗袍传统制作技艺、瑞蚨祥中式服装手工制作技艺、红都中山装制作技艺；药店类包括同仁堂中医药文化、鹤年堂中医药养生文化；其他类包括北京宫灯、王麻子剪刀锻制技艺、北京宫毯制作技艺、“京作”硬木家具制作技艺、北京宫廷补绣、景泰蓝制作技艺、北京金漆镶嵌制作技艺。

北京老字号的非遗项目数量多、范围广，与首都的地位有重要关系。而作为传统商业城市的杭州，也有胡庆余堂中药文化、张小泉剪刀锻制技艺等入选，武汉则有马应龙制药传统、叶开泰中医药传统、老通城豆皮制作技艺等入选非物质文化遗产名录。

这些入选项目多为技艺或工艺，是经过发明者与继承者几代人甚至十几代人的努力创造出来的绝活、绝技和绝艺（简称“三绝”）。它们之所以能够入选“非遗”名录，主要是因为它们具有独特性，难以复制，它们在老字号的发展过程中起了决定性的作用，正因为有些商号具有“三绝”，才能在激烈的商业竞争中存活下来，成为百年老字号。

老字号不仅是一种商贸景观，更重要的是一种历史传统文化现象。已有四百多年历

史的六必居，是历史最为悠久的老字号之一，在全国乃至海外都久负盛名。悬挂着的老匾，秉承着的六必精神，既有鲜为人知的传说故事，又有文人墨客的题诗赞誉，它们蕴含着浓郁的民族文化和企业的发展历史，是弥足宝贵的民族文化遗产，可以说是无价之宝。

老字号“非遗”保护，不仅是保护表面的技术工艺，还包括老字号生存的环境保护。老字号在特定的地理环境中存在，有独特的人文环境与技术环境，老字号“非遗”不是化石，它具有鲜活的载体。因此，老字号“非遗”的认定与保护，具有深刻的文化价值、技术价值与市场价值。

2．老字号融入市民生活，对市民产生深刻影响

一些商号之所以成为老字号，显而易见，是它存在时间久，经过代代相传，已在百姓市民心中树立起招牌、质量上乘、品质有保证、信誉很高。老字号涉及饮食、药业、鞋帽等与市民生活紧密联系的行业，因此，老字号已经融入到市民每日的柴米油盐中，关系到衣食住行等方方面面。例如北京老字号六必居，其酱菜早在明清时期就十分热销，并且成为皇家御用佐餐的佳品。而大小官员的宴席、百姓庶民的饭桌，更是少不了六必居的酱黄瓜、甜辣萝卜干等甜酱小菜。民国期间，一些名流政要非常喜爱六必居，蒋介石、傅作义等都曾点名要六必居送酱菜到府邸。

京城民间有歇后语，“东来顺的涮羊肉——真叫嫩”、“六必居的抹布——酸甜苦辣都尝过”、“同仁堂的药——货真价实”、“砂锅居的买卖——过午不候”等，这些与老字号息息相关的俗语的出现，说明老字号早已存在于市民日常生活中。而“头顶马聚源，脚踩内联升，身穿瑞蚨祥，腰缠四大恒”这首老北京民谣形象地反映了老字号在市民心目中的地位。每一种商品，几乎都有被市民认同的商号，如同仁堂的中药、荣宝斋的字画、亨得利的钟表、月盛斋的酱肉、张一元的茶叶、稻香村的糕点、东来顺的涮肉……这些耳熟能详的老字号，成为市民消费的必然场所。

老字号成为城市和时代的记忆，与城市共同成长。一座城市之所以有它的个性，不仅仅是因为它拥有独特的山川地理，更重要的是它拥有这些独特的文化标识。老字号见证着城市的兴衰，在悠长的岁月中，这些老字号给城市积累了一笔宝贵的财富，它们已成为城市的一张张名片，与其血肉相连、密不可分。

3. 老字号充实了商业经济，为城市发展增添活力

老字号的目的与其他商号、企业一样，经济利益是它的原动力。它是城市商业发展的最早推动力，北京老字号的起源，多来自山东、河北的破产农民，他们靠勤劳致富，并创造出自己的绝活手艺，从经营小店面开始，逐渐发展成市民熟知的商号，促进了城市第三产业的发达。

“不到长城非好汉，不吃烤鸭真遗憾”，使全聚德成为北京的象征，北京烤鸭名扬

海外，全聚德的功劳可谓巨大。老字号对城市的经济发展有促进作用。据宣武区商务部门统计，老字号企业的销售额，在2009年已近80亿元，约占全区社会消费品零售总额的70%。主打老北京特色的大栅栏商业街，人潮拥挤，10多万人次的客流量，让街内的众商家纷纷加派人手、延时打烊。顾客冲着老字号的“非遗”特色，纷纷购买定做。如“内联升”在店内三层开辟出专区，安排老师傅驻守，就为展示绝妙、精细的手工制鞋工艺。顾客争相探奇的同时，可以为自己定做布鞋，自然也拉动了消费。老店的销售额目前已有5 000万元，同比增长了13%。

4．老字号传承优秀的企业文化

老字号坚持多年来的诚信为本，质量至上的企业文化，讲求信誉，这也是老字号得以存在的重要前提。以六必居酱园为例，四百余年来，六必居能够经久不衰，主要是靠严格的质量把关。他们始终坚持“质量第一、安全第一、顾客至上、诚信服务、遵守法规、持续发展”的经营思想，从材料的选择到加工制作、包装销售上都有严格的操作规程。

首先，六必居对酱菜原料来源和质量要求很高。六必居公司专门在全国各地建立了自己的原料生产基地。黄豆选自哈尔滨，黄瓜来自北京近郊的大兴、通州，糖蒜来自山东聊城，卤瓜系列产品来自浙江余姚等。其中有些地方已经不是简单地提供原料，还可以进行粗加工甚至是成品加工，这样减少了原料在运输途中的损坏和消耗，更加保证了酱菜原料的新鲜和质量。

其次，六必居酱菜的制作工序严谨精细，不偷工减料。如甜酱八宝瓜的制作，要用当天从瓜秧上采摘的八成熟甜瓜，洗净放到缸里腌出生水，再出缸挖出瓜瓤阴晾几天，然后把桃仁、瓜仁、花生、藕片、姜丝、瓜条、葡萄干和桂花酱装入瓜内，用线绳捆扎，最后放到甜酱里酱制。[①]经过几十道工序的制作，使得八宝瓜达到甜香、脆嫩、微咸的质量标准。在制作酱菜的过程中，100斤咸菜原料，要放入100斤的甜面酱，产出的酱菜却只有70斤，真正做到真材实料，从而保证了四百余年的上乘质量和良好信誉。

最后，加大科技投入，研制开发新产品。随着生活水平的提高，六必居适应时代发展的要求，选用新材料并且推出了低糖、低盐、低色的浅渍酱菜系列产品。六必居旗下的天源酱园，针对人们崇尚天然、健康的消费心理，选用来自山区、天然未污染的山野菜，制作出野菜酱菜，不仅给糖尿病、高血压等病症患者带来口福，而且被许多中高档餐厅选用为筵中佳品。[②]

---

① 沈振源，王克修．味醇酱香六必居[J]．中国市场，1997（10）．

② 见语．小小酱菜，登上大雅之堂——记北京六必居食品公司（专稿）[J]．中国食品，1999（2）．

5. 老字号历史上多为家族式经营模式，现代竞争中融入先进管理

老字号在历史发展过程中，多采用家族式经营管理模式，采用具有中国传统特色的父业子承的方式，以血缘关系为核心。由于老字号多拥有自己的祖传秘方，需要依靠血缘关系来加以维护，因此，他们的核心技术都只传长子长孙，不传外人。由于中国传统的家庭，尤其是老字号家庭注重对长子的培养，家教严格，家风良好，往往会促使企业长盛不衰，这也是中国老字号的一大特色。但这种模式的缺点也相当明显，企业内部的派系之争、远房与嫡亲之争往往会毁掉一个发展良好的企业。

随着时代的发展，在激烈的市场竞争中存活下来的老字号，多采用现代管理手段。全聚德在 2007 年正式挂牌上市，标志着中国历史最悠久的餐饮公司正式登陆 A 股市场，全聚德因此成为老字号企业中最为成功的代表。其他中小老字号企业的管理也有借鉴之处，如 1994 年，北京酱菜食品一厂划归六必居，统一标准完善工艺，严格检验保证质量，经有关部门批准，正式启用六必居商标；1997 年根据市场要求和企业发展的需要，对酱菜二、四厂进行结构调整，统一品牌，小作坊进入了大工厂，建立起专业化的经营管理机制，随之带来了良好的经济效益。[①]但是，六必居并没有因此满足，它制定了“立足国内、放眼全球”的远大目标，加强职工业务技能培训及企业文化的宣传，增强了企业品牌的归属感和凝聚力，同时积极引进大中专院校毕业生，充实科研人员队伍，完善公司的整体人才结构。

（三）中华老字号的认定

现存的老字号很多已是百年老店，如鹤年堂（1525 年）与六必居（1530 年）开设于明朝嘉靖年间，存在近五百年，其他的如王致和（1669 年）、同仁堂（1669 年）、都一处（1738 年）、全聚德（1864 年）、东来顺（1914 年）等，都是上百年的老店，它们能够保留至今，是中国宝贵的历史文化财产。

目前全国各行业共有老字号商家一万多家，到今天仍在经营的却不到千家。很多老字号在历史更替的大潮和激烈的商业竞争中消失，为引导老字号加快创新发展，传承和弘扬优秀文化，打造自主知名品牌，国家出台了“中华老字号”的认定办法。2006 年 4 月，国家商务部发布了《“中华老字号”认定规范（试行）》“振老字工程”方案，表示在 3 年内，由国家商务部在全国范围认定 1 000 家“中国中老字”，并以中华人民共和国商务部名义授予牌匾和证书。

“中华老字号”是指在长期的生产经营活动中，沿袭和继承了中华民族优秀的文化传统，具有鲜明的地域文化特征和历史痕迹，有独特的工艺和经营特色，取得了社会广

[①] 叶淑贤．文明老号立雄心，酱菜飘香出国门——北京六必居食品公司发展纪实[J]．中国商贸，1998（19）．

泛认同和良好商业信誉的企业名称和产品品牌。中华老字号的范围广泛，涉及百货、中药、餐饮、服装、调味品、酒、茶叶、烘焙食品、肉制品、民间工艺品和其他商业、服务行业。有名的如全聚德、狗不理、内联升等。

关于中华老字号的申请，有明确的规范。申请条件主要包括以下几项：

（1）拥有商标所有权或使用权。

（2）品牌创立于1956年（含）以前。

（3）传承独特的产品、技艺或服务。

（4）有传承中华民族优秀传统的企业文化。

（5）具有中华民族特色和鲜明的地域文化特征，具有历史价值和文化价值。

（6）具有良好信誉，得到广泛的社会认同和赞誉。

（7）国内资本及港澳台地区资本相对控股，经营状况良好，且具有较强的可持续发展能力。

由商务部牵头设立"中华老字号振兴发展委员会"，全面负责"中华老字号"的认定和相关工作。委员会由各行业专家、法律专家、商标专家、品牌专家、企业管理专家、质量专家、历史学家等组成，主要负责"中华老字号"的评审，并参与相关工作的论证。具体的程序主要包括：提出申请、资料提交、调查鉴别、认定评审、公示、做出决定、复核、注册存档、核发证书等。

第一批"中华老字号"有四百多家，有些老字号企业发展成绩骄人，如全聚德已成功上市，但很多老字号的发展陷入困境，呈现衰落趋势。北京成为拥有"中华老字号"最多的城市，上海拥有50家，天津有30家，而武汉只有4家，分别为马应龙、五芳斋、曹祥泰、长生堂。武汉人所熟知的老通城、四季美、蔡林记、叶开泰、谈炎记、汪玉霞等老字号，一律榜上无名。原因是"中华老字号"的申请要求经营状况良好，而武汉很多老字号因为种种原因已经拆迁停业。因此，对老字号的保护与开发是亟需解决的事情。

二、中华老字号的保护与利用

老字号具有物质文化遗产与非物质文化遗产双重身份，它与城市发展、市民生活息息相关，政府日益重视老字号的存在与发展，相继出台各种政策，扶持老字号的发展。因此，对老字号的保护与开发，是国家、公民与社会共同关注的问题。

（一）中华老字号的困境

据相关资料显示，目前中国共有"中华老字号"2 000余家，分布在全国各地，然而，如今仍能正常营业的仅为 30%，这不得不说是一个让人感到遗憾的事实。有人说，老字号已经“老态龙钟”，跟不上时代了；也有人说，老字号是“老当益壮”，底蕴深厚，有着远大前程。结合老字号的特点，它的发展困境主要包括以下几方面的原因。

1．老字号非物质文化遗产保护困难

非物质文化遗产是指各种以非物质形态存在的与群众生活密切相关、世代相承的传统文化表现形式，包括口头传统、传统表演艺术、民俗活动和礼仪与节庆、有关自然界和宇宙的民间传统知识和实践、传统手工艺技能等，以及与上述传统文化表现形式相关的文化空间。从其定义中可知，传统技艺和工艺是非物质文化遗产的重要组成部分。老字号创造了诸多精湛的技艺和工艺，成为能够支撑百年的关键。它们凝聚了中华造物技术思想和经验，为商业文化、技术文化的发展做出了贡献。老字号最有价值的便是它的文化内涵。

但在现代市场经济、全球化、工业化的冲击下，老字号非物质文化遗产却受到严重威胁。它失去了生存的环境，许多传统技艺后继无人，面临失传的危险。还有一些技艺不适应现代社会的需要，如传统的鞋帽不符合现代人们的穿着要求，皮鞋、运动鞋代替了老布鞋；在饮食方面，快餐成为人们的首选。

2．在品牌维护与宣传上力度不够

在现代市场经济中，优秀的品牌能带来强大的经济效益。现代市场竞争，实质上就是品牌的竞争。只有经注册的品牌标识才能受到法律保护，中华老字号被国外抢注的事情屡有发生，如“同仁堂”被日本人抢注，王致和旗下的王致和腐乳、调味品、销售服务等三类商标，被其德国代理销售商欧凯百货公司悄悄在德国注册等。老字号是企业的无形资产，其价值是无法估量的。

据统计，市面上每天有 3 000 把假冒的“十八子”刀具交易，防不胜防。打假已是当务之急，这就亟需老字号在研发能力的强化上来带动经济状况的改善，从而增强技术优势，从创新上杜绝假货频出。

一些老字号认为自己已声名在外，不需要多费资金进行宣传。在信息爆炸的时代，没有宣传便失去了消费者的注意。“老字号”往往忽视了对品牌的持续宣传和对不断更新换代的消费者品牌情感的持续培育，导致顾客群体转移或者消失。

旧城改造的拆迁使许多老字号失去了熟悉的环境，以杭州为例，杭产丝绸名店“万源绸庄”曾辗转迁移 15 次；杭扇名厂“王星记”解放后总计迁址 5 次，在数次搬迁过程中遗失了大量史料、文物、人才。由于大多数老字号资金不够雄厚，搬迁后做不到大规模的宣传，名声渐渐消失，对企业的发展产生了消极影响。

3．产品创新不足，质量出现滑坡

一些老字号固步自封，不进行产品的更新换代，缺乏创新意识，坐吃老本，势必会出现新产品开发速度过慢、难以跟上市场步伐的尴尬局面。在产品款式、科学技术含量上已经显得土气，产品开发观念与现代消费观念差距日渐扩大。

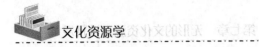

老字号是否能够成功，百余年的品质保证是关键，但有些老字号将原来的质量体系打破，以至于消费者认为老字号不如从前了，就像南京冠生园，不珍惜自己的声誉，以次充好，以假乱真，硬砸自己的招牌，自毁老字号。

4. 盲目的扩张延伸，市场策略不正确

一些老字号打着老字号的旗号，从事别的行业，导致丧失了竞争优势。如王麻子剪刀厂在1995年与北京市文教器材厂等毫不相干的十几个厂子合并成立王麻子工贸集团公司，并重新注册了王麻子商标，被视作“王麻子”品牌延伸和盲目扩张的一大败笔。“王麻子”的品牌联想在于刀剪产品，而合并后的新王麻子，在产品的商标使用上，新、老商标紊乱，市场上王麻子产品混乱无章，造成王麻子品牌资产严重分流和破坏，以及削弱消费者对王麻子品牌的忠诚维系，直接导致产品滞销，仅合并当年就亏损100多万元。

（二）中华老字号的发展路径

老字号们以自己的方式述说了中国的历史，传承了中华文化，它呈现出的是中国人的商业进取精神。现今老字号面临的最大挑战是怎样将老字号蕴含的品牌资产创造性地运用到现代市场上，吸引现代消费者，尤其是对老字号印象比较淡薄的中青年，赢得他们的喜欢。

1. 加强老字号非物质文化遗产的保护

对老字号非物质文化遗产的保护，要置于中国传统文化的语境中。非物质文化遗产背后，是深厚的文化支撑。中国的功夫能够在世界得到传播，更是有中国传统文化作积淀。对老字号非物质文化遗产的保护，根本目的在于传承。非物质文化遗产的保护需以老字号商铺的存在为载体。

老字号的技术，是中国传统文化的精髓，包含着中华民族的创新精神，体现了传统科学价值、人文价值、经济价值，承载着劳动人民智慧的结晶，是中国文化的原创部分。现代文化产业的发展，最重视的便是原创。中国的文化产业之所以落后西方发达国家，最根本的原因便是缺乏原创的东西。而中国的老字号蕴含着丰富的独创内容，因此，对老字号非物质文化遗产的保护，应与文化产业和文化创意结合起来。前任总书记胡锦涛关于“要拥有我们自己的核心技术，要拥有我们民族的世界品牌”的要求，是对老字号非物质文化遗产保护的最好诠释，老字号非物质文化遗产有助于我们创造自己的品牌，弘扬中华文明。

对老字号非物质文化遗产的保护，还要加大对传承人的支持。传统的技艺要发扬下去，传承人在其中起了重要作用。因此，在社会地位、经济支持、技术认证方面，国家应给予传承人便利的政策支持和经济保障，并协助老字号培养传承人。

加强老字号非物质文化遗产的宣传，利用老字号企业的物质载体，开展对老字号非物质文化遗产的宣传，通过举办展览、庙会等活动，培养人们对其传统技艺的认识与兴趣。例如，由绍兴至味食品有限公司创办的具有民族意义的绍兴中国酱文化博物馆，对宣传中国传统的酱文化具有重要意义。系统、全面、准确、深刻、生动地反映了中华民族酱文化的历史与现实，对当地酱业发展、旅游等方面都有贡献。

而浙江杭州的胡庆余堂中药博物馆则展示了中华源远流长的中药文化，胡庆余堂是由清末著名红顶商人胡雪岩集巨匠、摹江南庭院风格耗白银三十万两于1874年创立，享有“南有庆余堂、北有同仁堂”盛誉，作为一座专业性的中药博物馆，馆内藏有“金铲银锅”等诸多珍贵文物，介绍我国历代医药名人、药物的起源、药物学的发展、中外药物交流、浙江在中国药学发展中的地位和贡献等。它于1989年10月胡庆余堂制药厂建厂115周年时在厂内建立，2006年，“胡庆余堂中药文化”列入第一批国家非物质文化遗产。同年，“胡庆余堂”被国家商务部重新认定为“中华老字号”。这座博物馆不仅带来丰富的文化，其建筑本身美轮美奂，极具中国特色，它具有物质文化与非物质文化的双重特点。通过博物馆的建立，大大加强了“胡庆余堂”的品牌宣传。

2．加强知识产权保护与品牌的宣传

老字号的知识产权权利具体表现在字号权、商标权、著作权、专利权、商业秘密权、域名权等，一个老字号汇集了多重知识产权。老字号企业首先要有法律意识，保护自己合法权利不受侵害。其次，在法律体制上，加强对中华老字号知识产权的保护，完善老字号登记、注册制度。在老字号商标受到侵害时，社会、企业拿起法律武器，对侵权行为进行反击。要防止相似商标的注册，积极申请国家驰名商标。注意老字号的知识产权保护，防止假冒伪劣对自身品牌、信誉的损害。

在对品牌的宣传上，以武汉小吃为例。武汉的名小吃多，但能突破地域的不多。没有来过武汉的人，很少会知道武汉的名小吃老字号，但说起肯德基、麦当劳，可以说无人不知、无人不晓。武汉的老字号不仅没有走出去，在本土也已步履蹒跚。造成这种局面的直接原因就是武汉的老字号缺乏对品牌的宣传，仍抱守“酒香不怕巷子深”的陈旧观念。我们以“四季美”为例。“四季美”位于江汉路与中山大道的交汇处，可谓是汉口的黄金地段，占尽了天时地利，但由于缺乏必要的宣传，没有鲜明的识别标志，在繁华的江汉路上，它并没有招揽到多少顾客，店里总是冷冷清清。而与之几步之遥的麦当劳、肯德基局面却大不相同，店内顾客川流不息。它们抢占着武汉各处的繁华地带，利用强大的广告攻势扩大其知名度。它们利用了一切可利用的传媒——电视台、电台、报刊、互联网、路牌、灯箱……让人们随时随地都会想起它们、关注它们。而且它们的广告推陈出新，不断更换，总是给人耳目一新的感觉，吸引着广大消费者的眼球，尤其是年轻一族，而这一群体正是消费群体的核心力量。

大众传媒是品牌宣传的重要手段，以《大宅门》为例，这是一部取材于中华第一大药店“同仁堂”的百年沉浮史的电视剧，在内容和影响上都占有先天的优势。几年前，曾有过京剧《同仁堂》在全国各地巡演的热烈场面，然后有了《大宅门》这部电视剧的成功。也有人说，其实大宅门说的是达仁堂，它世代给清朝皇宫供奉御药。在清末民初时，乐家还真出了一位七爷——乐达仁。1914 年，他来天津创办了达仁堂。由于药材地道，达仁堂生意非常好。据说达仁堂的柜台有多长，算盘就会有多长。生意最好时，七八个伙计同时在这个算盘上算账。在算盘的噼啪声中，达仁堂的名声越来越大。

可以说，这种表现百年老字号的作品，还是有很大的市场和观众缘的。毕竟是中国人值得骄傲的大品牌，其中凝聚了中华民族的许多独特文化。《大宅门》受到普遍的欢迎，正好说明了这种借品牌造品牌的可行性。创业者们奋斗背后的辛酸，他们经历的风风雨雨再现出来，可以极大地满足观众对历史和对历史人物的好奇心。现今，市场环境发生了重大变化，市场已经供大于求，竞争日益激烈。在此情况下，企业要实现与消费者的交换，必须树立以顾客为导向的现代经营理念。“老字号”要奉行以顾客为导向，要在需求的不断变动中坚持以顾客需求为中心，有意识地调整自己的经营行为，适应消费需求的不断变化，这样“老字号”才可以起死回生，不断发展壮大。

3．选准市场，注重产品的质量与创新

老字号要选准市场，对消费者有明确的定位。亨得利，这个以经营钟表、眼镜而名扬各地的老字号始终不倒，根本原因是它将老字号这一无形资产赋予了新内涵。他们以定位于高档精品赢得了中高档的消费群，让亨得利这一老字号面对的顾客可涵盖老中青。

老字号可以借鉴宝洁、可口可乐等运营品牌的经验，要转变观念，不要仅仅把眼光停留在产品上，要懂得研究消费者的需求，特别是消费者越来越挑剔的今天，这一点相当重要。对青年人消费心态的研究要格外重视，老字号在年轻人中知名度不高，即便有人知道其名号，但主观上认为老字号商品不符合时尚潮流而不愿购买。因此，老字号在保证质量的同时，要注重产品的创新，并紧跟时代潮流，提高产品的时尚度。

老字号创新方面，具体而言，首先要进行产品创新。老字号应根据人们口味的变化，对产品作出一些调整。现在的人们更重视食品的营养，对食品的口味要求也倾向于多样化。这就使得老字号的顾客不断地流失，并且难以吸引年轻一代的顾客，从而造成老字号顾客群体老龄化的局面。来老字号的食客一般有两种：一种是为怀旧而来，这些顾客多是老人；另一种是慕名而来，一般为初次到城市的人或一些观光的游客。第二种顾客一般很难留住，但其中的一部分人也可能成为老字号的潜在顾客。因此，老字号要想吸引顾客就必须以满足顾客口味为导向，对其产品作出调整，以期吸引更多的年轻顾客群，变潜在顾客为现实顾客。

北京王致和在开发新产品方面值得其他企业借鉴。除了腐乳系列，还有王致和火锅调料系列，料酒、花色酱等系列产品。同时，酱产品的发展可以参考肯德基在中国的发展方式，肯德基每年都会推出新产品，并且不断适应中国人甚至深入各地人群的口味。

六必居适应时代发展的要求，选用新材料，并且推出了低糖、低盐、低色的浅渍酱菜系列产品。

其次是服务创新。在现代社会，消费者追求更舒适、更自由的生活，人们在消费过程中更注重服务，而产品只不过是服务的一个载体。人们希望通过服务来实现对人性的重视，并满足心理需求。因此，服务成为人们消费的核心，良好的服务才是为顾客创造真正价值的手段。而武汉老字号普遍存在的问题就是服务质量差，这也是武汉本土老字号竞争不过西式快餐的主要原因。走进麦当劳或肯德基，无论是就餐环境还是服务态度，都让顾客感觉很舒适。而我们的老字号与之形成鲜明的对比，服务人员素质不高，服务态度差，这与消费者的生活追求背道而驰，怎么能吸引顾客呢？

随着人们生活节奏的不断加快，消费观念的不断更新，饮食方式也随之变化，人们更追求快捷、方便的饮食。一些有眼光的商家抓住这个有利时机，开发各种方便食品，以迎合人们食品消费结构变化的要求。

开发方便食品需要有好的产品、好的品牌、较高的创新能力，与新兴品牌相比，老字号在这方面具有得天独厚的优势。它们的美誉度高，自身的品牌具有比较广泛的影响力和号召力，容易被广大消费者认同和接受。一些老字号的实践也证明了老字号利用品牌优势开发方便食品，是培育新的经济增长点的成功之路。

当看到这些老字号都取得了成绩，武汉的老字号们是否也应该在开发方便食品上下点工夫呢？热干面已有了方便食品，那么“四季美”的汤包等都可以凭借其品牌优势开发冷冻、方便食品，重新开辟新的市场领域。方便食品不仅适应现代消费结构的变化要求，它还能突破地域限制，扩大老字号的影响力，可谓是一举多得。

开发方便食品需要大量的资金和技术投入，以武汉这些老字号目前的实力，也许有些困难，但老字号可以利用自身的品牌影响力，募集资本、采取多方联营等方式。这样既可以解决资金和技术问题，又可以减少老字号所承担的风险。

4．科学发展连锁经营

特许经营在国际上被称为第三次商业革命，它具有能够迅速扩展业务，又不需巨额投入等特点。老字号进行科学的发展连锁经营，将能够产生规模效益。业内人士认为，进行改制，走连锁扩张道路是老字号的出路。目前，全聚德和东来顺等老字号采取了连锁形式，从纯国有变为股份制经营。其中全聚德在全国范围内有 60 余家连锁店，东来顺有 96 家。在全国十大连锁企业的评比中，全聚德和东来顺两家老字号榜上有名。而这种连锁经营方式绝非其先人所传，这就叫与时俱进。

随着企业的发展壮大，杭州知味观也采取了连锁经营的模式，其连锁店遍布杭州各地。确定了"以知味观品牌为后盾，以总店经营为依托，最大限度地利用知味观的品牌优势，借鉴国内外连锁企业的成功经验，实施和发展连锁经营战略，做大做强企业"的发展战略，利用连锁经营实施品牌扩张，提高企业经济实力和市场占有率。知味观先后在杭州各城区开设了完全自营的 27 家卤味外卖店和 16 家堂吃连锁店，已衍生出各种类型的商店，有西子湖畔的园林式酒家，有历史文化街区俨然大家府邸的庭院式餐馆，有闹市路口的众多堂吃店，有集贸市场、居民小区的一个个卤味店，还有在上海开设的建筑面积达 3 600 平方米的上海知味观等，满足了各种顾客的消费需要。2006 年年初，杭州知味观连锁店已增加到 40 多家，比肯德基还多出 10 家左右。各连锁分店创造了巨大的经济效益。其中中北店的日营业额保持在 1.8 万元左右，月营业额在 55 万元左右。仁和路知味观总店日营业额在 2 万元左右，月营业额和年营业额约为 60 万元和 720 万元。截至 2007 年 6 月，知味观在杭州各地（包括萧山）共开设了 25 家卤味外卖店和 13 家堂吃连锁店，2003 年连锁店的营业收入已达 7 799.68 万元，占当年全店营业收入的 53.13%[①]。

特许经营的核心，就是要开发一套设计科学的、流程合理的、高效运转的、标准化的、可以复制的系统，这个系统可以放到任何地方去复制。特许经营首先是一种文化，它实质上是通过对品牌、经营模式、文化的复制，来实现财富的快速积累。

"老字号"如果始终沉湎于过去的辉煌，仍旧拖着原有的经营模式和管理方法不放，必然会"店老字黄"，失去吸引力，被"喜新厌旧"的消费者抛弃，丢掉原有的市场。"老字号"只有跟着时代走，不断地改革、创新，才能发扬光大，真正做到几百年不倒。

5．运用现代科技手段，发展网上买卖

随着计算机技术的发达，越来越多的人选择网上交易。对于卖方来说，网络贸易有提高效率、节约成本、拓宽销售渠道、扩大企业知名度等好处。而对于买方来说，网上交易节省了时间，并能够以相对低廉的价格买到称心如意的商品，尤其是对于工作忙碌的上班族来说，网络买卖日益成为购物的首选。

老字号触网成为其营销的新途径。2009 年 5 月 31 日，全国首个"老字号"网店（www.lzheshop.cn）在北京正式开通营业，全聚德、同仁堂、稻香村等近百个北京老字号品牌均网上有名，全国各地甚至海外的消费者足不出户，即可通过网络购买到正宗的京城"老字号"产品。产品覆盖食品、茶叶饮料、日用品、服装配饰、工艺品、保健品、酒类七大行业。老字号地面实体店里卖什么产品，网店里就卖什么，绝对不会出现"山

① 孙春明，孟亚波．让老字号插上连锁的翅膀[J]．中国商界杂志，2007（6）．

寨版”。在正式开通后，第一天的总访问量突破500万次。

作为中国最大的网络购物平台的淘宝网，从2008年淘宝商城开通始，就有老字号进入，当年入驻的有8家。随着淘宝网的发展，越来越多的老字号企业开始陆续进入，到2010年进入淘宝商城的食品类老字号企业就有超过30家。同时包括西泠印社、张小泉、龙泉宝剑等特色老字号产品也陆续进驻。此外，在淘宝集市中更有无数个人卖家代理这种老字号产品进行销售。网络给老字号带来了新契机，号称“江南粽子大王”的嘉兴五芳斋，曾在淘宝网创造日销最高50万元的佳绩。

通过网络，老字号可以用较短的时间打开市场，壮大消费群体，增加认可程度。老字号经营往往受到地域的限制，许多知名字号在本地享受盛誉，但外地人对其一无所知。网络平台使天南海北的人了解到老字号产品，增加了销售渠道。另外，全国知名的老字号具有强烈的品牌效益，而网络购物讲究的是信用，人们通过上传到网络的图片、文字来了解产品信息，在看不到实物的情况下，商品质量成为消费者最担心的问题。老字号的品牌效应能够弥补这一不足，人们对老字号品牌的认可是老字号发展网络销售的最有力保障。

（三）中华老字号与城市特色及发展

老字号的发展历史，是一个行业的创业史，也是一个城市的发展史。老字号与城市的成长紧密交汇在一起，展示了独特的城市文化和城市魅力。失去老字号，意味着一个城市的历史、文化的流失，同时，城市也失去了活力。因此，对老字号的保护，不仅是经济行为，更是文化行为。老字号本身极具文化价值，在其发展过程中又体现了城市特色。让老字号重新焕发“青春”，需要老字号自身的努力，也需要政府的大力扶持。

老字号是一个城市发展的象征，老字号曾经的辉煌也带动了城市经济的发展。来自上海老字号企业协会的数据，之前国家有关部门的评选中，上海拥有286家商业老字号及278家工业老字号。而在商务部最新认定的“中华老字号”中，这个数字锐减到51家，仅剩下上海餐饮、制衣等有限行业的少数品牌。据了解，武汉现存有名可考的老字号约有215家。不过，仍在经营的老字号萎缩至41家，这其中有一半处于半死不活状态，尚存的饮食老字号便是如此。当社会的大环境发生巨大的变化时，这些老字号无法适应突如其来的变化，变得衰老、缺乏活力，但其本身所蕴含的文化价值和品牌价值是现代新兴品牌无法比拟的。因此，政府在关注新兴企业发展的同时，也要充分认识到老字号的价值所在，重视老字号在城市发展进程中的重要作用。就目前武汉老字号状况而言，十分令人堪忧，非得用“抢救”来强调不可。

1．老字号与城市特色

老字号发源于城市，每个城市由于政治、经济、地理位置的不同，而形成不同的城市特色。依托城市土壤存在的老字号，便拥有不同的风格。老字号彰显出城市的性格特点。

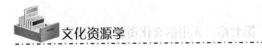

北京老字号是“京派文化”的代表之一。作为首都，北京形成了迥异于其他城市的文化特色，京派文化气势磅礴，积淀深厚，北京老字号便沾染了城市的大气、贵气、官气。首先，豪迈率真的城市文化使企业在发展过程中不拘小节，海纳百川的城市性格使老字号格外包容，如1900年，瑞蚨祥经庚子事变被烧成一片废墟，面对灭顶之灾，它承诺：凡欠客户的钱一文不少；凡欠公司的钱一笔勾销。其次，在北京老字号形成、发展过程中，与贵族、官府的接触不可避免，许多“京派老字号”以为皇族服务的标准为最高准则，这种高标准的服务，使得老字号商品质量上乘，包装讲究，而老板与店员的行为举止也沾染了贵族气息。最后，许多老字号店面多体现皇家建筑气派，诸多匾额为达官贵人所题写。官商一体也为历史上北京老字号的特点之一。内联升的创始人赵廷就同当时一位丁大官人过从甚密，官商相通，丁大官人入了股，帮赵廷开了店，取名“内联升”，寓意甚明。这种官气在新时代上升成为社会荣誉感和责任感，是有其积极意义的。

如今，同仁堂、全聚德等成为北京的城市名片，品尝当地的特色小吃，驻足百年字号，单凭其匾额、门面，都带来深厚的历史感和沧桑感。北京老字号与其他城市的老字号相比，更加端庄、内敛，充满首都的自豪感与荣誉感。

“海派文化”与“京派文化”相比，通常认为更加开放、时尚、西化。“海派文化”以吴越文化为基础，在上海开埠的过程中，不可避免地受到西方物质文明的影响，使上海成了“近代化最成功的地方，市民文化最强大的城市”，往往统领风气之先。建国后，尤其是改革开放以来，上海日渐成为商业中心、国际化大都市，现代化程度居各城市前列。因此，上海的老字号商业气息更浓厚。

1843年上海开埠后，南京路走进人们的视野，成为上海近代商业的发祥地。所谓的“十里洋场”，一般指的正是南京路步行街这一带，上海的老字号大多集中在南京路一带，繁荣时期曾有100多家老字号聚集此地。因开埠之形势，上海有些老字号较西化，以“鸿翔”女装为例，其手艺来自董家渡天主堂的一位修女，经过几代传授，终于在金鸿翔时发扬光大，20世纪二三十年代，鸿翔时装公司引领着上海女式时装潮流，以至不少电影明星、社会名媛都向“鸿翔”定制时装。除西化外，上海老字号带有吴越文化的精致，从上海老字号小吃中可见一斑，不仅味道鲜美，做工考究，外表也让人爱不释手。这些老字号风格体现了上海城市特色，灯红酒绿的十里洋场中依然沉淀着浓浓的中华传统文化。

杭州风景秀丽、历史流长，隋炀帝凿通京杭大运河，杭州的城市地位迅速提高，南宋将其作为都城，杭州在历史上的地位提到了空前的高度。良渚文化、吴越文化、南宋文化、明清文化等都在此留下了印记。杭州人杰地灵，老字号同样沾染了城市的文化气息。如杭州名店状元馆，原址开设在杭州市下城区的盐桥附近。因清代的科举考场——贡院就在附近，故而当时是科举文人的汇集之地。在各地文人来杭州赴考时，在备考和参加考试前后，许多文人秀才来餐馆用餐，席间不乏谈考、论文。曾有一位宁波籍考生经常来餐馆用餐，中举后晋升“状元”。后赴任路经杭州，特地到盐桥边餐馆题词：状元馆。状元馆店名由此而风靡杭城。艺术大师梅兰芳在1930年演出《贵妃醉酒》时，特别派人赶到杭州，要王星记扇庄特制一柄折扇，扇骨必须用陈年的湘妃竹，扇面要裱褙上金箔，并以“杭画”笔法绘上色调浓艳的牡丹。雍容华贵的折扇为“贵妃”那娇柔的身段、华丽的服饰平添了几分妩媚。

2. 老字号与城市发展

北京大栅栏曾是老字号的聚居区，已有近500年的历史，曾经就是一个繁华的商业区。兴起于元代，建立于明朝，从清代开始繁盛至今。1900年八国联军曾一把火将整条街付之一炬，重建后依旧繁华。大栅栏的由来，要追溯到明代孝宗弘治元年。当时，北京有“宵禁”，为了防止盗贼隐藏在大街小巷之内，由朝廷批准，在北京很多街巷道口建立了木栅栏。据清代《钦定令典事例》中记载，雍正七年批准的外城栅栏440座，乾隆十八年（1753年）批准的内城栅栏1 919座，皇城内栏196座。大栅栏原是廊房四条，因为这条胡同的栅栏制作出色，保留长久，而且又大一些，于是逐渐为京城所瞩目，所以，大栅栏就成为这条胡同的名称了。为了恢复历史风貌，宣武区政府于2007年5月正式启动了大栅栏商业街的整体改造工程，规划投入资金9 300万元。据中国社会科学院考古研究所专家徐苹芳介绍，此次复原以民国初期风貌为基础。通过改造，大栅栏步行街最大限度地还原和展现大栅栏独有的传统商业特色，区域中的历史风貌将得到保护和延续。

除了旧址老房的北京丝绸商店、瑞蚨祥绸布店、内联升鞋店、六必居酱菜店、荣宝斋文房四宝等徐徐透出百年的光泽之外，青云阁小吃、同仁堂、张一元茶庄、长春堂、月盛斋熟肉店都已经门庭更新了，诸多外来的风味饮食也各据一方，形成了新型的饮食文化特色。

新的大栅栏经过两年多的发展，瑞蚨祥、同仁堂、内联升、步瀛斋等营业额获得增长，但老字号小吃却经营艰难。2009年，包括爆肚冯、年糕杨、豆腐脑白等8家北京老字号小吃入驻青云阁，仅仅经营了一年，20家店铺就纷纷撤离，只剩下一家店铺独守。北京小吃齐聚前门的盛况只是昙花一现，许多人还没来得及品尝便已消逝。上涨的物价、高昂的房租、低廉的利润，使得老字号小吃难以在大栅栏生存。老字号体现城市特色，尤其是老字号小吃，最直观地反映城市风格。老字号历经百年，有其独特的经营风格，在市场化的大潮中，有些老字号适映科学连锁经营模式，但有些老字号却保留其家族式管理，不贪图扩大，守住其小店面，这也是一种模式，政府应该尊重，而不是强制其转型。这类老字号通过对传统的坚持，挖掘出强烈的传统民族文化认同感，并且具有一定消费能力的“小众市场”，也是城市发展的一道靓丽风景。

上海市中心的黄金地段也有一条与大栅栏西街相似的“老字号一条街”，它诞生于2009年9月，静安区斥资改造了陕西北路北起南京西路、南至威海路的一段路，并且引入了16家“老字号”。“鸿翔”女装、“龙凤”旗袍、“亨生”西装、美新点心等知名老字号汇集于此，以图重塑辉煌。经过一年多的发展，这些老字号经营状况不一，总体呈良好趋势。

老字号一条街的建立，让经营绣花布鞋为主的大美华生意起了变化。除经过改良的绣花蚌壳鞋、手工绣花鞋外，为了适应市场需求，大美华也开始经营皮鞋，每天营业额有上千元。上海女性对旗袍情有独钟，如今，新娘结婚、参加派对、出国访友等仍会选择旗袍。还有一些外国客人慕名而来，购买中国的唐装或旗袍，“龙凤”旗袍成为他们的首选。美新点心店由于处在诸多服装店周围，生意出奇的好，传统点心价廉物美，顾客络绎不绝。

杭州是推动老字号发展的较早的城市之一。2007年，杭州市委、市政府专门出台了《关于促进杭州市老字号振兴发展若干意见》，明确提出加强对老字号工作的政策、规划、资金等方面的支持，促进老字号振兴发展。另据杭州市政府于2008年4月1日的通知称，《杭州老字号认定保护办法》已经市政府同意，切实规范和保护杭州老字号品牌。针对杭州老字号的未来发展目标，杭州的规划是：到2010年前，杭州将建设1条国家级老字号特色商业街、1家国家级老字号博物馆，认定60家“杭州老字号”，争创50家“浙江老字号”、40家“中华老字号”，要让6家老字号列入国家级非物质文化遗产名录。

武汉老字号代表着城市的市井文化，其抢救与扶持的措施应该是可以找到的，例如，我们将之与景点旅游结合起来，既可以使游客了解并体会武汉的风俗文化，又可以带来巨大的收益。因此，政府应结合旅游促销活动，加大对老字号的宣传力度，让老字号深厚的文化底蕴得以家喻户晓。将武汉丰富的小吃文化资源与休闲、购物、旅游等活动巧妙而紧密地结合起来，不论对老字号的振兴还是对旅游业的发展，都会起到事半功倍的效果。因此，老字号应该主动寻求政府的扶持，如可以在城市的传统老街保护区，一方面保护好原有的老字号；另一方面将城区其他地方的老字号转移至相对集中的老字街。老字街靠老字号扬名，老字号又以老字街的网点，集人缘、地缘之优势，集中展示“老字号”丰富的文化内蕴，彼此相得益彰。

武汉的老字号在发展过程中，缺乏的是对其文化特色的突显。与本土的新兴餐饮企业以及外来餐饮企业相比，在文化层面上不能彰显其个性，难以形成其独特的竞争优势。如何进行文化创新、体现个性，对这些老字号来说，变得十分重要。

武汉的餐饮老字号是武汉的饮食文化的缩影。像“蔡林记”、“老通城”、“四季美”等小吃老字号体现着武汉的市井文化，如何使这些文化特色突现出来，使老字号的个性得以彰显？在这一问题上，老字号应进行深思，寻求新出路。

曾有人建议将“蔡林记”建成民俗馆，这个建议值得重视。“蔡林记”本身有它的传奇故事，热干面又是武汉特有的小吃，体现着江城特有的饮食文化，若将这两者结合起来，应会产生不错的效果。其实不仅是“蔡林记”，其他老字号都可以进行这样的尝试，甚至可以考虑建立一个武汉饮食文化博物馆。这样不仅将武汉老字号的文化底蕴突显出来，也从一个侧面显现了武汉的风俗文化，同时也使这些老字号的特色更加鲜明。这样不仅会吸引武汉本地的顾客，也会吸引外来顾客到此一睹老字号的风采，感受武汉的文化和风俗。

城市建设的实践使人们越来越认识到，一个城市的崛起和发展，应该是指它的综合实力的全面提升，既有经济的快速发展、经济规模扩大为主要指标的硬实力的增长，更应该有以文化为核心、以科技为基础、以生态为关键的软实力的全面提升。城市也由过去军事、政治为主的功能转变为社会、文化功能。每个城市的文化各具特色，在交融中发展了自己的文化个性。老字号作为最能体现城市个性的名片，在城市文化“软实力”的建构中极其重要。

从经济的角度看，老字号带来了商业效益，并日渐作为旅游资源增加城市的经济活力；从文化的角度看，它是一个城市历史的见证，凝聚着深厚的文化底蕴，反映了古代的生存状态，体现了现代的生活意义，承载着城市文明的价值。

城市通过文化展现魅力。在进行文化创新时，我们不要忘记文化的创新要植根于老字号的传统文化。文化创新不是全盘的否定老字号的传统，而是寻找传统与现代的契合点，在保持老字号传统文化特色的同时，使其更具时代感。

本章小结

- 目前，历史文化主题公园的发展尚处于初级阶段，历史文化主题公园定会在不久的未来获得飞跃式的发展。首先，文化产业迎来了发展的黄金时期。其次，伴随我国城乡一体化进程的加快和新农村建设的稳步推进，城乡界限将进一步模糊开来。再次，文化产业可分为传统历史类文化产业和新兴科技类文化产业、时尚创意类文化产业。最后，历史文化主题公园选择的文化主题是地域文化。
- 发展节庆文化产业的对策和思路：以文化产业的建设带动旅游节庆产业的发展；以独特的文化资源为内涵，找准节庆活动定位；培育节庆活动适度合理的市场化运作机制；多层次、宽领域的合作；节庆活动参与的大众化与社区活动相结合；打造节庆活动品牌等。

- 加强中国饮食文化传播的对策：充分利用奥运会、世博会以后的影响，加快中国饮食文化的传播，提升中国文化的国际影响力；努力扩大中国餐饮品牌在海内外的影响，积极支持做大做强餐饮品牌；加强中国饮食文化中和谐观念的宣传，提升中国文化软实力，为中国餐饮业营造良好的经营环境；积极申请将中国烹饪列入世界非物质文化遗产。
- 中华老字号的发展路径：第一，加强老字号非物质文化遗产的保护；第二，加强知识产权保护与品牌的宣传；第三，选准市场，注重产品的质量与创新；第四，科学发展连锁经营；第五，运用现代科技手段，发展网上买卖。

综合练习

一、本章基本概念

无形文化资源；历史文化主题公园；节庆；民俗；饮食文化；中华老字号

二、本章基本思考题

1. 如何对无形文化资源进行开发利用？
2. 什么是历史文化主题公园？有哪些特点及功能？
3. 当前研究历史文化主题公园存在着哪些误区？
4. 发展节庆产业的对策及思路是怎样的？
5. 如何加强饮食文化的非物质文化遗产保护与开发？
6. 中华老字号的发展路径有哪些？

推荐阅读资料

1. 王文章. 非物质文化遗产概论[M]. 北京：文化艺术出版社，2006.
2. 周敦源. 旅游文化[M]. 杭州：浙江大学出版社，2005.
3. 王悦明. 山东省旅游节庆发展研究[D]. 济南：山东大学，2008.
4. [韩]崔承现. 韩国华侨史研究[M]. 香港：香港社会科学出版社，2003.
5. 李世泽，覃柳琴. 节庆文化产业的体制创新[J]. 广西社会科学，2003（12）.
6. [日]中山时子. 中国饮食文化[M]. 徐建新，译. 北京：中国社会科学出版社，1992.

第八章

区域文化资源的开发案例

本章学习目标

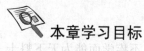

通过对本章的学习，学生应了解或掌握如下内容：

1. 名人故里保护与开发现状及存在的问题；
2. 主题公园模式、故居模式、节事模式；
3. 中原及中原楚文化的内涵；
4. 大遗址集群模式、数字化博物馆开发模式、寻根产业开发模式、物化产品开发模式；
5. 主题开发策略、区域整合开发策略、多层次开发策略、氛围营造开发策略、体验式开发策略。

导言

文化资源的开发利用一直是世界各国所关注的问题，各国都在根据自己的实际情况大力开发文化资源，把文化资源变为文化产业，以促进社会经济发展。在欧洲很多国家，人们对历史文化遗产资源非常尊重，其对历史文化资源的开发利用也普遍做得好。中国是一个文化资源大国，各种文化资源非常丰富，但很多历史文化资源没有得到充分的开发利用，造成了资源浪费。历史文化资源是区域文化发展建设的重要基础，并且为相关文化产业的开发提供了保障。历史文化资源在区域文化个性形成的过程中起着关键性的作用，保护和利用好历史文化资源，能使区域的文化建设获得巨大的动力和经济效益，从而推动区域经济社会全面发展。

第一节　荆楚地区名人故里资源的保护与开发

荆楚地区在历史上名声显赫的人物众多，可谓是人才济济。“惟楚有才”正是荆楚人才的现实写照。在荆楚大地上，诞生了数不尽的历史名人，他们的故乡因为他们的个人成就而声名鹊起，有的成为了著名的旅游胜地，有的成为了历史文化名城。这些名人故里的保护与开发也受到了广泛的关注。

一、名人故里资源保护与开发现状

“名人”是指著名人物，最早出现在《吕氏春秋·劝学》“不疾学而能为天下魁士名人者，未之尝有也”之中；“故里”是指故乡、家乡，最早出现在南朝梁国江淹《别赋》：“视乔木兮故里，决北梁兮永辞”中。所以“名人故里”是指著名人士的家乡。然而，随着社会文化需求的逐步升温，近年来名人故居争夺战的硝烟一直弥漫在中国各地上空，从炎帝到老子，从司马迁到诸葛亮……令人匪夷所思的是，如今就连传说中的“牛郎织女”和“孙悟空”都有了“故里”。更有甚者，被中国传统文化所不容的西门庆，也被两省三地争得不亦乐乎。为什么名人故里之争愈演愈烈？这与名人故里保护与开发的经济意义、社会意义、政治意义、教育意义等不可分离。

（一）名人故里保护与开发的意义

名人故里作为名人文化的载体，同时履行着继承和宣扬名人文化的责任与义务。名人故里作为文化资源的一种，一方面，对于城市的文化建设有着重要的意义：名人故里不仅仅是一个头衔，它更是城市文脉的体现方式，也是彰显城市文化魅力的“名片”，有利于提高城市的历史文化底蕴，促进城市文化品牌的建设。另一方面，也向世人展示了历史名人的生活状态和精神品质。总的来说，名人故里保护与开发的意义可以概括为四个方面：经济意义、社会意义、政治意义和教育意义。

1. 经济意义

保护和开发名人故里，实现其价值最直接的方式就是旅游。之所以把经济意义放在首位，是因为越来越多的游客愿意为文化旅游买单，名人故里的价值以游客在观光过程中的花费得以实现。旅游收入直接体现了名人故里作为旅游目的地的经济价值。不可否认的是，名人故里作为旅游目的地所具有的可观的经济价值，是各地打名人故里牌，争夺名人故里现象的合理解释之一。

2．社会意义

社会意义是保护名人故里的首要推动力。充分提炼名人故里的文化价值，可以使人们和社会在拥有此类文化资源的同时，产生个人、集体和国家的认同感以及民族自豪感。由此，名人故里作为一个物质载体，同时具有精神层面的感召力，这样才能充分发挥名人文化资源的价值。

3．政治意义

从某种程度上来说，名人故里作为文化资源的一类，政府对其保护与开发起着决定性的作用。一方面，政府部门可以强行决定文化资源是否需要保存，保存什么，如何解读文化现象等；另一方面，政府可以各种方式利用文化资源制造舆论导向，激发民众的爱国主义情绪等，从而塑造政府形象，使作为名人故里的某地以正面的形象吸引更多的注意力。

4．教育意义

名人故里的教育功能不言而喻。许多名人故里都打着“爱国主义教育基地”等头衔，人们怀着对名人的崇敬之情，到名人故里瞻仰名人遗迹，不仅对名人有了更深入的了解，还详细了解了当地活生生的历史、文化和习俗，名人的影响通过名人故里得到较为直接的呈现和展示，从而达到教育和感化的目的。

正是因为名人故里具有这些价值和意义，我们才要保护好名人故里。保护名人故里，就是保护历史。我们知道，名人故里并不等同于历史，而把名人故里看作一个容器，其中所蕴含的名人遗迹等就是历史所遗留下来的片段及元素，这些元素在容器里得到保存和保护，才能还原和展现历史。名人故里只有在得到保护的前提下，才能更好地开发，利用这些文化资源来创造经济和社会效益，体现名人故里的价值，发挥名人故里的经济、社会、政治和教育意义。

（二）名人故里保护与开发的现状及存在的问题

近年来，名人故里越来越多地受到各地的重视，这是值得欣慰的。纵观整个荆楚地区，名人故里保护与开发虽得到了一定的重视，但是现状仍不容乐观。荆楚地区众多名人之中，家喻户晓的当数屈原故里——秭归，还有神农炎帝故里——随州，王昭君故里——兴山，李时珍故里——蕲春，林氏三兄弟故里——黄冈等，其中黄冈市拥有着众多的名人资源财富，其所辖的蕲春县有二百多名教授和博士，故有“教授县”之称；红安县共有二百二十余位将军，被誉为“将军县”。然而，这些名人故里的保护与开发现状如何呢？各地都在大力开发当地的名人资源，以上提到的名人故里在省内，有的甚至在国内都具有一定的名气，但仍然存在着一定的问题，且具有一定的普遍性，具体有以下几点。

1. 名人资源的争夺催生了名人故里的盲目开发，文化造假的趋势愈演愈烈

各地政府及管理部门意识到了名人故里所具有的经济意义，于是纷纷与名人“攀亲拉故”，借此达到宣传地方的效果。名人故里受到追捧，本无可厚非，但一味地追求经济利益，扭曲名人历史，是不可取的。利用名人炒作地方，是得不偿失的。名人的家乡本只有一个，可是由于年代久远，史料记载模糊，考证起来比较困难，多地就一位名人展开的争夺战屡见不鲜。导致的后果就是文化造假、盲目开发。

对于名人的争夺不仅仅局限在其故里，名人的出生地、所葬之地、游历之地都是争夺的焦点。试问：如此表面看似文化之争的实质到底是争“名”还是争“利”？答案不言而喻。在我看来，名人故里可以在学术层面上进行争论，但大可不必你抢我夺。在学术上，历史学者之间展开争论可以旁征博引，利用文献资料举证，从历史文化的角度，大家各抒己见，这些争论都是有利于学术发展的。然而，脱离精神层面，争夺名人资源所带来的经济利益，就是虚假的文化之争。如此造成的人力、财力、物力的浪费，乃至地方名声的损坏，都是大家所不愿看到的结果。

2. 名人故里作为文化资源，其个性化不够

当代社会需求与消费文化的模式发生了改变，消费文化正向充满审美和文化意义要求的消费过渡，对文化含量高、精美的旅游产品的需求不断增加。名人故里作为文化资源，正在不断被产业化，此类文化产品需要多元化，鲜明的个性才能满足旅游者的文化消费需求，才能充分发挥文化资源的魅力。千篇一律的人造景观、各地都能买到的旅游纪念品都是个性化不够的体现。名人故里资源的开发要充分利用文化内涵和个性化来吸引游客。

3. 由于政治、战争等现实原因导致名人故里的景观被毁坏现象严重

名人故里是展现名人历史、名人生活遗迹的场所，经过历史的冲刷与岁月的洗礼，名人故里的众多景观早已被毁坏，它们中间有的幸运地得到了重建或修葺，有的则没那么幸运，而被摧毁殆尽。这些事实是我们没有办法改变的。然而，我们能做的是不要以任何理由继续毁坏现存的历史遗迹，而是尽量保存和保护我们身边的名人故里景观，以保证其可持续的发展。历史留给我们的是不可再生、不可复制的文化资源，这些名人故里景观曾经见证了名人的出生或成长，也将继续见证着后代的成长与辉煌。

我们既要充分发挥名人故里所具有的经济效益，又要深度挖掘其蕴含的社会效益，以端正的态度对待名人故里，从文化的视角，保护好我们身边的历史名人文化资源，合理适度开发，使历史文化真实地呈现在我们面前，充分发挥名人故里文化资源的魅力和意义。

二、荆楚地区名人故里的保护与开发模式分析

名人故里的保护与开发是一种共生共荣的关系，两者紧密地结合在一起。保护名人故里，一方面是为了保存历史文化，另一方面也是为了展示历史文化；开发名人故里，就是向世人展示名人历史与文化影响不可或缺的方式之一。名人故里的保护与开发，经过长时间的实践经验总结，已经形成了固有的模式。针对荆楚地区名人故里的开发现状，我提出了三种典型模式，即主题公园模式、故居模式和节事模式。以下根据实例作简要分析。

（一）主题公园模式

所谓主题公园，就是根据特定的主题，由人创造而成的舞台化的休闲娱乐活动空间，是一种休闲娱乐产业。[①]主题公园的关键在于主题的选定。主题的产生，归纳为以下三种来源：一是依靠历史上的名人或著名事件而获得的独特的文化内涵；二是依靠大自然馈赠的自然风光；三是自造主题，人为策划的一种特殊的文化形态。[②]而依据名人故里所打造的主题公园，其主题显然是明确的，关键在于整体的策划开发。

以湖北蕲春“李时珍故里”为例，我们认为可以按照主题公园的开发模式对其进行打造。李时珍故里现有李时珍故居、李时珍墓、李时珍纪念馆、李时珍药物馆、李时珍行医的诊所“玄妙观”、乡贤祠等与李时珍有关的历史遗迹。根据李时珍故里现有的景观，尚不足以称作主题公园。根据国内外主题公园的状况，李时珍故里还应具备以下条件：第一，表现形式的多样性。现有的表现形式大多为博物馆式的展览，可以开发虚拟现实、微缩模型等形态相辅或相结合的表现形式。第二，景点、主题活动的多样性。景点基于李时珍墓、纪念馆等，太过单一，可以开发以李时珍为原型的主题舞台剧表演，丰富娱乐活动。第三，品牌导向性。主题公园成功的关键还在于品牌建设，有了品牌效应，才能聚集“人气”，有了“人气”，才能带来“财气”。举办一年一度的中药文化节，吸引中医爱好者前来切磋技艺，扩大名声和影响力，提高知名度和美誉度。

名人故里主题公园模式是可行的，也是必不可少的开发模式之一。名人故里主题公园成功的关键在于策划。强烈的地域个性和凸显的文化特色是其生存和发展的基础和保障，品牌打造和建设则是吸引旅游者的关键。

---

① 保继刚，楚义芳，彭华．旅游地理学[M]．北京：高等教育出版社，1999：132-133．

② 杨艳蓉．我国新生代主题公园的经营与发展[J]．成都大学学报（社科版），2004（4）．

（二）故居模式

故居模式主打的是“名人故居”，相对来说，名人故里的名人故居具有独一性，不可复制性。以故居为基地，举办名人生平展、家族事迹展等是最常见的开发形式，主要依靠的是名人个人的名气和吸引力，规模不大，却能在一定程度上提高故里的知名度。要想扩大此类故里的开发规模，与当地周边的景点作必要的连接是必需的。总的开发思路是：以某位名人的知名度和号召力为切入点，以名人故里的头衔吸引游客的眼球，激发游客的兴趣，配合当地特色和周边旅游景点，将众多旅游产品进行“捆绑式销售”。

以湖北黄冈“林氏三兄弟故里”为例，林育英故居、林育南故居和林彪故居构成了故里的主体，这就是典型的故居开发模式。此类故里构成相对单一，不具备整体开发的规模，只适用于名人的故居尚存且保存较为完好、其他配套参观设施缺少、较为小型的故里开发，对参观者的吸引力不足。考察整个黄冈地区，与“林氏三兄弟故里”相邻的便是“李四光故里”——回龙山镇香炉垮，还有“陈潭秋故居”所在地——陈策楼村，以及盛名已久的“东坡赤壁”。这些景点分别分布在黄冈地区内，相对分散，但相距不远，完全有可能进行统一规划、统一开发。将分散的点利用便利的交通线连接起来，在已经形成的东坡赤壁旅游区的基础上建成黄冈名人故里文化游的大景区。黄冈位于湖北省东部，区位优势明显，“大景区”的打造除了统一的策划外，还要加强各个分景点的配套设施建设，政府的引导、资金的支持也是开发的关键。

以名人故居为主的名人故里游要凸显故居特色，对于有建筑特色的故居，可以从建筑学的审美层面上推广名人故居。结合现代科技，制作故居的三维动画来展示老房子的结构及演变过程图，或者制作有收藏价值的故居微缩模型为主打旅游产品向游客推广。

（三）节事模式

“节事”是“节日和特殊事件”的简称。从狭义角度而言，节事模式是指以依托某个特殊事件或节日活动而进行的旅游开发活动。这些活动可以是文艺活动、博览会、体育竞技活动、节庆活动、论坛会议、学术活动等。以大型活动为契机，对名人故里景区进行二次开发，以吸引更多的游客，提高其受关注度和知名度。

“屈原故里”的开发就是节事模式的典型案例之一。以端午节为节日背景，以祭祀屈原为特殊事件，秭归成功地将节庆文化与名人故里开发充分结合，每年的端午节期间，倾力打造独具民族特色的屈原故里端午活动，吸引了成千上万游客纷至沓来，为屈原故里创造了极大的社会效益和经济效益。2010 年 6 月 16 日，屈原故里端午文化节暨海峡两岸文化论坛活动在湖北省宜昌市秭归屈原祠隆重举行。此次祭祀活动规模盛大，由国家文化部、国务院台湾事务办公室、湖北省人民政府主办，紧扣“彰显荆楚文化、激励爱国情怀、保护传统习俗，让世界了解端午文化，让世界记住屈原故里”主题，突出“海峡两岸，端午民俗”两大特色和“开幕祭祀、屈乡习俗、龙舟竞渡”三大亮点，穿插10项原汁原味的端午民俗情景表演，内容丰富，特色鲜明。同时，因三峡蓄水搬迁重建的屈原祠也于当天正式对外开放。[①]秭归以端午节为契机，适时举办祭祀屈原活动，将活动事件模式发挥到极致，通过一系列节庆文化活动，唤起了海内外炎黄子孙对屈原文化精神和民俗文化的更多关注，推动中华民族优秀的民俗文化得到保护传承和发扬光大，也使得秭归作为屈原故里更加深入人心，宣传屈原文化的同时，极大地宣传了秭归。

以上“模式”是荆楚地区在进行名人故里开发的过程中，逐渐形成的具有普遍性的保护与开发模式。这些模式具有一定的代表性，也具有一定的指导意义。然而，在实例开发中，策划者要跳出“模式”的束缚，因地制宜，不可千篇一律，照葫芦画瓢。在“模式”下打造出来的故里大多雷同，使参观者索然无味，成为浪费人力、物力、财力的摆设工程，这是得不偿失的。各地都具有独特之处，名人也有着各自的风采，这是模仿不来的，也更是强求不来的。只有凸显了特色，才能打造出真正富有独特韵味的“名人故里”。

三、荆楚地区名人故里的保护与开发策略

（一）名人故里资源的调查与评价

为了更好地研究、保护和开发荆楚地区的名人故里，首先，应该“摸清家底”，在荆楚大地上究竟有多少名人故里存在，为何它们有的名声赫赫、游人如织，有的却鲜为人知、落魄衰败。如何改变衰败的景象，让名人故里旧颜换新颜。这些后续研究的展开，都建立在整合荆楚地区名人故里的基础上。我们知道，名人故里的价值以游客在观光过程中的花费得以直接实现，那么这类文化资源的开发，其中一个重要目的在于旅游开发。

1．旅游资源的调查

我们可以围绕旅游业发展的需要，对此类名人故里资源进行调查。旅游资源调查是服务于旅游资源评价、旅游资源开发规划、旅游资源整合利用和旅游资源有效保护的前期基础工作。在进行旅游资源调查的过程中，应遵循以下基本原则，以便于调查的展开和完整性[②]。

（1）为旅游业服务的原则。这类调查要尊重旅游业发展的基本规律，从客源的心理

[①] 屈原故里端午文化节今日盛大开幕．秭归县人民政府网站．http://www.hbzg.gov.cn/article.do?type=category&articleid=212170．

[②] 吴宜进．旅游资源学[M]．武汉：华中科技大学出版社，2009：245-246．

出发，去综合考虑旅游资源的经济价值、科学价值、文化价值、美学价值以及教育价值等。介于名人故里的文化属性，在充分挖掘其文化价值的同时，应适度迎合各层次游客的需求，在调查的内容和重点的安排上，尽可能地以文化为核心，剔除低品位、破坏社会风气和环境等现象，有选择性地进行调查。

（2）真实性原则。旅游资源的调查必须进行实地的考察、采访、绘图、记录、摄像，并进行科学客观的分析，才能获得准确无误的资料。然而，名人故里这类人文资源随着时间的推移，可能发生很大的变化，不利于调查的开展，资源的真实性容易受到质疑。真实性是指以真实的方式来描绘历史。[①]具体来讲，真实性包含有四重含义：第一重含义，即“真实的再现”。第二重含义，即景点在做到了环境条件逼真的基础上，还能准确、彻底、完美地反映历史原貌，并且得到历史学等相关专家的证实和认可。第三重含义，要求更高，即保证景点是绝对的原版，毫无假冒。第四重含义，相对来说，对于游客更为直接，它是指景点的真实性得到官方或法律的认可。我认为，名人故里至少要满足第二重真实性含义的要求，即得到了历史学家的考证和广泛的认可。

（3）综合性原则。旅游资源的调查是一项需要综合利用多学科知识的综合性工作。旅游资源调查涉及范围广泛，系统繁复庞杂。就名人故里而言，既要对自然要素、故居建筑等客观存在的物质实体进行调查，又要对历史文化、宗教、民风民俗等非物质形态进行调查；既要运用计算机等高科技手段，又要具备深厚的文化素质。因此，调查工作应集合历史、文化、宗教、地理、艺术、经济等多学科来共同完成，并取得政府及相关部门的支持和配合，才能对旅游资源进行系统而全面的调查。

（4）创造性原则。旅游资源调查就是要全面掌握具有开发利用价值的所有类型的资源。善于发现个性化的资源，以便于打造具有创造性的名人故里旅游资源，促进名人故里的产业化开发。

（5）和谐性原则。旅游资源的调查应注重社会效益、经济效益、资源效益以及环境效益的有机统一，促使旅游资源可持续发展。名人故里资源的调查和谐性体现在文化资源保护与开发关系的合理性、经济效益与社会效益的和谐发展等诸多方面。

2．旅游资源的评价

旅游资源的评价是建立在旅游资源调查的基础之上的，根据调查的结果做出合理的评价有助于明确旅游资源的质量、确定旅游目的地的性质、确定旅游资源开发的秩序、提供开发利用的科学依据，为进一步旅游资源的规划开发提供科学合理的依据和基础[②]。

① [英]戴伦·J.蒂莫西，斯蒂芬·W.博伊德．遗产旅游[M]．程尽能，译．北京：旅游教育出版社，2007：234.

② 吴宜进．旅游资源学[M]．武汉：华中科技大学出版社，2009：251-252.

在进行旅游资源评价时，也应遵循相应的基本原则。在客观真实性原则、全面综合性原则、符合科学性原则上，评价也同样需要遵循。此外，需要注意的是，要遵循定性与定量评价相结合，以定量为主的原则。定性与定量是旅游资源评价的两种方法，要做到科学客观的评价，将两种方式结合，把定性的评价加以量化，便于直观地展现，有利于旅游资源的进一步规划。

旅游资源评价的内容包括对旅游资源单体和结构的评价及对其开发的外部条件的评价。主要包括以下几个方面：（1）旅游资源的数量、丰度和布局；（2）旅游资源的特色；（3）旅游资源的价值和功能；（4）旅游资源的容量和承载力；（5）环境因素；（6）资源影响力；（7）附加值评价；（8）旅游资源区的地理和交通情况；（9）地区经济发展水平；（10）客源环境。[①]这些都是在对旅游地进行综合规划前要评价的主要内容。对于荆楚地区的名人故里而言，虽同位于湖北省内，且同属于人文历史类文化资源，但所处地理位置、经济水平、民风民俗等皆不尽相同，具体评价要根据不同的名人故里作相对应的分析。

（二）名人故里资源的规划与开发

名人故里资源的规划与开发要以文化资源为核心，以宣传地方名人文化为主要目的，以发展旅游业为主要手段，以旅游市场的需求为导向，以发挥、改善和提高名人文化资源作为对旅游者的吸引点，在一定的资金和技术手段的支持下，系统地将区域内各种现实的和潜在的旅游资源科学地加以组合利用和有效保护，以便能进一步提高它们的吸引力与竞争力，使其产生经济效益、社会效益和生态效益，将名人故里资源的潜力充分发挥出来。旅游资源的规划开发应遵循特色性、市场导向性、效益性、保护性、循序渐进性、游客参与性原则。[②]在进行规划开发时，这些原则是基础，还要根据名人故里的特点，进行个性化规划与开发。

根据名人故里的不同类型，对其进行有针对性的开发，可将名人故里细分为故里型名人的故里和事业型名人的故里。这里，故里型名人是指名人的主要事迹和活动地点主要在其出生地；事业型名人是指该名人的活动地点及其事迹主要是在外地，当地只是其出生地。[③]这两类名人故里虽说都是指名人的出生地，但根据名人活动范围的不同，其旅游开发方式也应有所不同。

故里型名人的故里相对来说，名人所遗留下来的生活和活动痕迹较多，即在当地保

① 吴宜进．旅游资源学[M]．武汉：华中科技大学出版社，2009：253-257．

② 吴宜进．旅游资源学[M]．武汉：华中科技大学出版社，2009：308-313．

③ 王衍用，宋子千．旅游景区项目策划[M]．北京：中国旅游出版社，2007：285-291．

存了众多的胜迹和遗址，抑或较好地保存了其故居。这样一来，其开发可以基于名人故居及其活动的场所，使得整个故里更具体、更直观地呈现在旅游者面前。我们借用山东淄博的"蒲松龄故里"为例，探讨故里型名人的故里保护与开发策略。山东淄博的蒲家庄是蒲松龄的故里所在地，这里已经形成了以蒲松龄故居蒲家庄、蒲松龄故居纪念馆、主题园聊斋城等为主要景点的聊斋文化游览区。这里每年还举办国际聊斋旅游文化节、聊斋文化艺术博览会、聊斋俚曲文化大奖赛等活动，吸引了大量游客前来参观。然而，现在蒲松龄故里的开发还存在一定的问题：重故居、轻故里的做法得不偿失；周边商业化现象严重，破坏了村落的布局和原生态面貌等。相关策划方对症下药，提出了以"故里、故居、故事"为主线，全方位打造聊斋文化景观的理念。一是将田园、故居、故里场景式活化；二是将故事，即存在的聊斋城参与式活化，使"故里、故居、故事"活化，达到三位一体的效果，改变原来杂乱的状况。按照此理念打造的"蒲松龄故里"更具有整体效果，其影响力也大大提升。"三故"的开发模式对于荆楚地区此类故里的开发具有极强的借鉴性。

事业型名人的故里则有所不同，此类名人早已名声在外，可能其故乡早已被世人模糊，抑或忽略，而其事业地对其活动遗迹已进行了较为合理的保护与开发。由于其故里缺乏实物展示，其开发思路就需要另辟蹊径。举例来说，山东沂南的"诸葛亮故里"就是一个很好的例子。关于诸葛亮，据《三国志·诸葛亮传》[①]记载："诸葛亮，字孔明，琅琊阳都人也。"阳都，即在今山东沂南县。山东沂南县是诸葛亮故里，历史上基本没有异议。我们知道其事迹主要在四川、湖北、河南等地，例如，四川成都的武侯祠规模最大且最负盛名，来此参观的游人络绎不绝；湖北襄樊的古隆中，诸葛亮隐居在此十年之久，"三顾草堂"的实景地，也广受游人追捧。而其故里山东沂南却鲜为人知，这里成了有名无实的故里，徒有空名、缺乏实物就成了此类故里的"通病"。策划人员在对山东沂南进行策划时，拟出了"先以纪念地打造品牌、树立形象，再以场景地对应大众游客"的开发思路，即利用诸葛的姓氏起源于沂南，打出"天下诸葛出沂南"的口号，首先建诸葛宗祠，利用诸葛亮的盛名，做寻根问祖的文章；其次，再利用陈列和现代高科技的表现手法，以《三国志》和《三国演义》中的记载为基础，建卧龙宫，展示历史上的诸葛亮和艺术化了的诸葛亮；此后，再根据参观者的反应及对沂南的认知度，来建设其他生平展示场所。如此类似主题公园的开发模式，是故里开发的一种新思路，一方面让大众都知晓了名人的家乡，另一方面也打响了当地的知名度。这些理念和方法除了可以借鉴的同时，还应引起策划者的思考。总之，如何发挥当地名人故里的特色是策划

① 陈寿．三国志[M]．宋裴松之注．北京：中华书局，1959.

案的关键与重点。

四、名人故里资源保护与开发案例分析

本文以屈原故里为例来作一分析，屈原是战国末期楚国丹阳人（今湖北秭归），世界四大文化名人之一，是楚武王熊通之子屈瑕的后代。屈原之所以被世人景仰，因为他作为中国最伟大的浪漫主义诗人之一，创造了“楚辞”这一文体，其文学作品《离骚》、《九歌》等着重表现了作者内在的情愫及远大的抱负，文章因文辞华丽、内涵深刻广为流传，成为不朽的名篇。屈原故里——秭归，是一座新型的移民之城，在这里仍旧保存着大量的文物胜迹。秭归的“屈原故里端午习俗”作为“中国端午节”的主体，成功地入选世界非物质文化遗产名录，使得世界名人屈原和端午节成了秭归的标志，游客纷至沓来，争相观赏。屈原故里的文化资源保护与开发也显得尤为重要。

（一）屈原故里的保护与开发现状及存在的问题

今天的屈原故里——秭归，县城位于茅坪，新址距离老县城归州 37 千米，离三峡大坝仅一千米。由于三峡工程的兴建，整个县城被迫搬迁。屈原祠、新滩古民居等一系列见证秭归发展历史的古老建筑也一同迁建。如今仿古新建的屈原祠已于 2010 年的端午节正式对外开放。新屈原祠由山门、配房、碑廊、前殿、正殿、享堂、屈原墓组成，建筑群落规模宏大，占地面积 19 402 平方米，建筑面积 5 806 平方米，是屈原沱清烈公祠的 15 倍。[①]屈原祠几经迁移，却依然受到足够的保护与重视，可见其意义及价值之重大。

我们认为，要建设好屈原故里，应该把握几点关键核心，即“绿色开发、节事文化、品牌打造”，具体来说，就是要以绿色开发为主要形式，以节庆文化为主要契机，以品牌打造为主要目的。围绕设计理念去整体地、系统地规划屈原故里景区。主要从以下两个方面展开。

1．景区建设方面——绿色开发

已经形成的“屈原故里文化旅游区”由屈原祠所在的凤凰山景区、屈原开坛讲学所在的九畹溪景区以及乐平里屈原故里景区组成。三大景区联合开发，可以扩大秭归文化旅游的吸引力，满足各类游客的文化旅游需求。在此基础上，可以运用绿色生态的理念，建立绿色旅游开发体系，打造“屈原故里文化生态旅游景区”。秭归位于著名的三峡风景名胜区内，由于三峡工程的建设，库区人居环境可持续发展问题日益受到政府和广大群众的关心。绿色开发自然而然成为保护和开发秭归文化资源的理念之一，秉承绿色理

[①] “秭归屈原祠”重张开放 两岸嘉宾追古思今. http://www.huaxia.com/hb-tw/jlhz/etwl/2010/06/1937081.html.

念，打造生态文化景区。

建立绿色开发体系[①]，要从以下几个方面展开工作：第一，坚持绿色开发，开展绿色宣传，促进景区的可持续发展。景区可持续发展，是指既要满足当前需要，又不削弱子孙后代的需要。可持续发展涉及可持续经济、可持续生态和可持续社会三方面的协调统一，其中，经济可持续是基础，生态可持续是条件，社会可持续是目的。可持续发展的重要标志是资源的永续利用和良好的生态环境。[②]我们所开发的旅游产品在旅游活动中是永久的受益者，而不是发展经济的牺牲者。在保护和开发过程中，要防止和杜绝破坏性建设。在全社会范围内开展可持续旅游的宣传、教育，加强生态环境保护意识的普及工作，从思想上提高建设者、管理者、旅游者以及旅游地居民的生态环保意识、绿色旅游意识。第二，推广绿色经营，提倡绿色消费，让绿色理念深入人心。在旅游业经营者中，推广绿色理念，实现绿色经营，积极节水、节电、减少废弃物的排放，从源头上杜绝资源浪费，将旅游业发展成为绿色产业。在旅游者中，大力倡导绿色游、环保游，让游客在旅游的全过程中注重保护动植物、爱护环境卫生、珍惜文物资源，享受大自然环境的同时，保护大自然。第三，开发绿色产品，建立绿色旅游管理机制。在屈原故里旅游产品的开发中，以屈原文化为核心，开发文化旅游、生态旅游、长江旅游等一系列自然、绿色、生态和文化相结合的旅游产品，充分挖掘当地生态环境资源优势。在管理机制上，政府及管理部门要制定绿色旅游管理标准，将绿色旅游开发制度化、规范化，确保绿色生态旅游的展开。

2．活动事件方面——节事文化、品牌打造

打造“屈原故里文化生态旅游景区”，除了抓住“绿色生态”以外，还要抓住“文化”这个核心。“文化”应紧扣节庆文化和屈原文化。以端午节庆文化为契机，以屈原名人文化为主体，发展节事文化旅游。节事旅游是指具有特定主题、规模不一、在特定时间和特定区域内定期或不定期举办的、能吸引区域内大量游客参与的集会活动。[③]以节事文化为主的旅游活动，具有公众参与性强、地方特色鲜明、市场认知度高的特征，可以产生积极的社会效益，促进当地的经济发展。屈原是世界文化名人之一，屈原不仅仅是中国的，更是世界的，我们要以世界的眼光和视野来推广屈原故里、屈原文化以及中国传统文化。

在节事文化活动中，主推端午节文化习俗，在举办各类传统端午活动的同时，利用

---

① 吴宜进．旅游资源学[M]．武汉：华中科技大学出版社，2009：356-357.

② 张国洪．中国文化旅游：理论、战略、实践[M]．天津：南开大学出版社，2001：87.

③ 钟茗．中外节事旅游现状的比较研究[J]．现代企业教育，2008（12）.

各种手段宣传屈原文化及精神。举办屈原诗会是常用的手段之一。如台湾诗人余光中曾经在端午节时赴秭归屈原祠前作诗《祭屈原》，当地的三闾骚坛诗社也是颇具影响力的民间组织，还可以在广大青少年中举行屈原作品的朗诵比赛，开展爱国主义教育。举办屈原文化论坛，展开学术界关于屈原的文化层面的讨论，使屈原文化出新、出彩。每年的龙舟赛在端午节期间，是必不可少的活动项目，除了展现竞技比赛的娱乐性和竞争性之外，还可以开展龙舟设计大赛、龙舟文化知识竞赛等丰富多彩的文化活动，体力和脑力的交锋，吸引更多的参与者，同时达到宣传端午节庆文化以及屈原文化的作用，充分展示中国传统文化的魅力和生命力。

在打造屈原文化品牌上，要从物质和非物质两方面着手。物质部分包括屈原故里乐平里景区的屈原宅、屈原庙、乐平里牌坊等，其中以“三闾八景”最为有名，即读书洞、照面井、玉米田、擂鼓台、滴帘珍珠、伏虎降钟、响鼓岩、回龙锁水；全国最大文物集中复建保护地——凤凰山景区的屈原祠、古民居群、移民纪念馆等；从秭归新县城至九畹溪沿途与屈原文化紧密相关的问天简、坛包、神龟石等近二十处人文景观。非物质部分则以屈原精神及屈原传说故事为主。游客在参观古建筑及文物胜迹的同时，通过历史实物来进一步感受屈原的作品的文化内涵、精神以及对后世的影响。仅仅停留在只是尽可能完整地保存其旧宅以及活动发生地原貌，这从学术研究和纪念的角度是必要的，但从扩大屈原作为世界文化名人的影响力和促进经济社会效益的资源开发的角度是远远不够的。在开发屈原文物胜迹的同时，要以屈原精神为指导，打造并打响屈原文化品牌。

（二）屈原故里的延伸意义：名人资源的产业化开发探索

屈原文化作为荆楚传统文化的代表，在荆楚大地上具有深厚底蕴，对其进行研究、传承和发扬，是历史名人资源产业化实现方式的有效探索，具有重要的现实意义。名人故里作为文化遗产的重要组成部分，它同时具有文化性和产业性。我们在挖掘名人故里文化内涵的过程中，促进其产业化的转变，有利于更充分地保护和开发名人故里资源。名人资源产业化开发的目的就是为了传承和发扬名人文化，提高国家的文化软实力，促进地区社会经济的发展。“活态传承，打造品牌”是处理好屈原故里保护与开发关系和名人资源的产业化开发过程中必须秉承的基本原则和理念。只有鲜活的文化形态才能更好地展现历史原貌和名人风采，只有响亮的品牌才能将屈原故里推向世界。

1．屈原故里的旅游业开发

旅游业开发是屈原故里的主要开发形式之一。首先，名人故里旅游的核心是文化，文化属性是一个旅游景区所必备的基本特征之一。随着旅游业的蓬勃兴起，文化旅游作为一个新型的旅游分支，也呈现出迅猛的发展势头。在我国，文化旅游因其所蕴含的独特的文化底蕴和文化氛围受到旅游者青睐。名人故里旅游，其主打的也是文化牌，那么其旅游开发应在文化上大做文章。其次，在旅游业开发的过程中，要采取活态的保护与开发方式，用鲜活的形式保存历史、展现历史。不可因盲目开发而影响或限制当地居民的生产与生活，民俗与民风也可以很好地展示当地的文化氛围，让旅游者体会到一个活生生的屈原故里。

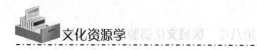

旅游业想要持续发展，必须依赖文化资源，而文化资源想要被众人所知晓，必须要发展旅游业。两者相辅相成，共同促进，在“活态传承，打造品牌”的理念下开发名人故里的旅游业，使之具备充足的生命力，传承屈原文化，打造屈原故里品牌。

2．屈原故里的艺术业开发

艺术业开发是展现活态历史的又一种方式。艺术业根据创造艺术形象所使用的物质材料的不同，可以分为表演艺术、造型艺术、语言艺术和综合艺术四大类。[①]以屈原故里的艺术业开发来看。首先，可以进行音乐艺术的再创作。以屈原的文学作品为蓝本，复原和发掘古代音乐，利用考古发现和保存的文物复原历史上的表演，创作独具特色的音乐艺术形式，在屈原故里景区进行播放或演出，将原汁原味的古代音乐艺术活生生地呈现给观众，引起观众的共鸣。其次，汉服是我国古代的民族服饰，每年的祭祀仪式中，汉服也成为拜祭仪式上的主要着装。在展示屈原文化的同时，也可以推广汉服在民众中的影响力，宣传中国传统服饰文化。再次，戏剧业的开发也可以多方面展开。郭沫若创作的五幕话剧《屈原》可誉为经典，多次被搬上话剧舞台，受到观众的欢迎和好评。经典需要得到更好的传承，在屈原故里重排话剧《屈原》，并进行演出，具有更加深刻的意义。古今中国戏曲中，屈原的形象也不可或缺，这些都可以成为发展屈原文化戏剧业的重要资源。

3．屈原故里的音像影视、出版业开发

音像影视、出版业的产业化开发，不像旅游业受到时间、交通和经济实力的制约，也不像艺术业受到舞台等及时性消费的限制，比旅游业和艺术业有更广阔的发展空间。有关屈原的电视剧、电影都曾被搬上银幕。1973 年香港凤凰影业公司制作的电影《屈原》也受到了关注。2005 年由大陆制作的一部 20 集的电视剧《屈原》在尊重历史事实的前提下，按照现代人的审美需求，更多地从人性的角度诠释了屈原的一生。

书籍、报刊的形式虽然不能像音像制品形象直观地展示客体，但它通过文字可以表达较深刻的思想和体验，给读者留下更广阔的想象空间，吸引读者亲自体验。例如，介绍性质或游记性质的旅游指导图书，能以图文并茂的形式展示名人故里的风貌。在印刷

[①] 吕庆华．文化资源的产业化开发[M]．北京：经济日报出版社，2006：81．

上，讲究纸张、装帧等，打造具有实用和收藏价值的精品图书，可以获得可观的经济效益和社会效益。这样一来，不仅能更广泛地展示名人故里原貌，还能打造和推广名人故里品牌。

名人故里，是历史留给我们的宝贵财富，它承载着名人精神，继承和延续着名人文化，具有潜移默化的文化教育功能。我们保护名人故里，开发名人故里，都是为了更好地延续名人文化，正确看待名人故里，使名人故里文化资源得到合理保护与适当开发，对于当地乃至荆楚地区的城市建设和文化品牌构建都具有深远的历史意义和文化价值。

第二节　中原楚文化遗产资源保护与开发

中原楚文化是楚人在中原地区进行历史活动的产物，它是楚文化不可分割的一部分，同整体楚文化的发展阶段大体相似而又有一定差异，无论在发展阶段还是文化特征方面，有其特殊性和自身的发展序列。作为楚文化的支系，中原楚文化隶属于楚文化而非中原文化，是中原文化和楚文化交汇、融合的产物。就中原文化与中原楚文化对中原发展的影响而言，前者显然是主流文化，后者为边缘性文化。

目前，作为楚文化的中心区，湖北楚文化资源的保护与开发受到学术界的充分关注，研究成果较为集中，但学界所界定的开发模式比较单一，基本上是从旅游的视角来探讨。作为一种边缘性文化，中原楚文化资源的保护与开发较少得到学术界的关注，鲜有研究成果问世，特别是缺乏整体和系统的研究。

一、中原楚文化遗产资源区域分布概况

“中原”一词，本来有广义、狭义两种解释。广义的中原是指黄河流域，包括今天的河南省大部分及陕西、山西、河北、山东的一部分。狭义的中原是指古代的豫州一带，其范围大体相当于今天河南省的大部分地区。本文叙述论及中原取狭义，即指河南省而言。

（一）中原楚文化发展历程

颛顼是楚人的始祖。楚族先民活动于黄河流域中原地区的腹心地带。楚人约于商代武丁之前，从豫中徙至南阳盆地。至鬻熊时，楚已建都丹阳，背离商朝，归附周人。西周初年成王时，熊绎正式受封，楚国正式诞生，纳入了以周为宗主的方国体系。

约从春秋前期开始，楚国对北方大举用兵，饮马黄河，逐鹿中原，以摧枯拉朽之势，

迅速歼灭了诸多小国。楚对中原用兵的历史，也是楚文化北渐的过程，当地旧有的文化逐渐被楚文化所代替，因其地域属于中原，我们可以称为中原楚文化。在楚国兴盛的四百年间，南并百越，东灭吴越，北进中原，争霸天下，其中心在郢都，但其著名的军事和外交活动的舞台，则大部分在河南境内。

战国后期，楚国政治黑暗腐败，内外交困。楚顷襄王继位后，政治上无所作为，未能改变积弱的局面，在强秦的逼迫下，不得不放弃郢都，东徙陈城。楚国从此一蹶不振，终为秦灭。楚文化也失去了昔日的光彩，呈现出一派衰败景象。

（二）中原楚文化遗产资源区域分布

中原楚文化的发展历程，为我们展示出一幅幅光彩夺目的历史画卷，也为我们留下了珍贵的文化遗产资源。中原楚文化遗产资源是我们从事文化生产或文化活动所利用或可资利用的楚人在中原地区进行历史活动的遗存资源。从考古学范畴来讲，中原楚文化遗产资源主要分布在三个主要文化区：丹浙区、城阳区和陈郢区。[①]按其性质不同，可以分为物质类中原楚文化遗产资源和非物质类中原楚文化遗产资源两大类。

1．物质类中原楚文化遗产资源

物质类中原楚文化遗产资源主要包括中原楚城遗址、中原楚墓葬和中原楚关塞遗址三类。中原楚城遗址主要有龙城城址（淅川龙城）、鄀国故城（西峡邪地村）、城阳城址（信阳楚王城）、息国故城（息县城郊乡徐庄村淮河北岸）、黄国故城（潢川隆古乡）、淮滨期思故城（淮滨县城东南白露河和淮河交汇处）、江国故城（正阳县涂店东北角）、蔡国故城（上蔡县城关芦岗东坡）、陈郢城址（淮阳县城址）。其中城阳城址是我国现有六座“楚王城”中面积最大、保存最好、最具考古价值的一座。它曾是楚国北攻东进的重要军事重镇，临时国都，“亡羊补牢”的典故就发生在这里。

楚国为抵御强敌，在北方边防上筑起坚固的防御工事。按其工程量和形制，主要包括“楚长城”和“义阳三关”两大系列。2000 年中国长城学会秘书长董耀会经过实地考察，并参阅大量文献后，确定楚长城在河南省境内。由邓州市东北境起，沿镇平县境向北，经南召西北方向折转向东，至鲁山县南，然后由叶县西部南转，循方城县蜿蜒而入泌阳县境。“三关”之地具体位于豫、鄂交界的桐柏、大别山脉的山梁上，彼此相距约 50 千米，构成三角形犄角之势。从地理上看，它是楚国方城之南腹心地的要塞。

楚人在中原的墓地分布较为集中，主要包括丹淅流域的毛坪楚墓、下寺楚墓、和尚岭楚墓、徐家岭楚墓；城阳区的长台关楚墓；陈郢区的马鞍冢楚墓和平粮台楚墓。根据

① 马世之．中原楚文化研究[M]．武汉：湖北教育出版社，1995：87-90．

考古发掘，从这些墓地出土了大量精美的文物，如铜禁、王子午鼎、王孙浩编钟、长台关编钟等。

2. 非物质类中原楚文化遗产资源

非物质类中原楚文化遗产资源由于是无形的，长期受到人们的忽视。据笔者搜集整理，在河南民间流传着大量有关楚文化的传说，如“楚文王杯酒虏息妫”、历史上最早的“空城计”、“召陵之盟”、“问鼎周室”、“若敖氏之乱”、“风流的夏姬”、“中原邲之战”、“亡羊补牢”等。尤其是在楚国政治舞台上声名显赫的楚相孙叔敖（今淮滨人）和春申君（今潢川人），在他们的出生地，既有他们的衣冠冢，又有很多围绕他们的传说，这些都属于珍贵的非物质类中原楚文化遗产资源。

二、中原楚文化遗产资源保护与开发现状及问题

梳理文化资源保护和开发现状，发现问题，立足现状，有针对性地提出解决问题的方案，这是当前文化资源保护与开发的基本思路。

（一）中原楚文化遗产资源保护与开发现状

根据中原楚文化遗产资源的实际分布和中国文化管理体制的特点，地方政府及其附属的文化管理部门是文化遗产资源保护规划的主体，对中原楚文化遗产资源保护和规划状况的考察也要建立在以行政区划分割为特点的不同区域内，大致可以分为以下三区（丹淅区、城阳区、陈郢区）、一城（楚长城）。

1. 丹淅区

1958 年动工、1973 年竣工的丹江口水库，整整淹没了淅川县 362 平方千米土地，原淅川县城和 14 个乡镇也永远沉入水底。建成后，淅川丹江口水库成为亚洲第一大人工淡水湖，举世瞩目的南水北调中线工程的渠首便位于此。如今的丹江楚墓群，其主要墓区大都沉没于库区。

为了配合南水北调中线工程建设，最大限度地抢救和保护河南境内丰富的文物，自 2003 年以来，河南省文物管理局投入大量人力、物力，对干渠沿线进行了空前规模的文物勘察。

淅川县委县政府深知“渠首”二字的效应，尽力面向全国打好“渠首牌”。淅川有关部门制定了以“楚文化”为历史背景，以丹江风景名胜区开发为主体，以渠首、香严寺、荆紫关古镇和龙山风景区为支撑的整体旅游方案，聘请了专家规划组进行实地考察、规划，编制了《淅川旅游业发展总体规划》，对全县的旅游资源、市场潜力、发展战略、建设目标作了全方位的规划设计。

南阳是历史文化名城，是全国优秀旅游城市，南水北调中线工程建设期间，南阳将构建南水北调文化长廊。其目的是发挥沿线干渠出土的文物及遗址的优势，建立遗址博物馆和遗址展示基地。其中，沿线干渠附近的淅川下寺楚墓群、长岭遗址、楚文化博物馆、楚长城遗址等楚文化旅游景区是整个文化长廊的重要内容之一。

2. 城阳区

1956 年 3 月信阳长台关楚墓被发现。1957 年 3 月，河南省文物部门对长台关楚墓正式发掘。1959 年信阳长台关 M2 号墓发掘。此后，长台关一带屡有古墓被发现。2001 年，长台关楚墓连同所在地的城阳遗址被列为国家重点文物保护单位。但由于管理体制没有理顺，地处信阳市平桥区的城阳遗址却直接由信阳市文化局管理，而信阳市文化局由于距离远等原因，对城阳遗址的管理又鞭长莫及，时有盗墓现象发生。

针对上述现象，信阳市文化局、文物局等有关部门积极向市政府领导汇报，市主管领导召开专题会议，决定理顺管理体制，就地成立文物管理所，及时完成向平桥区的移交工作。

2005 年 4 月郑州大学城市规划研究院和信阳市文物局签订合同，编制《信阳市城阳遗址保护规划》。城阳城址保护、开发建设项目主要包括：修建一座战国博物馆；复原 1～2 座古墓；恢复一段古城墙；建设一条战国旅游文化一条街；建设一座综合楼；保护区内水、电、路等基础设施建设等。[①]

城阳区其他楚文化遗迹也得到了有效保护。息夫人碑，在息县人民政府院内。碑高 1.3 米，宽 0.63 米，同治十年（1872 年）立。孙公祠位于淮滨县（期思）西北。今庙宇已毁，仅存废墟。孙叔敖墓位于淮滨县期思乡期思村，面积约 500 平方米，墓地侧旁原立有遗爱庙及墓碑，均已不存。

潢川境内关于春申君——黄歇的遗迹很多。黄歇被杀后，其门客将其遗骸偷葬于故室之内。当地的百姓仍称老城区为春申镇，在黄国故城还保留有其衣冠冢。黄国故城为国家级文物保护单位，那里的古城墙、手工作坊、古井保留得依然完好。黄源路位于黄国故城东城墙内侧和南城墙外侧，全长 2 000 多米，由潢川县黄姓人士集资兴建。2008 年 9 月初，黄源路建设工程破土动工，标志着黄国故城保护性建设进入实质性阶段。据悉，黄国故城保护开发建设首期工程规划已基本完成，概算投资 1 000 万元，项目工程包括黄源路、黄国文化纪念馆、黄姓祖庙等项目。

3. 陈郢区

1978 年年初，经周口文物部门对平粮台古城遗址调查，初步认定平粮台遗址不仅是

① 信阳市文物局. 信阳市城阳城址保护规划，内刊资料。

一处文化内涵十分丰富的古遗址，而且还是一处两代大型墓葬地。1996 年，平粮台被国家文物局确定为中国第一座龙山古城博物馆。

按照平粮台古城遗址发展规划蓝图，古城遗址将分为东西两大区域：西区为出土文物陈列区；东区为古城游览区。西区建成模式为：复原淮阳出土的西汉三进陶院落，内设三个展览大厅（即原始社会厅、楚文化厅和汉文化厅）和远古艺术表演大厅。游客们将在这里看到中华民族灿烂的远古文化、楚汉文化和带有楚汉特色的民族风情艺术表演。东区建成模式为：四周为仿古树围墙，内建远古式廊房。廊房门前置各式各样的大型仿古陶器（作灯具和景点装饰用）。廊房内塑伏羲、女娲、炎帝等原始人物雕像，再现其十大功绩和其在古城一带活动的神话传说。古城内将建成具有原始风格的多体式文物保护房、大型远古演艺厅，并在排房遗址旁复原大型土坯排房建筑，同时建造龙山文化城墙断面和地下陶排水管道展示厅等。

陈楚故城即是现在的淮阳县城。如今的淮阳故城，城楼已被拆除，但城垣保存完好，仍高出水面 4～6 米。城中四角内湖相衬，湖岸垂柳依依。三十里外廓城垣正变为高出地面 3～5 米的柏油马路，故城四门五关格局未变，关门相距，若即若离，相得益彰；水面古迹，珠联璧合，风光独特；古建文物，融为一体，引人入胜，构成一座天然公园。1987 年，河南省人民政府公布：陈楚故城为省级文物保护单位，河南省历史文化名城。

《淮阳县县城总体规划》于 2006 年 6 月开始编制。2007 年 3 月河南省城市规划评审委员会原则通过此规划。该规划把淮阳划分为六类空间管治区，并对每个类型区提出具体的划分标准和管治措施。其中，文物古迹保护区主要包括平粮台遗址、太昊陵、陈楚故城等重点文物保护单位，并规定保护区内各项建设活动必须在《中华人民共和国文物保护法》允许范围内进行。

4．楚长城

“楚长城”的发现，引起了专家们的重视。2001 年，中国长城学会秘书长董耀会和副秘书长吉人来到楚长城，经过详细考察，确认这里就是中国最早的长城。董耀会还以中国长城学会的名义，向国家文物局、河南省委、省政府等单位发出公函，公布对楚长城的初步认定，建议对楚长城遗址进行研究和保护。

然而，自发现后的 6 年时间里，有“长城之父”之称的楚长城一直停留在学术团体的认可层面，国家文物部门的“定性”却一直没能展开，现实处境堪忧：2001 年 3 月，一条简易公路将南召与鲁山分水岭处的楚长城拦腰斩断；南召、镇平境内的楚长城，正在忍受开山炸石炮火的摧残；方城、邓州的楚长城埋没于荒山野岭，被视为乱石；泌阳的楚长城仅被当作土匪堡……

当地文管部门人士认为，楚长城之所以被拦腰斩断，是因为没有公布属于哪些文保单位，也没有树立标志，施工者不知道是楚长城。而上级也只要求保持遗址的痕迹不消失就行。

2004 年 12 月 10 日，《焦点网谈》以《虽为长城之父，本应河南骄傲，楚长城，叹凄楚》为题进行了全面报道。《焦点网谈》的报道引起各级政府的重视，河南省南召县地方政府不惜一切代价为楚长城划定保护区，采取了下列保护措施：（1）全面勘察，划边定界；（2）重新下文，把重点部位作为县级重点文物保护单位，并划定保护范围；（3）专门召开协调会，下发会议纪要，要求林业部门严格管理，严禁乱砍滥伐，并吊销采石场的执照，停其炸药；（4）县文化局成立二级机构文管所，文管所又组建管护队，专门对楚长城进行保护。

从 2005 年 2 月开始，国家文物局决定成立专家组，对楚长城予以立项，列入国家文物局“十一五”保护计划。2008 年 9 月初，河南省长城资源调查工作启动仪式在南召县和鲁山县交界的楚长城脚下举行。9 月中旬，实地调查全面展开。

（二）中原楚文化遗产资源开发中存在的问题分析

通过对上述楚文化遗产资源开发现状的梳理，笔者发现，中原楚文化遗产资源开发现状不尽如人意，存在如下问题。

1．受众面不广

“楚文化”概念的内涵是随着考古发掘和随之而来的历史研究热潮不断扩大的。但到目前为止，提起楚文化，人们往往首先想到湖北荆楚文化、湖南湘楚文化，而对中原楚文化的了解大多局限在当地楚文化的研究者、学习者等学者层面，大众层面对中原楚文化知之甚少。河南省旅游规划线路对分散在境内的楚文化旅游也很少涉及。因此，中原楚文化的受众面还主要停留在精英阶层。在人们的记忆中，中原楚文化储存的信息量还不足，还有待于进一步普及。

2．规模和震撼力不足

由于战争破坏和年代久远，久经废弃，楚人在中原活动的大部分遗迹已踪迹难寻。而考古中原楚文化发现的也仅仅是残缺过甚的遗迹，对普通游客来讲，可观性很差，制约了旅游活动的深入开展。楚墓葬出土文物虽然数量大，制作精美，具有较高的科研和观赏价值。但是河南发掘的最有影响的楚墓，与国内外著名陵墓比较，其墓主身份比不上秦始皇的声名远播，墓葬的规模远比不上兵马俑那样气势磅礴；其神秘性也不如金字塔那样谜团重重；出土文物形体较小，多藏于博物馆。这些不利因素也制约着中原楚文化遗产资源的旅游开发。

3．忽视非物质中原楚文化遗产资源的开发

非物质中原楚文化遗产资源还包括已经逝去的物质文化和延续至今的楚故事、楚名人文化。文献记载中的古战场、华美的宫殿、珍奇的陈设、鲜美的食物、奔驰的车马、可爱的美人（如息夫人、夏姬等）、大部分只能在文字和神思想象中获得，这有待于我们在以后的开发中把非物质类的楚文化遗产具体化、有形化，通过物质载体来发掘。

4．开发深度不够

中原各地楚文化遗产资源过于分散，开发形式粗放、片面、肤浅，缺乏创意和特色，不能成功展示中原楚文化的精华，只是在简单重复历史文化旅游的老路；结构不合理，缺乏各地之间的相互协调、统一部署、整体开发，没有形成品牌优势。总体上，中原楚文化产业受其规模和自然条件的限制，与其他类型的文化产业相比明显处于劣势。

三、中原楚文化遗产资源保护和开发模式

中原楚文化遗产的不可再生性、不可替代性和稀缺性等特性决定了其资源开发的特殊性。根据目前的实际情况，中原楚文化遗产资源的开发既要遵循一般的开发程序，又要选择适宜的开发模式。

（一）开发程序

1．做好宣传

树立中原楚文化的良好形象，是成功开发中原楚文化遗产资源的关键一步。目前，中原楚文化的受众面还主要停留在精英阶层，即使是在楚文化发祥地湖北，对楚文化知之较多的也主要是一些因工作、学习或研究需要而对楚文化做过专门了解、学习或研究的人。普遍看来，在人们的记忆中，中原楚文化储存的信息量还远远不够利用来发展中原楚文化产业。因此，发展中原楚文化产业，首要工作就是加强中原楚文化在河南全省、邻近省份（湖北、湖南、安徽）、全国乃至国际方面的宣传。[①]

2．调查与评价

资源调查是文化遗产资源开发的基础性工作。针对中原楚文化遗产资源的特点，进行分类：（1）已经得到开发的遗产资源。这类资源必须加强有效保护并继续进一步开发。（2）当前不宜开发的遗产资源。这类资源应首先进行抢救保护。（3）当前不具备开发条件的遗产资源。这类资源当前由于技术条件不足而不可能开发，但从长远的角度是有可能开发利用的。（4）可进行局部开发的遗产资源。这类资源主要指在整体开发中必须进行局部封闭保护的遗产资源。[②]

---

① 朱珠，但强．试论楚文化旅游现状及其开发[J]．重庆科技学院学报，2006（3）．

② 谭白芙．文物与旅游[M]．武汉：武汉大学出版社，1996：52．

3. 遗产价值评估

价值，是指事物的用途或积极功能，功能则是价值的具体体现。中原楚文化遗产资源的价值是指中原楚文化遗产资源对社会所起到的积极功能。

文化遗产的价值是有层次的。首先，作为基础的是文化遗产的"本征价值"。其次，是由本征价值"衍生"或"派生"出来的文化遗产的使用价值，或称"功利性价值"，简称"文化遗产功能"。仅就中国文化遗产而言，其价值可以从以下两个方面体现：（1）对应于本征价值，其体现方式其实就是对文化价值内涵的表达，其体现了中华文明、创造性能力、价值观、文化传统、历史上的设计、技术、艺术、文学等方面的成就，与某一重要历史事件、习俗、思想、信仰之间可感知的直接联系等；（2）对应于文化遗产的使用价值（具有显性和隐形价值）。直接体现是显性价值，需要通过人的参与（主要是保护基础上的利用）才能体现出来，也突出了其公益性，其主要利用方式是教育和科学研究；隐性价值主要体现在文化遗产事业对其相关的文化产业发展的促进作用上。[①]

中原楚文化遗产的本征价值是客观的，是楚文化遗产本身所固有的，主要表现为历史价值、艺术价值和科学价值三大价值，并相互渗透、相互制约。但就某一具体中原楚文化遗产而言，则不一定三者具备，一般应具有历史价值和科学价值或艺术价值。一般而言，科学价值和艺术价值都不能脱离历史价值而独立存在，当今具有科学价值和艺术价值的实物比比皆是，但却并非文化遗产，因而历史价值是中原楚文化遗产的首要价值。[②]

中原楚文化遗产不仅具有上述本征价值，而且衍生出其使用价值，其中显性方面表现为以下两个方面：（1）史料价值，即具有文献证史的功能；（2）教育价值，是进行爱国主义和民族优良传统教育的极好教材。

隐性方面主要表现为本征价值衍生出的经济价值，一般是文化遗产在被开发利用时涉及的。文化遗产保护的"完整性"和"原真性"原则决定其开发利用的主要模式——展示，而旅游则是实现这种展示的最佳途径。因此，文化遗产的经济价值主要表现为文化遗产旅游所带来的经济功能。

价值评估是以西方经济学理论为基础，福利经济学和微观经济学为价值评估提供了理论来源和操作工具。文化遗产的经济价值评估方法可以借鉴环境资源的价值评估方法，主要有市场价值法（细分为机会成本法和影子价值法）、替代市场法（可细分为旅行费用法和享乐价格法）、意愿调查法[③]、专家评议法、建立评估模型、专项抽查法、指数评

① 刘世锦．中国文化遗产事业发展报告（2008）[M]．北京：社会科学文献出版社，2008：111．

② 谭白芙．文物与旅游[M]．武汉：武汉大学出版社，1996：6．

③ 吴美萍．文化遗产的价值评估研究[D]．南京：东南大学，2006．

价法等，评估中几种方法可以结合使用。

4．市场预测

市场调查和预测是文化遗产资源开发前的关键环节。其程序和方法如下：（1）广泛搜集资料。这包括消费者的资料、已开发中原楚遗产资源的利用和效益情况及其他相关信息；（2）分析研究资料。即对消费者的动机、态度、观点与中原楚文化在市场中潜在影响力结合起来进行分析；（3）科学预测。在调查研究的基础上，根据各方面的数据资料、信息情报，用定性、定量的科学方法对未来的市场、潜在的消费者进行推测和展望。[①]

5．编制规划，集中开发

遗产资源开发规划的基本内容应包括以下方面：（1）确定开发目标以及具体开发的遗产资源；（2）明确遗产资源的等级与开发规模；（3）依据遗产资源开发的基本原则，提出具体开发项目、产品的设计规划，并对配套设施及环境的建设进行规划；（4）对资金的投入、来源、使用、回报等进行规划，提出方案；（5）规定各期开发步骤与时间；（6）提出实施规划的组织、管理方案。[②]

中原楚文化遗产蕴含着许多无形而真实的历史文化信息，能满足人们思古怀幽、探奇求知、开阔视野的旅游需求。对于中原楚文化遗产资源的开发，应以本征价值为基础，突出文化性主题，深层挖掘其历史文化内涵。所以，在对遗产资源分类的基础上，我们应从历史价值、艺术价值和科学价值三方面突出景区的旅游特色，有针对性地进行开发。

中原楚文化遗产资源很分散，文化消费者（旅游者）不可能在有限的时间内把所有的景点游览一遍，并慢慢体会其中的文化。因此，我们在规划时应该对其进行统筹协调，有效整合，挑选精品，相对集中，提高景区的文化蕴含量，使旅游者在尽量短的时间内游览更多的景点，从旅游中获得的满意程度超过预期值。切勿各自为政，搞小而全式的重复项目。

（二）保护和开发模式

模式是对事物简约化的一种总结。文化资源的保护与开发模式可为我们发展文化产业提供一种现实的参照。

1．物质类中原楚文化遗产资源保护和开发模式

（1）大遗址集群模式。大遗址主要是指史前的大型居住址或与居住有关的遗址（包括城址），如南阳淅川楚始都遗址、周口淮阳平粮台遗址等；历史时期的都城遗址（包

[①] 谭白芙．文物与旅游[M]．武汉：武汉大学出版社，1996：54-55.

[②] 谭白芙．文物与旅游[M]．武汉：武汉大学出版社，1996：55-56.

括陪都、诸侯王都、保存较完好的重要城址），如周口淮阳陈楚故城、信阳楚王城等；帝王（包括诸侯王）陵区，如楚令尹王子午墓、楚顷襄王墓；古代战争关塞遗址，如楚长城和义阳三关等。这些大型遗址的发现与发掘往往在推动中国考古事业、深化与之相关联的历史研究等方面具有里程碑式的意义。

目前，楚始都遗址和楚令尹王子午墓淹没于丹江口水库下，其保护开发受制于水下考古技术的提高，目前没有大的突破。楚长城分布在南阳、平顶山和驻马店境内，但据现今保存现状看，方城大关口段东、西两边山岭上分布的城墙遗址，全在山岭的北侧，东边城墙直插北岭头、擂鼓台、尖山峰群，西边城墙一直伸向对门山、旗杆山、香布袋山诸峰，雄伟壮观，地势险要，群峰环绕，是中原楚文化特色鲜明的高品位旅游资源，又近靠许南公路，开发潜力巨大，建议进行保护性旅游开发。平粮台遗址在被国家文物局确定为中国第一座龙山古城博物馆的基础上，政府将其规划为东西两个保护区：西区为出土文物陈列区；东区为古城游览区。作为河南省历史文化名城，淮阳县政府采取严格的管制措施保护陈楚故城，目前正在执行中。在信阳市政府的支持下，信阳市文物局联合郑州大学城市规划设计院编制了信阳楚王城保护规划案，已获国家文物局审批。“义阳三关”在河南（信阳）和湖北地区都有一定知名度，建议地方政府结合鸡公山和南湾湖旅游集中进行保护性开发。楚顷襄王是楚国末期的一代君王，其虽然在政治上毫无建树，但活动的舞台主要在河南（信阳和淮阳），是研究衰落期中原楚文化的重要人物。但是目前对楚顷襄王及其墓葬的研究和开发还停留在粗浅的层次上，其墓葬在发掘回填后露天农野，政府仅仅是对其挂牌进行保护，基本上没有深层次的开发措施。建议当地政府组织力量，加大对楚顷襄王及其墓葬的研究力度，将其开发纳入到当地楚文化保护开发的整体规划之中，建立楚顷襄王遗址园。

（2）数字化博物馆开发模式。数字化博物馆是指传统博物馆将其长期积累的藏品以及在陈列、研究、宣传教育等领域的成果，系统地进行数字化并建立多媒体信息资料数据库，利用国际互联网络将信息传播出去，使世界各地的互联网用户不受时间、空间限制，自由地使用数据库中的各种资料信息。

数字博物馆由两个基本部分组成：数字藏品与公众。文化资源和文化产业这两大元素虽然不是数字博物馆的直接组成部分，却和数字博物馆密切相关：藏品所蕴含的价值（原生价值和再生价值），不仅给人们的日常生活带来了精神的享受，同时对当代经济和文化产业的发展起到推动作用，在文化遗产价值产业化的同时，也完成了对古代文化遗产的传承并促进当代文化的进一步发展。

就中原楚文化遗产资源开发而言，首先可以把目前散落在中原各地（南阳、信阳、周口、驻马店、许昌、平顶山、开封）的楚文化遗产资源整合起来，然后系统地进行数字化并建立多媒体信息资料数据库，利用国际互联网络将信息传播出去，通过互联网实现中原楚文化信息资源的共享，向用户提供展示、学习、研究等多种服务，不仅可以扩大中原楚文化在受众中的影响，取得预期的社会效益，也可以获得一定的经济效益。

（3）历史文化街区开发模式。一座城市、一个地方的精神魅力，是其深厚的文化内涵和厚重的文化积淀。历史街区，便是这文化根植的土壤；而历史文化遗产、遗址和遗迹等文化遗存则是在这土壤上生长出来的文化树干。保护好这些历史街区和文化遗存，便是保住了整个城市的生命源和灵魂。在现代生活的洪流中，如何保护好历史街区的传统风貌和文化遗存，并将其有效地开发利用，作为一种文化遗产展示给世人，这已经成为现代城市规划和开发的一个重要课题。因此，在新的形势下，世界上的文化名城都从一种更广的视角来看待城市历史文化遗产保护，不仅将现有文保单位和名胜古迹纳入保护范围，而且还要对现有的历史街区进行保护。城市文化遗产保护发展成为一个以保护城市特色为总目标的综合体系。

《淮阳县县城总体规划》以“一陵（太昊陵）、一湖（龙湖）、一古城”、“主要历史街区整治规划”、“城区的文化遗产古迹”为重点保护目标，以“延续历史文脉，结合城市现状，细化功能分区，确定城市形态”的思想为指导，将淮阳县的城市性质定位为“休闲旅游城市，历史文化名城”，确定了“三轴、两心、四片区”的城市结构，其中三轴为城市历史轴、城市文化轴、城市综合发展轴。

（4）寻根产业开发模式。自 20 世纪 80 年代起，中华大地出现了“寻根热”。这是在新时期中华民族文化凝聚力和文化向心力的表现。寻根的内容是多方面的，其中姓氏寻根是各种文化寻根的重要组成部分，表现得尤其活跃。古代都城寻根和姓氏寻根紧密联系。由于许多姓氏源于楚灭中原诸侯小国，如黄姓源于古黄国、蔡姓源于古蔡国、陈姓源于古陈国等，因此对古国古都的考察，厘清某些姓氏的源与流，对发展都城寻根产业开发具有很大的帮助。

黄国故城位于信阳市潢川县，楚相春申君（黄歇）出生并埋葬于此。由于其在中国历史上的久远度和知名度，黄氏后人追认春申君为黄氏始祖。近年来，随着河南寻根热的兴起，黄氏宗亲团自动到黄国故城来寻根祭祖，并在黄君台附近重修了春申君黄歇的墓地。潢川县以此为契机，组织力量向国家文物局申报黄国故城为国家文物保护单位成功，并加大对黄国故城的保护力度。在此基础上，由政府出面组织寻根祭祖活动，带动了当地寻根游和招商引资活动的开展。

西周初年，舜子商均的后裔妫满，又称胡公满，是周武王的女婿，因助周灭商有功，受封于宛丘，建立陈国，是西周首封的十大诸侯国之一。周成王九年，胡公卒，葬于陈，后人为纪念其功德，在陈城南廓内修建了胡公祠，并在柳湖东建陈胡公铁墓。陈国的地望主要在今天以淮阳为中心的周口。公元前479年，陈国灭于楚。陈国灭后，其公族为纪念故国，以国名为氏，就是陈姓，并奉陈胡公为陈氏始祖。现在陈姓已发展成中国第五大姓，是我国南方地区影响巨大的第一大姓。今淮阳县是陈国故城的所在地，也是天下陈姓的发源地。历史上由陈国衍生出来的姓氏特别多，除了由陈国开国君主妫满直接传承下来的妫、胡、满、陈四姓外，又有夏、田、孔、敬等共计61姓。此外，春秋时，陈厉公之子陈完为避难出奔齐国，改称田氏，其后裔在战国时取代姜齐建立了田齐，并成为战国七雄之一。田齐王族后来又分衍出王、孙、薛、陆等38姓。这38姓虽然得姓地不在周口，但究其根源，可由陈完追溯到妫满，归根结底也起源于周口。

海外多有数姓连宗的组织，这些连宗的姓氏往往有共同的渊源。由陈国分衍出来的61姓和由陈完之后田齐分衍出来的38姓，也有共同的祖源。我们可以考虑把这些姓氏统一起来，搞一个大连宗，予以集体开发寻根文化产业。

2．非物质类中原楚文化遗产资源开发模式

（1）遗址公园开发模式。中国的遗址公园发展已经有一定的数量和水平，而非物质文化遗产开发成遗址公园，在中国才刚开始起步。遗址公园的模式以非物质文化遗产为主题，营造多样化的游园和娱乐形式，采用现代化的科学技术和多层次空间活动的设置方式，集诸多娱乐内容、休闲要素和服务接待设施于一体的现代旅游目的地。将非物质文化遗产的内容与现代遗址公园的形式结合起来，强强联合，对于中国的非物质文化遗产的保护与开发具有极强的示范意义。

河南淮滨是孙叔敖的出生地，境内保留了很多关于孙叔敖的传说和遗迹。我们建议当地政府在孙叔敖遗址比较集中的地方建设孙叔敖遗址公园，按照文化资源开发集中的原则，将有关孙叔敖的“义埋歧蛇，筑期思陂”、虞邱子荐相、秉公执法、励精图治、巧谏庄王、匡成霸业、优孟衣冠等故事以文字、雕塑、绘画、图片、演出等形式表现出来；作为中国古代著名的政治家、军事家和水利专家，围绕孙叔敖发生了很多楚人在河南活动的政治和军事事件，以及孙叔敖主持修建的水利工程，我们可以考虑利用声光电技术将这些政治和军事事件再现，以复制技术将这些水利工程按比例做成模型，不仅可以集中展示孙叔敖在楚国历史上的伟大贡献，还可以吸引游客，获取一定的经济效益。

春申君出生并葬在信阳市潢川县黄国故城。城内及附近村镇有很多关于春申君黄歇的传说和遗址，是开发春申君遗址公园潜在的资源。当地政府进行遗址公园的开发可以采取以下思路：以文字、雕塑、绘画、图片、演出等形式集中展示春申君“止秦攻楚、出任楚相、避敌迁都”的故事和在其封地（今上海、苏州一带）治理申江、疏通河道、抑制水患等显赫的政绩；开发黄君台、天池和春申君墓地，吸引泰国、韩国、马来西亚、中国香港和台湾地区、印尼等黄氏宗亲寻根团到黄故城寻根问祖，拜祭春申君——黄歇。

另外，各级政府也可以支持把楚顷襄王、楚王子午、息夫人等名人文化资源结合本地实际，建设相关的遗址公园。

（2）数字化开发模式。数字化技术在非物质文化遗产领域的应用才刚起步。如何应用它，是科学工作者和遗产保护专家们所面临的新课题。目前，综合国内外的研究现状，其应用大致有下列几种类型[①]：① 数字化保存和存档；② 数字化虚拟博物馆；③ 数字化故事编排与讲述；④ 数字化舞蹈编排与声音驱动。

中原楚文化的特征之一是“源远而流不长”，特别是非物质类中原楚文化资源，部分史书有记载，部分散落于民间，保存下来的特别有限，属于珍贵、濒危并具有本征价值的非物质文化遗产。根据目前的史书记载、考古发现和民间流传，本文虽然对此进行了梳理，但也只是以纸质文本的形式来展现，直观性和保真性还有一定局限。如果我们以数字化的方式，将其中的档案材料编辑转化，保存在计算机硬盘中，将十分有利于非物质中原楚文化遗产的查阅、研究和传播，并带来一定的经济效益。

（3）物化产品开发模式。非物质文化遗产是一种无形的、非物化的资源，具有深厚的文化底蕴和高度的保存和审美价值，也颇具产业开发的价值。将这些非物质的文化遗产开发成物化的产品，既能够保存和延续文化传统，又能够开发出具有一定历史价值、教育价值和产业价值的物品，为社会创造财富。

非物质文化的物化开发首先将非物质文化转化为一般的文本形式，通过出版发行进行推广，在此基础上也可以进行相关产业链的打造，创造更多的价值，从而推向市场。

据此，我们可以考虑将非物质类中原楚文化遗产深入研究，出版学术著作，在此基础上进行艺术加工，编写历史小说，制作影视动漫产品及周边产品（制作光盘、电视专题片等），通过非物质文化遗产的物化过程实现经济效益。

（4）影视开发模式。影视表现的题材可以是多方面的，不论是历史剧，还是现代剧，都能使受众寓教于乐，取得预期的社会效益和经济效益。相对来说，历史剧以古论今，给人启迪；现代剧联系社会现实，发人深省，令人深思。中国历史悠久，文化灿烂，历史文化是历史类影视丰富的创作源泉。就非物质类中原楚文化遗产而言，“楚文王杯酒虏息妫”、“历史上最早的空城计”、“风流的夏姬”、“中原邲之战”和“亡羊补牢”等中原楚故事集趣味性与教育性于一体，是进行影视创作的绝好素材；孙叔敖和春申君作为在楚国历史上有影响的名人，为群众喜闻乐见。这些资源如果作为影视内容进行艺术加工，制作电影或电视产品，推向国内外市场，就能吸引一部分受众，真正实现产业化。

---

① 彭冬梅，刘肖健等．数字化保护——非物质文化遗产保护的新手段[J]．艺术研究，2006（1）.

第三节　太原市历史文化资源的保护与开发

太原，山西省会，简称并，别称并州，古称晋阳，因为其是“王业所兴”之地，又有“龙城”之称。[①]它濒临汾河，三面环山，自古就有“锦绣太原城”的美誉。作为中国古都之一，太原有着悠久的历史和文化传统。古老的传说和杰出的人才，让它在漫长的历史演变过程中积淀了浓厚的文化氛围。太原自古以来就是北京和洛阳之间非常重要的交通要道，地理位置的特殊性使它历来为兵家所争，翻开历史我们会发现每一个朝代都会把它作为军事重地。太原自古就处于华夏民族与草原民族交往和冲突的中心地带，游牧文明与农耕文明在这里交汇碰撞，使得太原人民不仅具有汉族的内敛，又具有北方少数民族的重武尚义、不拘小节、阔达开朗的特点。太原建城至今已有2500多年的历史，源远流长的历史为太原留下了丰富的文化资源。据统计现今太原市地上文物遗存达500处以上，其中列为文物保护单位的有国家级5处、省级19处、市级46处、县级218处，全市有馆藏文物5万余件。[②]文物古迹遗存多处，如晋祠、天龙山和龙山纯阳宫等享誉中外。在民俗遗风上，面食文化、晋商文化、醋文化、戏曲等独具地方特色。

一、太原历史文化资源概述

（一）太原建置及历代演变

古人对于“太原”，做过具体的解说：“广平曰原”，“太原，原之大者。”[③]简单些说，太原是“大平原”的意思。山西全省到处崇山峻岭，而汾河两岸却形成一片广大平原，所以古代才把“太原”这个词专属于今天的太原地区。[④]有人称赞它为：“襟四塞之要冲，控五原之都邑。”[⑤]历来为兵家所必争。

太原由赵简子始建于公元前497年的春秋时期，时称晋阳，当时该城主要目的是用于军事方面。战国初期为赵国都城。秦朝时开始设置郡。汉武帝时期把全国分为13个州刺史部，在太原郡晋阳县属于并州刺史部，所以又有“并州”之称。北朝时期由于其重

① 山西省史志研究院．山西通史[M]．太原：山西人民出版社，2001：71．

② 郭今萃．实施文化强市战略，建设历史文化名城[J]．中共太原市委党校学报，2006（2）．

③ 郝树侯．太原史话[M]．太原：山西人民出版社，1979：1．

④ 郝树侯．太原史话[M]．太原：山西人民出版社，1979：1．

⑤ 关延访撰，张慎言修．太原府志[M]．太原：山西人民出版社，1991：1．

要性被称为霸府。太原是唐代统治者的发祥之地，所以在唐代又有北都之称。到五代纷争时期，后唐、后晋、后汉三朝的国王都是从这里起家，又是北汉的国都，故又有“龙城”的称号。宋太宗赵光义用火烧毁晋阳城后，移到唐明镇，命名太原府，明清时期继续沿袭。之后又经过民国时期的建设，至今太原已有2500多年的历史，堪称“千年雄都”[①]。

太原市城市的发展以宋太平兴国年间为界可分为两个阶段：前期是晋阳城时期；后期是太原时期。两者在地理位置方面虽稍有挪移，但从城市文化角度分析却是一脉传承的。[②]

（二）太原主要的历史文化资源

太原有着丰富的历史文化资源，首先是三晋第一名胜晋祠。晋祠作为太原最具代表性的文化遗存，自晋阳时代起就受到历代统治者的重视，它本是后人为纪念周朝属国唐国（后改为晋国）的第一任诸侯唐叔虞而建的祠堂。据记载北魏时已经有祠堂飞梁，北齐时更大起楼观，穿筑池塘。隋、唐、五代、宋、金、元、明、清历代都有扩张。到现在依旧是太原市档次最高、远近游人首选之地。

其次，太原人文资源丰富。太原历史悠久，除了作为军事重地而著名外，也是文化汇集之地，人类活动为太原留下了许多遗迹，在佛、道盛行的汉魏晋以及唐时期，开凿了许多石窟，造像如天龙山、龙山、蒙山等，佛教寺庙双塔永祚寺和崇善寺，道教宫观纯阳观，文庙的孔庙等。太原受大环境的影响，不同民族杂居，思想文化呈现出多元化的特点。

再次，太原是人民生活的历史见证者。晋阳古城不仅仅是一座城池，更是一段段历史的亲历者，晋阳古城记录太原历史发展的同时，也记载了古代晋阳人民的生活方式、生活习俗，以及他们与周边，特别是北方少数民族交流、贸易的历史。对于研究春秋战国直至宋这一段的军事、经济以及社会生活都有着重要的作用。

二、晋祠的历史沿革及其价值研究

晋祠已经有1500多年的历史，承载了晋阳时代和太原时代的历史，是太原的根源所在。晋祠坐落在太原西南的悬瓮山下，晋水的发源地，距离太原市区大约25千米。1961年国务院公布其为国家级重点文物保护单位，1995年被评为山西省十佳旅游景点之一。[③]

---

① 关延访撰，张慎言修．太原府志[M]．太原：山西人民出版社，1991：1．

② 王尚义，张慧芝．唐陪都地位对太原城市文化的影响[J]．太原师范学报，2007（3）．

③ 山西省史志研究院．山西通志[M]．第四十五卷．北京：中华书局，2000：116．

这里自然风景优美宜人，山清水秀，有山西“小江南”[①]、“三晋第一名胜”[②]之称。同时拥有悠久的历史和众多的文物古迹，是中国现存规模较大的祠堂式古园林建筑之一，历代的能工巧匠在祠内建造了近百座殿、堂、楼、阁，以晋水为纽带把这些古建筑与周柏、唐槐以及其他的古树连接在一起，既表现出了北方园林的厚重壮观，又具备了南方园林的清秀。晋祠对于了解祠庙建筑、园林设计艺术和色彩雕刻，对于研究太原文化和我国传统文化，都有极其重要的历史文化和科学艺术价值。

（一）晋祠的历史沿革

晋祠的修建是与唐叔虞分不开的，姬虞是晋国的开国国君，因为叔虞被封在古唐国，所以又叫唐叔虞。叔虞在这块土地上做出了巨大的贡献，后人为了纪念他就在晋水源头建立庙宇祭祀，因而很多文献中都将晋祠记载为唐叔虞祠，叔虞传位于他的儿子“燮”时，由于境内有晋水就改国号为“晋”。所以这座庙宇也就叫晋祠。

晋祠历史上的转折点发生在宋代，主要是因为祭祀的主神发生了变化。宋初统治者毁晋阳城的同时为了“积功德”[③]，开始对晋祠进行修建，妄图使大宋江山万代千秋，由宋一代，经过多次翻修，不仅扩建了唐叔虞祠等原有建筑，同时也修建了很多新的建筑，其中圣母殿在宋代更是得到了飞跃性的发展，规模建制跃居晋祠建筑之首，在宋以前晋祠祭祀的主神是唐叔虞，宋以后则转变为圣母。圣母殿始建于宋太宗太平兴国年间（976—984 年），并在圣母殿殿前修筑著名景观鱼沼飞梁[④]，祠内建筑布局规模得以初步形成。宋元佑（1086—1093 年）、绍圣（1094—1097 年）年间，周围百里的善男信女募集资金，铸造铁人来进一步壮大圣母的威仪，祈求平安。[⑤]之后，又增建了献殿用来摆放祭祀圣母的供品、钟楼、鼓楼及金人台、水镜台等。这样晋祠不仅利用了山水之胜的优势，又经过了一个较长时期的修建规划，形貌终大致形成。祠内风景优美，景观奇妙，成为游人络绎不绝的朝拜和名胜地。

（二）晋祠的价值研究

晋祠自修建以来，历经魏、北齐、隋、唐、元、明、清以及近代的不断修缮和扩建，规模越来越大，文物、书画、建筑等景点也逐渐增加，是我国古代早期园林的杰出代表，

① 山西省史志研究院．山西通志[M]．第四十五卷．北京：中华书局，2000：115．

② 山西省史志研究院．山西通志[M]．第四十五卷．北京：中华书局，2000：115．

③ 张树民．唐宋园林之瑰宝——晋祠[J]．中国园林，2003（4）．

④ 常原生．晋祠[M]．太原：山西省出版社，1999：3．

⑤ 张树民．唐宋园林之瑰宝——晋祠[J]．中国园林，2003（4）．

集自然山水与碑刻、古树名木、雕塑、祠祀建筑为一体的珍贵的历史文化遗产，具有十分重要的历史价值、宗教价值、建筑科学价值和艺术价值等。

1．宗教价值

晋祠最初是后人为了纪念周朝唐国开国国君唐叔虞而建立的祠堂。因此在建立初期严格按照儒家礼制来规划，是单一的祭祀祖先的祠庙。但是随着历代的演变和社会的发展，与外界思想文化的交流扩大，这一格局后来逐渐被打破。晋祠内逐渐增加了佛教、道教以及民间信仰的建筑。根据文物普查，太原市现存古代佛、道、儒等古建筑 340 项，仅晋祠就有 80 多处，历代石窟造像 24 处，各式砖石塔 22 座，每个项目又有不等数量的壁画、石碑、木雕、铁像等附属物 4 000 余件。[①] 晋祠西南的天龙山佛教石窟、晋祠北面 3.5 千米处的龙山道教石窟，以及晋祠内的供奉都反映了浓厚的宗教文化气息。这一带的宗教建筑、石窟造像、内藏经书、壁画、碑刻以及居民的生活习俗等都蕴含着重要的宗教价值，也为研究宗教文化提供了资料。

2．建筑科学价值

晋祠被誉为中国古代建筑博物馆，历经沧桑至今仍然有大量的古建筑保存在祠内外。其建筑类型十分齐全，几乎涵盖了中国古代大部分的建筑样式，价值可谓是极其珍贵，它们是探究中国古代建筑时必不可少的实物史料。

圣母殿是晋祠内最古老、保存最完整的国宝建筑，是晋祠的三大古建筑之首，是我国古代建筑艺术从隋唐向明清过渡的重要环节的代表作，对于研究古代建筑艺术和建筑发展史有极其重要的历史意义。鱼沼飞梁的价值主要体现在：第一，结构新奇的十字桥，这是世界上的孤例；第二，对《水经注》记载的实物例证，是研究中国古代桥梁的实例，并且可能被认为是立交桥的最早模式。还有献殿，它的突出特点是结构简单、轻巧，梁架设计很有特色，只是在四椽栿上放一层平梁，既简单省料，又美观。

3．艺术价值

晋祠的艺术价值主要是体现在各种文物上，这其中有流传千古的名品和珍品，其艺术价值十分宝贵，在晋祠种类繁多的文物中，晋祠的雕塑和碑刻是重要的组成部分。据统计，晋祠内共有碑碣三百块、经幢一组、法帖三套、牌匾、楹联二百五十余块。[②] 已经形成独具风格的雕塑艺术品和碑刻序列。这些对研究中国古代的历史、雕刻、美术等都有着深远的影响和重要的意义。

[①] 兀婷，兀晶．晋祠——天龙山景区保护规划分析[J]．山西财政税务专科学校学报，2007（4）．

[②] 宋乃忠，常原生．晋祠文物细问详说[M]．太原：山西人民出版社，2001：140．

三、晋祠的保护与开发

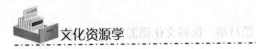

历史文化资源具有历史性和不可再生性，一旦遭到破坏，损失无法弥补。晋祠这一文化古迹遗存，到现在历经上千年的漫长岁月，期间由于战争、自然灾害、人为等各种因素屡遭破坏。本文就晋祠内的最古老建筑之一圣母殿的损坏和保护作为研究对象，来探析如何对晋祠进行妥善保护和合理开发。

（一）建构中的保护——以圣母殿为例

在现代化发展的进程中，对于历史文化资源的保护，我们应秉持建设性保护原则，在发展中进行动态的保护。晋祠的圣母殿在漫长的岁月中，由于各种因素的影响，至20世纪90年代时已经严重损坏变形。大殿从整体上看向东南方向倾斜，另外，其各个构件都开始脱钉，弯曲甚至是断裂。

1．圣母殿变形的原因分析

由于年代久远，圣母殿的损坏和变形是不可避免的。造成其发生变形的原因是复杂的，并且是相互关联的。首先是地质构造和地震等自然因素对其地基的冲击，直接影响到圣母殿发生倾斜变形。其次是历代修缮和营建时规格不一致，这是由于我国古代的建筑在营造修建时是有着严格明确的规格和制度，导致在重修时出现偏差[①]。最后是地下水源的变化和水资源的过度开采。[②]总之，圣母殿的地质构造、地基下的岩石性质以及地下水的减少直至干涸是影响变形的重要因素。再加上地震等自然灾害，局部构建的损坏没有得到及时的修缮，每次修缮和修建时的施工技术问题等许多因素造成了圣母殿的变形。

2．圣母殿落架大修

任何一座古建筑，不管其保存多么完善结实，都要对其进行必要的保护和保养以及维修工作。如及时清除建筑物内以及周围的污物，保证环境的整洁，屋顶除草，疏通渠道等来保持雨水畅通，必要时还要对其进行支撑加固等，最终目的是要把可能的潜在的危机消除在萌芽之中，最大限度地降低损失，使其能长时间完整地保存下去。而对于有些年代久远的古建筑，倾斜移位，构件遭到损坏甚至坍塌等情况比较严重、已经不能继续维持原状的，就需要进行落架或重新大修。20世纪90年代，晋祠圣母殿的现状已经是整体变形，向东南方向明显发生倾斜，再加上局部残败损害严重。1993年对圣母殿进行了落架大修，就是这种修缮和保护的典型实例。在修缮过程中采取的一些措施和原则，

① 柴泽俊，李在清．太原晋祠圣母殿修缮工程报告[M]．北京：文物出版社，2000：40．

② 任毅敏．晋祠圣母殿现状及其变形原因[J]．文物季刊，1994（1）．

对我们今后对历史文化资源，特别是物质性的历史文化资源的妥善保护有着极为重要的借鉴意义。

3．对晋祠妥善保护的启示

圣母殿是晋祠建筑群中最古老、保存最完整的国宝建筑。于1993年进行了落架大修，对晋祠的其他建筑，甚至对整个建筑群的妥善保护有着十分重要的意义。

（1）加强保护意识，转变观念，由被动等待到自我保护。晋祠在当今开发并形成旅游资源后，管理者可能更注重的是对其价值的开发，而对历史文物的逐渐损害，却没有足够的认识，有时甚至是看到历史文物遭到破坏，但在思想观念上，仍然是等待上级领导部门重视这方面，然后提出保护的方案并且给予资金上的援助，而缺乏主动的自我保护。圣母殿就是在当时发生明显倾斜变形后，面临如果修缮就有坍塌的危险和可能，最后才决定投入巨资来进行必要的落架大修。因此晋祠的其他建筑物的保护，平时就要在预防方面下工夫，做好预防检测工作，把潜在的危机消灭在萌芽之中，尽可能地减少损失，降低危险性。

（2）提高专业素质，做好保护工作。晋祠建筑有着悠久的历史，是儒、释、道三教合一的历史文化资源，晋祠的历史遗迹，其在文化价值、艺术价值、历史价值等方面具有非同一般的特色。在木结构建筑技术、雕刻艺术、塑造、色彩等都要求有一定的专业人员去做。管理者也需要具备一定的文物建筑等方面的专业知识。如果工作人员缺乏足够的专业知识，不能充分地重视晋祠的各种价值，就不能做好保护工作，所以必须提高晋祠工作人员的专业素质，做好保护工作。

总之，对于任何资源，不是等到它受到破坏损害之后才要去修缮保护，而应该在此之前就去预防，定期对其进行检测、检查等预防工作，这样才可能避免或延迟它受损。

（二）产业化的开发

历史文化资源对一个地区的特色文化的突显，形成地区的文化形象，以及城市文脉都有着极其重要的作用。文脉是一个地区的自然地理基础、历史文化传统、社会心理积淀、经济发展水平的四维时空结合。[①] 而历史文化资源就是其重要的载体之一。我们现在既要对历史文化资源进行有效的保护，又要进行开发，保护与开发之间往往是存在矛盾的，一定要正确地处理好两者的关系。我们保护的目的不是把它当作“宠物”供养起来，或束之高阁，而是让它为当今和子孙后代服务，保护并不是我们的唯一任务和目的。[②] 保护是利用的基础和前提，保护是为了更好地开发。只要合理地开发，一定能带来社会效益和

① 兀婷，兀晶．晋祠——天龙山景区保护规划分析[J]．山西财政税务专科学校学报，2007（4）．

② 李大华，周翠玲．历史文化资源与城市风格定位——以广州为例[M]．北京：人民出版社，2008：79．

经济效益。实质上，对历史文化资源的合理开发也是一种保护。

1．晋祠的开发存在的问题

在20世纪七八十年代，晋祠就已经开始作为重要的历史文化资源开发起来，是山西省内起步较早，发展也较成熟的风景名胜区。笔者在2007年6月去过晋祠，2009年6月和7月的近两个月时间在晋祠进行实地调查，关注到晋祠的开发存在着一些问题。

晋祠的开发时间较长，在带来巨大经济效益的同时，也出现了许多的不足之处，开发中存在的问题也逐渐显现出来。

（1）整个景区的景点利用率低。第一，晋祠博物馆的景点方面，可以分为中、北、南三部分，中线是儒教文化，连接部有胜瀛楼、董寿平美术馆、晋溪书院、王琼祠、傅山纪念馆、三圣祠等。北部是道教文化，有文昌宫、东岳祠、关帝庙、唐碑亭、唐叔虞祠、朝阳洞、财神洞、老君洞。南部是佛教文化圣地，有三圣祠十方丰圣禅寺、浮屠院等，景点是如此之多，如此紧凑，并且每一处都保存完好，但其利用率却很低。第二，晋祠公园的景点方面，晋祠公园是在原来四家私人别墅的基础上整理修建的，整个公园面积非常大，景观也比较美丽壮观，但是缺乏整体性，没有整体风格。最重要的是，晋祠外八景并没有在公园中复现出来，造成景点利用率下降。

（2）周边环境与风貌区不协调。[①] 对历史文化资源，特别是文物古迹的保护，不仅是要保护建筑本身，同时还要保护文物古迹周围的环境，使得两者相得益彰。晋祠的开发带来了巨大的经济效益，目前晋祠每年有国内游客200万人次，海外游客3万人次。[②]因此，随着经济突飞猛进的发展、人口数量的增多及人们对现代化生活的要求，晋祠周围的居民不再满足传统的古民居，开始擅自整修房屋，或是重新建置新的楼房。并且随着周围学校、娱乐场所的建立，这一批批大型的现代化建筑物群，不论是从数量还是风格、样式、色调等各方面，都与晋祠风景区极为不协调，从而严重地隔断了晋祠的这一特定历史文化遗产的内涵文化的真实表达。

除了周边环境与风貌区的风格不协调之外，周边的环境污染更是日益严重，这将影响到晋祠自然风景的整体美。晋祠的美首先是在水美，但晋祠周围现代化企业的兴起，导致地下水锐减，致使晋祠公园的南湖和北湖水量减少，再加上自然降水稀少，以及人为因素等破坏，整个湖面污染严重，湖水枯竭，并且成为死水。这样水资源就遏止了晋祠的整体的环境之美。

（3）晋祠景区的管理体制不健全。历史文化资源的合理开发，必然要伴随着完善的

---

① 兀婷，兀晶．晋祠——天龙山景区保护规划分析[J]．山西财政税务专科学校学报，2007（4）．

② 山西省史志研究院．山西通志[M]．第四十五卷．北京：中华书局，2000：116．

管理体制。就晋祠景区来说，主要包括晋祠博物馆核心区的管理和晋祠公园及周边的管理，只有将两者结合，内外共同管理，才能实现晋祠软环境的完善。晋祠景区存在的问题主要有：第一，晋祠公园外围区方面，拉客现象严重。游客一下车，从停车场到晋祠博物馆前，这个过程中拉客的人是形形色色，主要目的是想把游客引到别的景区。晋祠成为旅游开发区以来，当地居民纷纷弃农经商，在晋祠公园外围开设店铺，甚至是摆摊，有的更是游街叫卖，跟着游客一路走一路卖。这样必然会影响游客的兴致。这两种行为使得景区周围一片嘈杂，同时也破坏了整个景区宁静优雅的氛围。第二，缺乏适合普通游客的导游。其导游主要是两种：一种是专业导游，在晋祠博物馆内专业素质相对较高，但其主要是面向旅游团或者是接待贵宾，对普通游客来说费用就较高。另一种是“野导游”，他们的导游费相对低廉，但这样一来就使得晋祠周边环境更为混乱。

（4）交通条件也不够完善。晋祠景区没有开辟专业的旅游线路。虽然新修建了晋祠路，但其却多是来往的运煤车辆，污染极为严重，在很大程度上降低了人们对晋祠重游的兴趣。

2. 重点和多元并进的发展规划

晋祠是我国罕见的园林式的祠庙建筑群，是太原市最有价值、档次最高的旅游景区。在当今文化产业迅速发展的背景下，要提升晋祠的价值空间，发挥其独特的品牌文化效应，就要紧跟时代步伐，重新规划保护。实行重点发掘和多元联合的发展路径。即重点发掘晋祠风景区的产业优势，结合太原市历史文化资源开发战略，实现晋祠的优化升级。

（1）规划开发中应遵循的规律和原则。历史文化资源的开发，必须提前做好规划，规划决定方向，规划决定发展，规划决定效益。[①]历史文化资源在开发中的规划必须遵循相应的规律和原则，才能做好做大。晋祠景区也是如此。

首先是要坚持在保护中开发的原则。树立“保护第一”的观念，正确处理历史文化资源保护和开发利用的关系。[②]文化资源的保护和开发是一个问题的两个方面，是同时进行的。在开发中促保护，保护与开发并举的方式对待文化资源。[③]通过更为合理的开发利用来增加文化资源的价值功能，反对急功近利、杀鸡取卵以及先污染后治理的做法。所以晋祠的开发必须是以保护为前提，以保护为要求，不能进行盲目开发、建设性破坏开发。而要实现其可持续发展。

其次是坚持文脉不变原则。文脉既包括晋祠的历史文脉不变，又要将其放在太原市

[①] 王永章．如何将文化资源转化为产业资源[J]．人民论坛，2008（9）．

[②] 文化部文化产业司．国家文化课题研究报告[M]．昆明：云南大学出版社，2009：404．

[③] 文化部文化产业司．国家文化课题研究报告[M]．昆明：云南大学出版社，2009：408．

历史文化资源开发战略，要使其成为太原市文脉的有机组成部分，体现太原文脉的传承。

最后是坚持多元开发战略。晋祠作为历史文化遗产的开发，可以借鉴其他地区的模式，如少林寺的产业化开发、五台山的产业化开发、平遥古城的开发，要实现与旅游服务业、戏曲影视业等多元产业的结合。文化资源是文化产业的基础，但并不是所有的文化资源都可以进行产业化经营，发展文化产业，要从资源禀赋和市场潜力两个角度对文化资源进行评估。[①]开发的过程是市场的行为，因此要遵循市场运作规律，即商品价值规律和社会价值规律。[②] 因为文化产业是一种制造和经营活动，所以这两条规律是文化产业运作中的基本规律，也是政府调控文化产业的基本依据。[③]

（2）晋祠产业化发展的目标。晋祠景区在激烈的市场竞争的经济体制下，通过重新定位，产业化的开发，要实现品牌升级。其产业化发展的目标包括市场目标和自然目标，即根据太原市的城市规划发展纲要要求，[④]要将晋祠景区与天龙山景区、太山景区、蒙山景区、晋阳湖连成一片，建设成为太原市最重要的文化旅游区，将成为太原市文化景观和自然景观相互交融，最具魅力的景区。通过规划整修，要体现其历史文化脉络，突出三个重点，即古建筑、环境风貌、历史文脉，突出强调晋祠是中国现存最古老的宗祠，是汉民族宗祠文化宗法观念的体现，是中国传统建筑风水理念的实例，也是多宗教结合的文化。[⑤] 自然目标，即恢复晋祠的“山西小江南”的自然景色。就像梁思成的描述：“在峰峦青山的背景下，耕作整齐的田野上，炊烟袅袅的村庄旁，古老的殿宇与古柏向游人叙述着历史的沧桑。”[⑥]

3．产业化发展的策略和方法

在认识到目前晋祠的保护和开发中存在着问题后，就要改变方法，适应时代的发展，进行产业化开发。首先是明确遵守的规律和原则，然后是提出要达到的目的，最后就是运用合理的开发策略和具体的操作方法。使晋祠的历史文化资源得到妥善保护和合理开发，使晋祠资源融入太原市文化强市的战略思想之中，使晋祠乃至太原市的历史文化资源实现历史价值、社会价值和经济价值的和谐发展。

（1）晋祠产业化发展的开发策略。历史文化资源的开发遵循合理开发策略，在经济和科技高度发展的今天，就应该遵循文化资源的创新开发战略。主要包括主题开发策略、

---

① 申维辰．评估文化：文化资源评估与文化产业评价研究[M]．山西：山西教育出版社，2005：243．

② 蔡尚伟，温洪泉．文化产业导论[M]．上海：复旦大学出版社，2007：119．

③ 蔡尚伟，温洪泉．文化产业导论[M]．上海：复旦大学出版社，2007：120．

④ 兀婷，兀晶．晋祠——天龙山景区保护规划分析[J]．山西财政税务专科学校学报，2007（4）．

⑤ 兀婷，兀晶．晋祠——天龙山景区保护规划分析[J]．山西财政税务专科学校学报．2007（4）．

⑥ 杨连锁．晋祠胜境[M]．太原：山西古籍出版社，2000：20．

区域整合开发策略、多层次开发策略、氛围营造开发策略、体验式开发策略。[①]在晋祠的产业化开发中也需要遵循其开发策略。主题开发策略，即将晋祠的主题进行深度挖掘，上升到精神的高度，来彰显其文化内涵——“孝”的精神。对整个晋祠的建筑群，要体现山水和建筑，自然和精神的和谐，要体现传统文化“天人合一”，要体现“虽由人作，宛自天开”的深远境界。[②] 区域整合开发策略，即将晋祠博物馆和晋祠公园进行有机的整合。晋祠景区与天龙山、太山、蒙山景区和晋阳古城景区的中等范围的整合。晋祠景区和整个太原市历史文化资源的大范围的整合和开发。多层次开发策略，即将晋祠资源进行多层次、多角度、多渠道、多方位的全面开发。可以借助2004年广西“印象刘三姐”山水实景的“全景式、大舞台、总调度”[③] 的构思。在晋祠博物馆有三晋名人——傅山纪念馆，而太原又有新晋剧大戏《傅山进京》荣获国家优秀舞剧。可以将两者结合起来，创新演出。氛围营造开发策略，即要进行氛围营造，烘托出晋祠的主题。这是一种背景环境，操作上需要相应的管理体制参与。体验式开发策略，即要创设出一种或多种经历和体验，如旅游产品的体验化设计、导游人员的人性服务、餐饮服务的体验等。[④] 晋祠在开发中应尤其注重体验式开发，让游客切实参与进来，融入晋祠。

（2）晋祠产业化开发的具体步骤和方法。晋祠的产业化开发中，不仅会对晋祠周围的各行业产生明显的带动作用，而且还会对太原市的历史文化资源、经济和文化发展起到助推和加速的作用。因此，在实际操作运行过程中必须要有具体的步骤和方法。

在对晋祠的历史文化资源进行产业化开发时具体有三个步骤：第一是要实现晋祠景区的和谐发展，晋祠景区包括晋祠博物馆、晋祠公园以及周围的民居环境。要真正实现晋祠的内八景和外八景的重视，要重现晋祠的山水和建筑，自然和精神的统一，要体现宁静优雅的氛围，要体现其作为国家首批AAAA级景区的高档风范，为争取入选世界文化遗产做准备。第二是实现晋祠的区域整合，晋祠周边还有很多风格相近的景区，如天龙山、太山、蒙山以及晋阳湖、晋阳古城遗址等，要对它们进行整合，并且可以建设实施“晋阳文化研究工程”，举办“晋阳文化研究论坛”等[⑤]。提供学术支持编制《晋阳古城遗址文化旅游发展规划》来突出晋阳文化，继续扩大到重建赵都晋阳，秦汉重镇、霸府、陪都、大唐北都、明清太原的历史旅游区。[⑥]第三是要与太原市其他的历史文化

---

① 于平，傅才武．中国文化创新报告2010[M]．北京：社会科学文献出版社，2009：207-209．

② 曹林娣．中国园林艺术论[M]．山西：山西教育出版社，2001：66．

③ 王林．从刘三姐透视传统旅游目的地民俗文化资源文化创新[J]．桂林旅游高等专科学校学报，2007（3）．

④ 熊元斌，王娟．旅游服务的体验营销研究[J]．商业经济与管理，2005（9）．

⑤ 郭今翠．实施文化强市战略、建设历史文化名城[J]．太原市委党校学报，2006（3）．

⑥ 沈乔．晋阳古城遗址保护与利用对策探析[J]．沧桑，2006（6）．

资源和太原市的发展目标整合，根据山西省政府办公厅发布《山西省建设文化强省规划（2003—2010）》[①]和太原市市委政府办公室公布《太原市建设文化强市发展规划细要（2004—2010）》[②]的目标，都是要继续深化开发，整合太原市各种历史文化资源，实施文化强市，实现把太原建设成历史文化名城的目标，而晋祠的产业化开发就是要借助这一契机，把握发展机会，与太原市乃至山西省的经济文化的发展相一致，实现大范围的整合，最终提升晋祠的品牌价值。

晋祠的产业化开发的方法就是要对晋祠资源在保护基础上的价值开发，具体包括三个方面，即对晋祠景区的保护、改造和提升；观念的转变与创新；开发管理的优化和体制的完善。严谨、科学的方法促使晋祠品牌的提升，对太原市其他历史文化资源的保护和开发也有着极其重要的意义。

首先是对晋祠景区的保护、改造和提升。晋祠景区的开发必须以保护为前提，以保护为基础。晋祠景区主要是指核心保护区、风貌协调区和建设区[③]。核心保护区是指景区的主要历史文化建筑的遗址，主要有晋祠博物馆、天龙山和龙山石窟。晋阳古城遗址、太山寺、蒙山等。风貌协调区是指各核心保护区向周围延伸500～1 000米的范围而言。[④]在这个区域对晋祠景区进行保护，是指对晋祠及周围的文物遗址进行的维护、整理等日常简单工作。改造是指对不和谐的环境、建筑进行拆除或整修，如周围的小型矿产、煤厂、化工厂，这些厂房既与景区的风格不一致，更严重污染、毁坏了景区及周围的环境。提升是指对景区的价值空间进行挖掘，如对景区氛围的建设、对景区街道的建设等。

其次是观念的转变与创新。对历史文化资源的产业化开发，必须要转变陈旧观念，要有创新的观念、先进的理念，要有开阔的国际国内视野，要有对各种市场的敏锐观察力。晋祠的开发，要求山西省政府、太原市政府、晋源区政府、晋祠镇政府、晋祠博物馆，从上级到下级的各级领导要转变观念，切实以晋祠的开发为主体，以晋祠的主动发展为目标，不能等和靠。要主动积极地去寻求开发、发展的机遇，去适应市场的运作规律。第一是深入开发市场的观念。晋祠的旅游经济的发展，一直以来就是以“门票经济”的方式发展，即只注重门票，而对与它相应的旅游产品却根本没有涉足，这主要就是由于晋祠的管理观念方面不够开放，不够多元化，没有去思考和借助其他优秀景区的运作模式。在“门票”开发上，晋祠已经加入太原市政府倡导的“旅游一卡通”，只要办理一张卡，就可以在一年内不计次数来晋祠景区（包括天龙山、龙山、太山等景区）游览

[①] 山西省委政府．山西省建设文化强省规划（2003—2010）[N]．山西日报，2003-08-25.

[②] 太原市政府．太原市建设文化强市发展规划细要（2004—2010）[N]．太原日报，2004-04-17.

[③] 兀婷，兀晶．晋祠——天龙山景区保护规划分析[J]．山西财政税务专科学校学报，2007（4）.

[④] 兀婷，兀晶．晋祠——天龙山景区保护规划分析[J]．山西财政税务专科学校学报，2007（4）.

观赏，这样就提高了晋祠的吸引力。第二是开发旅游商品，发展旅游购物经济，主要包括旅游纪念品，在晋祠周围销售旺盛的是关于晋祠的各种书籍。有关于晋祠的历史故事，就可以作为一个晋祠景区的特色旅游纪念品去开发，另外，还可以开发当地独具特色的传统手工艺品。第三是树立绿色营销观念，发展生态旅游。[①] 在现代化的社会观念下，更提倡绿色观念、环保观念、可持续发展观念。晋祠景区是集山、水、园林、寺庙、农田、高档宾馆、生态园为一体的综合区，是太原市理想的绿色游览区，因此在生态旅游开发方面是具有明显优势的。现在假日经济的发展，使得晋祠景区在发展短途休闲旅游方面独具优势，特别是晋源区的康庄生态园的建设，与晋祠景区同在一条旅游线上，两者结合起来，将大大发挥各自优势、互相助长，促成双赢局面的出现。第四是结合节庆文化活动，进行全方位的宣传和多元化的促销。要主动举办和利用好各种节庆活动的发展契机，提升历史文化资源的品牌优势。如南京在 2004 年举办首届世界历史文化名城博览会，倡导"历史造就城市文化，文化哺育城市未来。"曲阜市的"国际孔子节"以及陕西黄陵县的清明"祭黄帝陵"，山东潍坊的"风筝节"和四川都江堰的清明"泼水节"。[②]这些历史文化遗产都是借助各种独具地方特色的节庆文化活动，发扬地区的文化精神，从而取得了成功。晋祠的深度开发，必须要借助太原特色文化节庆活动，利用各种发展契机，扩大晋祠的影响。在营销方面，还要专门设置新的旅游专线，如晋祠—天龙山、晋祠—太山—蒙山、晋祠—晋阳湖—晋阳古城等一日游、三日游专线。

最后是改革管理经营体制。历史文化资源的开发必须要有良好的管理经营体制模式，必须与市场结合起来，才能拓宽开发和利用的渠道，开辟新的竞争手段和盈利途径，最终有利于国民经济整体的发展。[③]晋祠作为国家级的珍贵的历史文化资源，其保护管理是以晋祠博物馆为主要单位，太原市规划局、城建局、文物局等单位参与管理进行的。在晋祠外围区的商业开发的管理经营应让企业通过投资、商业赞助等渠道[④]适当地参与进来，政府对此进行监督，按照相关的法律制度，建立起相应的企业经营模式，对晋祠进行产业化开发，增强对市场的敏锐力、渗透力。

另外，还要加强晋祠景区的人员管理和培训，"文化产业是高技术与高文化高度联姻的领域，对专门人才与能力结构的构成有着特殊要求，这种要求是一种战略要求，这种要求能否得到满足将成为夺取文化产业未来制高点的决胜因素。"[⑤] 晋祠景区的妥善

[①] 兀婷，兀晶．晋祠——天龙山景区保护规划分析[J]．山西财政税务专科学校学报，2007（4）．

[②] 蔡尚伟，温洪泉．文化产业导论[M]．上海：复旦大学出版社，2007：183．

[③] 麻挺松．文化产业资源市场整合的障碍及克服途径[J]．北京社会科学，2002（2）．

[④] 吕庆华．文化资源产业化开发的投资结构及融资渠道拓展[J]．山西财经大学学报，2005（5）．

[⑤] 张彩凤．论我国文化资源的产业化开发[J]．中共济南市委党校学报，2005（3）．

保护和产业化开发，必须有一批高素质的专业人才队伍，管理人才、策划人才、技术人才等专业人才都必须与之匹配，这就要求太原市政府、晋祠博物馆通过各种渠道，积极吸引人才的加入，并且要对现有人才进行培养和提升，特别是要加强目前晋祠景区中导游人才的管理。

总之，晋祠的开发与保护是在逐步探索中前进的，只要坚持正确的理论和原则，遵循一定的发展开发规律，各个部门之间相互协调，人民和政府给予重视，为其营造一个良好的发展环境，晋祠会走上专业化发展的道路，同时它的成功也会给太原市带来更大的经济效益和文化效应。

第四节　临淄齐文化资源的保护与开发

齐国作为春秋战国时东方的一个超级大国，在中国的史籍中留下了浓重的一笔，而其都城临淄更是扮演着举足轻重的角色。丰厚的齐文化遗存，给临淄留下了丰富的文化资源。盘活临淄齐文化资源，是山东大力发展文化产业的一条重要途径。实践表明，优秀的传统文化资源，只有进行高起点的重新打造，才能转化成为高附加值的文化资本，并获得长链条形的持续回报。山东实现文化大省到文化强省的转变，应依托于齐文化的丰厚底蕴，彰显齐文化的独特魅力，挖掘齐文化资源的现代经济价值，将文化资源转化为文化资本，使之成为全面提升山东经济品位和人民素质的软实力。

一、“齐文化”的界定及特点

什么是齐文化？自 20 世纪 80 年代以来，学术界已经对其进行了近三十年的研究和讨论，提出了很多说法，包括“齐国文化”说，认为齐文化是指先秦齐国的历史文化[①]；“齐国文化中心”说，认为齐文化是以先秦时期齐国的历史、地域为中心的地方文化[②]；齐文化“三个部分”说，认为齐文化可分为来源、发展及其流变三个部分——先齐文化、齐国文化和齐国灭亡以后[③]；“齐学”说，认为齐学从广义上看，就是指战国时期以临淄为中心的齐文化[④]；“广义、狭义”说，齐文化广义说，是指齐地所产生的文化现象[⑤]。

① 刘宗贤．齐文化的开放性特点[J]．管子学刊，1987（2）．

② 王志民．齐文化论稿[M]．济南：山东大学出版社，1995：1．

③ 刘蔚华．管子与齐文化[M]．北京：北京经济学院出版社，1990：3．

④ 胡孚琛．齐学刍议[J]．管子学刊．1987，创刊号．

⑤ 东方木．《管子》书与齐文化浅谈[J]．管子学刊，1987，创刊号．

这种理解非常的宽泛，不仅包括当时作为诸侯国的齐国的文化现象，而且包括了作为诸侯国的齐国产生或存在以前、之后，一直到近代，以至于延续到现在的所有这个地区的一切文化现象。齐文化狭义说，是指先秦齐国时期的历史文化，上面“齐国文化”说就是一种狭义的理解，指的是由于作为诸侯国的齐国的存在和发展而产生的文化现象，时间概念上一般要延续至西汉时期。

在本研究中，基于齐文化的概念，对于齐文化资源的理解也应有广义和狭义之分。首先，齐文化资源属于一种区域性的历史文化资源，需要从文化属性和资源属性两个层面进行剖析：从文化资源的文化属性来看，文化资源首先表现为一种文化的形态，能够满足人类精神文化需求，它的主体部分是历史文化资源；从文化资源的资源属性来看，是指为社会经济的发展提供对象、环境和条件的文化要素的组合，由于文化资源与以物质为基本形态的自然资源相对应，因此其又是一种无形资源。[①]从广义上理解，齐文化资源包括齐地一直至今相关的全部文化资源；从狭义上理解，便是从公元前 11 世纪姜太公受封齐国至西汉汉武帝时期的齐文化所形成的各种文化资源。在狭义角度上，齐文化以其资源的丰富性、影响性和独特性，不仅在淄博，而且在整个山东地区都扮演了重要的角色。在本文中，笔者也将主要从狭义的理解出发展开研究。

齐文化的特征有很多，但概括起来不外“一实”、“一兼”、“二开”、“三多”[②]。

所谓“一实”，即务实性。齐人治国，自太公、管晏至田氏，皆能因地因时，从实际出发，崇尚实利、实效，富国强兵不务虚文。“一兼”即兼容并包。齐人在治国方面除王霸并用、义利并重、农工商并举之外，在文化传统和学术思想方面，各族文化，百家学说，来者不拒。“二开”即开明、开放。自太公治齐，便奠定了开明、开放的模式，主要体现在吸引贤才、言论自由、学术民主等方面，并随着国力的不断强盛而发扬发展。“三多”即文化的多变、多样与多元。“多变”是指齐文化的“变革性”；“多样”是指齐文化不论物质层面、规范层面还是精神层面均较多样；“多元”是指齐文化结构模式和文化来源多元。

二、临淄齐文化资源的构成及特点

（一）临淄齐文化资源的构成

临淄自公元前 11 世纪太公受封到公元前 221 年秦灭齐为止，作为西周、春秋、战国时期的齐国都城 800 余年，是齐文化产生发展的中心。在 1994 年，被国务院批准为我国

---

① 姚伟钧，任晓飞．中国文化资源禀赋的多维构成与开发思路[J]．江西社会科学，2009（6）．

② 郭墨兰，吕世忠．齐文化研究[M]．济南：齐鲁书社，2006：31．

第三批历史文化名城，这都得益于临淄悠久的历史以及丰富的文物古迹。众所周知，开展对文化资源产业化开发研究，应该首先对其文化资源禀赋构成进行一定的梳理。“对文化资源进行科学梳理和归类，准确把握各类文化资源的特性，是合理开发文化资源的前提。”①对于齐文化资源来说，并非所有的文化资源都适合进行产业化开发，有的资源并不具备产业化开发的价值。通过查阅各类文献资料和对齐地临淄的实际调查，本文将临淄齐文化资源大致分为遗址遗迹资源、历史建筑资源、文物资源、名人资源、民俗风情资源五部分。

1．遗址遗迹资源

“古代人类劳动创造的物质性遗存，一般分为遗迹和遗物两大类。”②根据《辞海》的定义，“遗址指古代人类遗留下来的城堡、村落、住室、作坊和寺庙等基址；遗迹是指古代人类活动中遗留下来的痕迹，包括遗址、墓葬、窖藏以及游牧民族所遗留的活动痕迹。”在临淄这块土地上，拥有国家级重点文化保护单位 2 处，省级重点保护单位 9 处，市（区）级重点文物保护单位 44 处，古墓葬 150 多座，各类古文化遗址 300 多处，被世人誉为规模宏大的“地下博物馆”。其中，齐文化历史遗迹、遗址可以说是蕴藏丰富，如齐故城遗址、桓公台、故城排水系统遗址、孔子闻韶处、稷下学宫、东周殉马坑、天齐渊、后李春秋殉马遗址等。

2．历史建筑资源

建筑资源在文化资源开发中起着举足轻重的作用，建筑资源的丰富程度会直接影响到当地的开发潜力与发展前景，特别是对于文化旅游开发来说。我国古代经济文化发达，为我们留下了丰富的建筑资源，种类繁多，形式多样，如宫殿、楼阁、城防系统、园林、陵墓等。在齐国临淄，深厚的齐文化同样为我们留下了大量的建筑资源，但是由于时间久远、战争破坏、生产生活等原因，地面建筑资源已经损失殆尽，齐文化保存下来的建筑资源主要集中在各个朝代陵墓。比较著名的包括田齐王陵、管仲墓、晏婴墓、三士冢、杞梁墓、太公衣冠冢等。在现在的临淄大地上，到处都可以看到星罗棋布的古冢，有的高大如山，有的状若小丘，有的则已被埋没在农田中，其中还有很多没有被了解，需进行深入研究。

3．文物资源

文物资源是文化资源的重要组成部分，要进行文化资源开发，发展文化产业，一定离不开文物资源的有效开发。但凡古文化的发祥地，都会为后人留下丰富的文物资源，

---

① 蔡尚伟．文化产业导论[M]．上海：复旦大学出版社，2006：128．

② 孙长初．中国艺术考古学初探[M]．北京：文物出版社，2004：57．

临淄更是如此。经过多年的考古发掘整理工作，临淄出土了大量的珍贵文物，各个时期、各个朝代的文物均非常丰富，但我个人看来，最能代表临淄的还是与齐文化相关的文物。这包括齐文化产生之初的青铜器，最具代表性的是大型铜盂和人形足鼎。春秋战国时期、遗留下来的多为兵器，有高子戈、钟氏戈、车戈、龙纹戈、青铜短剑等。除兵器外，还有酒器、乐器、盛器，如铜牺尊、编钟、石磬、彩陶壶等。在齐国的文物中，齐国刀币不仅数量庞大、种类丰富，而且是最有特色的一部分。汉代文物也占了齐文化文物的很大部分，主要有矩形铜镜、金樽铜戈、银盘、银豆、铁甲、铁盔、微鎏金编钟等。

4．名人资源

名人通常是指在历史上著名的人物，他们或许曾经为特定的目的而做出过巨大的贡献，或许留下了不朽的成就。现如今，大家逐渐认识到名人文化资源也是文化资源的重要组成部分，尽管开发难度很大，但是其开发后的社会效益和经济效益也是相对较高的。在齐文化发展史上，涌现出了无数的政治家、思想家、军事家、文学家、科学家，如姜太公、齐桓公、管仲、晏婴、孙武、孙膑、鲍叔牙、齐威王等。这中间可能有的已经家喻户晓，有的则仅能在史料中找到只言片语，但是不可否认他们共同创造了齐地的历史，他们的许多思想和成就都已经成为齐文化不可或缺的一部分，从他们的身上我们可以看到齐文化丰富的内涵。

5．民俗风情资源

在临淄齐文化资源中，民俗资源也是重要的组成部分。史书中记载，齐人性格开放，能歌善舞，社会生活丰富多彩，形成了具有鲜明地域特色的生活文化遗产，成为今天我们丰富文化生活和发展经济的重要资源。主要包括社祭和腊祭、狩猎、乡射、音乐与舞蹈、俳优、投壶、蹴鞠、斗鸡、走犬、六博、花灯展、民间焰火等。[①]首先是音乐和舞蹈。由于齐国经济发达，特别是临淄，是当时天下最繁荣的城市，有居民七万户，齐人能歌善舞，乐舞在齐国相当普及。除了有《韶乐》之外，还有《角招》、《徵招》、《康乐》、《万舞》、《干戚》、《商羊》、《龙舞》等，其中《商羊》舞流传至今。音乐方面，在《诗经·国风》中的《齐风》有11首，诗句优美，曲调华丽，在各国传唱吟诵。能歌善舞，在临淄成为一种传统，直至今天仍在民间成为风气。例如，古代的齐地民间音乐，经过代代相传，形成了今天富有特色的临淄民间音乐。到清末民初，在临淄一代流传着的民歌尚有《赶牛山》、《四大景》、《四小景》、《鸳鸯扣》、《放风筝》、《绣花灯》、《鸳鸯嫁老雕》、《双蝴蝶》、《打秋千》等百首；吹打乐曲《泰山望景》、《小游湖》、《庆丰收》、《将军令》等20余支。而伴奏杂耍的民间大鼓，则遍及各村，主

[①] 王德刚．经营遗产[M]．济南：山东大学出版社，2005：65．

要的鼓谱有《玉狮子》、《青龙过江》、《清堂鼓》、《一窝猴》等。民间传统舞蹈多为群众性集体舞，如狮子舞、龙灯舞、旱船、竹马、高跷、踩板子、摔跤、顶灯等。活动时间多在农历元旦到元宵节正月十五，或遇到较大规模的庆祝活动时。其中值得一提的是“顶灯”，到目前为止，据说还是临淄独有。内容是演妻子教训不屑丈夫的故事。扮演丈夫者，虽在严冬腊月，也要赤脑顶灯，在妻子追打下，奔、跑、滚翻，头上的灯盏不歪、不灭。[①]其次是蹴鞠。蹴鞠即古代的足球，现代足球产生于西方，而古代足球则产生于中国古代临淄。它开始是军队中的一种军事体育活动，后流传至民间，并在齐地广泛流行，成为一种极具群众基础的娱乐活动。《史记·苏秦列传》中记载到：“……临淄甚富而实，其民无不吹竽、鼓瑟、击筑、弹琴、斗鸡、走犬、六博、蹋鞠者。”[②]齐国作为春秋战国时期的大国，拥有繁荣的经济、昌盛的文化、发达的科技和繁华的城市，临淄居民有 100 万之多，这就在城市中产生了庞大的士阶层和商人阶层，这些有闲阶层既是蹴鞠运动的创造者又是享用者。这些条件都为蹴鞠的产生和发展提供了坚实的物质技术基础、良好的文化生态环境和适宜的场所。

其他一些民俗还有花灯展、民间焰火等。花灯展传说是百姓仿效齐宫门前挂灯成习，花样也随着人民生活的日益丰富而品种逐渐增多。在齐地，传统的民间焰火，又俗称“做花”，已经流传很久，并且品类繁多，风采各异。

（二）临淄齐文化资源的特点

通过以上我们对整个临淄齐文化资源的审视，会发现现在的齐文化资源具有以下三个方面的明显特点。

1．文化底蕴深厚

临淄自公元前 11 世纪太公受封到公元前 221 年秦灭齐为止，作为西周、春秋、战国时期的齐国都城 800 余年，是齐文化产生发展的中心。这期间齐文化经历了三次发展高潮，为齐地文化的繁荣奠定了基础，确立了齐鲁文化独有的特征。从临淄现在已经发现的文物、古迹遗址，就能充分展示出齐文化资源深厚的文化底蕴。

2．资源亮点分布面广

齐文化资源的分布中心在临淄，它作为齐国都城所在地，保存了大部分的齐文化遗产。在临淄有国家级重点文物保护单位 5 处、省级 4 处；有 4 项国家级非物质文化遗产，5 项省级非物质文化遗产……临淄被誉为“宏大的地下博物馆”。但是，这些文化资源点

---

① 王德刚．经营遗产[M]．济南：山东大学出版社，2005：68．

② 司马迁．史记·苏秦列传[M]．卷六十九．北京：中华书局，2007：2257．

相互之间的空间距离比较远，几乎分布在临淄区内的各个位置，这给开发带来了不少的障碍。

3. 显性资源不多

在漫长的历史发展长河中，齐文化几乎湮灭，文化遗迹遭到了不同程度的破坏，很多早已经消失，现在所看到的多为近代或当代建筑。另外，齐文化资源保护较好的多是古代陵墓遗迹，深埋于地下，但是想要展示给世人则又存在着许多问题。

三、临淄齐文化资源保护与开发现状

山东素称齐鲁之邦，是因为先秦时期在山东这块土地上曾建立了两个对中国文化产生巨大影响的大诸侯国——齐和鲁。在随后千百年的发展中，分别以临淄和曲阜为中心的两国，创造了辉煌灿烂的齐文化和鲁文化。改革开放以来，山东经济获得了巨大的发展，目前经济总量排名列全国前茅。面对丰富的历史文化资源，这两座城市乘着经济腾飞的东风都在文化产业上获得巨大进步，但是相比较起来，临淄的发展水平却已经远远不如曲阜。因此，临淄首先应该了解自己现阶段的发展现状，不断地剖析自身的不足和问题，以便为以后的发展更好地积累经验。

（一）近几年临淄齐文化资源保护与开发成就

1. 文化体制及政策不断完善

改革开放以来，我国在文化产业体制与政策的发展上正在不断完善进步。十七大以来，各个地方政府积极开展文化产业的规划与研究，制定了一系列的地方性文化产业发展规划。山东省也在第一时间制定了建设文化大省的战略目标。为了实现这一战略目标，山东省先后出台了许多支持文化产业的政策和措施。同时，山东省各地也开始积极行动起来。在淄博市中国共产党第九次代表大会上做出了加快建设经济强市、文化大市和绿色城市的战略决策，颁布了《2003—2010 年淄博市建设文化大市规划纲要》，为加快全市文化事业和文化产业的发展，掀开了历史性的篇章。2003 年，淄博市制定了《关于加快发展文化产业的意见》，明确提出了积极的财税政策，逐步形成了多元化投资机制。它为文化产业创造了良好的发展环境，有利于文化资源转化成经济效益，进一步增强了文化实力。2004 年 3 月出台了《关于开展全市文化产业统计调查的实施方案》，制定了文化产业统计考核、产业调度、支持重点项目、表彰奖励、周转金管理等一系列加快文化产业发展的政策措施，形成了具有淄博特色的文化产业统计指标体系。同时，进一步转变政府职能，理顺体制，重点在“制订规划、完善政策、加强管理、搞好服务”方面下工夫，为多元化投资文化产业营造了一个良好的发展环境。通过鼓励社会投资文化产业，不断探索多元化、多渠道的文化产业发展机制，逐步走出一条“政府主导、企业参与、文企互动、优势互补、多元发展”的新路子。①

2．学术研究不断深入

齐文化，作为我国先秦时期重要的地域文化，一直受到学术界的关注，对它的研究一直没有间断过，建立了一定数量的研究中心、研究院，并产生了一系列的研究成果，这一切都为现如今开展齐文化资源的产业化开发提供了坚实的研究基础。

1999 年，“齐鲁文化研究中心”在山东师范大学成立，建立起一支学术力量雄厚的研究队伍。2001 年 3 月，被教育部正式批准为省属高校人文社会科学重点研究基地。2000 年 1 月 17 日，坐落于淄博的山东理工大学成立了齐文化研究基地，它也是山东省首批七大社科规划重点科研基地之一。近几年，研究成果不断涌现，共有几十部有关齐文化研究的学术著作出版，这包括宣兆琦教授的《齐文化通论》、《齐文化与山东文化大省建设研究》，王志民教授的《齐文化概论》等具有重要意义的研究成果。另外，还包括一系列的通俗、普及类图书，这些都对山东的文化建设起到积极的推动作用。

临淄区的齐文化研究也取得丰硕的成果。在山东师范大学齐鲁文化研究中心和山东理工大学齐文化研究院的帮助和支持下，临淄区在齐文化研究界一直秉持“抢救史料、综合研究、普及知识、服务现实”的方针，多角度、多领域深入系统地研究齐文化，积极探究与现代经济社会发展的结合点。1988 年 5 月，临淄区成立了齐文化研究社。现有社员近百名，是省内外有一定影响的群众性学术团体。研究社先后组织了姜太公军事思想、齐文化与和谐社会、齐文化与现代化等国际国内学术研讨会 20 余次，编写齐文化专著 30 多部，发表论文 762 篇，获得省级社科优秀成果奖 6 项，市级精品工程奖 2 项，市社科优秀成果奖 20 余项。2003 年 2 月，临淄区又成立正科级事业单位——临淄齐文化研究中心。中心隶属区委宣传部，下设《齐文化》编辑部、研究开发部、资料室、办公室四个科室，编制 8 人。中心编辑出版《齐文化》双月刊，成为临淄乃至全市、全省、全国齐文化研究者的一个重要理论阵地。2004—2006 年，研究中心编辑出版《走进齐都》系列丛书，作为齐文化书籍市场化、大众化的一次成功尝试，受到了社会各界的一致好评。齐文化研究社、齐文化研究中心与山东师范大学齐鲁文化研究中心、山东理工大学齐文化研究基地形成一个对齐文化研究从高到低全面合理的研究网络。

3．文化旅游产业发展迅速

随着近几年在齐文化研究和齐文化遗址、遗迹的发掘等方面取得的丰硕成果，齐文化旅游在许多方面都取得了骄人的成绩。

① 宣兆琦．齐文化与山东文化大省建设研究[M]．济南：中国海洋大学出版社，2007：112．

1983年以来，临淄先后建成了齐国历史博物馆、临淄中国古车博物馆、东周殉马坑博物馆三处遗址博物馆，吸引了数以万计的国内外游客驻足观赏和各界人士的关注。最后临淄区在对三处遗址博物馆升级改造的基础上，突出齐文化博物馆群建设，建成了足球博物馆、管仲纪念馆。按照“政府主导、市场运作、社会参与、企业经营”的方针，由民间投资建设的古钱币博物馆、齐国瓦当馆相继建成并对外开放，初步实现由“地下博物馆”向“地上博物馆”的转变。在临淄城区内，也建设了以太公祠为主体的“姜太公旅游中心”、“齐园”主题公园、太公湖等景点，并对田齐王陵进行了开发与保护规划。

临淄还努力打造齐文化旅游品牌。临淄区从2004年起，每年9月举办国际齐文化旅游节，目前已成功举办六届，打造了“寻根祭祖”和“世界足球起源地”两大品牌，组建了鞠王等多家文化传播公司，开发了姜太公纪念银盘、仿古蹴鞠、仿制齐刀币、仿制栖尊、仿制龙山黑陶、仿制竹简《孙子兵法》、姜太公画像、齐桓公塑像、管仲塑像、《齐颂》陶壁画等100多种特色旅游产品，与旅游相配套的商贸、涉外宾馆、旅行社等服务业逐步发展壮大，齐文化旅游影响力不断扩大。在此基础上，临淄接待的国内外游客越来越多。据统计，从2003—2007年，临淄接待的国内外游客和实现旅游总收入均每年以25%以上的速度递增，具体如表8-1所示。

表8-1　临淄区2003—2007年接待游客及总收入表

年　份	接待国内外游客(万人)	同比增长（%）	实现总收入（亿元）	同比增长（%）
2002	96	——	2.7	——
2003	126.8	32.1	3.52	30.4
2004	168.8	33.1	4.98	41.5
2005	200	18.5	6.23	25.1
2006	240	20.0	7.4	18.8
2007	280	16.7	8.8	18.9

数据来源：2003—2008年间《淄博年鉴》和《临淄年鉴》。

4．会展产业蓬勃发展

在当代，许多传统产业在出现发展疲软的情况下，现代会展以每年20%～25%的高速增长，逐渐引起世界各国政府、广大投资者和研究者的注意，成为了金融危机下世界经济的一大亮点。会展业是个可以波及许多行业和领域的产业，如旅游业、酒店业、餐饮业、交通运输业等。临淄区从2004年起，每年9月举行国际齐文化旅游节，目前已经举办六届。通过这种展览，不仅展示了厚实的文化基础、良好的城市环境和蓬勃向上的精神面貌，而且对于提升临淄城市形象和知名度，彰显临淄千年古都风采，促进区域经济社会的和谐发展都产生了积极的作用。旅游节以“相约齐古都、感受齐文化、弘扬足球文化、促进共同发展”为主题，开展了一系列如海外姜氏后裔祭祀姜太公活动、学术研讨会、经贸洽谈会、大型演唱会、“一元钱游景点”等活动，充分展示了齐文化深厚的文化及经济水平。其中，在首届国际齐文化旅游节中，就达成签约项目58个，资金总额达43亿元。

5. 蹴鞠产业影响广泛

2004年，经过历史学、齐文化、中国体育史方面的专家、学者的周密考证，认为世界近代足球起源于西方，而古代足球即蹴鞠起源于中国战国时期的齐都临淄。同年5月20日，国际足联向世界正式宣布，足球起源于中国春秋战国时期淄博临淄的蹴鞠。从此，淄博临淄作为世界足球起源地为国际社会所公认。2005年，临淄足球博物馆建成，它比较全面、系统展示了足球两千多年发展史和世界足球发展风貌。2005年5月20日，淄博临淄足球起源地代表团赴瑞士参加国际足联百年庆典闭幕式，国际足联主席布拉特正式向淄博临淄颁发了足球起源地认定证书。2006年4月底，临淄区作为世界足球起源地应邀参加了第18届世界杯足球赛期间在德国汉堡举行的“魅力足球展览”。2006年5月，临淄蹴鞠被正式确认为首批国家非物质文化遗产。2007年5月29日，临淄区代表与中国足协的领导一起将足球起源地的标志性纪念物——圣球之源赠送给国际足联主席布拉特，至此，这一代表世界足球起源地的标志性纪念物将永久性地落户于国际足联总部大厦。2007年9月，临淄区在临淄人民广场设立蹴鞠雕塑，记载了历史的永恒，成为临淄走向世界的见证。此外，大型群雕作品《蹴鞠之光》代表临淄足球博物馆参加了2008年8月5日在北京世纪坛举行的“北京2008年奥运会雕塑展览”，使临淄蹴鞠正式进入奥运，借奥运平台走向世界。

（二）现阶段保护与开发存在的主要问题及制约因素

齐文化资源开发尽管已经有了一个好的开端，打下了一定的基础，并且拥有出色的发展前景，但是从现在的发展状况来看，还有很多不尽如人意的地方，存在诸多问题，需要进一步研究分析。总体来说，主要有以下几个方面。

(1) 开发利用和保护之间的矛盾愈加突出。齐文化博大精深，内容丰富，开发和利用的空间自然非常广泛。但是根据调查发现，随着近几年经济的发展，特别是各个社区与各文化资源点的保护之间的矛盾开始凸显。齐国故城遗址，是先秦都城中最典型的遗址，也是齐文化遗产保护中的最重要的部分。现在的齐国故城位于临淄区齐都镇，齐故城遗址总面积约15.5平方千米，其上现分布着22个自然村、16家乡镇企业，农业人口约22 000人，占全镇总人口的50%。村居、道路占地345万平方米，耕地占地1 135万平方米，而城垣遗址面积仅占 66 万平方米，23 处重点遗址占地为 183 万平方米。[①]在故城遗址内的 22 个自然村当中，均有重点遗址和保护区，有的村绝大部分耕地都是保护区。由此可以看出，在长期的社会发展过程中，齐故城遗址区已经大部分成为当地农民赖以生活和生产的基地。例如，近几年北方蔬菜大棚的建设异军突起，这已成为临淄农民最普遍的致富方式。然而，蔬菜大棚的建设对保护区内的地下遗存和地上遗址的保护造成巨大挑战，如果不采取有效的措施进行限制与规范，将会危及故城遗址的存在。文物的保护与农民的农业生产、切身利益之间造成越来越突出的矛盾。

（2）对齐文化资源产业化开发的认识不到位，发展思路不明晰。现如今，对于齐文化资源还存在着重研究而轻开发的问题。文化遗产拥有多元价值，既包括科学价值，也包括社会价值，还有经济价值，但在对齐文化资源价值的认识上，由于受传统的保护和利用观念影响，过多偏重其科学价值和历史价值的研究，而忽视对经济价值的探索和开发。这种认识造成的结果是非常严重的，不仅仅经济价值的开发遭受阻碍，而且社会价值也得不到真正的发挥，仅仅能在研究价值上获得比较大的进步。这样就导致大量文化资源的价值局限在一小部分研究者手中，而没能让社会获得应有的经济回报。因此，一味地去限制保护区内的生产和生活，而不能给百姓带来实际的收入和利益，这样文物保护与经济发展之间的矛盾愈加突出。另外，面对丰富的齐文化资源，很多人都对其广阔的发展前景产生了兴趣，但是，大部分人对齐文化产业的思路并不清晰。现如今很多已经开发的项目，也是一种“被动式”的开发，例如，著名的中国古车博物馆，它的建设就是由于济青高速公路的建设，如果当初高速公路没有经过此地，也许现在那壮观的古车马依然长眠于地下。

（3）齐文化产品缺乏创新、档次不高、品牌缺乏，市场竞争力不够。临淄齐文化产品在近几年不管在种类上、经济效益上都有了巨大的进步，但是，仍然存在着缺乏创新、文化内涵不足、品牌影响力不够等种种问题，这些都严重影响齐文化产品对国内外游客的吸引力、市场竞争力。

文化资源的内涵在表现形式上主要有显性和隐性两种状态，表面的显性文化很容易就可以利用起来，但是隐性的文化内涵只有经过认真的研究，深入的挖掘，才能更加有效地被发现和利用。在齐鲁大地上，“齐文化旅游”与“鲁文化旅游”是最具代表性的品牌产品，本来是可以并驾齐驱的“文化旅游大戏”。但是，仅就文化产品来说，鲁文化产品的开发更加卓有成效，主要原因就是其做到了比较深入的挖掘文化内涵。反观齐文化产品，则存在着开发层次较低、流于形式、简单模仿、制作粗糙等严重问题，缺乏

[①] 王德刚．经营遗产[M]．济南：山东大学出版社，2005：82．

对高端文化市场吸引力的文化品牌。另外，对于文化资源的表现形式主要以静态展示为主，缺乏创新。例如，建立了大量的博物馆，而相对缺乏大型、专业化的表演活动。总体来说，齐文化产品并不能较好地适应其文化产业发展的需要，满足不了市场和消费者的需求。

（4）文化资源产业化水平不高，产业规模不大。步入 21 世纪后的文化产业发展，一大趋势就是规模化、集团化经营。对于文化资源的开发同样是如此。面对国内外的竞争，临淄齐文化资源产业化开发的发展规模明显偏小，产业链不长，产业之间的有机联结不密切，没有形成具有较强竞争力和规模化的文化产业群体，文化产品的规模优势没有得到发挥。产业化水平不高的另一个表现是文化资源产业化过程中的科技含量和技术水平较低。大部分的文化产品的生产依然依赖传统工艺，创新能力不强，技术水平较低，特别是能引入文化产业范围的高新技术和先进设备还十分有限，现有的高新技术和装备也没有得到充分的发挥，这也是上面提到的文化产品质量档次不够、科技含量不高、经济效益不明显的一个主要原因，同时这也导致了齐文化产业的发展在国内外市场上缺乏竞争力。

（5）缺乏高规格研究机构，人才短缺。据统计，代表齐文化的物质载体 90%集中在临淄，并且近年来在齐文化研究上也得到国内外学术界的广泛认可，但目前研究机构较为分散，在临淄区内仅有“齐文化研究社”、“齐文化研究中心”两个研究机构，其余则位于山东理工大学和山东师范大学，研究力量较为分散，难于形成合力。

当今文化产业的发展，专业人才是重中之重。对于临淄来说，它不仅研究能力不足，而且临淄区作为一个区级单位，缺少各类高等教育机构。尽管这与其行政级别有关，但是人才缺乏已经非常严重地影响文化产业发展是不争的事实，曲阜就是典型的示例，其拥有各类高等院校，特别是曲阜师范大学，每年为曲阜提供了大量的文化研究及产业化开发人才。

以上总结出临淄齐文化资源产业化开发中存在的几点问题，下面将深入探讨其产生的原因，即齐文化资源产业化开发的制约因素。

（1）文化资源禀赋因素。文化资源禀赋是一个地区文化资源开发的前提要素，是文化产业发展的内容基础。主要包括传统文化资源、现代文化资源、人文资源、文艺资源等。尽管齐文化历史悠久，文化资源优势明显，但是相对某些方面来说，其文化资源禀赋又是非常短缺的。与鲁文化相比，一方面，齐文化一大缺陷便是地上遗存贫乏，体量小，尽管具有相当大的文化价值以及学术价值，但是，可观赏性、可参与性很差；另一方面，其资源分布分散，缺乏整合，聚集力弱，加之交通设施及道路系统、指示系统的不完善，使各个资源点不能充分发挥其效能。这种地上可见可参与的遗址、遗存和建筑的缺乏，资源分布分散等因素成为齐文化资源产业化开发的一大障碍。

（2）文化体制机制因素。文化体制机制是制约文化资源产业化的主要因素。“产业的发展必然在一定的体制和机制的背景下进行，文化体制和机制是文化产业得以运行的法律性、制度性整体框架，是培育和发展文化生产力的规则性平台。”[①]制约文化资源产业化的文化体制机制因素主要包括管理体制、投资机制、运营机制等。目前，临淄区的文化单位所有制属性还未能从根本上发生改变，只是采取了一定的企业化经营模式，这就使得事业化管理与企业化经营之间的矛盾愈加严重。由于管理体制上的制约，出现了政企不分、产权混淆的问题，文化企业不能成长为真正的市场主体。文化投融资体制的制约则造成投资主体单一，无法实现融资渠道的多元化、社会化、市场化。

（3）人们文化消费观念因素。临淄区位于山东省淄博市的东北部，总人口 60 万人，全国特大型企业——齐鲁石化公司即坐落于此。2007 年全区生产总值完成 472.4 亿元，地方财政收入完成 14.7 亿元。2005 年，全区经济社会发展综合评价指数列山东省 30 强区县第 1 位，社会生活城镇居民人均可支配收入达 12 899 元，人均消费性支出为 8 647 元。从上我们可以看出临淄区的经济基础是非常雄厚的。但是由于文化消费观念的限制，人们还没有形成主动花钱消费文化的观念，潜在的精神文化需求还需唤醒后才能转换为现实的购买力。仍以 2005 年的消费数据为例，临淄区城镇居民人均教育文化娱乐服务消费 1 761.6 元，占人均消费性支出的 20.4%左右（其中教育支出占很大比重）。文化市场还存在较大的供需缺口，多元文化消费需求没有得到全面开展，文化产品、文化服务定位及功能单一，与居民的多维文化消费预期还有较大差距。

四、临淄齐文化资源保护与开发对策

齐文化是一笔具有重要社会价值和经济价值的历史文化资源，无论是无形文化资源还是有形文化资源，都应该充分发挥其价值，为社会和经济的发展做出贡献。“十一五”期间是我国全面建设小康社会、加快现代化建设、全面构建和谐社会的关键时期。与此同时，淄博市及临淄区必须进一步明确文化产业的发展目标和规划思路，以体制创新为重点，大力解决制约文化资源产业化的各种因素和问题，发挥齐文化博大精深、内容丰富的优势，将文化资源转化为产生经济效益和社会效益的文化产业，加快临淄的经济社

[①] 花建．文化产业竞争力的内涵、结构和战略重点．见：向勇．北大文化产业前沿报告[R]．第 2 辑．北京：北京大学出版社，2005．

会发展，不断满足人民群众日益增长的多层次精神文化需求。针对临淄齐文化资源产业化开发过程中存在的种种问题，深入分析其制约因素后，通过借鉴国内外的成功经验，笔者因地制宜地为临淄下一步的齐文化资源产业化开发提出了一系列的发展对策，以期能对未来临淄文化产业的发展产生一定的借鉴意义。

（一）坚持“保护优先”与“有限开发”相结合的原则

历史文化资源是人们进行科学研究、传播文化的重要资源，需要保护和传承。而作为不可再生、价值不可估量的文化资源，如果保护不善，盲目开发，将会产生一系列不良后果，造成巨大损失。因此，历史文化产业要特别注重历史文化的开发与保护，走可持续发展道路。

对各种历史文化资源的开发都必须是以现实存在为基础的，齐文化的许多遗址、遗迹都是国家或者是省级重点文物保护单位，属于不可再生的历史遗产，保护它们及其周围环境成为以后任何研究、建设、开发等利用活动的先决条件。因此，临淄区在未来大力开发历史文化资源时，应以保护为首要目标，坚持“保护优先原则”，这个保护不仅仅是指对遗址、遗迹、文物等自身的安全和存在的完整性的保护，还包括它们所存在的环境和意境。

在“保护优先”的前提下，开展产业化开发，这还需要坚持“有限开发”的原则。所谓“有限开发”，来自于资源利用的“代际平等”理念，就是说在开发中应采取有限度、分步骤地开发利用，为我们的后代留取资源利用的可能性和空间。这是因为：一方面，后代人与我们拥有同样平等的权利来开发和利用这些文化资源，当代人无权将其进行竭泽而渔式的开发；另一方面，由于受当代保护、开发等技术手段和经济基础的局限，与未来相比，我们对历史文化资源的开发效率还是受到很大程度上的限制，我们无限制地开发从一定程度上说是一种很有限的开发，也是一种浪费。

（二）重视对非物质文化资源的保护与开发

在文化资源的保护与开发过程中，对物质实体的保护是非常重要的，是保护的基础性工作，但是同样，对非物质文化资源保护也不能轻视。近几年，全球许多国家都在加强其非物质文化资源的保护与开发，积极申请加入世界非物质文化遗产名录。经过积极的运作，本国的非物质文化遗产不但得到了有效的保护，而且还取得了较好的经济回报，提高了本国的知名度。

齐文化资源包括物质文化资源和非物质文化资源两种。长期以来，对于物质文化资源的保护与开发是重点，而对非物质文化资源的关注程度却相对较低。齐文化为临淄留下了丰富的传说、故事、民间工艺和生产技术，但是至今都缺乏相应的挖掘、整理和研究。加强对非物质文化资源的保护与开发将有助于使整个文化产业的发展更加均衡、全面。

（三）强调社区利益并实现利益的均衡分配

在临淄，由于文化资源的特殊布局，造成一个长期未能解决的问题，即文化资源的保护开发过程中给当地社区居民生活带来了众多不便，甚至损害到他们的利益。因此，笔者认为，在齐文化资源的产业化开发过程中，应该首先给资源所在的社区、当地的居民带来实际的利益。

在临淄著名的齐故城遗址内坐落着 22 个村庄、几千户农民，他们世世代代就在此生活繁衍。然而在对遗址进行保护和开发中，或多或少地影响到了他们的日常生活，限制了他们的许多行为，损害到他们的部分既得利益。短时间内可能影响不大，但是如果长期下去，将势必会使矛盾由量变上升到质变，造成对文化资源更加不利的后果。因此，我们应该在文化资源的保护与开发中，用一定的方式对他们进行补偿，弥补他们在为文化资源的保护与开发中付出的代价，这就要求一种利益的均衡分配，也就是将一部分利益分给社区及当地百姓。

这种利益的均衡分配可以经过许多途径实现，例如，政府可以教育、培训当地居民，提高他们对文化资源的认识；鼓励当地居民拥有、经营和管理相关的经营设施和服务产品，最大程度地增加当地居民在这些行业的就业机会和参与空间等。[①]

（四）打造优质齐文化品牌

文化产业要发展壮大就必须形成自己的品牌。具有优质品牌的文化产品应该具有优异的品质、鲜明的特色，适合消费潮流，通过宣传能够获得广泛的认可，并在持续的创新中获得永恒的魅力。如果没有品牌，当地文化产业就没有竞争支撑，不能占据市场，吸引顾客，无法获得持续发展。临淄文化产业的发展，必须依托自己独特、深厚、丰富的历史文化资源，在品牌建设方面有所突破，特别是在特色文化产品的构建上。坚持以文化品牌产品带动提升临淄文化产业的综合竞争力，以思想精深、艺术精湛、制作精良的精品力作，带动和促进临淄文化产业的全面繁荣发展。

打造优质齐文化品牌，其一需要发扬创新精神，加大科技投入，这是打造文化品牌的主要动力；其二应对临淄齐文化资源开展全面的调查、评估、规划，运用市场机制整合资源，做到合理分工、协调发展，避免重复建设、无序竞争和资源浪费；其三鼓励文

[①] 王德刚．经营遗产[M]．济南：山东大学出版社，2005：100．

化企业发展，提高文化企业竞争力，与文化品牌的发展相辅相成，互为推动；其四应深入挖掘齐文化内涵，这样才能真正提高文化品位和附加值，提高文化品牌竞争力；最后政府要重点扶持一部分重点文化品牌，以部分重点品牌带动整个临淄文化产业的发展壮大。

（五）提高齐文化研究能力

文化资源拥有其文化属性，产业化开发过程其实就是一个文化的商品化过程，文化的发展程度与旅游及文化交流范围的大小成正比。所以，一个区域内的文化产业发展水平很大程度上依赖于文化本身的内涵、影响。虽然曾经的齐国有过令人炫目的辉煌，齐文化曾经是中国文化史上的一颗明珠，但随着齐国的灭亡和临淄的沉寂，一切都已风消云散，直至今日了解齐文化的人越来越少，能将齐文化和临淄相联系起来的人更是屈指可数。加强齐文化研究能力，提高齐文化影响力，成为一种必然要求。现在在临淄、淄博市乃至山东省，尽管拥有一些专门针对齐文化的研究机构，但是研究能力至今相对欠缺。因此，有必要提高齐文化的学术研究水平，以其研究成果扩大齐文化的影响和民众的认知度，进而提高齐文化产业的水平和对外影响力。

（六）培养和引进文化产业专门人才

在提高研究机构能力的同时，还应加大对文化产业专门人才的培养和引进。在淄博及周边拥有一部分开展文化研究和文化产业研究的高校和研究所，如山东理工大学等。但是，相关人才还是非常欠缺的。本人在临淄考察期间，就感受到政府机构的工作人员对于文化产业的认识还仅仅停留在“文化搭台、经济唱戏”的阶段，总是以吸引外资为重点。另外，尽管临淄对文化产业人才的需求非常急迫，可是由于现在用人等体制机制问题，造成许多有志于到当地工作的优秀人才无法进入当地的相关行业。这种用人渠道的不畅通也成为当地文化产业发展的一个瓶颈。

案例/专栏 8-1

大唐芙蓉园

——案例分析

大唐芙蓉园是在原唐代芙蓉园遗址以北建成的主题公园，占地面积 1 000 亩，其中北湖为一期建设，水面面积为 300 亩，是以水为核心，集体验观光、休闲度假、餐饮服务为一体，浓缩盛唐文化的大型主题博物苑。大唐芙蓉园共有 12 个文化景区，全景式、多角度地展示了盛唐文化的博大气势。并创造了众多中国乃至世界第一：它是中国首个五感（视觉、听觉、嗅觉、触觉、味觉）主题公园，拥有全球最大户外香化工程，拥有中国最大规模仿唐建筑群，拥有中国最大的展示唐代诗歌文化的雕塑群，拥有中国单体规模最大的仿唐建筑——紫云楼，园内仿唐建筑涵括了唐时期所有建筑形式，拥有全球最大的水幕电影。2005 年 4 月 11 日才正式对外营业的大唐芙蓉园在竞争异常激烈的旅游市场中脱颖而出，迅速打响品牌知名度，得到众多龙头旅行社的大力支持和线路推荐，更成为陕西省委、省政府接待重要外宾的主要场所。2005 年“五一”黄金周期间接待游客达 28.3 万人次，创下中国主题公园游客人数之最。今天，景区的日接待海内外游客 7 000 人次。去西安旅游的人宁可不看兵马俑，也要看芙蓉园。众所周知，我国的主题公园的经营现状是 70%经营惨淡，只有 10%盈利。大唐芙蓉园的成功，让我们不禁要问，为什么在普遍不好的环境下，占地面积近 1 000 亩，投资 13 亿元的大唐芙蓉园却能够打破了中国主题公园的怪圈，“卓尔不群”地活着呢？

资料来源：

1. 大唐芙蓉园旅游规划与开发案例分析文化主题公园. http://www.doc88.com/p-313626329630.html.
2. 绍兵. 解码大唐芙蓉园成功的 DNA. http://www.chinaadren.com/html/file/2008-3-26/ jiemadatangrongyuanchenggongdeDNA.html.

引用时有所删改。

【思考与分析】

1. 大唐芙蓉园采用何种开发模式？
2. 利用本章区域文化资源理论来分析大唐芙蓉园的成功。

本章小结

- 近年来，名人故里越来越多地受到各地的重视，但是其保护与开发的现状不容乐观，主要存在以下问题：名人资源的争夺催生了名人故里的盲目开发，文化造假的趋势愈演愈烈；名人故里作为文化资源，其个性化不够；由于政治、战争等现实原因导致名人故里的景观被毁坏现象严重。
- 主题公园模式是根据特定的主题，由人创造而成的舞台化的休闲娱乐活动空间模式。故居模式是以故居为基地，举办名人生平展、家族事迹展等，主要依靠的是名人个人的名气和吸引力，规模不大，却能在一定程度上提高故里的知名度。节事模式是指以依托某个特殊事件或节日活动而进行的旅游开发活动。
- “中原”一词，广义上是指黄河流域，包括今天的河南省大部分及陕西、山西、河北、山东的一部分。狭义上是指古代的豫州一带，其范围大体相当于今天河南省的大部分地区。中原楚文化是楚人在中原地区进行历史活动的产物，它是楚文化的不可分割的一部分，同整体楚文化的发展阶段大体相似而又有一定差异。

- 大遗址主要指史前的大型居住址或与居住有关的遗址、历史时期的都城遗址、帝王（包括诸侯王）陵区、古代战争关塞遗址等。数字化博物馆是指传统博物馆将其长期积累的藏品及成果，系统地进行数字化并建立多媒体信息资料数据库，利用国际互联网络将信息传播出去，使世界各地的互联网用户不受时间、空间限制，自由地使用数据库中的各种资料信息。物化产品开发模式是将非物质的文化遗产开发成物化的产品。
- 晋祠主题开发策略，即将晋祠的主题进行深度挖掘，上升到精神的高度，来彰显其文化内涵——“孝”的精神。晋祠区域整合开发策略，即将晋祠博物馆和晋祠公园进行有机的整合。晋祠多层次开发策略，即将晋祠资源进行多层次、多角度、多渠道、多方位的全面开发。晋祠氛围营造开发策略，即要进行氛围营造，烘托出晋祠的主题。晋祠体验式开发策略，即要创设出一种或多种经历和体验。

综合练习

一、本章基本概念

故里型名人；事业型名人；绿色开发；节事文化；本征价值；功利性价值；大遗址；数字化博物馆；落架大修；保护优先；有限开发

二、本章基本思考题

1. 简述名人故里保护与开发的意义。
2. 主题公园的关键在于主题的选定，主题产生的主要来源有哪些？
3. 分别叙述主题公园模式、故居模式、节事模式。
4. 简述真实性的四重含义。
5. 简述旅游资源规划开发应遵循的原则。
6. 建立绿色开发体系，应从几个方面来开展工作？
7. 中原楚文化遗产资源开发中存在哪些问题？
8. 探讨临淄齐文化资源保护与开发的对策。

推荐阅读资料

1．吴宜进．旅游资源学[M]．武汉：华中科技大学出版社，2009．

2．吕庆华．文化资源的产业化开发[M]．北京：经济日报出版社，2006．

3．张国洪．中国文化旅游：理论、战略、实践[M]．天津：南开大学出版社，2001．

4．马世之．中原楚文化研究[M]．武汉：湖北教育出版社，1995．

5．谭白芙．文物与旅游[M]．武汉：武汉大学出版社，1996．

6．申维辰．评估文化：文化资源评估与文化产业评价研究[M]．太原：山西教育出版社，2005．

7．蔡尚伟．文化产业导论[M]．上海：复旦大学出版社，2006．

8．王德刚．经营遗产[M]．济南：山东大学出版社，2005．

第九章

文化资源的数字化

本章学习目标

通过对本章的学习，学生应了解或掌握如下内容：

1. 文化资源数字化的重要意义；
2. 文化资源的数字化技术有哪些；
3. 文化资源的数字化技术规范；
4. 如何实现文化数字化资源的共享与管理；
5. 如何建构数字化文化资源管理系统。

导言

文化资源的数字化是以文化资源为内容，利用数字化技术为其提供保护、传承、展示与产品化运营服务及示范应用，形成文化资源服务的新模式。文化资源的数字化对继承传播中华民族优秀文化，弘扬培育民族精神，达成民族认同，发展文化产业，提升文化软实力等都有重要的意义。2013 年 8 月，国务院下发《关于促进信息消费扩大内需的若干意见》，提出“加快促进信息消费，能够有效拉动需求，催生新的经济增长点，促进消费升级、产业转型和民生改善，是一项既利当前又利长远、既稳增长又调结构的重要举措”，国家关于信息消费做出的整体部署，为文化资源数字化工作带来了重要机遇。本章将从文化资源的数字化技术、文化资源的数字化技术规范、文化数字化资源的共享与管理三个方面研究讨论。

第一节　文化资源的数字化技术

文化资源保护首先要解决的重要问题，是数字化问题。文化资源的数字化领域十分宽泛，学科融合交叉明显，如信息网络技术已被应用于文化资源的收集、保存、复原、辅助考古与研究等多个方面。数字化包括文化资源的数字记录与处理、数字再现和虚拟展示、数字化技术的标准化和规范化，以及数字考古、修复、保存、集成、管理、出版和传播等技术。本节将从古籍、音乐、文物、舞蹈及民间故事五个方面，分别讨论文化资源的数字化技术。

一、古籍数字化技术

（一）概述

我国具有五千年的文明史，作为文化遗产的重要组成部分，古籍记录了我国古代政治、经济、科技、文化、军事、艺术、宗教、城市沿革、工程技术等各领域的第一手材料。目前，我国现存古籍有 8 万多种，根据四库馆藏的统计，被收入《四库全书》中的有 3 461 种，79 309 卷；存目中的有 6 793 种，93 551 卷；据《中国丛书综录》统计，被收入丛书子目的有 38 891 种；孙殿起编撰的《贩书偶记》与《贩书偶记续编》，收清人单行本著述 16 000 余种。此外，还有大量的地方志、笔记、传奇、小说、戏曲以及佛、道、少数民族语言图书、舆图、书札和外国刻印、抄写图书等[①]。

随着 OCR 扫描技术的成熟、UNICODE 编码的统一、全文检索软件的完善，利用多媒体、数据库、数据压缩、光盘存储、网络等先进的技术手段，古籍数字化将印刷型、缩微型、音像型等传统介质古籍文献，转化为数字化、电子化的光盘文献或网络信息。近年来，海内外文史资源的电子化热潮方兴未艾，从零星制作发展成规模开发；从初期的图形扫描发展为字符数字化；从目录、文摘的制作发展为全文录入；从制作单机版 CD 发展为制作网络版的数据库。

古籍数字化的基本目的是保存与普及传统文化，最高目标是以知识发现来服务学术

[①] 陈微．对我国图书馆古籍管理数字化的三点认识[J]．图书馆论坛，2008（3）．

研究，在对传统纸质古籍进行校勘整理的基础上，利用计算机技术将其转换成可读、可检索及实现数字信息的语义关联和知识重组。也有学者将“古籍数字化”定义为：采用计算机技术对古籍文献进行加工、处理，制成古籍文献书目数据库和全文数据库，用以揭示古籍文献中所蕴含的极其丰富的信息资源，为古籍的开发利用奠定良好的基础[①]，它应具备如下四个基本特征：实现文本字符的数字化，基于超链接设计的浏览阅读环境，强大的检索功能，支持研究功能。

（二）古籍数字化处理流程

1．输入、处理、输出

通常古籍数字化处理流程可分为三个阶段，即输入、处理、输出。输入阶段是以资料管理为主的前期规划工作，包括项目规划、数字化古籍分析、元数据制订等；处理阶段是以数字化资料创建为主的古籍数字化程序；输出阶段则是为实现数字资源保存与共享而构建数据库。虽然项目的各阶段都在执行数字化工作，但由于典藏古籍、资源管理人员、政策与经费考虑、扫描拍摄单位、地点、审查方式、评选人等因素的不同，所完成的数字化成果均有独特之处。本节主要介绍古籍数字化处理这三个阶段的流程及技术。

古籍多为纸质的珍藏品，需妥善保护，通过数字化技术可使古籍得到永久保存，也可提供数字资源供日常使用，解决传统纸本收藏与流通利用的冲突，因此数字化工作可从典藏和利用两方面进行规划。考虑到软硬件更新速度快，将旧版本资料导入到新系统中时，常常会丢失部分数据，令未来使用时出现问题。因此需考虑合适的软硬件组合。另外，需依据国民经济发展的需要，确定古籍数字化的清单及顺序。

要制定数字化古籍的项目管理工作规划，其工作流程图如图 9-1 所示。首先要依照单位自身条件或资源，规划项目的范畴，也就是数字化应用面的广度，例如，数据库的创建、电子书的制作或数字图形资源商业应用等方向，从而制定数字影像文件的规格，选择数字化设备；同时在工作量和数据库构建方面，评估生产方式；最后，元数据规划建议可依典藏目的与需求弹性调整，进而制定较为适宜的方案。书况与试扫描记录表如表 9-1 所示。

[①] 潘德利．中国古籍数字化进程和展望[J]．图书情报工作，2002（7）．

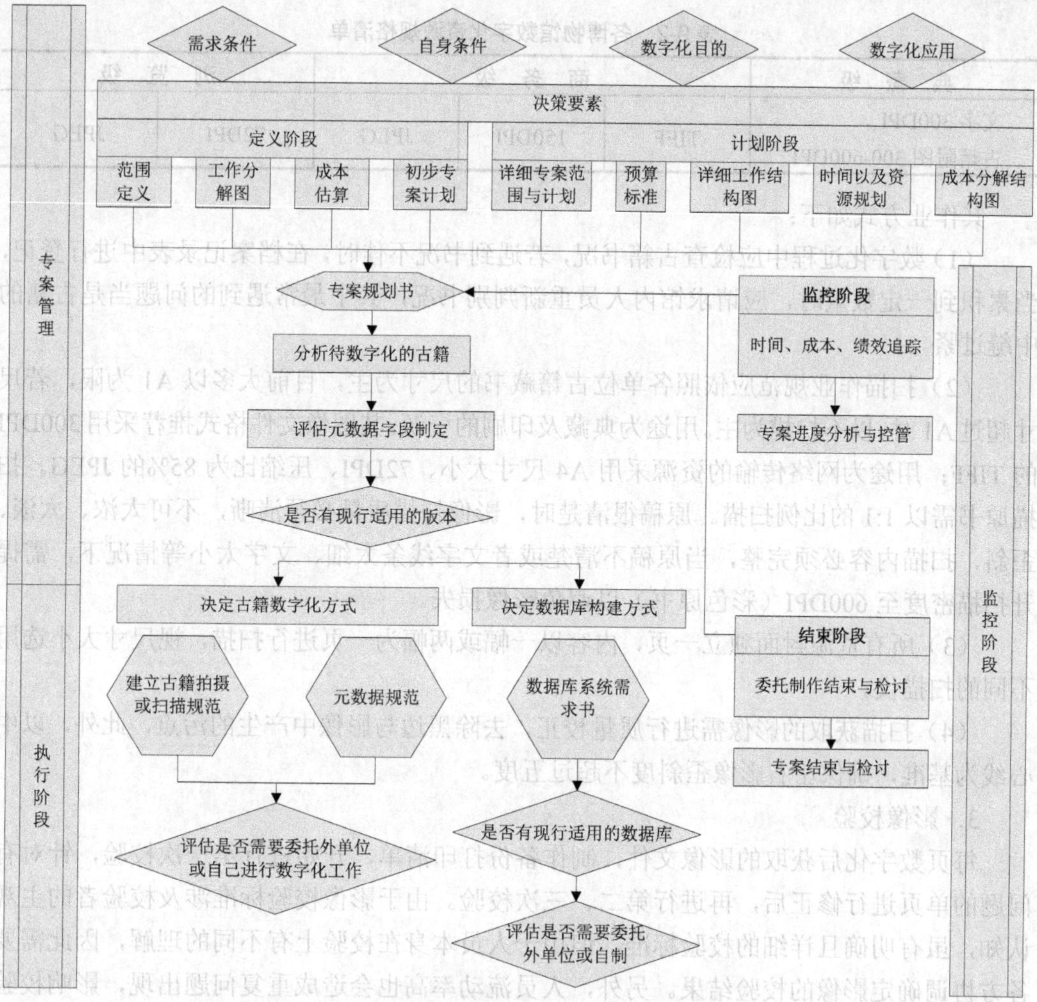

图 9-1　数字化古籍线装书的项目管理工作流程图

表 9-1　书况与试扫描记录表

题　　名	登　记　号	书况需扫面注记	记　录　者	试扫描日期	试　扫　者	试扫描结果

2．全彩影像扫描

可将影像文件依使用目的分为典藏级、商务级、浏览级。表 9-2 列出当前常用的影像文件规格标准。

表 9-2 各博物馆数字化资源规格清单

典藏级	商务级			浏览级	
文字 300DPI 古籍附图 300-600DPI	TIFF	150DPI	JPEG	72DPI	JPEG

其作业方式如下：

（1）数字化过程中应检查古籍书况，若遇到书况不佳时，在档案记录表中进行登记，当累积到一定数量时，应请求馆内人员重新判别书况，其中最常遇到的问题当是古籍的中缝过紧。

（2）扫描作业规范应依照各单位古籍藏书的尺寸为主，目前大多以 A1 为限，若尺寸超过 A1 时，以不扫描为主。用途为典藏及印刷的资源，其图像文件格式推荐采用 300DPI 的 TIFF；用途为网络传输的资源采用 A4 尺寸大小、72DPI、压缩比为 85%的 JPEG。扫描原书需以 1:1 的比例扫描。原稿很清楚时，影像扫描质量必须清晰，不可太浓、太淡、歪斜，扫描内容必须完整，当原稿不清楚或者文字线条太细、文字太小等情况下，需提升扫描密度至 600DPI（彩色原书）以避免影像损失。

（3）所有资源封面独立一页，内容以一幅或两幅为一页进行扫描，视尺寸大小选用不同的扫描仪。

（4）扫描获取的影像需进行质量校正，去除黑边与影像中产生的污点，此外，以中心线为基准，确保左右影像歪斜度不超过五度。

3．影像校验

每页数字化后获取的影像文件，制作备份打印清单，开始进行第一次校验，针对有问题的单页进行修正后，再进行第二、三次校验。由于影像校验标准涉及校验者的主观认知，虽有明确且详细的校验标准，但由于人员本身在校验上有不同的理解，因此需要各方协调确定影像的校验结果。另外，人员流动率高也会造成重复问题出现，影响校验质量的差异。影像校验过程中，以原书来逐页校对数字影像文件，并以三次校验为基准。校验过程中最常遇到的问题为缺页、歪斜、眩光、影像模糊、杂屑等。

4．影像光盘储存

同时进行影像储存的工作，由于光盘刻录比较费时，所以最好采用多种方式进行影像储存，如 DVD、磁盘阵列等。

5．光盘校验

除了在影像文件创建后进行校验，在光盘刻录后也须进行校验，校验影像是否能正常打开，确认光盘是否刻录成功。此外检查光盘外壳上的标示是否与光盘内容相符合，避免缺页或漏存资源的问题产生。

6. 影像递交入库

影像制作完成后，多以 DVD 光盘或者计算机硬盘储存，因此该阶段要完成影像文件到数据库的批量上传，并与元数据书目数据库连接整合。由于古籍数字化是逐年进行的庞大工程，会产生相当多的数字资源，因此，仍需定期针对已上传的影像文件进行抽验，确认影像是否连接正确、正常显示等问题，避免造成使用者的不便。该阶段还是影像管理及创建的前端，因为在建立下个计划的数字化清单时，会先确认与清查古籍是否已经数字化。注意事项：资源命名、储存媒介的寿命。相关设备：计算机（需要有 DVD、RAM）、网络设备、服务器等。

通过数字化技术处理可有效保护和收藏古籍，既能使珍贵文化遗产原书原貌得到永久保存，又有助于研究人员不受地域和时空限制对具有很高学术和实用价值的宝贵遗产进行抢救整理，通过多检索途径从不同角度对古籍进行信息查询，从而大大提高古籍中宝贵信息的研究利用度。

二、民族音乐数字化技术

当今，音像制品多以磁带、唱片、CD、VCD/DVD 等有形实体为载体。利用现代采样技术将民族音乐制作成为数字化乐曲，进而使其更好地传承、为今所用是迫在眉睫的事情。

（一）民族音乐数字化处理的基本步骤

民族音乐数字化处理有原音带处理、音频线路连接、音频采样及编辑、音频存储和后期处理等几个主要步骤，图 9-2 给出了其工作流程。

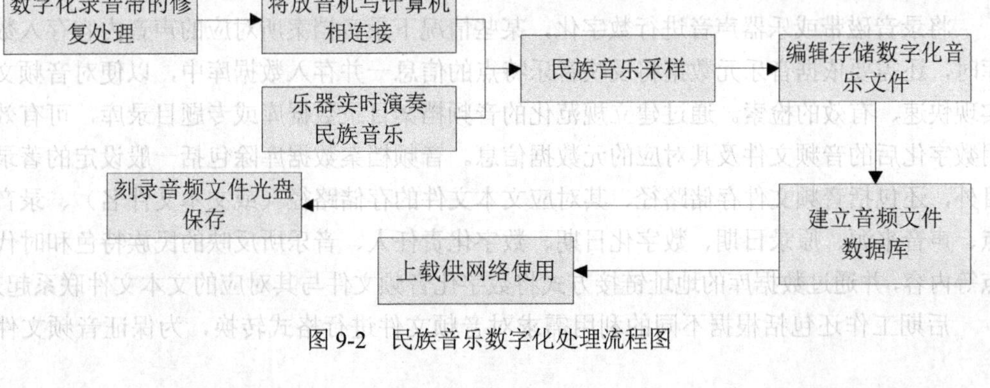

图 9-2　民族音乐数字化处理流程图

1．原音带处理

当今大部分民族音乐都是以磁带的形式存储，因此，能正常播放这些磁带是民族音乐数字化的前提，也是保证数字化音频质量、完整记录并传承民族音乐的关键步骤。旧磁带普遍存在信号强度减弱、磁粉脱落、霉变、粘连等问题，因此正式数字化前首先要对破旧的录音磁带进行清洁、修复和必要的处理，以获得合乎要求的信号源。必要时，应将磁带在放音机中快速倒带一次，为保持放音机磁头清洁，可用录音机清洁带对它清洗。

2．音频线路连接

在关机状态下，使用音频连接线将磁带放音机的音频输出口（Line Out）与计算机声卡的音频输入口（Line In）相连，启动多媒体计算机，选择声音和音频设备属性中的音频选项，将录音控制设置为线路输入开，其他选项关。然后打开放音机和计算机音箱，调整计算机音箱音量到合适为止。

3．音频采样及编辑

利用音频制作软件创建新的音频文件（文件名与模拟录音文件名相同，文件名称最好能直观地反映出民族音乐的关键特征），选择采样频率和精度等参数，按下放音机放音按钮，并启动音频制作软件的录音按钮，通过控制和调整制作软件显示的电平波形来将录音音量控制在适宜的程度，以防止失真。使用音频制作软件对采样到的音频文件进行编辑处理。主要内容包括音量调节、音调调整和噪音处理等。采样分为原音带音频采集和乐器实时演奏采集，考虑到原音带音频采集的过程已相当成熟，本节将会详细描述乐器实时演奏民族音乐时的数字化采样技术。

4．音频存储

编辑处理的数字音频信号应选择合适的音频文件格式，以适当的方式存储到计算机中，下面将会详细阐述。

5．后期工作

将录音磁带或乐器声音进行数字化，某些情况下录音档案所对应的声音内容存入数据库时，还需要依据音乐元数据将反映音乐特点的信息一并存入数据库中，以便对音频文件实现快速、有效的检索。通过建立规范化的音频档案目录数据库或专题目录库，可有效利用数字化后的音频文件及其对应的元数据信息。音频档案数据库除包括一般设定的著录项目外，还包括音频文件存储路径、其对应文本文件的存储路径（或文本文件名）、录音地点、声音来源、原录日期、数字化日期、数字化责任人、音乐所反映的民族特色和时代特点等内容，并通过数据库的地址链接方式将数字化音频文件与其对应的文本文件联系起来。

后期工作还包括根据不同的利用需求对音频文件进行格式转换，为保证音频文件的安全，通常要将音频文件、相应的文本文件、目录数据库以及音频制作软件等一起刻录到光盘上，并一式多套异地保存。

（二）数字化音频格式的选择

目前，民族音乐数字化工作的可选音频文件格式有很多，其中主流格式及其特点如下。

1. WAV 格式

音频文件格式中最基础的是 WAV 文件格式，又叫波形文件形式，它是微软和 IBM 公司共同开发的音频文件格式。它所存储的是对模拟电平信号波形进行采样后所得到的数字化信号。WAV 文件可以直接从声卡的声音输入端口获得音源并加以捕获。由于这种格式强调完整地记录音频波形，因而它的保真度非常高，能够完美地再现真实的声音。但由于对数字信号未加压缩，WAV 格式的数据量很大，每分钟约需占用 12MB 的空间。这种音频文件格式被 Windows 平台及其应用程序广泛支持，可采用多种采样频率、采样精度和声道数，标准格式的 WAV 文件采用 44.1kHz 的采样频率和 16 位采样精度。

2. CD 格式

CD 是最传统的非压缩数字音频格式，由 SONY 和 PHILLP 公司于 1981 年推出，它与标准格式的 WAV 文件相同，均采用 44.1kHz 的采样频率和 16 位采样精度，双声道。由于无压缩性，其音频与 WAV 格式一样具有高保真性。这种格式仅用于光盘存储，因此除规定上述音频记录方式外，还指定了载体的物理规范：碟片直径 12cm，厚度 1.2mm，存储容量 650MB。CD 格式同样具有占用空间大的缺点，一张 CD 最多只能存储 74 分钟的音频信息。

3. DVD Audio 格式

DVD Audio 是在 DVD 光盘编码记录方式出现后，利用 DVD 碟片来存储声音的新一代数字音频格式，它采用与 CD 相同的非压缩方式，并充分利用 DVD 碟片记录容量大的特点提高了对音频信号的采样频率和采样精度，其采样频率设定为 44.1kHz、88.2kHz 乃至 176.4kHz，采样精度可以为 16、20 或 24 位，因而其保真度超过 CD。DVD 光碟的物理规范为：碟片直径 12cm，厚度 1.2mm，存储容量单层 4.7GB，双层 7～17GB。在同样音质条件下，DVD 可记录音频的时间长度是 CD 的 5～6 倍。此外 DVD Audio 文件格式可附带说明文字或静止画面。

4. MP3 格式

MP3 是目前使用最多的音频格式。它是采用 MPEG-1 Layer3 标准对 WAV 音频文件进行压缩而成，压缩比可达到 1:12。经过 MP3 编码软件压缩后，MP3 文件牺牲的仅仅是

12～16kHz 的高音频部分，故而，其音质几乎可以与高保真的 CD 相媲美。MP3 音频文件的一个特点是可以在其中插写进声乐名、作者、年份等著录信息。

5．WMA 格式

WMA 是数字音频格式的后起之秀，又称 Windows 音频格式，由微软公司 1999 年推出，压缩比高达 1:18。WMA 可以每秒 64KB 的数据流量提供准 CD 音质，而相同音质的 MP3 为每秒 128KB，因此与 MP3 相比，WMA 可以将文件尺寸减少近一半。除高压缩比外，WMA 格式的保护性极强，它可以在 WMA 的编码压缩软件中使用数字签名来对音频文件提供版权保护，甚至限定播放机器、播放时间及播放次数。此外，WMA 支持流媒体技术，具有网上播放的优势。

6．ATRAC 格式

ATRAC 是记录于 MD（非线性光盘存储媒体）等存储介质的音频文件格式。由索尼公司推出，它采用基于心理声学原理的 ATRAC 压缩技术，删除人耳听不到的超高频和超低频，以此实现既保证音质又缩小文件体积的效果，压缩比达 1:5，即它可以把 CD 唱片的音频压缩到原来数据量的 1/5，而声音质量没有明显损失。ATRAC3 是 ATRAC 的改进版本，压缩比高达 1:10～1:20，但保真度大大降低。

7．AAC 格式（MP4）

AAC 就压缩技术而论是目前最好的音频文件格式，由 Fraunhofer 集成电路研究所开发，已被 MPEG 标准采纳。AAC 格式可以在保证音质的情况下使压缩比达到 1:16，在同等保真度下，AAC 格式比 MP3 还要节省约 40%的存储空间。但由于受专利保护，AAC 格式远不如 MP3 格式流行。

8．VQF 格式

VQF 是数字音频格式的新选择，由 YAMAHA 公司推出。它采用 TwinVQ 的压缩技术，压缩率比能达到 1:20。与删除高音的 MP3 格式相比，VQF 格式在相同采样频率和采样精度下，比 MP3 节省 30%～35%的文件尺寸。VQF 格式的缺点是：技术指示不公开，软件支持较弱，编码速度较慢，不够流行。

9．RA 格式

RA 是网上常见的流式音频文件格式，由 Real Networks 公司推出。RA 是超高压缩比的有损压缩，因此它的音质完全不能与 MP3、WMA、VQF 相比，作为流媒体格式，RA 最大的特点是可以实时传输音频信息，它在播放过程中能够随网络带宽的不同调整保真度，从而在各种带宽下都可流畅地播放声乐。

10．MIDI 格式

MIDI 是最成熟的音频文件格式，由国际 MIDI 协会开发。与上述所有音频格式不同，

MIDI 文件记录的不是声波的模拟电平信号，而是采用数字方式对乐器奏出的声音进行记录（每个音符记录为一个数字），播放时将这些数字作为指令发送给具有 MIDI 合成功能的声卡，由声卡按照指令将声乐合成出来。因此，MIDI 文件的音质取决于声卡的质量。MIDI 文件尺寸极小，但只适合记录乐曲，不符合对声音、歌曲的处理。从档案角度看，MIDI 本身是由电子乐器合成或程序员编写出来的电子文件，不存在数字化问题，它不是从其他声源数字化后得到的音频文件。

从理论上说，除 MIDI 格式外，上述所有格式都可以成为对民族音乐的音频档案存储格式。然而，民族音乐有其本身的特色，并且音频文件格式的选择关系到整个数字化工作的成效，一经选定不宜变动，因此，它是一项关键性决策，必须进行充分的论证、必要的先行试验。

对于民族音乐来讲，对其进行有效的永久保存、资源共享和传播是音频数字化编码的根本目的，通过对上述各种音频格式的介绍，推荐在数据中保存的音频文件最好是采用无损压缩的 WAV、CD、DVD 等格式，部分用于网络共享和发布的文件可以使用 MP3、WMA、AAC 等压缩比高、网络传输速度快的音频格式。

三、文物数字化技术

古文物记载着一个国家和民族特定时期政治、经济、文化的发展过程，具有不可争辩的说服力和不容置疑的真实性。然而随着时间的流逝和人类活动的影响，古文物不断遭到破坏，如何采用新技术、新手段让人类瑰宝永存已经成为迫在眉睫的全球性问题。由于受到自然灾害、经济建设、旅游开发等因素的影响，对文化资源实施数字化保存、重现和修复越来越受到重视。进入 20 世纪 90 年代，随着计算机技术的成熟，通过近景数字摄影测量、三维激光扫描（3D Laser Scanner）等数字化手段为文物的保护及展示提供了一个新的途径。

文物的三维数字化包括三维信息获取、三维建模和纹理绑定等。目前适用的文物三维数字化技术概括起来有三维激光扫描技术、结构光获取技术等[①]。

（一）三维激光扫描技术

三维激光扫描技术是 20 世纪 90 年代蓬勃发展起来的高精度、快速获取物体三维几何数据的新型技术。其技术又分为适合近距离、高精度获取的三角（Triangulation）激光

[①] 刘刚，张俊，刁常宇．敦煌莫高窟石窟三维数字化技术研究[J]．敦煌研究，2005（4）．

扫描和中远距离飞行时间（Time of Flight）激光扫描等。三角激光扫描精度一般可达到几十微米，而飞行时间激光扫描则一般精度在几毫米，它的特点是速度快。目前，商业扫描仪以中远距离激光扫描仪为主。

三维扫描技术直接获取三维数据信息并进行模型的重建，与传统的二维扫描相比，能够最大限度地避免扫描过程中引起的信息丢失。该技术可被粗略地分成如下两类：（1）接触式技术，该技术必须通过手工或使用工具对物体进行接触。常用的工具有尺子、铅锤以及具有复杂关节的探头等。（2）非接触式技术，该技术利用存在的能量或向物体投射一束能量（超声波或各种光波），利用特殊的照相机甚至是直接用眼睛捕捉反射回来的能量，以达到测量的目的。该技术又可进一步细分为两类：被动式和主动式。

被动式技术从物体的深度图像所提供的信息中得到坐标，如 IBMR（基于图像的建模和绘制）；主动式技术包括激光扫描技术和结构光扫描技术，这种技术能够快速地获取坐标信息，因而被广泛应用在空间、工业、人体测量、建筑业等各个领域之中。

使用三维激光扫描技术完成的文物项目最有影响的要算美国斯坦福大学、华盛顿大学与 Cyberware 公司合作完成的“数字米开朗基罗项目”，总计获取 10 座米开朗基罗所塑造的大型塑像，包括著名的大卫像。总数据达到 250GB，单大卫雕像即达到 32GB，由 20 亿多面体、7 000 幅图像组成。

基于三维扫描技术的 3D 文物数字化以三维激光扫描技术和 CCD 成像技术为主要数据获取手段，基于多源空间信息处理的技术，为资源保护提供真三维、真尺寸、真纹理的数字化模型。具体步骤：首先，用三维激光扫描仪和高分辨率的数码相机采集资源的几何和纹理数据；其次，在同一坐标系内配准所有测站的三维数据，并生成三维网格；最后，通过纹理映射，建立三维数字化模型[①]。

（二）结构光获取技术

所谓结构光（Structured Light），是指将一组规则形状的光投射到物体，这种形状可以是黑白相间的小方块、栅格或其他更为复杂的。经常采用的是黑白相间的条形图案，改变不同的粗细分别投影到物体上，如此，在物体表面产生出间隔的明亮条纹，从一个角度观看，则物体的起伏变形所引起的线条变化便可以转换为物体的表面高度变化。

结构光的投射可以采用投影仪和激光等。结构光获取技术的精度一般可以达到亚毫米级。结构光获取技术同样具有在获取文物三维空间几何数据时，同步得到文物表面纹理的优点，但通常存在投影和图像摄影景深制约的问题。

[①] 胡少兴，查红彬，张爱武．大型古文物真三维数字化方法[J]．系统仿真学报，2006（4）。

四、民族舞蹈数字化技术

舞蹈动作编排的核心为舞蹈动作编辑，即在三维角色模型上合成一定量的特征舞蹈单元，并对这些舞蹈单元进行动作属性的定义以及动作关联。对角色模型的合成舞蹈动作首先进行情感风格鉴定，将其归入到不同情感类，并针对不同情感类的角色关节动作的出现频率确定该类的标志性动作；然后对该类所有动作进行属性以及关联性定义，以此确定动作间的匹配程度，实现动作间的衔接以及动作的创新；最终使编排者能编排出一套完整的舞蹈角色的动作序列。

动作复原相当困难，过程极为繁琐。人体动画作为计算机动画中最富挑战性的领域，其运动的指定非常繁复，计算量很大。计算机中的人体运动控制技术主要有关键帧技术、运动学及动力学、动作捕获等技术。基于运动捕获的运动控制技术是其中最有效的、最有前途的技术。到目前为止，从原理上说，常用技术可以分为机械式、声学式、电磁式和光学式四种。

（一）运动捕捉技术概述

1．运动捕捉技术原理

运动捕捉技术（Motion Capture）是记录人体运动信息以供分析和回放的技术。捕捉的数据既可简单到记录身体某个部位的三维空间位置，也可复杂到记录面部表情的细致运动。它实时地检测、记录表演者的肢体、表情乃至相机、灯光在三维空间的运动轨迹，将它们转化为数字化的“抽象运动”，并将其“赋予”到动画软件生成的模型，使模型做出和表演者一样的动作，并生成最终的动画序列。它的关键部分在于对表演者的行为进行动作捕捉，并对捕捉到的数据进行处理，还原为空间三维点，以此数据生成模型运动所需的动作数据，用该数据去驱动已生成的模型，生成计算机动画序列[①]，如图 9-3 所示。

2．运动捕捉技术发展背景

运动捕捉技术出现于 20 世纪 70 年代，Disney 公司计划用它来进行动画制作。在以往的计算机动画制作中，常用三维动画制作软件（如 Maya 3ds Max）来制作三维角色的形象并调整角色动作，整个角色动作都是由工作人员逐帧调整，这样制作工作十分繁琐、复杂，且极易出现错误，效率很低。而以 Motionf Capture 为基础的动画制作系统则可直接对演员、运动员和舞蹈家的动作进行捕捉。演员动作不受限制，动作流畅、自然，不

① 杜会军．基于运动捕捉数据的人体运动编辑与合成技术研究[D]．北京：北京交通大学，2009.

需要动画师重新进行制作。

近年来，随着运动捕捉技术的发展，很多影视、游戏制作公司为了使产品达到完美的表现，逐渐放弃传统的在3D软件中手工调整角色动作的方法，代之以使用较为真实且精确的运动捕捉数据。这项技术的应用越来越广泛，如取自于中国传统文化的《功夫熊猫》中，各种角色动作，尤其是武术及打斗的动作，都运用了运动捕捉技术。

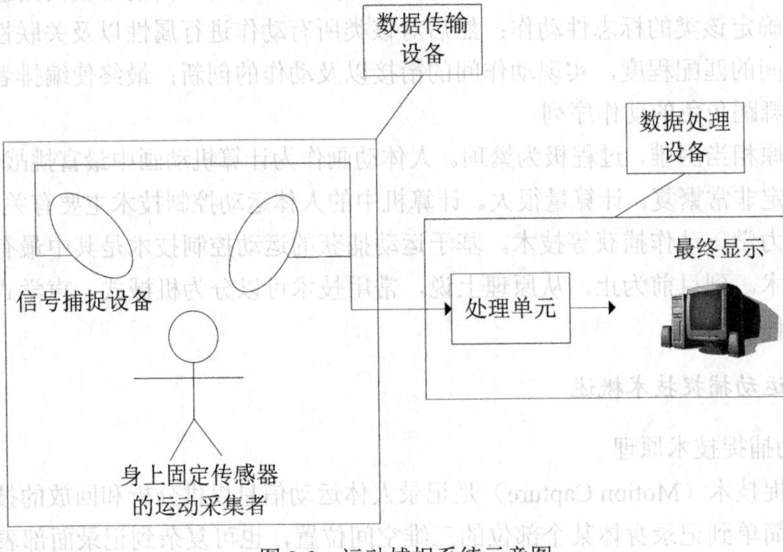

图 9-3　运动捕捉系统示意图

（二）光学式运动捕捉技术

从捕捉信息原理角度来看，运动捕捉技术可以分为四种类型：机械式、声学式、电磁式和光学式。目前光学式运动捕捉技术是应用最为广泛、发展最为成熟的一类捕捉技术。光学式是通过对目标上特定光点的监视和跟踪来完成运动捕捉的任务。目前常见的光学式运动捕捉大多基于计算机视觉原理。从理论上说，对于空间中一个点，只要它能同时为两台摄像机所见，则根据同一瞬间两台相机所拍摄的图像和相机参数，即可以确定这一时刻该点的空间位置。当相机以足够高的速率连续拍摄时，从图像序列中就可以得到该点的运动轨迹。

典型的光学式运动捕捉系统通常有6～8个相机，环绕表演场地排列，这些相机的视野重叠区域就是表演者的动作范围。为了便于处理，通常要求表演者穿上单色的服装，在身体的关键部位，如关节、髋部、肘、腕等位置贴上一些特制的标志或发光点，视觉系统只识别和处理这些标志。系统定标后，相机连续拍摄表演者的动作，并将图像序列保存下来，再进行分析和处理，识别其中的标志点，并计算它们在每一瞬间的空间位置，进而得到运动轨迹。为了获取准确的运动轨迹，要求相机具有较高的拍摄速率，一般要求达到每秒 60 帧以上。

理论上，对于三维空间中的一个点，只要它能够同时被两部或两部以上相机所拍摄，则根据同一时刻这些相机所拍摄到的图像数据，就可以确定该点在空间中的实时位置。当这些相机以足够高的速率连续拍摄运动中的该点时，就可从图像数据中获取该点的运动轨迹。

光学式运动捕捉技术与其他几种方法相比有以下优点：比机械式使用起来方便，无电缆、机械装置的限制，表演者可以自由地表演；没有声学式的延迟和滞后，实时性较好，精度高；也没有电磁式对环境的严格要求，表演者活动范围大；采样速率较高，标志价格便宜，扩充方便。缺点是：系统价格昂贵，标志的监视和跟踪、三维空间的坐标计算等后处理工作量较大，对于拍摄场地有一定的要求，装置定标繁琐。特别是较为复杂的运动，标志太多将会发生混淆和遮挡，使得拍摄数据混乱，这个时候需要人工处理。

图 9-4 表示舞蹈演员穿着的紧身衣上粘附的光学式运动捕捉仪上的 36 个感光点。图 9-5 中，采集到舞蹈演员的人体骨架运动信息后，将它们附着到人物角色模型上，从而生成舞蹈动作。

图 9-4　穿紧身衣的舞蹈演员

图 9-5　舞蹈动作

最后，将角色、动作及场景统一显示（见图 9-6），获取所要的表达效果。

图 9-6　具有动作舞蹈演员的表演

五、民间故事的数字化技术

在对文物资料或图文文献等民族文化知识的挖掘、提炼及创意设计基础上，通过二、三维动画和虚拟现实技术，使用灯光、特效、渲染、音效及后期处理技术，制作民族文化内容产品，全面展示民族文化的内涵，为文化遗产的可视化、民间故事的数字化及其传播提供一个新的解决方案。

传统的民间故事等文化遗产展示方法以文字、图形、实物、视频等为基础，通过陈列向公众传播历史与文明，所表达的信息难以兼顾历史真实性、文化艺术性和环境现实性。利用数字化技术、计算机动画以及虚拟现实（Virtual Reality，VR）技术等实现对民间故事的数字化、人文历史和自然地理遗产的数字化采集、加工、处理和传播。

三峡工程建设令许多文化遗址随着水库蓄水彻底消失。作为三峡淹没区内重点发掘工程之一，考古工作者在巴东旧县坪遗址发现了规划整齐的北宋官府区、仓群区、居民区、商业区等，是迄今为止全国唯一一例全面揭示宋代县城遗址的考古发掘。基于考古成果、土家族特色的民俗活动和故事等文化素材，应用三维地理信息系统与 VR 技术开发了虚拟巴东虚拟展示系统。以下详细描述虚拟巴东中民间故事的三维虚拟展示技术。

（一）虚拟地理环境构建

民间故事的发生是离不开当时的地理环境的，同时地理环境的构建又是用户在场景中进行交互漫游、体验的前提条件。地形构建过程中，结合多种类型的数据（如考古成果图、卫星影像、地形图高程信息），确定巴东地理范围，在对应的地形图上提取高程信息（等高线、高程点），采用逐点插入算法构建约束 Delauany 三角网。为反映真实历史地理环境，从考古成果图提取建筑物底部多边形数据，将它们作为特征线嵌入到三角网中，生成的三角网即最接近历史地形的DEM模型，如图9-7所示。

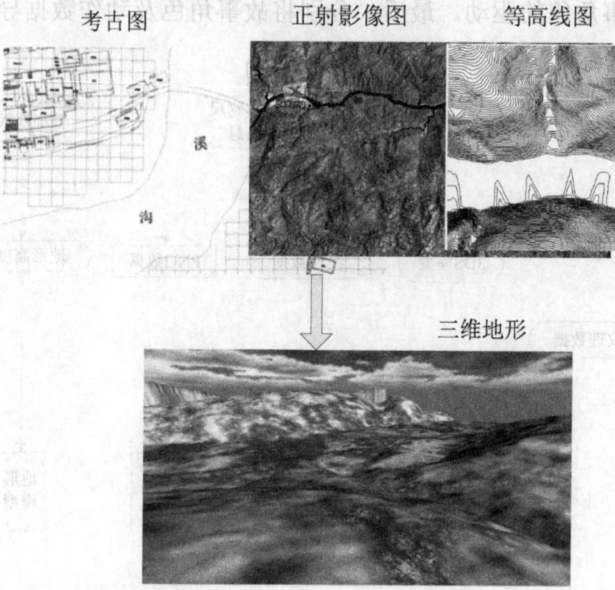

图9-7　地形生成流程图

（二）故事场景的构建

由于故事所处的自然景观具有鲜明的地域特点，为反映当地特有的自然景观，应依据史料记载结合实地考察，采用纹理映射、多细节层次（Level of Detail，LOD）等技术，对树木、花草、岩石等进行逼真的建模。人工景观因带有强烈的历史时代特点，基于民族文化素材库中图片、模型数据，创建可快速构建三维景观的三维模型库；再根据考古数据的属性与坐标，提取库中的对应模型，并确定对应尺寸；针对房屋的不同结构属性，选定相应纹理。为了提高文化活动场景的显示效率，建模时应考虑降低模型复杂度，尽可能用最少的面片表现最佳的视觉效果。图9-8表示了三维景观模型构建流程图，包括人工景观中小品与文物模型、县衙、居民区、仓储区、码头、庙宇及商业街等建筑群景观模型的制作。

（三）故事中角色的三维模型和动作生成

采用运动捕获技术，基于光学运动捕捉设备，对演员表演动作进行实时捕获，并利用捕获数据驱动角色模型，实现虚拟巴东系统中真实感角色模型的动作生成。

数据驱动过程中，采用MotionBuilder平台进行角色模型与捕获数据的绑定，该平台具有强大的3D角色动画制作功能，并提供交互式的实时工作流程。首先，在MotionBuilder平台中对故事角色进行角色化操作。其次，基于捕获数据，进行故事角色骨骼模型匹配，实现捕获数据对故事角色的驱动。最后，分别将故事角色及动作数据导出为动作文件，如图9-9～图9-11所示。

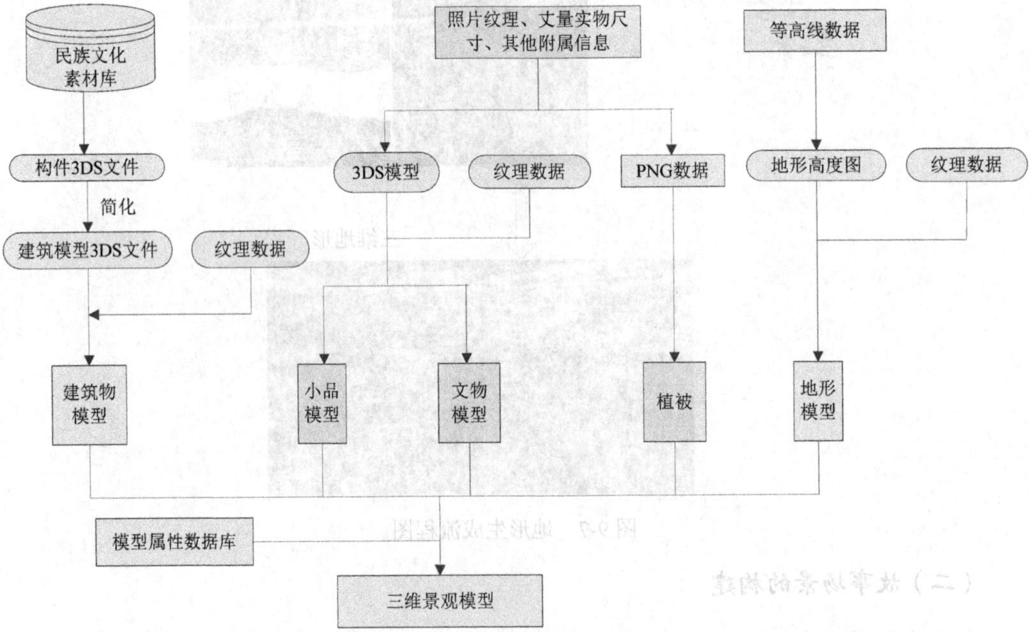

图9-8　景观模型构建流程

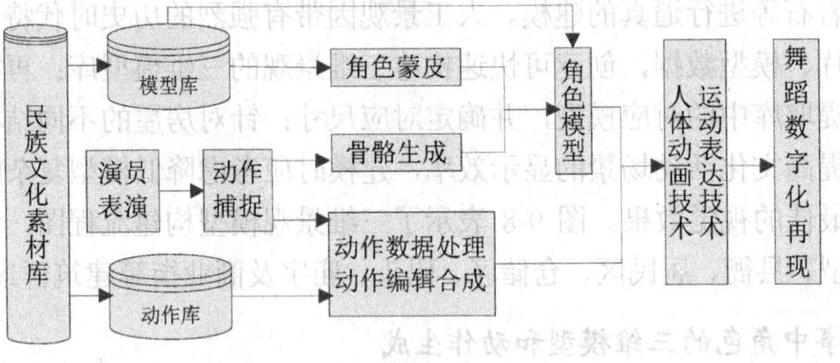

图9-9　舞蹈数字化再现流程图

（四）用户交互式体验民间故事

为了让用户主动参与到虚拟展示系统的各个故事中，展示系统中设置了用户交互界面，用户根据提示信息，在该交互点进行选择。系统根据用户的选择做出响应，如加载新的角色；让某个角色自动移出，近距离地靠近用户等。

图 9-10　表演动作捕捉

图 9-11　系统中故事主角表演

用户还可以体验北宋时期巴东先民打猎的行为，将 3DS MAX 建立的猎人、猎物等三维模型与动作数据导入到虚拟环境中，用脚本程序实现智能角色模型的行为规划及控制、智能动作生成，控制虚拟野外打猎环境中较为真实的打猎智能动画。在进入“打猎”虚拟场景时，系统首先对智能角色进行初始化，判断周围环境，生成对应的行为状态。猎人搜索和追击猎物时，首先通过感知器对周围环境进行检测，主要是探测视野内的环境信息，其他智能角色的位置、速度、状态、类别等。再将这些信息参数传递给规划器。规划器根据得到的信息，在既定的约束规则和目标下做出判断，并决定下一步应采用何种行为。最后由行为动作接口执行具体行为。当猎人没有发现猎物时，根据搜索规则继续搜索猎物。发现猎物则执行捕猎策略（包括追击路径规划、障碍躲避和攻击目标猎物等），如图 9-12 所示。结果再判断是否放弃或成功完成此次捕猎。

（a）开始瞄准一个猎物　　（b）受伤的猎物很容易就被追上

图 9-12　用户体验北宋时期巴东先民打猎

第二节　文化资源的数字化技术规范

传统的人工存储和管理方式难以满足广大用户对丰富、庞杂的数字化文化资源的需求。具有高效的资源存储、检索和管理技术的资源服务平台可辅助用户快速、精确地获取所需的信息。由于当前民族文化资源库的研究还处在发展阶段，资源库建设中还缺少统一的规范和技术标准，不同资源的检索方式、格式与分类方法各不相同，导致各个资源库之间无法实现信息交流与共享。因此实现资源的标准化和规范化，必须依靠行业内各单位的合作，建立统一标准和规范，如著录条例、数据格式、时空范围等。本节在研究民族文化资源分类体系和元数据的基础上，按照资源的载体形态（文本、音频、图片、视频、矢量模型、动作）对其进行分类处理，制定一套不同载体的管理规范和存储标准，指导和约束民族文化资源的数据采集，保证高效地整合与共享多元的民族文化资源。

一、民族文化数字化资源分类体系

从本质上说，分类就是将相同的事物进行归类。民族文化数字化资源的分类应既能保证文化资源的全面性，也能突出重点特征。

针对民族文化资源的形态结构主要由模型、动作、音频、图片、视频、文本六个部分组成，最直接的分类方法就是按这六个类别对所有资源进行分类，使用户可根据需求在不同类别中进行有针对性的检索。下面将详细叙述这六种形态资源的具体组成。

（一）模型

模型主要由有形的文化遗产数字化而成，包括具有历史、艺术和科学价值的文物，具体包括：古遗址、古墓葬、古建筑、石窟寺、石刻、近现代重要史迹及代表性建筑等不可移动文物；历史上各时代的重要实物、艺术品等可移动文物；在建筑式样、分布均匀或与环境景色结合方面具有突出普遍价值的历史文化名城（街区、村镇）。该类的一级分类对应为模型库，二级分类根据文化遗产的属性为场景（自然要素、构建物、室内场景、其他场景）、道具（交通工具、家具、农具、中医用品、服饰饰品、兵器、货币、宗教/祭祀用品、少数民族特色物品、印刷/造纸工具等）、角色（人物、动物、其他）、其他等。表 9-3 展示了部分模型资源的分类。

表 9-3　模型类资源的分类

第一子类	第二子类	第三子类	
场景	自然要素	沙漠、瀑布、龙卷风、泥石流、山、湖、河、海、天空、森林、沙滩、草原、岩石、海贝、灌木、花、树、草、盆景、其他	
场景	构建物	房子、路、桥、塔/楼阁、园林构建物（凳椅、秋千、亭子、栅栏、篱笆、花坛、花廊架、长廊）、其他	
场景	室内场景	室内构件	窗户、门、阳台、楼梯、地板、墙壁、天花板、柱子
场景	室内场景	室内场景	宫殿、寺庙、卧室、书房、接待室、厨房、饭馆、教堂
场景	其他场景	不在以上分类中的场景均放在此处	
道具	交通工具	地面工具	自行车、三轮车、马车、板车、人力车
道具	交通工具	水路工具	驳船、帆船、货船、客船、其他
道具	家具	席、床、屏风、梳妆台、桌、椅、柜、其他	
道具	农具/建筑工具	锄头、渔网、鱼竿、园林剪、断枝剪、根雕剪、花具、其他	
道具	中医用品	拔罐、火燎、刮痧、针灸、其他	
道具	服饰饰品	夏周服装、汉唐服装、明清服装、其他	
道具	兵器	刀、剑、棍、弓、钩、盾、匕首、鞭、叉、耙、锤、斧、铲、矛、火器、火炮、其他	
道具	其他道具	不在以上分类中的道具均放在此处	
角色	人物	古代人物、近代人物、神话人物	
角色	动物	神兽、神怪	

（二）动作

动作主要由非物质文化遗产中的民间舞蹈、民间杂技、民间手工技艺数字化而得。通过对具有一定数量特征的单元进行动作属性的定义，确定它们的动作关联性。通过保存最基本的动作单元，对数字资源在动作编排系统的应用起着很大的促进作用。例如，在角色模型合成舞蹈动作时，首先进行舞蹈情感风格鉴定，根据情感类别，调用对应的标志性动作；然后对动作进行关联性，以确定动作间的匹配程度，实现动作间的衔接；最终能编排出一套完整的动作序列。表 9-4 表示了动作类中各个基础动作单元以及最后合成的动作分类。

表 9-4　动作类资源的分类

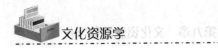

第 一 子 类	第 二 子 类		
基础动作单元	头部	昂首、俯首、平视	
	上肢	躯干	扭腰、探腰、挺身、挺胸、含胸、收胸转身
		手臂	单手抬臂、双手抬臂、双手叉腰、单手叉腰、双臂垂下交叉、双臂自然下垂
	下肢	碎步、屈膝跨步、孔雀步、双腿跪、单腿跪	
民间舞蹈	生活习俗舞蹈、岁时节令习俗舞蹈、人生礼仪舞蹈、宗教信仰舞蹈、生产习俗舞蹈		
民间杂技	杂技、魔术、马戏、乔妆戏、滑稽等		
竞技	拳术类	长拳、太极拳、南拳、形意拳、八卦掌、八极拳、通背拳、劈挂拳、翻子拳、地趟拳、象形拳等	
	器械类	短器械、双器械、长器械、轻器械	
	对练类	徒手对练、器械对练、徒手与器械对练	
	集体项目	集体基本功、集体拳、集体剑、集体刀、集体枪、集体棍、集体九节鞭等	
	攻防技术	散子、推手、短兵、长兵等	
民间手工技艺	工具和机械制作、农畜产品加工、烧造、织染缝纫、金属工艺、编织扎制、髹漆、造纸、印刷和装帧等动作		

（三）音频

音频分为音乐与音效两种，主要由民间音乐、歌曲等非物质文化遗产数字化所得。民间原生音乐主要有两种存在方式：一是口耳相传；二是书面记载。为了有效抢救，可采取不同数字化手段。例如，对于口头类民歌，就要邀请民间歌手现场演唱，做好音像录制工作；对于文字类民歌，则应搜集歌本，归类扫描存放。只有通过载体转换，将传统的口头文本或歌本、曲本转换成现代的音像和电子文本，才能更好地“把歌留住”。该分类主要包括民间音乐、戏曲、曲艺等，如表 9-5 所示。

表 9-5　音频类资源的分类

第 一 子 类	第 二 子 类
民间音乐	民歌、器乐、舞蹈音乐、戏曲音乐、曲艺音乐等
戏曲	曲牌体制的戏曲剧种、板腔体制的戏曲剧种、曲牌板腔综合体制的戏曲剧种、少数民族的戏曲剧种、民间小戏剧种、傩及祭祀仪式的戏曲剧种、傀儡戏曲剧种
曲艺	说书、唱曲、谐谑等

（四）图片

图片展示所能见到的民族文化资源。它的分类主要由有形的文化遗产组成，包括具有历史、艺术和科学价值的建筑遗址等不可移动文物，以及不同历史时期的文物、工艺品等可移动文物。与模型库不同的是，图片库中也可以保存非物质文化遗产中以形式化表现的资源。例如，将传统文化活动通过数字照相的方式保存，将古籍、书法等通过数字照相或扫描的形式保存归类入库等。该类的一级分类对应为物质文化遗产和非物质文化遗产，二级分类根据文化遗产的属性为场景、道具、角色、文化活动、诗词戢赋、传统武术和手工技艺等。表 9-6 展示了部分图片资源的分类。

表 9-6 图片类资源的分类

第一子类	第二子类	第三子类	
物质文化遗产	场景	建筑群落、考古遗址、构建物、其他	
	道具	交通工具、农具、中医器具、服饰、兵器、其他等	
	角色	人物	古代、近代、神话人物
		动物	神兽、神怪
非物质文化遗产	文化活动	祭祀类、文娱类、民俗类	
	诗词歌赋	古籍	经、史、子、集
		书法	可按朝代分类
		绘画	可按朝代分类
	传统武术	拳术类、器械类、对练类、集体项目、攻防技术	
	手工技艺	生活相关、饮食相关	

（五）视频

视频是将一系列的静态影像以电信号方式加以捕捉、纪录、处理、储存、传送与重现的各种技术。通过图像方式展示的民族文化资源均可通过视频方式进行全面动态的展示。视频库的分类也可涵盖物质文化遗产（文物道具、考古遗址、建筑群落等）和非物质文化遗产（民族歌舞、传统的手工艺技能、有关自然界和宇宙的知识及实践等）的绝大部分内容。与图片库所包含的分类相比，视频包含的分类范围更广，它不仅可以展示文化遗产的真实面貌，而且可以展示出民间手工技艺、生活常识等隐性知识。以湖北随州出土的曾侯乙墓的墓中漆木衣箱为例，通过视频不仅可以把衣箱和其上的图案进行全面展示，而且可以将图案所隐含的天文知识进行可视化表示。由于视频包含的信息比较多，因此在分类时不宜过细，表 9-7 表示了视频类中应当包括的民族文化资源。

表 9-7 视频类资源的分类

<table>
<tr><th>第 一 子 类</th><th>第 二 子 类</th><th colspan="2">第 三 子 类</th></tr>
<tr><td rowspan="5">物质文化遗产</td><td>场景</td><td colspan="2">建筑群落、考古遗址、构建物、其他</td></tr>
<tr><td>道具</td><td colspan="2">交通工具、农具、中医器具、服饰、兵器、其他等</td></tr>
<tr><td rowspan="2">角色</td><td>人物</td><td>古代人物、近代人物、神话人物</td></tr>
<tr><td>动物</td><td>神怪、神兽</td></tr>
<tr><td>综合</td><td colspan="2">场景道具、场景角色、道具角色、三者综合</td></tr>
<tr><td rowspan="4">非物质文化遗产</td><td>文化活动</td><td colspan="2">祭祀类、文娱类、民俗类</td></tr>
<tr><td>手工技艺</td><td colspan="2">生活相关、饮食相关</td></tr>
<tr><td>民族歌舞</td><td colspan="2">民间舞蹈、杂技、戏曲曲艺</td></tr>
<tr><td>知识实践</td><td colspan="2">天文、农学、医学、数学</td></tr>
</table>

（六）文本

文本分类主要将民族文化遗产中能够以文本形式保持的资源，基于文本内容将其分为不同类别。文本内容主要以古籍的内容为主，数字化后的古籍内容可按照古籍的不同分类，以 txt、word、pdf 等格式保存。此外，许多流传于不同地域的口头传说、民歌等均可有选择地通过转换，制作成电子文本。表 9-8 表示了可通过文本形式分类保存的部分民族文化资源。

表 9-8 文本类资源的分类

第一子类	第二子类
实体书籍	中医药古籍、水书、诗词、书法、剧本、传记等
口头流传	民间口头传说、歌曲、神话故事等

本节将按照资源的形态（模型、动作、音频、图片、视频、文本），设计对应六大类的分类体系框架，具有聚类标准适宜、类目层次适中、分类设置重点突出等特征。

二、民族文化资源元数据规范

元数据的经典概念是“关于数据的数据”。元数据描述的对象为资源（Resource），资源是具有标识的任何东西。在民族文化资源保护领域，元数据用来描述资源本身的特征和属性，规定数字化信息的组织方法，具有定位、发现、证明、评估和选择等功能。从广义上看，元数据不仅仅是描述信息资源，更是对信息资源的组织管理。

为了清晰、准确和全面有效地描述民族文化资源，使之能够被快速揭示和方便检索利用，需要针对资源特点制定元数据规范。元数据最重要的功能之一就是实现资源内容的描述，完善的元数据模型可以全面地记录数字化资源的保存描述信息，准确地对资源进行描述。因此，对资源进行内容描述时，除了人工著录标引相关内容之外，更重要的是元数据的设计和采集，元数据项的设计很大程度上会影响到文件描述的准确性。

（一）三层元数据结构

在应用过程中，并不需要创建规范中所有的元素。由于新建的元素在使用中容易产成偏差和失误，也可能为以后的互操作产生语义上的歧异，所以在核心元素上尽可能采用 DC 元数据。但为了适应本地化实际需求的裁剪，也可以为核心元素进行必要的扩展，但扩展的元素语义必须是原语义的部分或缩小原语义的外延[①]。为了实现对民族文化资源的统一管理，通常采用三层元数据结构，如图 9-13 所示。

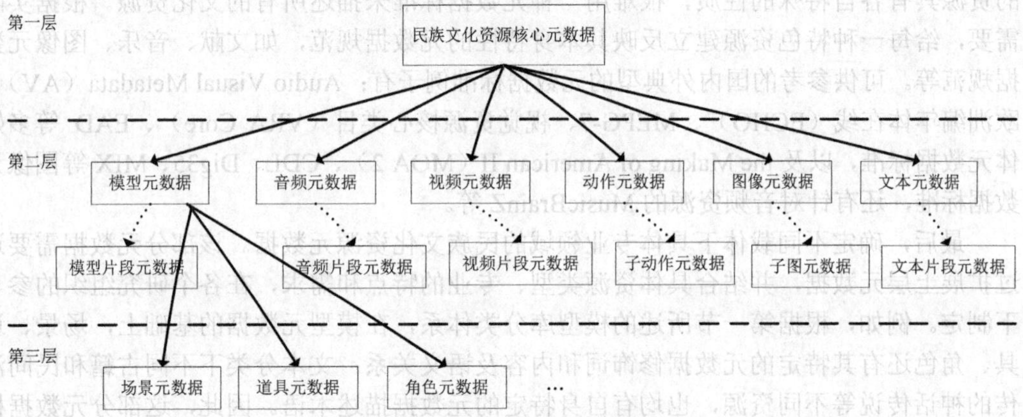

图 9-13　民族文化资源元数据框架

第一层是民族文化资源核心元数据，通过提取各种资源的共有属性，包括图像、音频、视频和文本形态，组成核心元数据，实现对各种媒体资源的统一管理。

第二层包括模型元数据、音频元数据、视频元数据、动作元数据、图像元数据和文本元数据。由于每种媒体都有区别于其他媒体的特有属性，增设这一层的目的就是体现各个媒体的特有属性，例如，关键帧是描述视频文件所必备的一个属性，而在描述其他媒体类型时不需要，因此将它放在视频元数据中。另外，考虑到对多媒体内容的描述，增设了子图元数据、音频片断元数据和视频片断元数据。例如，一张遗址场景照，照片中每个物体的信息就可以在子图元数据中体现出来。

---

① 陈峰莲，阎保平，黎建辉. 科学数据库多媒体元数据框架[C]. 中国科学院计算技术研究所第八届计算机科学与技术研究生学术讨论会，2004.

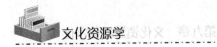

第三层是根据不同载体下具体资源类型，按照不同专业知识、门类的具体需求和应用制定的民族文化元数据。

（二）元数据结构的实现

根据上述元数据结构，元数据的设计可分为以下三个步骤。

首先，设计民族文化资源核心元数据，它是发展后续元数据的基础。应该在分析资源现状的基础上，参考典型的元数据标准。这里主要使用通用元数据项：题名、并列题名、副题名及说明题名文字、责任者、文件编号、文件形成时间、附件、稿本、主题词或关键词、提要或文字说明、附注、分类号、人物、语种、内容覆盖范围。

其次，确定具体类型资源的元数据。民族文化资源种类繁多、内容复杂。不同形态的资源具有各自特殊的性质，很难用一种元数据标准来描述所有的文化资源。根据实际需要，给每一种特色资源建立反映其本身特性的元数据规范，如文献、音乐、图像元数据规范等。可供参考的国内外典型的元数据标准例子有：Audio Visual Metadata（AV）、欧洲编年体在线（ECHO）、MEPG-7、视觉资源核心类目（VRA Core）、EAD 等多媒体元数据标准，以及 the Making of American II（MOA 2）、CDL、Dig35、MIX 等图像元数据标准，还有针对音频资源的 MusicBrainZ 等。

最后，确定不同载体下具体专业领域的民族文化资源元数据。该部分元数据需要通过扩展上层元数据，并结合具体资源类型、专业的特点和需求，在各个研究组织的参与下制定。例如，根据第一节所述的模型库分类体系，在模型元数据的基础上，场景、道具、角色还有其特定的元数据修饰词和内容及语义关系；文本分类下不同古籍和民间流传的神话传说等不同资源，也均有自身特定的元数据描述术语。因此，这部分元数据标准具有工作量大、专业要求强的特点，需要不同领域专家的参与。所幸的是，当前已有很多领域制定了自己的元数据标准规范，如北京大学图书馆古籍元数据规范等①。目前，这些元数据规范已经得到了一定程度的应用。

对于元数据结构体系内的所有标准制定，应该是一个反复实践的过程，后面两层标准制定过程中一旦发现了上述层面制定中存在的问题，首先应考虑是否可以通过本层元素的修订、变更等实现，如果无法解决时应及时对上述层面的标准提出修订、完善方面的意见和建议。同时，在根据下层意见修订上层标准时，一定要注意对其他层面以及子层面标准的影响，应充分权衡修改的影响和可行性。在平衡多标准得失、影响以后，完成标准的多层、多标准修订和完善②。

---

① 张玉范，姚伯岳．北京大学图书馆古籍编目和数字化工作报告[R]．北京：北京大学，2003．

② 陈峰莲，阎保平，黎建辉．科学数据库多媒体元数据框架[C]．中国科学院计算技术研究所第八届计算机科学与技术研究生学术讨论会，2004．

从资源全面检索的角度出发，为了能够全面展示民族文化数字化资源表达的丰富、复杂的内容信息，具体类型的民族文化资源元数据应当包括元数据描述信息、物理特征信息、内容及语义关系信息三个方面内容，如图 9-14 所示。

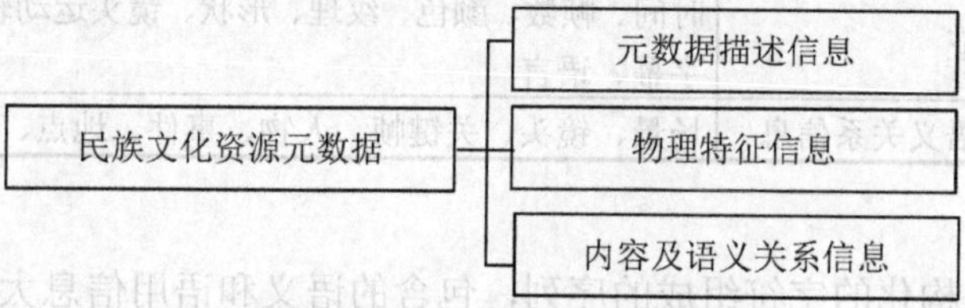

图 9-14　民族文化资源元数据信息

除了核心元数据信息为各类资源所共有的属性信息外，具体的物理特征信息是描述资源的几何特征、表面属性以及部件模型等信息。内容及语义关系信息是描述资源之间、资源内部组成部分之间的语义关联信息。表 9-9 是基于资源内容描述的民族文化资源的具体元数据项。

表 9-9　基于内容描述的民族文化资源元数据项

媒体对象	内容特征（内容描述元数据项）	
文本	题名、并列题名、副题名及说明题名文字、责任者、文件编号、文件形成时间、附件、稿本、主题词或关键词、提要或文字说明、附注、分类号、人物、语种、内容覆盖范围、内容及语义关系信息	
图像	核心元数据	题名、并列题名、副题名及说明题名文字、责任者、文件编号、文件形成时间、附件、稿本、主题词或关键词、提要或文字说明、附注、分类号、人物、语种、内容覆盖范围
	物理特征（底层特征）	面积、周长、离心率、主轴方向、颜色、纹理、形状、对象空间关系
	内容及语义关系信息	事件、地点、感情、象征
模型	核心元数据	参考图像类型
	物理特征（底层特征）	颜色、纹理、材质、形状分布、对象空间关系、坐标系、主轴方向
	内容及语义关系信息	模型内容（场景、道具等）、事件、地点、感情、风格、象征
动作	核心元数据	参考图像类型
	物理特征（底层特征）	帧数、动作类型、运动轨迹
	内容及语义关系信息	关键帧、情感、风格、象征
音频	核心元数据	参考图像类型
	物理特征	时间、类型、音调、音量、音色、音长、节奏
	内容及语义关系信息	旋律、感情、象征

续表

媒体对象	内容特征（内容描述元数据项）	
视频	核心元数据	参考图像类型
	物理特征	时间、帧数、颜色、纹理、形状、镜头运动轨迹、目标大小变化、字幕、语言
	内容及语义关系信息	场景、镜头、关键帧、人物、事件、地点、感情、风格、象征

1．文本数据

文本是由非结构化的字符组成的序列，包含的语义和语用信息大多是由以古文形式的自然语言所表达出来的，无法被计算机直接理解。语义是指一个字或者一个词的含义解释；语用则是指按照该字或者词所在的语境来确定所对应的含义。自然语言中一个字或者词能表示多种意思，即词的多义性，同样，事物也可以有多个不同的字或词来表示，这就导致了文本内容难以直接转化成可以被计算机理解的机器语言，从而增加了内容描述和揭示上的难度。

目前对文本数据的内容描述主要是通过人工或自动标引主题和关键词，加注内容摘要、背景等相关描述项目以及计算机进行全文扫描，根据单词出现的频率自动搜集关键词，或者通过标识语言对全文进行标识，建立全文索引，用以揭示内容概要，并通过全文检索技术对文本进行全文检索。由于网页搜索引擎和标识语言的快速发展，建立全文索引的方法也越来越趋于简单和准确，用户只要通过所要查询的字符串对文本进行匹配比较就能实现全文检索。

人工标引对主题的揭示相对比较深入和准确，但是工作量大，对标准化的控制要求较高，而且容易带有主观性。计算机自动搜集关键词则有可能造成对内容理解的偏差，描述不够深入和直观，尤其是在同义词和多义词的处理上往往缺乏有效的识别手段。因此对于文本数据的内容描述可以采用人工标注和自动提取关键词等描述元数据，或建立全文索引相结合的方法，以提高准确性和客观性。

无论是人工著录还是计算机自动提取描述元数据，对文本数据内容描述的准确性有赖于著录项目，即内容描述元数据项的全面性和准确性。目前已有的针对文本类型数据的不同元数据标准，其内容描述核心元数据项也各有不同，不同的使用者可以根据应用和检索需要在这些标准的基础上加以拓展或精简。

2．图像数据

图像数据的内容描述相对比较简单，因为形状是它唯一重要的特征。图像数据的形状可以分解为点、线、面等基本图像元素，可根据面积、周长、离心率、主轴方向等特征描述来揭示图像的形状、大小和位置，形成元数据项，并以此创建索引，实现基于内容的检索。

对图像内容的描述，早期主要人工添加与图像内容相关的文本标注，不过这种方法除了存在主观性大、准确率低和工作量大的弊端外，还导致难以实现图像外观的相似性检索。目前基于内容的图像检索技术可根据内容特征实现图像数据的查询。无论是人工著录还是系统自动采集，图像内容描述元数据应该能够准确、全面地反映出图像的内容特征，具体应包括：（1）图像创建信息；（2）图像的颜色、纹理、形状等原始特征；（3）物体的布局、摆放形式；（4）对图像表现事件的描述；（5）特定的人、地点、事件；（6）与图像相关的主观感情。

在图像数据内容特征的描述中，应用比较普遍的特征包括颜色、纹理、形状以及对象空间关系等。颜色具有大小、方向、位置不变性的特征，是描述图像内容的最直接，也是最有效的视觉特征之一。对颜色特征的分析和提取可以通过统计图像中每种颜色的像素数目，来建立颜色直方图，也可以用颜色矩、颜色集和主色调等特征加以描述；纹理是指图像像素灰度集或颜色的某种规律性的变化，即图像中局部不规则而整体有规律的特性，可以采用粗糙度、对比度和方向性这三个值组成的分量来表示。图像数据中的形状或者轮廓（即某目标的边缘）描述和图形数据大致相同，主要通过矩来描述。还可以通过加入如运动特征及物体之间的空间关系等进一步的扩展，形成相应的内容描述元数据。

图像的颜色、纹理和形状等特征属于低层特征，虽然具有很强的客观性，并不能完全真实地反映出图像数据所要表达的含义，所以在内容描述上还要结合图像的高层语义特征，目前主要通过人工标注加以实现。因此，图像内容描述最有效的方法是人工标注和内容特征的自动提取相结合方式。

在描述图形、图像内容基本信息和主题时，可以参考文本元数据标准的描述元数据项，如 DC 标准。在描述特有的内容特征，即颜色、纹理、形状等原始特征时，可以参考 MOA2 和 CDL 等图像元数据标准，这些标准在图像的内容描述方面非常专业和详细。

3．模型数据

三维模型及其组成的三维场景能提供比二维图像更多、更丰富的视觉感知细节，除了具有形状特征以外，纹理、材质和空间关系也是三维模型必不可少的属性。因此其检索更复杂，更具有挑战性。实现基于内容的三维模型检索，首先在元数据录入时需要系统地从模型数据（如形状、空间关系、材质的颜色及纹理等）中自动计算并提取三维模型的特征，并建立三维模型的信息索引，然后在特征空间中计算待查询模型与目标模型之间的相似度，实现对三维模型库的浏览和检索。由于绝大多数的三维模型是用于可视计算，因此表达三维模型的数据中往往只包含该模型的几何属性（顶点坐标、形状分布、主轴方向等）和外观属性（顶点颜色、纹理、贴图等），很少有适合自动匹配的高级语义特征的描述。因此，当前三维模型内容描述最有效的方法是以人工标注为主、内容特征为辅的方式。

4．音频数据

与文本、图像数据不同，音频数据是基于听觉而非基于视觉的，而且具有时间依赖性，因此对音频数据的描述具有更大的难度。运用主题标引的方法来揭示音频数据属性和内容描述，同样具有工作量大、主观性强和准确率低的缺点，而且人对音频的感知，如音乐的旋律、音调、音质等，难以用文字注释表达清楚。

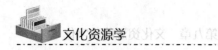

音频数据的内容可以通过三个级别的特征来进行描述：最低层的物理特征级、中间层的声学特征级和最高层的语义级。物理特征级包括采样率、时间刻度、格式、编码等内容相关的物理特征；声学特征主要包括人的听觉特征，主要有音调、音高、音长、带宽和清晰度等，另外，还有一些专业性的用于语音识别或检测，或者表现音频的时空结构的声学特征；语义级是音频内容的概念级描述，如旋律、主题特征等，是对音乐旋律和叙事的说明以及音频对象和概念的描述。物理级描述的针对性较小，而声学特征级的描述对普通用户而言又可能过于专业，相比而言，语义级描述更贴近自然语言，易于理解，往往是用户用于判断所需音频的最直接依据。

前两个级别的特征都可以由处理系统或者相关软件根据算法自动分析并提取，例如，音调的描述可以通过一系列较短时间段音频信号的傅里叶频谱来计算。而语义级特征的提取一般仍需要辅之以人工标注。音频数据中的语音具有字词、语法等语素，语音经过识别可以转换为文本，作为语音的一种脚本形式，从而自动生产基于内容的关键词索引，不过，即使目前的自动语音识别技术已经使音频检索可以达到语义级，可以自动识别出音频流中的词语，但是要准确全面地反映出音频内容所表达的抽象意义，还是需要人为地干预，通过人工理解并加以描述，这样才能既保证内容描述的客观性，又提高特征揭示的准确性。

在音频数据内容描述元数据的研究方面，国内图书馆界已有较完整的音频内容描述标准，如我国数字图书馆标准规范建设项目中，专门数字对象描述元数据规范子项目就形成了音频资料描述元数据规范，详细介绍了元素、定义和结构等，对音频数据的内容描述有较高的参考价值。

5．视频数据

视频数据在视觉上与图像检索有相同点，但它同时也是时间依赖的，因此对它的某些处理既可以借鉴图像内容分析的方法，也可以借鉴音频数据的处理方法。

视频可用场景、镜头和帧来描述。帧是一幅静态图像，是组成视频的最小单位；镜头是由一系列帧组成的一段视频，描绘同一场景，表示的是一个摄像机的移动操作、一个事件或连续的动作，一个镜头由一个或多个关键帧表示；场景包含多个镜头，针对同一批对象，拍摄的角度不同，表达的含义不同。完整的视频是由一个或多个镜头组成。

描述视频内容前，需要对整个视频按时间进行镜头或者场景分割，以形成具有特定对象或者运动的视频片断，然后对每一个片断选取关键帧加以描述。关键帧是指可以代表一组特定镜头内容的图像，它的选取可以通过分析和比较不同镜头中颜色或者对象运动的变化特征来获得，通过分析视频内容随时间运动的变化可以确定所需关键帧的数目，并按照一定的规则为镜头抽取关键帧，并按时间顺序加以排列。

关键帧可参照静态图像的描述方式来描述内容，例如，运用直方图法提取关键帧的颜色、形状、纹理等特征元数据，以对关键帧加以描述。由于它是一组特定镜头或者场景的代表性描述，用户往往可以根据它的内容描述大致获得经分割的某段视频内容的信息。由于视频还具有动态特征，关键帧在描述连贯运动的变化特征方面可能会不够全面，所以还需要对视频动态特征进行描述，例如，镜头的运动变化、运动目标的大小变化、视频目标的运动轨迹等。在描述时要加入相应的时间信息，对整个镜头的视频序列进行分析。

三、民族文化资源建库规范

民族文化资源库合理规范资源后，还需要基于该底层数据库设计开发基于 Web 的分布式应用系统，使得丰富的民族文化资源可以依照远程客户机的特定访问请求实时生成动态主页，传送到客户端浏览器显示，实现资源的网上发布。为了满足设计要求，系统体系模块结构必须遵循一定的设计规范，以统一开发者的行为。

民族文化资源库系统应包含两大模块：资源管理模块（资源分类、资源描述上载、资源审核发布、资源检索等）和系统后台管理模块（元数据管理、系统配置管理等）。图 9-15 表示了各模块的系统架构。根据功能不同，可将用户分为管理员、审核员、用户等角色。由于系统是基于 Web 的架构，客户端只需安装浏览器即可使用（具体资源可能需要第三方软件），管理员、审核员和普通用户以不同身份登录，普通用户主要是最终用户，包含的主要功能有资源的检索、使用、下载和上传，查看修改用户信息页面、个人资源库的管理；审核员主要是现有资源系统的管理员，主要负责各资源系统内容的审核，为合格的资源编制检索信息；管理员负责整个系统的管理和维护，包括元数据管理、用户管理、数据库管理等。

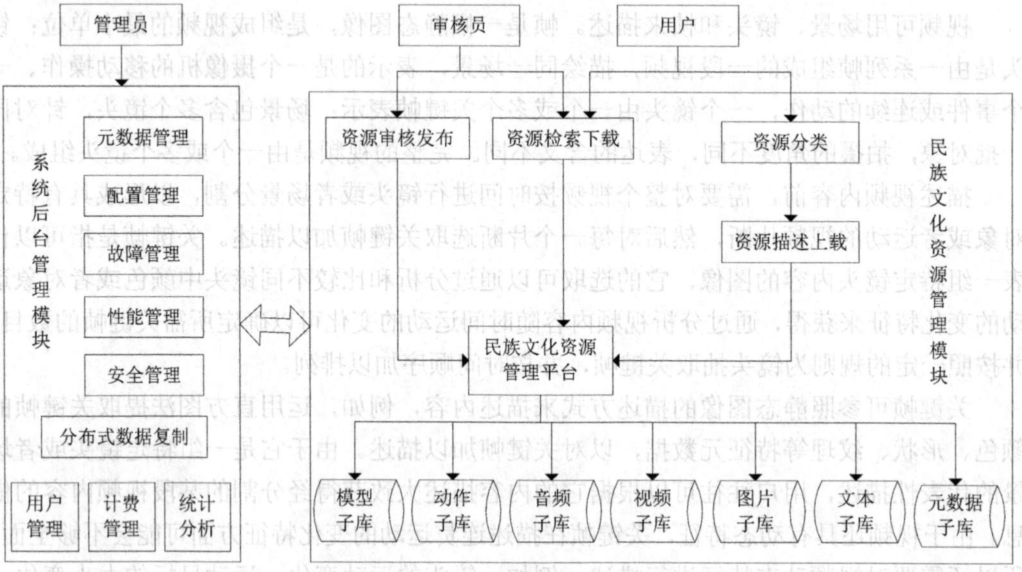

图 9-15　系统模块架构

（一）民族文化资源管理模块

民族文化资源管理模块应能将多种形态的资源按层次组织起来，并提供一个高效、易用的应用平台，需要包含以下功能。

1．资源分类

资源分类是民族文化资源入库的第一步，首先确定资源属于哪个数据库（图片库、视频库、模型库等）；再选择属于哪一个分类项目（交通工具、兵器、货币等），如图 9-16 所示。该分类不仅是资源合理组织入库的窗口，也是资源的展示窗口，不仅面向资源贡献者，也面向资源浏览者。通过分类项，浏览者在数据库中可快速地搜索所包含的数据资料，如单击图片库，可以查看所有已录入资源库的相关图片信息。而单击具体分类项目，如兵器，则所有与兵器相关的资料都会显示出来。

2．资源的描述上载

民族文化资源库系统应具备远程描述与提交资源的功能，并保证上载的安全性、稳定性和保密性。

图 9-17 表示该部分的具体流程，通过分类树对资源分类后，需要对其进行元数据标注，这里的元数据标注主要指标注民族文化资源的文本信息，包括资源贡献者、关键词、资源作者、素材格式、素材时间范围、地域特色等内容；资源标注完成后，则将通过系统检测合格的资源上载，上载功能允许特定用户通过网络将素材上载到临时资源库，当

通过审查人员的修订和审核后再添加到具体资源库中，图 9-18 为标注资源元数据的显示页面，根据资源所选择的分类不同，相应的元数据标注字段也会不尽相同。

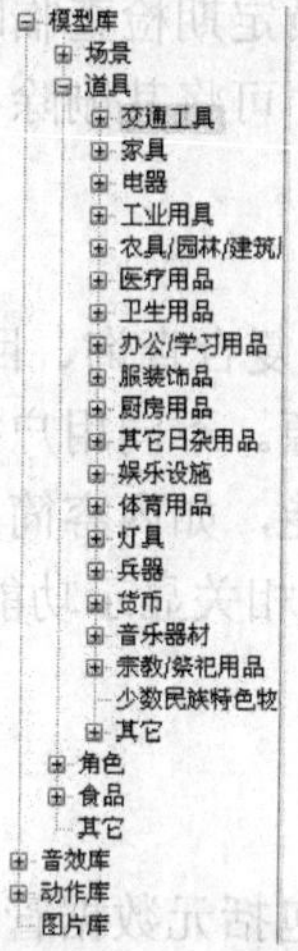

图 9-16　资源分类

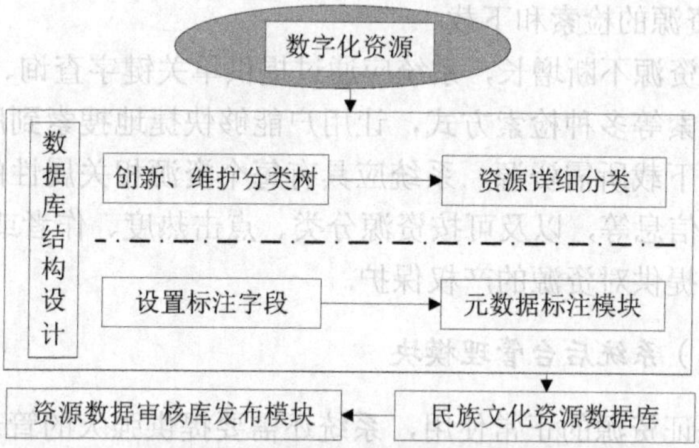

图 9-17　资源描述发布具体流程

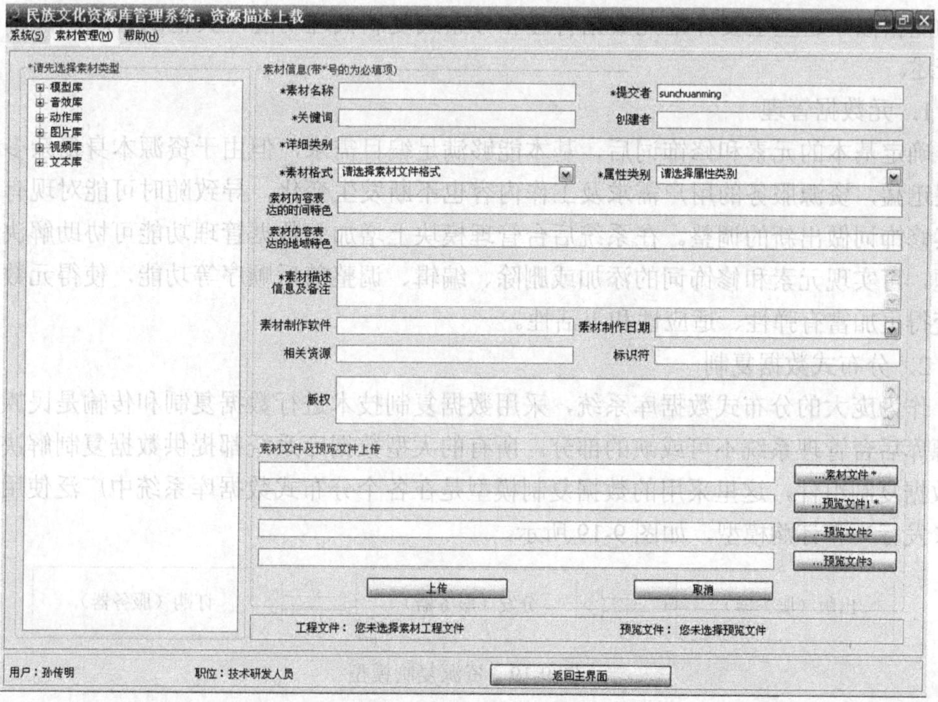

图 9-18　资源元数据标注

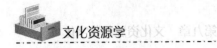

3．资源的审核和发布

任何新上载的资源都需要经过严格审核后才能正式进入资源库，系统可支持审核人员对资源进行远程评审，完成对资源的审核和发布工作。审核人员定期检查临时资源库中的新资源，根据评价标准对资源进行审核，对于不合格的资源，可将其删除；对于通过审核的资源，可分门别类地转入到正式资源库，再完成资源发布。

4．资源的检索和下载

库中资源不断增长，系统应通过提供单关键字查询、多关键字复合查询、目录检索、元数据检索等多种检索方式，让用户能够快捷地搜索到所需的资源。不同用户按系统设定的权限下载所需资源。系统应具有每个资源相关属性的显示功能，如内容简介、关键字、作者信息等，以及可按资源分类、点击热度、作者或关键词的相关显示功能。另外，系统还应提供对资源的产权保护。

（二）系统后台管理模块

为保证资源的正常使用，系统还需要提供强大的管理功能，包括元数据管理、统计分析、用户管理、权限管理、计费管理等。由于这些功能与普通的电子商务网站管理系统功能相似，这里主要介绍元数据管理和分布式复制代理功能，其他的管理功能不再一一赘述。

1．元数据管理

确定基本的元素和修饰词后，基本能够满足编目需求，但由于资源本身复杂多样、发展迅猛，资源服务的用户需求及工作内容也不断发生变化，导致随时可能对现有元素及其修饰词做出新的调整。在系统后台管理模块上增加元数据管理功能可协助解决这一问题，可实现元素和修饰词的添加或删除、编辑、调整前后顺序等功能，使得元数据规范变得更加富有弹性、适应性和灵活性。

2．分布式数据复制

作为庞大的分布式数据库系统，采用数据复制技术进行数据复制和传输是民族文化资源库后台管理系统不可或缺的部分。所有的大型数据库系统都提供数据复制解决方案和数据复制组件，这里采用的数据复制模型是在各个分布式数据库系统中广泛使用的出版（发行）和订购模型，如图 9-19 所示。

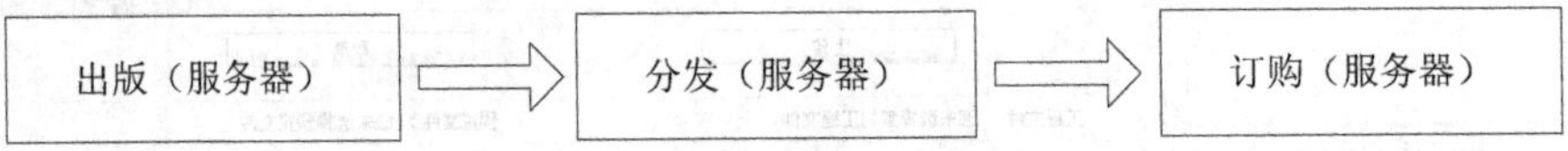

图 9-19　资源复制模型

图 9-19 中出版是向其他数据库服务器（订购者）发行（复制）数据，即提供数据供

订阅者复制；订购是从其他服务器（出版者）接受复制数据；分发是将从出版者传递来的有关复制内容传送给相应的订购者的服务器，并负责维护分发数据库。有的数据库系统把类似的角色称为传播者。

总之，民族文化内容资源管理部分和后台管理部分保证了系统正常运行，通过该系统实现民族文化资源统一管理，方便用户的使用，避免资源重复投资建设。

第三节　数字文化资源的共享与管理

文化资源的数字化建设过程中普遍存在着低水平重复建设、共享程度低的情况，通过有效组织和规范化描述资源，构建民族文化资源网格，建立资源服务管理平台，通过资源注册、发布、检索和访问等服务，实现对各类资源有效地管理和利用。

一、数字化民族文化资源注册管理

随着民族文化资源信息化建设的不断发展，资源总量不断增加，质量逐步提高，加强文化资源开发利用的需求越发凸显。但是，当前各个部门、单位的资源信息化系统自建、自用、自管的状态，导致了资源的开发利用的诸多困难，表现在：信息资源发现、获取、共享交换缺乏统一、有效的支持保障管理体系，信息资源整合、综合利用和增益开发困难，信息资源全局管理难以实现。服务注册机制是对集成系统里定义的信息及其编码、转换、应用等的规范进行发布、登记和检索的系统①，它是限制扩展性、影响查询性能和容错性的重要因素。因此，设计合理有效的注册机制是实现数字化民族文化资源信息共享的一种有效手段。

我国拥有文化资源的部门和单位繁多，要用一个资源注册系统来统一管理所有的文化资源是非常困难的，一个解决办法就是建立分布式的资源注册管理中心，在此基础上实现对所有文化资源的有效管理。建立分布式文化资源注册管理中心有多种网络模型可供选择，下面将讨论这些模型。

（一）层次模型

层次结构的网络模型如图 9-20 所示。层次结构的网络模型中资源注册管理中心之间

① 章汉武，桂志鹏，吴华意．网格环境下空间信息服务注册中心的设计与实现[J]．武汉大学学报（信息科学版），2008（5）．

存在父子关系，每个父注册管理中心存在多个子注册管理中心，在层次结构的顶部有一个根注册管理中心。

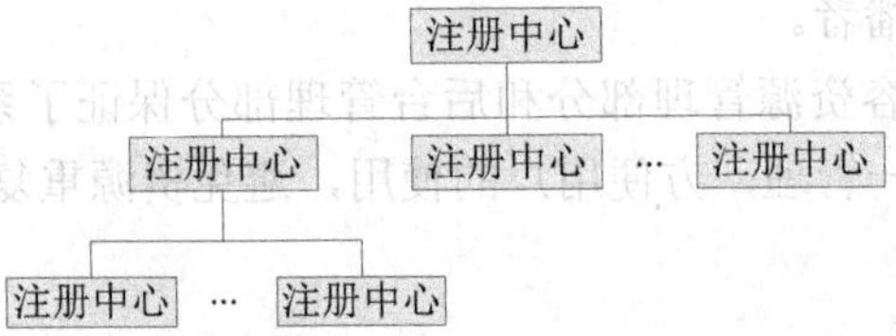

图 9-20 层次模型

一般来说，在层次模型中的父注册管理中心一般处理比较通用的文化资源，而子注册中心处理比较专用的文化资源（如古建筑资源）。因此，资源的拥有者一般将所拥有的资源元数据注册到特定的注册管理中心，而资源的使用者一般可以在一个注册中心查询到在本中心及其子注册中心注册的资源元数据。子注册中心所遵循的元数据规范一般由父注册中心的元数据规范扩展而来。根据元数据存储和访问策略的不同，层次模型又可分为以下两种。

1．元数据集中管理的层次模型

在这种结构中，层次结构的顶部有一个根注册管理中心，而所有资源的元数据都保存在一个集中的数据库中。层次结构中的所有注册管理中心在注册和查询时都要与这个数据库交互才能完成操作。

元数据集中管理的层次模型中，注册员在注册中心注册资源元数据时，注册中心都将元数据信息传送到中心数据库保存；而当用户在注册中心查询资源时，注册中心都从中心数据库得到元数据返回给用户。

这种结构的优点是：对所有元数据进行集中管理，有利于资源在一个统一的平台上共享；消除多个平台中会出现的异构现象；对子资源注册管理中心需要较少的投资就能完成；容易扩展，要建立一个子注册管理中心变得很容易。其缺点是：根注册中心需要很大的投入；根注册中心的负载过重；元数据集中存储，对元数据的安全要求增加。

2．元数据分布式管理的层次模型

在这种结构中，资源的元数据保存在每个资源注册管理中心（如古建筑资源注册管理中心），每个注册中心负责管理在本中心注册的资源元数据。元数据分布式管理的层次模型中，在注册本中心的古建筑资源元数据库时，总是将元数据保存在本中心的数据库中；当要在古建筑资源注册中心查询资源时，为了得到本中心及其子注册中心中的古建筑资源元数据，此时父注册中心采用一种“收集”的过程从子注册中心得到该中心的古建筑资源的元数据，并连同本中心的古建筑资源元数据一起返回给查询用户。

这种结构的优点是：每个注册中心管理在本中心注册的资源元数据，各注册中心负载平衡；每个注册管理中心建设比较容易，不需要有父注册中心就可以直接建立自己的注册中心，在需要隶属关系时再建立隶属关系；扩展容易，每个注册管理中心结构大致相同，结构代码模块都能直接移植。其缺点是：每个注册中心都需要较大的人力与设备投入；在建设晚期存在一些问题。

（二）网状模型

网状结构的网络模型如图 9-21 所示。网状结构中的每个注册管理中心在整个网络模型中是对等的关系。根据元数据存储策略的不同，又可分为以下两种。

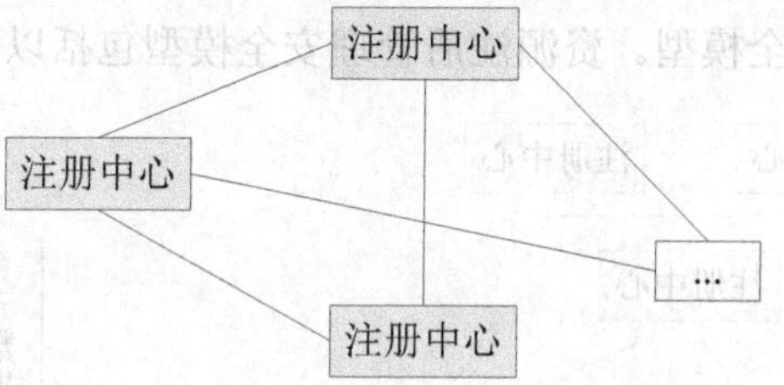

图 9-21　网状模型

1．元数据同步协调的网状结构

这种结构中每个节点注册管理中心都有自己的数据库来保存本中心的资源元数据，此外，还保存其他所有注册中心注册的元数据，所有注册中心中的元数据通过一种机制来保持同步一致。在每个注册管理中心查询到的资源元数据是一样的，但只能在元数据注册的注册管理中心进行元数据的修改等管理工作，其他注册中心只有查询的权限。

这种结构的优点是：对用户方便，每个注册管理中心都能进行查询、注册工作；元数据维护比较方便。其缺点是：每个注册管理中心投资较大；不易扩展，在扩展时要涉及与所有的注册管理中心的元数据同步一致；每个注册中心结构相对复杂。

2．元数据分布管理的网状结构

这种网状结构中每个节点注册管理中心只保存本中心中注册的资源元数据。只有在查询阶段时，本中心向其他注册管理中心发出查询请求，其他注册管理中心返回查询结果给用户。

这种结构的优点是：和元数据同步协调的网状结构相比，每个注册管理中心结构要简单；实现相对容易；易扩展，扩展时只需考虑在查询请求时发送请求给其他注册管理中心，只需进行简单的配置就可以了。其缺点是：在查询时造成很大的网络流量，查询效率较低。

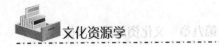

（三）网状层次模型

网状层次结构的模型如图 9-22 所示，这种结构中存在一些注册管理中心的主要节点，在这些节点中形成一个网状结构，而在所有这些主节点的下面都有程度不同的层次结构。而这些主节点都是它们所在层次结构的根节点。这种结构结合了网状结构和层次结构的特点。而根据元数据存储方案的不同，又可以有多种不同的结构，总共有 2×2=4 种结构。

（四）资源注册管理的安全模型

资源注册管理的安全模型是指在利用资源注册管理系统进行管理中所涉及的安全问题。图 9-23 表示了该安全模型。资源注册管理安全模型包括以下三个方面。

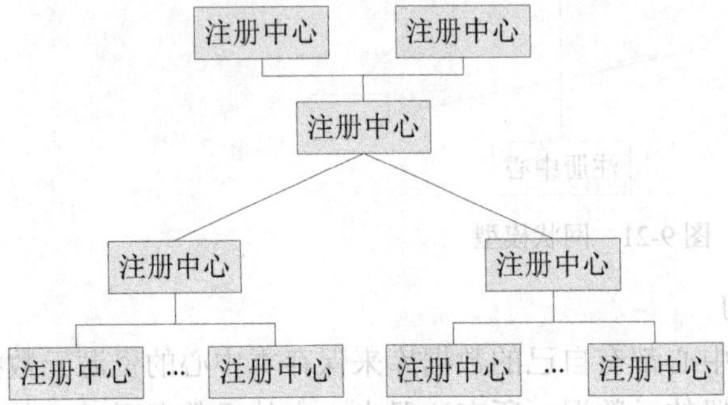

图 9-22　网状层次模型

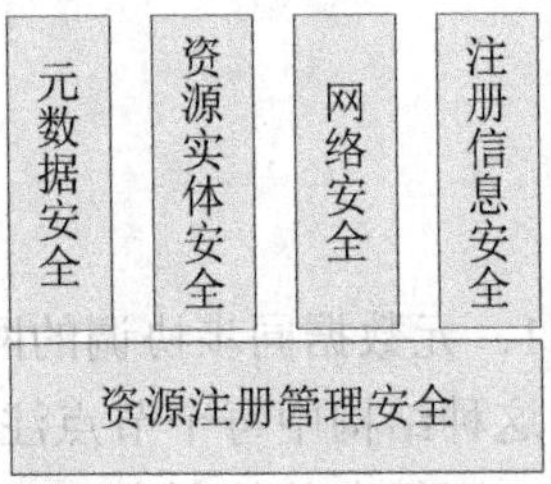

图 9-23　安全模型体系

1．元数据安全

元数据安全是指在资源注册管理中心中实现对注册资源的元数据的安全访问，包括对元数据的提交、修改、更新、查询等方面的安全操作，以及元数据存储方面的安全问题。其中最核心的问题是对元数据的安全访问，通常采用角色控制访问策略，即通过给访问用户分配一个相应的角色，就能访问相应权限的元数据。基于角色的安全访问策略是目前最合适的，也是较易实现的安全访问策略。

2．资源实体安全

资源实体安全与资源提供方相关，与注册管理中心关系不大。资源实体的提供方应该设计自己的安全访问控制策略，以防止资源的非法访问、资源泄漏问题的发生。

3．网络安全

网络安全涉及元数据的安全访问及资源实体的安全访问，属于一个技术问题。在资源注册管理中的网络安全为了符合资源管理的安全要求，应该采用资源管理方面的网络安全标准和技术规范。

二、数字化民族文化资源目录存储结构模型

（一）资源层次目录存储结构模型

为了实现对数字化文化资源的描述、组织、定位、变更以及资源的透明访问，对文化资源构成特征建立参考模型是一个较好的方法。本文将以中国古兵器为例，在参考关系数据库数据抽象层次的基础上，构建中国古兵器资源空间目录存储结构模型。

关系数据库数据抽象的主要原理是通过物理层、逻辑层、视图层来对用户隐藏数据组织、检索具体实现的复杂性，同时也增强了物理数据的独立性。文化资源空间模型是以中国古兵器为代表的文化资源空间进行抽象描述的一般性理论模型。该模型将文化资源空间分为物理、虚拟和逻辑三个资源层，可解决资源的全生命周期所面临的问题（包括组织、部署、发现、使用、更新、凋亡）以及底层管理提供支持。

文化资源需要对分布在广域网环境中的信息资源进行抽象描述，以更好地支持文化应用对资源访问的透明性目标。因此，信息资源空间模型也应该分为三个层次，分别从信息资源的物理特性、逻辑特性、用户使用特性进行不同层次的抽象，如图 9-24 所示。

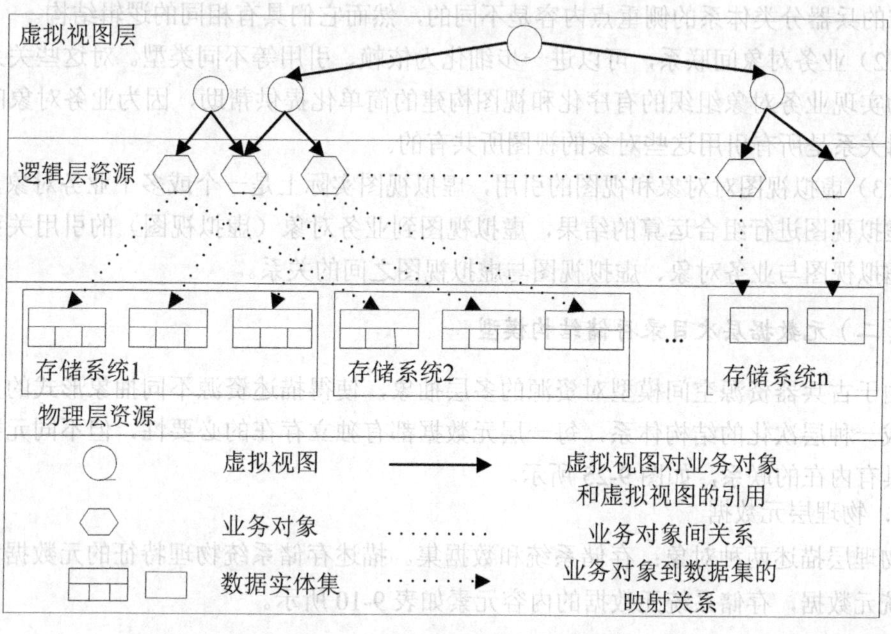

图 9-24　文化资源抽象层次及映射关系

物理层建模的主要对象是网络中产生、保存和管理信息的存储系统，如专用的中国古兵器数据库管理系统、古兵器资源应用系统、资源文件系统、古兵器资源共享与管理 Web 系统等，以及资源存储系统中提供信息的兵器资源图像、视频和三维模型等各种数据实体的集合。

在物理层的基础上抽象出逻辑层资源，按照业务领域的规范和需要对数据实体的逻辑特征和不同数据实体间的逻辑关系进行抽象。古兵器资源采用对象模型对各种不同形式的数据实体（图像、视频和三维模型等）进行基于本体的知识建模，因此，将数据实体在逻辑层的抽象形式称为业务对象。

对于特定用户而言，他们只关心整个信息中的一部分内容，并且大多数情况下是经过组合加工的内容，因此逻辑层的内容对于他们而言仍然显得复杂而没有针对性。古兵器资源虚拟视图层的形成正是为了解决这一问题，为最终用户提供更为有效的组合信息。

为了保证访问过程中信息资源不同抽象层次之间映射和转换的正确性，古兵器资源空间模型需要对三个抽象层中不同对象间的关系进行描述，这些关系包括以下几种。

（1）业务对象到数据集的映射，实际应用环境中相同逻辑特性的数据集可能提供不同的信息内容，由于逻辑层主要关注对象的逻辑结构和逻辑关系，因此在逻辑层中只要具有相同逻辑结构的数据集都被抽象成为相同的业务对象。例如，不同的古兵器研究机构发布的兵器分类体系的侧重点内容是不同的，然而它们具有相同的逻辑结构。

（2）业务对象间联系，可以进一步细化为依赖、引用等不同类型。对这些关系的支持将为实现业务对象组织的有序化和视图构建的简单化提供帮助，因为业务对象间内在的逻辑关系是所有引用这些对象的视图所共有的。

（3）虚拟视图对对象和视图的引用，虚拟视图实际上是一个或多个业务对象，或者多个虚拟视图进行组合运算的结果，虚拟视图到业务对象（虚拟视图）的引用关系就是描述虚拟视图与业务对象、虚拟视图与虚拟视图之间的关系。

（二）元数据层次目录存储结构模型

由于古兵器资源空间模型对资源的多层抽象，使得描述资源不同抽象形式的元数据也形成一种层次化的结构体系，每一层元数据都有独立存在的必要性，但不同元数据之间又具有内在的联系，如图 9-25 所示。

1．物理层元数据

物理层描述两种对象：存储系统和数据集。描述存储系统物理特征的元数据称为存储系统元数据，存储系统元数据的内容元素如表 9-10 所示。

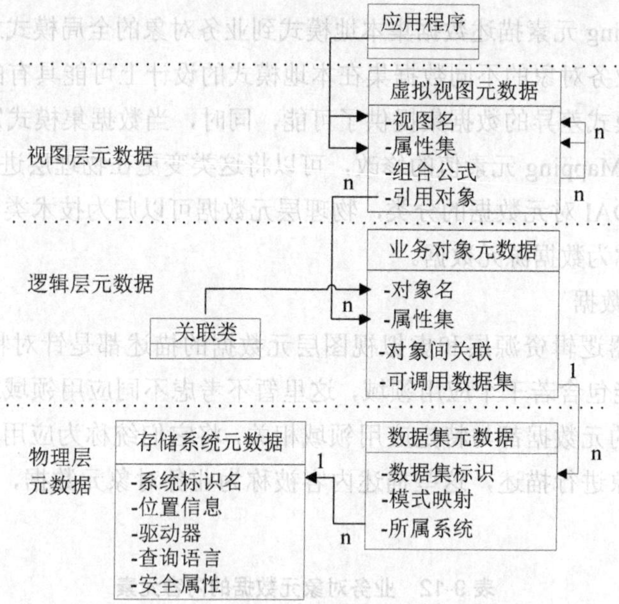

图 9-25 资源元数据的层次化结构模型

表 9-10 存储系统元数据的内容元素

元　素	名　称	说　明
Identifier	系统标识	存储系统的唯一标识
Location	位置	存储系统所在位置信息
Driver	驱动器	访问存储系统需要的驱动器，包括存储系统支持的访问接口类型或协议类型（如 JDBC、HTTP、SOAP 等）和执行查询需要的驱动程序
Language	查询语言	存储系统支持的查询语言

描述存储系统发布的数据集的元数据称为数据集元数据，由表 9-11 表示的三个内容元素组成。

表 9-11 三个内容元素组成

元　素	名　称	说　明
Identifier	数据集标识	是数据集在所属存储系统中的唯一标识，另由于存储系统在资源物理层中也具有唯一性，这样通过“存储系统标识$数据集标识”可以唯一确定网格中特定数据集
Schema Mapping	模式映射	*
Belong To	所属系统	与存储系统的所属关系

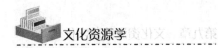

Schema Mapping 元素描述数据集本地模式到业务对象的全局模式之间的对应关系，由于映射到相同业务对象的不同数据集在本地模式的设计上可能具有的差异，它为支持透明的访问具有模式差异的数据集提供了可能，同时，当数据集模式发生变化时，通过对数据集 Schema Mapping 元素值的修改，可以将这类变更在物理层进行屏蔽。

按照 OGSA-DAI 对元数据的分类，物理层元数据可以归为技术类元数据，同时也将物理层元数据统称为数据源元数据。

2．逻辑层元数据

下面对古兵器逻辑资源层和虚拟视图层元数据的描述都是针对特定应用领域来进行的，资源中可能包含若干个应用领域，这里暂不考虑不同应用领域之间的关系，由于逻辑层和视图层的元数据都与特定应用领域相关，将它们统称为应用领域元数据。逻辑层需要对业务对象进行描述，这些描述内容被称为业务对象元数据，表 9-12 表示了它的元素。

表 9-12　业务对象元数据的内容元素

元　　素	名　　称	说　　明
Identifier	系统标识	存储系统的唯一标识
Location	位置	存储系统所在位置信息
Driver	驱动器	访问存储系统需要的驱动器，包括存储系统支持的访问接口类型或协议类型（如 JDBC、HTTP、SOAP 等）以及执行查询所需要的驱动程序
Language	查询语言	存储系统支持的查询语言

3．视图层元数据

视图层的元数据主要是描述虚拟视图外部特征和组合公式的视图元数据，包含的元素如表 9-13 所示。虚拟视图的组合公式记录了形成视图的运算表达式，主要支持关系代数的各种基本操作，并且规定只有视图及其引用的业务对象可以出现在组合公式中，不支持递归引用，这样可以保证虚拟视图分解的确定性。

表 9-13　虚拟视图元数据的内容元素

元　素	名　称	说　　明
Name	视图名称	所描述的虚拟视图名
Attributes	属性集	用户可见的属性集合
Referring	引用对象	对业务对象或其他视图的引用关系

（三）民族文化资源目录存储系统功能设计

目录存储系统的详细功能包括发布、查询、资源定位链接、维护（日志分析、服务监控、用户反馈）及权限管理等。

1．发布

发布是管理者根据各分类的编目规则为入库的各种古兵器资源进行分类，发布最新入库的古兵器元数据并通过目录存储系统根据目录存储的要求，从古兵器资源元数据库中导出注册成功的，如打兵器、长兵器、远射兵器等古兵器资源的层级目录信息，生成资源目录条目，并导入到古兵器资源目录库中，供用户访问。

2．查询

查询是目录存储系统通过 HTTP 或者消息访问接口提供用户查询目录信息的功能。目录查询支持用户按照分类、单项条件和组合条件三种方式进行。除此之外，还可以按古兵器资源的主题词、元数据等联想查询、快速定位、下载公开目录、查询资源在各个分类中的目录位置、下载结果列表。

3．资源定位链接

资源定位链接是对资源目录条目中包含的获取资源的信息进行链接或访问。如果古兵器资源是在网上（外网或内网）发布的信息，目录存储系统提供访问这些资源的 URL 链接；如果资源所属的部门还没有提供在线访问或交换服务的方式，用户可以通过目录条目中的资源负责单位信息和资源的使用限制信息，离线方式获取资源。

4．维护

维护包括目录结构树和目录条目信息的维护。当古兵器资源的分类体系发生变化时，资源的目录存储系统要调整目录结构。当古兵器资源条目信息需要修改、删除、添加和更新时，目录存储系统支持管理员通过后台实现这些操作，如图 9-26 所示，管理员可以在中国古代兵器类别下添加、修改或删除具体子类目录。除了对目录结构和内容的维护以外，目录系统还应该提供辅助的系统功能，主要包括以下三点。

（1）日志分析：根据各个古兵器的元数据查询日志，统计访问中心网站的次数，统计不同古兵器资源元数据的查询次数。

（2）服务监控：监控目录存储器、网站的运行。

（3）用户反馈：管理用户的反馈意见，并和提供者进行协调、扩展目录存储系统的古兵器分类编目方案，根据不同的应用需求提供多个资源目录索引，并根据用户的特点提供个性化目录存储。

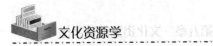

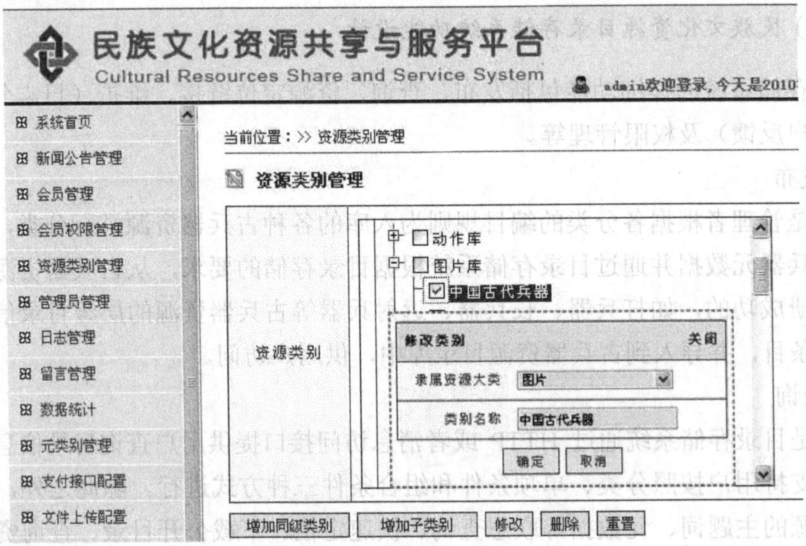

图 9-26　资源目录维护

5．权限管理

给不同的用户分配不同的访问权限，以保证用户可以正确地访问古兵器资源目录信息，并且保护目录系统目录信息的安全。根据用户的划分和目录存储系统安全管理的需求，把用户分为以下三类。

（1）第一类是公共用户，可以访问公共的古兵器资源目录信息。

（2）第二类是古兵器资源系统用户，可以访问公共的资源目录信息和有限的交换资源目录信息。

（3）第三类是古兵器资源目录存储系统管理者，负责对目录存储系统的管理、目录信息的更新和维护等工作。在这三个角色中分别设定几类权限等级，此权限等级对应资源的六大安全等级（全社会、本单位、限制、秘密、机密、绝密）。用户在使用目录存储系统时，系统会根据用户的权限确定用户可以执行的操作和过滤，阻止用户的非法操作，并且会根据用户的权限和目录条目中资源保密属性过滤用户执行目录查询的结果。

（四）民族文化资源目录存储系统实现

系统是建立在以 Internet 为核心、以 Web 技术为基础的 B/S 集成环境之上的应用系统。以网络环境为支撑，通过开发工具建立一个开放式古兵器资源层级目录查询和浏览平台。

系统由三个逻辑层组成：数据层、业务对象层、客户层。数据层位于系统底层，主要处理业务对象层对数据提出的请求和存储各类古兵器资源目录数据。业务对象层为系统的核心，处理如何访问资源数据以及如何将请求的数据分发到客户端。客户层向用户提供应用的接口，运行在 Web 浏览器环境下，通过系统提供的功能与后台数据库交互实现各项古兵器资源目录的查询和数据的维护。Web 服务接口提供用户通过消息实现目录存储，HTTP 接口提供用户直接通过浏览器查询和管理目录服务。HTTP 接口一般是目录体系中必须实现的，而消息访问接口可以根据各自的实际情况选择实现。在目录服务方式中，古兵器资源目录访问方式采用 Java+Tomcat 开发，目录服务器端部署 JavaEjean 和 Servlet 处理用户的请求和完成与目录库的交互，前台提供 JSP 页面作为 HTTP 接口，并提供用户访问古兵器资源目录服务的界面，如图 9-27 所示。

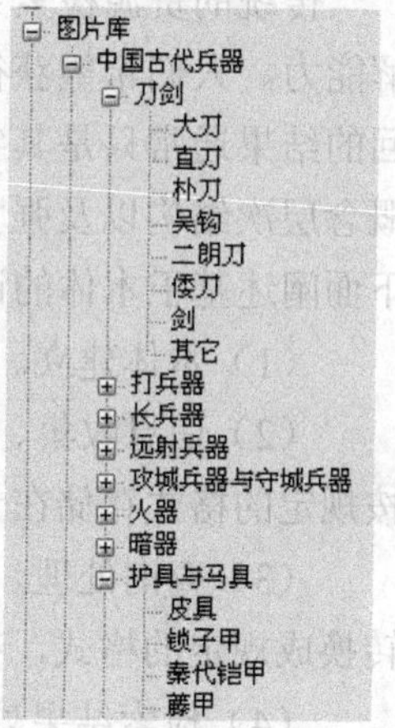

图 9-27 古兵器资源目录

三、数字化民族文化资源检索技术

（一）资源检索技术五类

随着民族文化资源库的不断建立、扩充及用户检索需求的不断变化，资源检索技术也随之不断发展。当前常用的资源检索技术可分为基于文本的资源检索技术、基于语义的资源检索技术和基于内容的资源检索技术。

1. 基于文本的资源检索技术

20 世纪 70 年代开始的信息资源检索研究是传统的文本信息检索技术，主要选取资源库中资源名称、作者、年代等媒体信息来索引图像，而忽略了资源本身所具有丰富的可视化内容信息。受传统的全文检索的启发，常用的基于文本的检索方法有通过“与”、“或”、“非”来表达用户检索需求的布尔逻辑检索；通过限制检索词之间的相对位置进行的位置检索；在检索词的适当位置进行截断的“截词检索”；限定检索词在数据库记录中的一个或几个字段范围内查找的字段限定检索等多种方法。但由于民族文化资源的类型与文本方式存在巨大差异，使得这种检索方式的效果不太理想。基于文本的资源检索中人工标注耗时、耗力的问题难以解决，标注信息的准确性也会影响检索结果。不同类型资源数量的规模、资源内容理解的差异等诸多问题，使得基于文本的资源检索不再成为检索技术的主流方式。

2．基于语义的资源检索技术

传统的资源检索系统无法理解资源内在的含义以及它们之间的联系，即缺乏语义理解能力。人们希望获得的资源通常与领域的知识结构有关，而通过关键字匹配的查询返回的结果通常只是其字面信息，与人们真正希望得到的资源相去甚远。本体具有良好的概念层次结构以及强大的逻辑推理支持，基于本体的语义检索技术是具有前景的方法。下面阐述基于本体的语义信息检索系统设计思路[①]，主要思想如下。

（1）本体建立。在领域专家的帮助下，建立相关领域的本体。

（2）信息收集、组织和存储。收集信息源中的数据，并参照已建立的本体，将数据按规定的格式存储在元数据库（关系数据库、知识库等）中。

（3）查询处理。从用户检索界面获取的查询请求，查询转换器按照本体把查询请求转换成规定的格式，在本体的帮助下从元数据库中匹配出符合条件的数据集合。

（4）检索结果处理。检索的结果经过定制处理后，返回给用户。

需要说明的是，如果检索系统不需要太强的推理能力，本体可用概念图的形式表示并存储，数据可以保存在一般关系数据库中，采用概念图匹配技术来完成信息检索。如果要求比较强的推理能力，一般需要用一种描述语言表示本体，数据保存在知识库中，采用描述语言的逻辑推理能力来完成信息检索。基于本体的语义检索系统一般设计框架如图 9-28 所示。

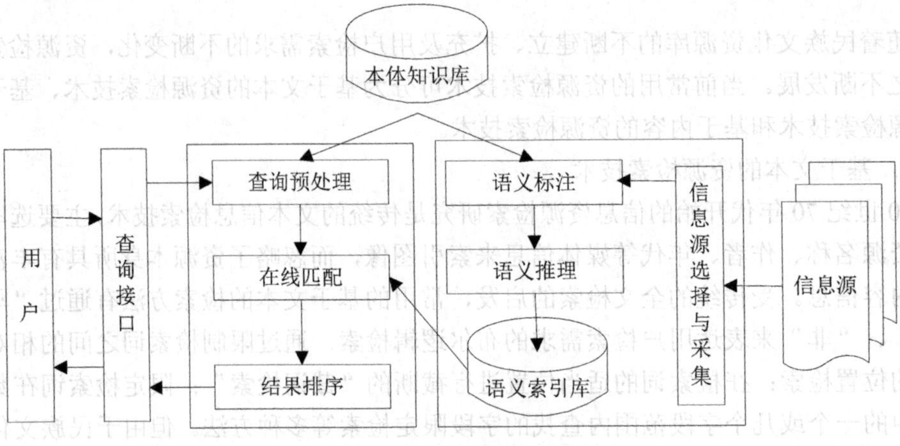

图 9-28　基于本体的语义检索框架

① 邓志鸿，唐世渭，张铭，等．Ontology 研究综述[J]．北京大学学报（自然科学版），2002（5）．

目前国内外基于本体的语义检索系统的研究已经取得很大进展，但总的来说，本体检索技术还处于研究阶段，很多成熟的方法都是直接基于本体的推理和检索方式。

3．基于内容的资源检索技术

基于内容的信息检索是指直接根据多媒体对象内容进行的各种特征检索，如图像特征有颜色、纹理和形状等；音频特征有音色、音调等；视频特征有视觉特征、颜色、纹理、形状及运动信息和对象信息等，它能从多媒体资源库中直接找到具有指定特征或含有特定内容的资源。基本过程是：首先对资源进行预处理，然后根据内容从资源中提取需要的特征存于数据库中。当对多媒体进行检索时，对于已知的资源抽取其相应的特征，然后在资源库中检索与其相似的资源，也可以相对于某一查询要求给出一些特征值，根据所给定的特征值在多媒体库中检索所要的资源。区别于传统的基于关键字的检索手段，它融合了多媒体内容理解、模式识别等技术，还需从认知科学、人工智能、数据库管理系统、人机交互、信息检索等领域引入新的媒体数据表示和数据模型，从而设计出可靠、有效的检索算法、系统结构以及友好的人机界面。基于内容的多媒体资源检索具有如下特点。

（1）直接从多媒体内容中提取信息线索。突破了传统的基于表达式检索的局限，直接对多媒体进行分析和抽取特征，利用这些特征来建立索引。

（2）媒体的内容检索实质上是一种近似匹配的技术。在数据库中，需使用模式识别方法对库中资源按不同索引特征分类。在检索过程中，采用某种相似性度量对库中的资源进行匹配，以获得查询结果。

（3）提取和索引的建立，可由计算机自动实现，既可避免人工描述的主观性，又大大减少工作量。

（4）整个过程是一个逐步逼近和相关反馈的过程。

基于内容的多媒体检索系统具有很强的交互能力，用户参与整个检索的过程，它是多媒体数据库的一个重要方面。交互性增加了用户表达查询、评价查询结果和基于这些评价进一步检索的能力，是一个闭反馈结构。

基于内容的检索模式主要依据多媒体的内容特征和主题对象特征（如图像的实际内容）来标引和检索。图9-29表示基于内容的多媒体资源检索的典型框架。整个框架可以分为两个部分：客户和服务器。服务器部分又可进一步划分为四块：多媒体数据库、对象分割与特征提取、内容描述及搜索引擎。基于内容的多媒体检索系统的目标是最大限度地减少多媒体资源简单底层特征和用户检索丰富语义之间的鸿沟[①]。

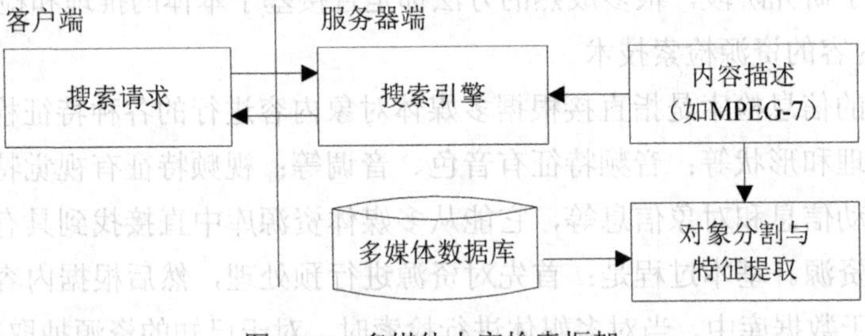

图 9-29　多媒体内容检索框架

（二）民族文化资源检索系统架构

为提高检索效率，进一步缩小语义鸿沟，民族文化资源库检索系统在设计上应考虑集成不同的检索模式。传统的基于关键字的检索技术虽然模式比较成熟，但由于缺少特定领域语义信息，因此在查准率和查全率上存在不足，检索结果存在大量冗余信息，检索的智能化程度不高[②]。以中国古典音乐的检索为例，用户对音频的感知，如古典音乐的旋律、音调、音质等，难以用文字注释表达清楚，而基于内容的音频检索可以在一定程度上解决这个问题。

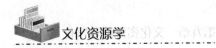

基于内容的民族文化资源检索是一种依据资源内容特征的相似性匹配，检索的智能化程度较高，但是表达检索需求的更广泛方式是自然语言或者是类自然语言。因此，对数字化文化资源底层特征的语义化不够和缺少有效的高层语义表达机制，从这个层面而言，它们之间还是存在一个断层，仅通过基于内容的检索并不能完全提高检索效率。

通过对文化资源内容进行语义标注，使得用户可以基于素材内容的语义进行检索，在资源检索时通过查询知识库实现知识的扩展以及资源内容语义的推理，然后自动重构查询检索请求进入资源库中进行检索。但是，基于语义的资源检索还处于研究阶段，其在信息的自动语义抽取、动态维护以及系统可扩展性方面仍然存在很大困难，进展缓慢。

借鉴不同检索模式的优缺点，民族文化资源检索系统的总体架构如图 9-30 所示。系统在检索界面提供三种检索接口：（1）关键词检索；（2）语义检索；（3）内容检索。此外，用户还可以根据需求进行组合检索。如采用基于资源内容和语义相结合的检

① 李勇．面向卡通动画素材的多媒体语义检索[D]．长沙：湖南师范大学，2008．

② 蔡怡峰．基于语义的构件检索系统研究与实现[D]．上海：复旦大学，2008．

索技术，不仅能提高信息检索的查准率和查全率，而且能提高信息共享和检索智能化的程度。在检索过程中，用户可以自由选择不同的检索方式输入查询条件，索引器根据不同的检索方式在不同的资源库中分别进行资源索引，最后选择相似性匹配程度最高的资源输出给用户。

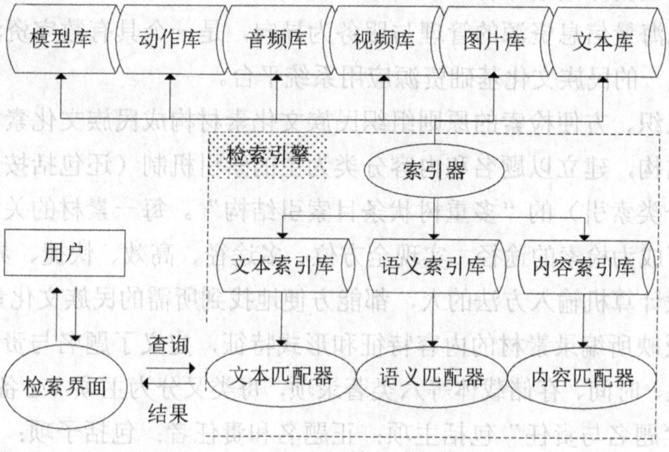

图 9-30　数字化文化资源库检索架构

四、数字化民族文化资源管理系统

资源管理系统是数字化文化资源管理系统中不可缺少的组成部分，它由被管对象和管理者构成。被管对象是在开放网络上的数字化文化资源，管理者是资源管理器及管理员，资源处在资源管理器与系统管理员的管理之下。资源管理系统能够调度和控制网络环境中的所有元素来满足网络应用与用户的各种需要。下面以中国古代戏曲数字化文化资源为例详细阐述数字化文化资源的管理。

这里以民族文化资源共享与服务系统的实现为例，说明对民族文化资源的分布式存储、集中注册、检索功能，资源分类体系可定制、资源存储内容可多重索引。该系统分为门户系统、集成管理系统和数据导入工具三部分。门户系统主要完成资源的简单与高级查询、最新资源、热门推荐、下载排行、资源交易等；集成管理系统为管理员提供资源的分类管理、通知发布、会员管理、权限管理、资源注册管理、统计功能、日志记录、资源定价、交易管理等；数据导入工具主要处理多家单位资源的异构数据，转换为符合本系统元数据标准的数据格式。

（一）民族文化资源元数据构建

根据民族文化的资源类型与用户需求，在网络模块上开发的数据库系统，实现了视频文件的定位检索、打包模块、帮助模块、表关联管理功能、字段的排序功能等，构建开发民族文化基础资源数据库管理及发布系统软件。这一软件系统以建设民族文化基础资源为对象，以海量信息资源的管理与服务为导向，是一个具有数字资源加工、整合、管理与服务的统一的民族文化基础资源应用系统平台。

按照有效组织、方便检索的原则组织民族文化素材构成民族文化素材库。其重点是采用多重树状结构，建立以题名和内容分类为主的索引机制（还包括按素材来源、原创姓名等交叉的分类索引）的“多重树状条目索引结构”。每一素材的关键词主项（乃至部分子项）都可成为检索的途径，实现全方位、多途径、高效、快捷、灵活的模糊检索，任何掌握了一般计算机输入方法的人，都能方便地找到所需的民族文化素材。

为能准确反映所编录素材的内容特征和形式特征，定义了题名与责任、内容、表现形式、访问权限、时间、存储载体等六类著录项，每类又分为主项（必备项）和子项（可选项）。例如“题名与责任”包括主项：正题名和责任者；包括子项：并列题名和副题名。本著录项用于顾名思义地寻找素材。

（二）民族文化资源分类导航与在线浏览

1．文化资源的分类导航

民族文化资源按照用户的关注度，将整个民族文化素材按其类型分为“模型库”、“音频库”、“动作库”、“图片库”、“视频库”和“文本库”等六大类资源的分类导航功能，总共设有三级分类，第三级分类显示下属资源数量，如图 9-31 所示。

2．资源在线浏览

查看资源的详细信息，可以在线浏览图片，收听音频和视频，书籍在线阅读。在资源详细浏览页面，登录用户可以对自己感兴趣的资源进行收藏下载等操作。对于不同类型的资源，浏览页面的功能有所差异。

（1）图片资源浏览。通过使用图片浏览控件，用户通过缩略图浏览更多图片信息，找到最感兴趣的内容，并通过大图展示出来，中央显示的大图在用户无操作的情况下，是以 5 秒的时间间隔切换显示的。用户根据权限的不同也可对图片进行下载，包括下载缩略图和下载原图等，如图 9-32 所示。

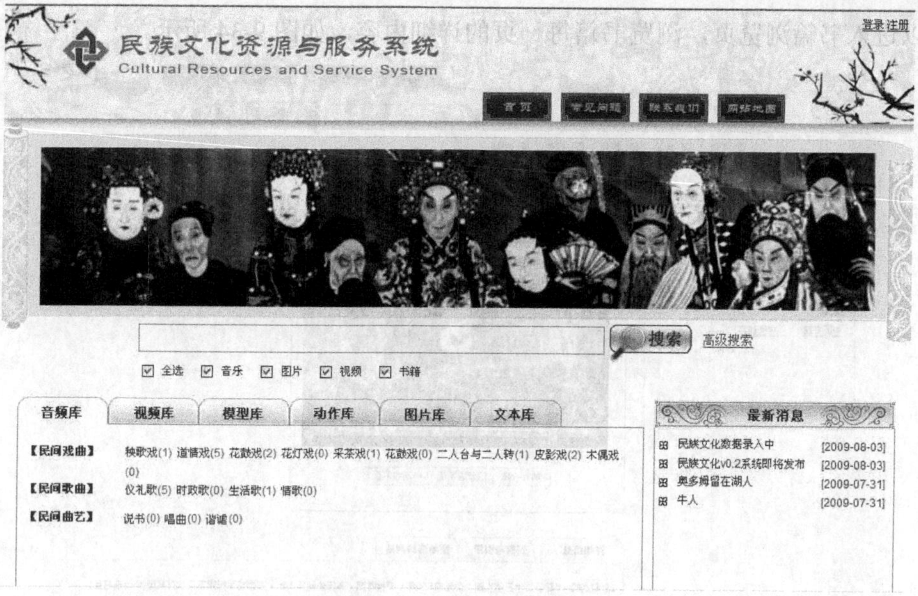

图 9-31　分类导航界面

图 9-32　图片资源在线浏览

（2）音乐和视频预览。对于音视频资源，通过页面上嵌入在线播放器，使音视频资源能实现在线播放，如图 9-33 所示。

（3）书籍在线阅读。对书籍的浏览做法和图片是相类似的，通过浏览书籍链接，用户可以进入书籍浏览页，浏览书籍每一页的详细内容，如图 9-34 所示。

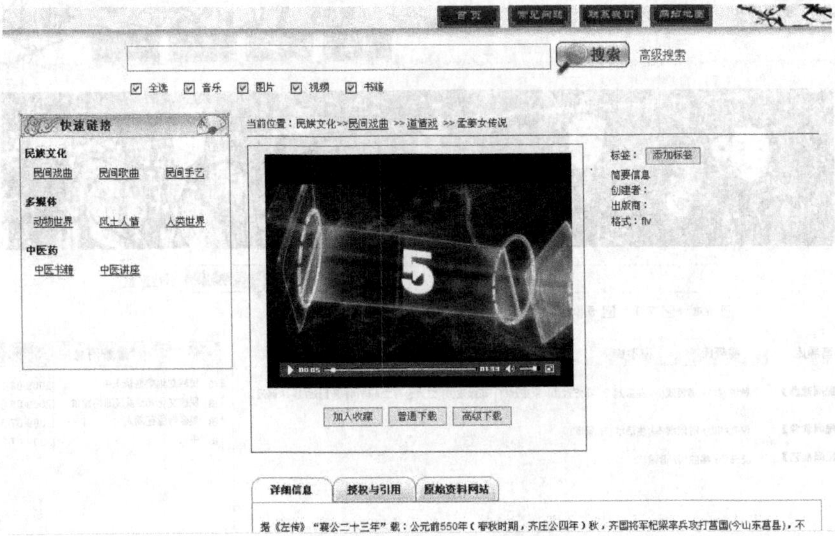

图 9-33　视频资源在线预览

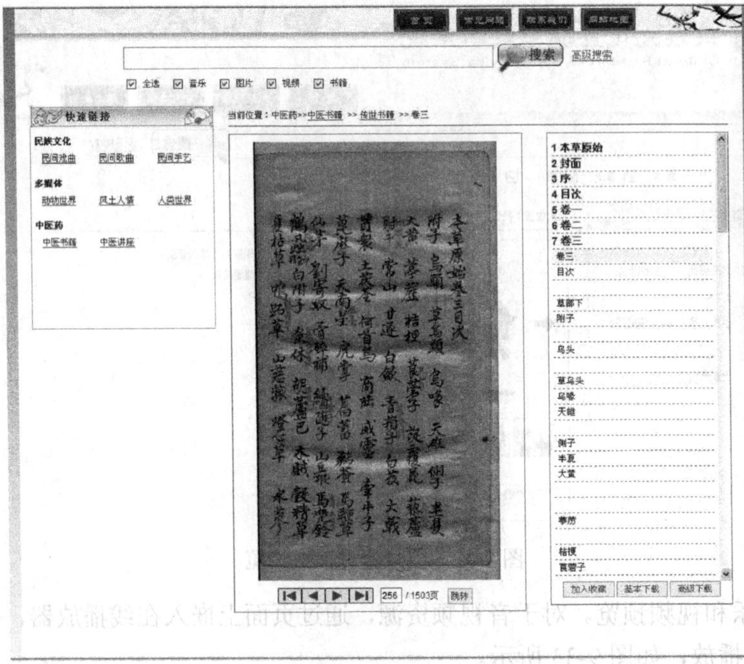

图 9-34　数字化书籍资源在线阅读

（三）民族文化资源前台管理系统

1．民族文化资源前台管理系统功能

要实现资源的共享，需将资源实体发布在网络上进行，并能对其有效地管理，民族文化资源管理主要实现如下功能。

（1）制作资源：制作者可以任意组合素材，并制作成新的文化资源，通过预览，以辅助制作者修改资源。

（2）资源实体保存：存放资源实体，并建立索引，令用户可以快速查找，供其浏览和下载。

（3）资源注册信息提取：系统可从资源的描述信息中提取所需的注册信息，并在注册端注册，供其他用户搜索。系统开发相应的数据录入工具提供资源录入功能，通过Web服务集成部分单位原有系统获取的资源数据。

（4）管理制作者的素材：制作者可以收集所需资源或者自制素材，并可以对其进行常规的管理操作，如删除、修改等。

（5）自动生成资源的描述信息：为制作者提供界面，可输入一些资源相关信息，系统可根据这些信息，按照标准的文化资源描述方法自动生成资源的描述信息。

（6）上传资源：当资源制作完成以后，制作者可以使用系统将做好的资源上传到资源数据库。

（7）浏览、修改上传的资源：制作者可以浏览自己已上传的资源的状态和使用情况，并可以修改已上传的资源。从资源的内容、主题等角度，建立资源个体间（跨库）的隐含联系；在用户浏览资源时，自动推荐用户可能感兴趣的相关资源，并且用户可以根据自己的喜好自定义标签，并检索查看相同标签的其他资源。

（8）资源实体管理：管理员可以对资源进行删除、更新、审核、注册等操作。

（9）资源的统计和报表：管理员可以对库中的资源进行统计、分析，还可以将统计信息生成报表、打印。

（10）注册信息的同步管理：系统可以自动将制作者或管理员对资源的任何更改反馈到资源注册系统，使资源信息保持一致。

（11）资源库系统管理：应该具有众多通用功能，如用户管理、日志管理等，以保证系统的安全性。

（12）海量数据存储管理：考虑到未来接入单位数量的增加，元数据的数据总量会十分庞大。结合查询数据的特点，合理规划元数据的存储方式；并且提供多种图片格式

（小样图、缩略图）、视频、音频的存储与下载服务，有效地实现应用服务器的负载均衡。

（13）元数据同步管理：为解决资源的异构问题，结合相关单位资源的元数据特点，制定统一的元数据描述标准，并做好与各单位资源的对应关系，采用 Web Service 实现元数据的应用级同步问题。

（14）资源检索：对资源从描述、学科等多个维度进行多重索引，从而有效地提升资源的可检索性。

（15）收费模型管理：采用会员积分制度，利用用户激励算法促进用户购买系统资源。

（16）系统安全管理：设计并开发系统访问的安全机制，提供资源的安全下载和浏览等。

（17）访问统计管理：文化资源与服务系统提供各种数据分析手段和方法。

2. 资源前台管理系统的实现

文化资源的有效管理与共享，必须建立在统一的资源目录存储框架基础之上，并提供足够的内容。针对资源服务过程中的个性化问题，在整体系统中需实现内容自适应服务和主动服务模块。另外，对于网上数字化文化资源的权利保护不足的现状，基于现有 DRM 技术，在资源共享服务系统中实现文化资源交流的数字权利描述模型和版权管理功能。

系统采用 Java 技术，可以在 Windows、UNIX、Linux 等平台上运行；采用 ezFramework 框架，支持模板、多种语言和多种皮肤切换、设计等功能；根据用户的不同角色控制用户访问的资源；有一套统一的标准，具有良好可拓展性，有利于多项目的整合；全文检索采用 Lucene 检索引擎，方便快捷地检索出自己想要的内容；支持多种数据库：Mysql/Oracle/Sqlserver；支持多种查询：全文查询、属性查询、专题查询、附件查询；采用 BS 模式，可以在一台机器上安装，在各个客户端不需要安装任何软件，就可以通过 IE 浏览器进行访问，维护安装比较方便；实现方便快捷的关联查询。

本章小结

- 古籍数字化的基本目的是保存与普及传统文化，最高目标是以知识发现来服务学术研究，在对传统纸质古籍进行校勘整理的基础上，利用计算机技术将其转换成可读、可检索及实现数字信息的语义关联和知识重组。

- 文物的三维数字化包括三维信息获取、三维建模和纹理绑定等。目前适用的文物三维数字化技术概括起来有三维激光扫描技术和结构光获取技术等。
- 元数据的经典概念是“关于数据的数据”。元数据描述的对象为资源（Resource），资源是具有标识的任何东西。在民族文化资源保护领域，元数据用来描述资源本身的特征和属性，规定数字化信息的组织方法，具有定位、发现、证明、评估和选择等功能。从广义上看，元数据不仅仅是描述信息资源，更是对信息资源的组织管理。
- 民族文化资源库系统应包含两大模块：资源管理模块（资源分类、资源描述上载、资源审核发布、资源检索等）和系统后台管理模块（元数据管理、系统配置管理等）。
- 根据民族文化的资源类型与用户需求，在网络模块上开发的数据库系统，实现了视频文件的定位检索、打包模块、帮助模块、表关联管理功能、字段的排序功能等，构建开发民族文化基础资源数据库管理及发布系统软件。这一软件系统以建设民族文化基础资源为对象，以海量信息资源的管理与服务为导向，是一个具有数字资源加工、整合、管理与服务的统一的民族文化基础资源应用系统平台。

综合练习

一、本章基本概念

文化资源的数字化技术；文化资源的数字化技术规范；文化资源的数字化共享与管理；古籍数字化；结构光；运动捕捉技术；元数据；DC 元数据；语义；本体；基于内容的资源检索

二、本章基本思考题

1．简述古籍数字化的处理流程。
2．列举民族音乐数字化工作的主流音频文件格式。
3．简述对民族文化资源的统一管理的三层元数据结构。
4．阐述基于本体的语义信息检索系统设计思路。
5．简述基于内容的多媒体资源检索的特点。

推荐阅读资料

1．谈国新，钟正．民族文化资源数字化与产业化开发[M]．武汉：华中师范大学出版社，2012．

2．王耀希．民族文化遗产数字化[M]．北京：人民出版社，2009．

3．故宫器物数字典藏子计划工作小组．国立故宫博物院器物数字化工作流程简介．数字典藏丛书数字化工作流程——器物主题小组．台北：中研院史语所/数字典藏国家型科技计划内容发展分项，2002：48-65．

4．陈刚．信息化规划与标准规范工作八讲．“文物调查项目”2005 年度高级管理人员培训班讲稿之二．http://www.sach.gov.cn/module/download/downfile.jsp?classid=0&filename=1212111644212776452.doc．

5．都柏林核心元数据元素集 1.1 版．http://dc.library.sh.cn/1-1.htm．

6．我国数字图书馆标准规范专门数字对象描述元数据规范．http://cdls.nstl.gov.cn/2003/SpcMetadata/．

7．Lan Foster.Carl Kesselman The Grid2:BluePrint for A New Computing Infrastructure．Morgan Kaufmann Publishers，2004．

后　记

在全球化背景下，文化产业作为一种朝阳产业日益受到人们的广泛关注，其在国民经济中的地位和作用日益凸现。但与一些发达国家相比，我国文化产业的发展尚为滞后，滞后的原因是没有根据我国的文化资源与我国的具体国情来发展文化产业，也就是说，我国许多优质的文化资源没有被视作文化资源而加以重视。我在导论中以日本为例，就充分说明了这一问题。因此，我们在发展文化产业中，需要不断地深化对文化资源的认识、感受和评价，从而形成展示我国文化魅力的文化自觉和习惯。

当然，滞后不等于没有优势。我国文化产业的发展优势，就在于丰富厚重的文化资源和广阔的文化消费市场。就文化资源优势而言，主要体现在五千年中华文化深厚的人文底蕴和丰富的文化资源积淀。这为我国在21世纪的现代化建设提供了取之不竭的文化动力，更为我国文化产业这一朝阳产业的发展提供了广阔的空间，因此，值得我们进一步挖掘。

近年来，我一直致力于历史文化资源与文化产业的研究，注重挖掘我国的历史文化资源，为我国历史文化资源产业化开发的政策制定提供理论与现实依据。我先后主持并参与多项与此有关的课题，这些课题的成果产生了积极的社会评价。在这些项目的带动下，我们依托历史学、文化学、管理学等学科，已形成较强的跨学科和实证研究能力，并在科研实践中凝聚成较为清晰的研究方向——文化资源学。我在近些年的教学、科研及相关文化资源保护与利用的实践活动中，也深深感到构建文化资源学学科知识体系的重要性与紧迫性。

我们希望通过这本书的研究，能够初步构建起一个文化资源学的理论框架，探索出文化资源保护传承的新体制、新机制、新模式；能够为我国的文化主管部门提供决策咨询服务，为繁荣我国文化注入新的活力；同时也为文化产业与管理的学科建设与文化创新提供理论支持。

本书在撰写过程中得到了上海交通大学国家文化产业创新与发展研究基地办公室主任胡惠林教授、清华大学出版社杜春杰编辑、华中师范大学历史文化学院吴琦教授、邢来顺教授的大力支持和帮助，此外，华中师范大学谈国新教授撰写了本书第八章，程翠英博士撰写了本书第五章，任晓飞、王胜鹏、杨洪林、王伟杰、陈晓宇、张国超等博士也协助我做了大量工作，借此机会，一并向他们表示衷心的感谢！

本书得到了“教育部（历史学）专业综合改革试点”专项经费的支持，特此铭谢！

姚伟钧

2014年春于武昌桂子山